公安工作概论

（第4版）

石启飞 主 编

林 俏 王 旭 副主编

清华大学出版社

北京

内 容 简 介

本书从当前公安民警应知、应会的公安基础知识入手,从公安学所涉及学科的基本内容出发,将公安工作所涉及的基本知识分为四大类进行阐述。本书共四篇,第一篇主要阐述公安机关的建立、发展、性质、职能和宗旨,及其设置和管理体制、任务、职权等公安组织的基本知识;第二篇主要阐述公安工作的主要内容和必须坚持的基本路线、方针、政策等;第三篇主要阐述公安执法的理念、公安刑事司法和行政执法的基本内容,以及保障公安执法不偏离方向的执法监督工作;第四篇主要阐述新时代公安队伍建设方略和正规化建设方面的具体规定,以及公安民警的职业道德、义务与纪律、人事管理和内务制度等相关制度。为了巩固学习者对本书内容的掌握和对本书知识点的精确理解,除第六章和第十章外其余每章后附有知识巩固与能力提升训练试题,以达到提高学习效果的目的。

本书内容全面、具体、简明,反映了当前公安工作的全貌和相关知识,可供公安院校学员及参加公安类公务员考试的人员使用。

图书在版编目(CIP)数据

公安工作概论 / 石启飞主编. -- 4 版. -- 北京 :
清华大学出版社,2024.9(2024.10重印). -- ISBN 978-7-302-67126-8

Ⅰ. D631

中国国家版本馆 CIP 数据核字第 2024XH9915 号

责任编辑:孟毅新
封面设计:常雪影
责任校对:刘 静
责任印制:宋 林

出版发行:清华大学出版社
   网 址:https://www.tup.com.cn,https://www.wqxuetang.com
   地 址:北京清华大学学研大厦 A 座   邮 编:100084
   社 总 机:010-83470000   邮 购:010-62786544
   投稿与读者服务:010-62776969,c-service@tup.tsinghua.edu.cn
   质量反馈:010-62772015,zhiliang@tup.tsinghua.edu.cn
   课件下载:https://www.tup.com.cn,010-83470410
印 装 者:三河市龙大印装有限公司
经 销:全国新华书店
开 本:185mm×260mm   印 张:20.5   字 数:470 千字
版 次:2012 年 9 月第 1 版 2024 年 9 月第 4 版   印 次:2024 年 10 月第 2 次印刷
定 价:69.00 元

产品编号:103421-01

第 4 版前言

党的十八大以来，习近平总书记就公安工作发表了一系列重要讲话。其讲话精神立意高远、内涵丰富，基本涵盖了新时代公安工作的最关键、最基本的问题。其关于新时代公安工作的阐述极具清晰性、深刻性、系统性、科学性、现实性、目的性、理论性和可操作性，形成了指引新时代公安工作的系统方案，为新时代公安工作指明了前进方向，提供了根本遵循。习近平关于公安工作的重要讲话精神是习近平新时代中国特色社会主义思想的重要组成部分，是统领新时代公安工作和队伍建设的最新理论成果和根本指导思想。公安教育训练工作是公安工作中具有基础性、先导性、战略性的工作，关系着公安事业的兴衰成败、繁荣兴盛。因此，及时地将习近平关于公安工作的系列讲话精神写入教材就成为公安院校教材建设的当务之急。

"公安工作概论"课程是为公安院校学员提供基本的公安工作理论观点、公安执法知识、公安组织及队伍建设知识的一门专业基础课程，是贯彻习近平关于公安工作重要讲话精神的主阵地。2015 年 12 月 8 日，中央机构编制委员会办公室、人力资源和社会保障部、公安部、教育部、财政部、国家公务员局以人社部发〔2015〕106 号《关于公安院校公安专业人才招录培养制度改革的意见》就公安院校公安专业毕业生招录作出了新的规定。2016 年，全国公安院校联考开始实施。在公安联考科目中，公安专业科目为必考科目之一，其大部分内容为"公安工作概论"这门课程所包括。因此，为了使这门课程既符合新的教学模式的要求，又能配合公安院校学员参加公安类公务员考试之需，辽宁警察学院治安管理系公安基础教研室重新修订了这本教材。

本书具有以下几个特点。

（1）强基固本，疏朗有致。本书内容着眼于公安工作中基层民警应知、应会的公安基础知识，强调具体知识点的阐述，弱化长篇大论式的理论讲述及论证，符合新的"教、学、练、战"公安教育模式的要求。

（2）反映公安工作最新变动情况。全国第二十次公安工作会议以来，无论是在公安执法领域，还是在公安队伍建设方面，均出台或重新修订了一系列的法律、法规和部门规章，特别是党的十八大之后，公安工作又有了新的重大举措。本书力图将这些最新内容包揽在内，使学员获得最新公安工作的基本知识。

（3）体例上除第六章和第十章外其余每章后均附有精心编制的知识巩固与能力提升训练试题，使本书既可为课堂教学之用，又可为学员参加公务员考试提供帮助。

本书是高等学校公安类专业核心课程教材，本书第 3 版于 2020 年被评为"首届辽宁省优秀教材"。本书本次的修订和最后统稿修改由石启飞负责。修订编写分工如下：

石启飞负责第四篇的修订编写；林俏负责第一篇和第二篇的修订编写；王旭负责第三篇的修订编写。

　　本书在编写过程中，参考了有关教材、著作和论文资料等，部分已在书中注明出处。另有部分内容由于各种原因难以查明真正的作者及出处，请您与编者或出版社联系。在此向有关作者一并表示诚挚的谢意。由于编者水平有限，书中难免有不足之处，恳请广大读者批评指正。

编　者

2024 年 5 月

目 录

第一篇 公 安 组 织

第一章 警察制度概述 ···································· 3

    第一节 警察的本质和职能 ·························· 3

    第二节 警察的起源与发展 ·························· 6

    知识巩固与能力提升训练 ·························· 19

第二章 公安机关的建立和发展 ························ 24

    第一节 中华人民共和国成立前的人民公安机关 ········ 24

    第二节 中华人民共和国成立后的人民公安机关 ········ 30

    知识巩固与能力提升训练 ·························· 36

第三章 公安机关的性质、职能和宗旨 ················ 41

    第一节 公安机关的性质 ···························· 41

    第二节 公安机关的基本职能 ························ 44

    第三节 公安机关的宗旨 ···························· 46

    知识巩固与能力提升训练 ·························· 49

第四章 公安机关的设置和管理体制 ·················· 55

    第一节 公安机关的组织机构 ························ 55

    第二节 公安机关的管理体制 ························ 63

    知识巩固与能力提升训练 ·························· 68

第五章 公安机关的任务和职权 ······················ 73

    第一节 公安机关的任务 ···························· 73

    第二节 公安机关的职责 ···························· 75

    第三节 公安机关的权力 ···························· 80

    知识巩固与能力提升训练 ·························· 87

第六章　我国其他国家机关的人民警察 ································· 94

第一节　国家安全机关的人民警察 ································· 94

第二节　监狱机关的人民警察 ································· 98

第三节　法院和检察院的司法人民警察 ································· 104

第四节　人民武装警察部队 ································· 108

第二篇　公安工作及基本原则

第七章　公安工作 ································· 115

第一节　公安工作的内容及特点 ································· 115

第二节　公安专业工作的内容及特点 ································· 119

知识巩固与能力提升训练 ································· 122

第八章　公安工作的根本原则和根本路线 ································· 128

第一节　公安工作的根本原则 ································· 128

第二节　公安工作的根本路线 ································· 134

第三节　社会治安综合治理 ································· 140

知识巩固与能力提升训练 ································· 143

第九章　公安工作的基本方针和基本政策 ································· 150

第一节　公安工作的基本方针 ································· 150

第二节　公安工作的基本政策 ································· 152

知识巩固与能力提升训练 ································· 160

第三篇　公 安 执 法

第十章　新时代公安执法根本遵循和执法规范化建设 ································· 171

第一节　习近平法治思想 ································· 171

第二节　深化公安执法规范化建设 ································· 174

第十一章　公安刑事司法 ································· 178

第一节　公安机关在刑事诉讼中的地位、任务和公安刑事司法基本原则 ········ 178

第二节　公安机关的侦查手段和强制措施 ································· 180

知识巩固与能力提升训练 ································· 184

第十二章　公安行政执法 ································· 190

第一节　公安行政执法概述 ································· 190

第二节　治安管理处罚 ··· 191

第三节　公安行政强制 ··· 201

第四节　公安行政许可 ··· 206

知识巩固与能力提升训练 ··· 208

第十三章　公安执法监督 ··· 213

第一节　公安执法监督概述 ··· 213

第二节　公安机关内部执法监督 ··· 215

第三节　公安机关外部执法监督 ··· 224

知识巩固与能力提升训练 ··· 232

第四篇　公安队伍建设

第十四章　公安队伍建设概述 ··· 241

第一节　新时代公安队伍建设的总方略 ··································· 241

第二节　新时代公安队伍建设的目标 ····································· 242

第三节　新时代公安队伍建设的方针 ····································· 243

第四节　新时代公安队伍正规化建设 ····································· 244

知识巩固与能力提升训练 ··· 247

第十五章　公安机关人民警察的素质、职业道德和核心价值观 ················· 249

第一节　公安机关人民警察的素质 ······································· 249

第二节　公安机关人民警察的职业道德 ··································· 254

第三节　公安机关人民警察的核心价值观 ································· 258

知识巩固与能力提升训练 ··· 261

第十六章　公安机关人民警察的义务、纪律和权益保障 ····················· 264

第一节　公安机关人民警察的义务 ······································· 264

第二节　公安机关人民警察的纪律 ······································· 265

第三节　公安机关人民警察的权益保障 ··································· 267

知识巩固与能力提升训练 ··· 274

第十七章　公安机关人民警察的人事管理 ··································· 277

第一节　公安机关人民警察的录用和辞退 ································· 277

第二节　公安机关人民警察的职务、警衔和训练 ··························· 281

第三节　公安机关人民警察的奖惩 ······································· 285

第四节　公安机关人民警察的考核 ······································· 288

知识巩固与能力提升训练 ··· 290

第十八章　公安机关人民警察的内务制度…………………………………………… 297

　　第一节　公安机关人民警察的内务建设概述………………………………………… 297

　　第二节　公安机关人民警察内务建设的内容………………………………………… 298

　　知识巩固与能力提升训练…………………………………………………………… 314

参考文献………………………………………………………………………………… 318

第一篇　公安组织

　　公安机关肩负的新时代使命任务是，坚决捍卫政治安全、全力维护社会安定、切实保障人民安宁，为全面建设社会主义现代化国家，实现中华民族伟大复兴的中国梦创造安全稳定的政治社会环境。作为一名立志勇挑重任的警校预备警官，在校期间不仅要掌握具体的执法办案等业务知识，还要通过对世界警察制度的产生与发展的了解，拓宽视野，把握警察的本质及演变规律；不仅要通过对公安机关的产生、建立、发展历程的回顾，树立对公安工作的自豪感和荣誉感，还要对其教训深刻反思，加深对当前公安工作路线、方针、政策的深入理解，增强使命感；不仅要学习和掌握公安机关的性质、宗旨、任务、职权等基本知识，还要通过对这些知识的学习达到全面深入地认识公安机关及其人民警察的根本属性和公安机关作为国家机关的与众不同之处，如此才能领悟党和国家高度重视和强化公安机关及其队伍建设的良苦用心；不仅要通过对公安机关的组织机构设置和基本管理体制的学习，达到对现代警务模式和警务运转机制组织环境的清楚理解，更要明确只有内部组织管理的规范化，才能有效保障外部执法的规范化。

第一章

警察制度概述

第一节　警察的本质和职能

立志从事警察职业,必须先从根本上弄清楚警察的概念,即警察究竟是干什么的,由此才能知道警察对于国家和社会所具有的基本作用和效能。

在明确警察概念之前,通过对警察词源和词义演变的了解,也许能够略窥警察概念的端倪。

一、警察词义的演变

在我国的古籍文献中,关于"警""察"二字早有记载,其含义与当今用法相近。古代"警"字,"从敬从言,上敬下言;敬者,戒也;戒之以言,谓之警;有言在先,不得违戒。""警"有戒敕、防卫、戒备之意。《周礼》中有"正岁,则以法警戒群吏";《左传·宣公十二年》中有"且虽诸侯想见,军卫不彻,警也"。古代"察"字,谓以手持肉,祭天求示,得神意而明白。反复详审谓之察,察之为明。"察"有辨别、核查之意。《孟子》中有"明足以察秋毫之末";古籍中常见的"巡察""案察奸宄"等,"察"都是指注意观察和辨别的意思。在中国古代文字记载中,"警察"一词含有侦查、缉拿之意。《金史·百官志》记载:"诸京巡警院,使一员,正六品,掌平理狱讼,警察别部,总判院事。"这里的"警察"含有侦查、检察的意思。一直到清朝末年,"警察"二字无论是单用,还是连用,均为动词,其字义和词义均无多大变化。当清末开始向西方学习现代政治法律制度之时,"警察"一词才随着"警察行政"制度的引进而发生了变化,才由动词变为名词,成为警察机关及警察人员的专有标识。

由上可知,虽然在我国古代,"警察"一词无论是两个单字的意思,还是合在一起的双字意思都不是现代意义上人们一般所理解的警察之意,但这两个字能够成为警察概念的专有标识也绝非生拉硬扯。其固有的意思已经多多少少反映了现代警察的功能。"警之于先,察之于后",可以说正是现代警察的预防和打击两个职能。因此,通过对"警察"词义演变的推敲,可以窥见最初中国人引进"警察行政"之时,对警察概念的认识及选择"警""察"二字作为其标识的深刻用意。

"警察"一词英文为 police,法语为 la police,德语为 die polizei,其源头是拉丁语中的 politia,而 politia 又是希腊语 πολιτεα(politeia)罗马化的结果,其词根均为 πολισ(polis)。

这个词汇最早出现在《荷马史诗》中,意思是指城堡或卫城,是古雅典人修建在山顶的用来商议公共事务的场所,称为阿克罗波里(Acropolis),简称为波里(πολισ)。每当需要商讨公共事务时,雅典的市民们就到卫城去,卫城及其周围的市郊统称为 polis。久而久之,polis 在地标意义之外又具有了多重含义,综合了土地、人民及其公共生活而被赋予"邦"或"国"的意义。希腊语中的政治(politikon)、政治制度(politeia)、政治家等词汇都是从polis 衍生而来的。在上古时代,这个词是针对国家一般政务而言的,包含政治、宗教等广泛的内容,常表示有秩序而幸福的社会国家。到了中世纪,政治与宗教分离,故 politician一词专指政治而排除了宗教,但当时的政治概念是将军事和司法包含在内的。14 世纪,"警察"一词引入法国、德国等国家,其含义为"良好秩序",用来泛指国家的整个政策,将警察作为国家政务活动的总称。从 16 世纪中期到 18 世纪初期,以德意志帝国为代表的一些欧洲国家,把国家的一切政务活动统称为警察,并使其扩张到没有限制的程度,导致警察命令对整个社会活动干预过甚。因而,这个时期被称为警察国时代。人们把这种利用警察权力以实现国家目的的政府活动,称为警察国。从 18 世纪初开始,由于国家机构的分工日渐明确,"警察"概念的外延逐渐缩小,原在其中的财政、国防、外交、司法等国家机关及其活动,相继从警察概念中分离出去,这时的警察主要是指国家的内务活动。及至近代,以国家权力的强制方法为特征,为防止危害、维护公共安全和社会秩序的国家活动,被称为警察,从而形成了近代警察的概念。在现代,警察的含义一般是指具有武装性质的维护社会秩序、保卫国家安全的国家行政力量。

通过"警察"一词在西文里含义的演变,可以看到"警察"一词一开始就与社会的治理活动紧密地联系在一起。随着社会的向前发展和"警察"活动外延的逐渐缩小,"警察"一词便成为国家的一种专门活动的标识。无疑,考查"警察"一词在西文里的演变对从国家角度认识警察的本质有着重要的意义。

二、警察的含义及本质特征

近现代警察学从多种角度研究警察,形成了多种含义[①]。

从社会力量的角度来看,"警察"是指警察机关或警察人员。这种含义比较狭窄,用于概括作为历史范围的警察现象是不够的。古代没有专门的警察机关,但不能说没有警察现象。那时的国家已有警察作用或警察行为。从这一角度理解的含义,可以用来定义现代的警察。

从社会功能的角度来看,"警察"是指"警察作用"。"警察"体现着一种国家权力,即警察职权;警察的作用在于依法维护公共秩序和社会安全,保护社会公共利益,是以指导、服务、强制、惩戒等为手段的国家作用。从这一角度理解的含义,可以反映出警察的本质特征。

从社会行为的角度来看,"警察"是指"警察行为"。警察是基于国家统治权,依法为防止公共危害、维护社会安宁、指导大众生活并协助国家行政的行政行为。从这一角度理解的含义,具有普遍意义,可以作为警察学研究的逻辑起点。

---

① 柳晓川. 公安学基础理论教程[M]. 北京:中国人民公安大学出版社,1995:11.

以上三种不同角度的含义,均有其科学性。承认这一点,才不致因视角不同而发生无谓的争论。我们认为从社会力量与社会功能结合的角度给出现代"警察"的含义比较合适,因为本书主要研究的对象就是我国的现代警察——公安机关的人民警察。

所以,在现代,警察的含义一般是指具有武装性质的维护社会秩序、保卫国家安全的国家行政力量。

世界各国尽管社会制度不同,警察的阶级基础和政治属性不同,管理体制、机构设置各异,但是警察的本质是共同的:警察是国家政权中按照统治阶级意志,依靠暴力的、强制的、特殊的手段维护国家安全与社会秩序的武装性质的国家行政力量。警察是国家机器的重要组成部分。自有阶级以来,警察普遍存在于各个历史时期的各种类型的国家。现今世界上的各个国家和地区,不论其大小、贫富、强弱和社会制度如何,有的国家甚至不设军队,但都毫无例外地建有自己的警察机构,设置专职的警察力量。

警察有如下本质特征。

(1) 鲜明的阶级性。警察是国家机器的重要组成部分,是阶级专政的重要工具。警察必须与国体一致,必须与政体一致。它忠实地执行统治阶级的国家意志,无条件地执行国家的法律和政策。列宁说:"常备军和警察是国家权力的主要工具。"[①]

(2) 手段的强制性。警察依靠实力性的强制手段。警察是拥有武装强制、行政强制和其他特殊手段的行政力量。警察机关为了完成法律赋予自己的职责,保障强制力的权威性,配有一定的武器和械具,成为一支重要的具有武装性质的行政力量。

(3) 广泛的社会性。警察所担负的任务十分广泛:一方面,它作为阶级专政工具,具有鲜明的阶级性;另一方面,它担负着大量的社会管理任务,要为社会提供全面的治安保障,具有广泛的社会性。

三、警察的基本职能

警察的职能是指警察的社会效能和作用。警察的职能是由国家职能决定的。马克思主义认为,国家既有政治统治职能,又有社会管理职能。恩格斯在讲到国家作用时指出:在这里,问题在于确定这样的事实:政治统治到处都以执行某种社会职能为基础,而且政治统治只有在它执行了它的这种社会职能时才能持续下去。[②] 警察不仅是国家实行阶级专政的工具,而且是国家管理社会的行政机构。这两种职能主要通过警察执行维护国家安全与社会秩序的任务实现。国家安全是统治阶级利益的根本保证;社会安定是统治阶级统治的基本条件。因此,警察具有阶级性和社会性相统一的特点。警察的阶级性表现在它的政治镇压职能上;警察的社会性表现在它的社会管理职能上。警察的政治镇压职能和社会管理职能,构成了警察的基本职能。

(1) 政治镇压职能是指警察使用暴力,对威胁统治阶级的政治统治与国家安全的政治势力实行镇压。警察的这一职能,具有鲜明的政治性和强烈的阶级性。

---

① 列宁.列宁全集[M].25卷.中共中央马克思恩格斯列宁斯大林著作编译局,译.北京:人民出版社,1988:377.

② 马克思,等.马克思恩格斯选集[M].3卷.中共中央马克思恩格斯列宁斯大林著作编译局,译.北京:人民出版社,1965:219.

(2) 社会管理职能是指警察运用行政管理的手段,维护一定社会制度下的社会秩序。警察的这一职能,具有广泛的社会性和群众性。

警察的这两种职能,都是统治阶级意志的体现,两者相互依存,相辅相成。警察的政治镇压职能是社会管理职能的前提,社会管理职能是政治镇压职能的基础。警察的这两种职能并非处于同等地位,政治镇压职能通常处于首要地位,有了巩固的政治统治,才能按照统治阶级的意志行使管理职能。

第二节　警察的起源与发展

我国公安机关的人民警察是与世界警察相联系的,今天的警察是与历史的警察相联系的。因此,要想深刻地认识我国公安机关的人民警察,就必须了解世界的警察,了解警察的历史。

列宁指出,对于任何一项科学研究来说,"最可靠、最必要、最重要的就是不要忘记基本的历史联系,考察每个问题都要看某种现象在历史上是怎样产生,在发展中经过了哪些阶段,并根据它的这种发展去考察这一事物现在是怎样的"。[①]

一、警察的起源

对于警察的起源,有着多种说法,不同的历史观形成不同的警察起源观。警察起源观主要有两种:一种是警察与人类共生的自然起源观;另一种是马克思主义的警察与国家同步产生的起源观。

(1) 警察自然起源观。有的警察学者认为,"人类自从有了群体生活,就有了警察作用"。还有人认为,"警察是人类与生俱来的天性的道德行为""警察永远伴随着人类"。这种理论把警察说成是一种自然现象,即超阶级、超国家的现象。其实质与"国家自然起源论"如出一辙,把警察与国家看成永恒的现象。这类观点,是建立在上帝创造人类的宗教信仰基础之上的,由于缺乏历史的实证根据,也无深刻论证,所以是非科学的,也没有什么影响。

(2) 马克思主义的警察起源观。1877年,路易斯·摩尔根的《古代社会》出版。马克思怀着浓厚的兴趣读了它,并做了笔记和论述。恩格斯在研究了《古代社会》这本书后,于1884年写成了《家庭、私有制和国家的起源》。他认为,在原始社会是没有警察的。恩格斯还以奴隶制国家最具典型意义的古雅典为例进行研究。在这里,他揭示的"雅典人在创立他们国家的同时,也创立了警察",是有普遍意义的历史现象;他说的"警察是和国家一样古老的"是具有经典意义的历史概括;他讲的"国家是不能没有警察的"说明了警察与国家的本质关系。他的一系列论述,使马克思主义警察起源观建立在唯物史观基础之上。

总之,马克思主义认为,警察是一个历史范畴,是人类社会发展到一定历史阶段的产物。警察和警察机关不是从来就有的,也不是永世长存的,它随着国家的产生而产生,也必将随着国家的消亡而消亡。

---

① 列宁. 列宁全集[M]. 4卷. 中共中央马克思恩格斯列宁斯大林著作编译局,译. 北京:人民出版社,1995:43.

在原始公社时期,社会结构是以血缘亲族为基础的氏族公社。在经济上,由于生产力水平低下,生产资料归全体氏族成员所有,人们共同劳动,平均分配劳动产品,没有剩余产品和私有财产,没有盗窃财物的犯罪行为,因而也就没有必要设置保护财物的警察。在政治上,氏族公社的酋长实行选举制或禅让制,领袖是在同自然斗争中享有威信的人们中产生的,因而也没有必要设置保护统治关系的警察。

警察是随着国家的产生而产生的。原始社会末期,由于生产力的发展,出现了私有制,氏族社会逐渐瓦解,社会分裂为对立的阶级。在阶级矛盾发展到不可调和的时候和地方,就产生了国家这样一种维护阶级统治的政治形式。有了国家,同时也就有了警察。国家是维护统治阶级利益的暴力组织,而警察则是这个组织中执行国家专政职能的工具。当然,警察的产生还与社会的多种矛盾相联系。所以,决定警察必要性的直接因素是由社会矛盾引起的犯罪、对抗冲突和社会秩序问题。总之,警察是伴随着国家的产生而产生的。

综上所述,警察的产生需要具备以下条件。

(1) 生产力的发展、私有制的产生是警察产生的经济条件。私有制天然地要求强制性保护力量,新生的警察行为在保障私有制的形成、巩固和发展方面,起到了重要的历史作用。同其他上层建筑的产生一样,警察产生的终极原因也是一定的经济关系,这种经济关系又是一定社会生产力的产物。摩尔根在《古代社会》一书中描写道,古希腊在私有制产生以后,"财产所有权,这时已成为压倒一切的兴趣所在"。[①] 随着财产纠纷的大量出现以及私有制度的建立和商品关系的发展,带来了利益差别的不断扩大与对立,且程度不断加强,原始社会那种平等地解决纠纷的办法行不通了,习惯的原始社会规范不起作用了。这时就需要有一支强制性的权威力量,以警察行为保护私有财产,特别是保护奴隶主的私有财产。因此说,私有制和商品交换,是警察赖以产生的经济条件。

(2) 阶级矛盾的不可调和性、统治阶级内部矛盾的不可调和性是警察产生的阶级条件。一方面,奴隶主阶级需要镇压奴隶起义,追捕逃奴,强制奴隶劳动,惩罚奴隶反抗。警察成为奴隶主阶级维护政治统治和经济特权的一支特殊的武装力量。另一方面,在统治阶级内部,对最高统治者来说,最直接、最具有威胁性的力量还是自己身边的那些拥有权势、拥有武装的豪强大族。马克思说,世袭继承制在最初出现的地方,都是暴力(篡夺)的结果。[②] 我国古代第一个奴隶制王朝——夏朝建立伊始,就显示了警察行为在镇压内部反对势力中的威力。"益干其位,启杀之"[③]讲的是:夏禹的儿子启,杀死了伯益才占有了王位,又武装镇压了同姓有扈氏的反抗,才巩固了王位。

(3) 维护统治秩序与惩罚犯罪的客观需要是警察产生的社会条件。私有制产生了商品,商品交换形成了广泛的社会关系。个人意志与社会共同利益间形成矛盾。随着氏族组织内部共同利益的瓦解和奴隶主阶级统治秩序的建立,违背统治阶级意志的行为被当成犯罪行为。依靠警察行为对付犯罪行为,已成为历史的需要。《周礼》中记载,在我国古

---

① 马克思,等. 马克思恩格斯全集[M]. 21卷. 中共中央马克思恩格斯列宁斯大林著作编译局,译. 北京:人民出版社,1965:111.

② 摩尔根. 古代社会[M]. 杨东莼,马雍,马巨,译. 北京:中央编译出版社,2007.

③ 陈晋胜. 警察法学概论[M]. 北京:高等教育出版社,2002:5.

代已有多种维护社会秩序的警察人员,如"司民掌登万民之数""司稽掌巡市而察其犯禁者与其不物者而缚之,执市之盗贼以徇且刑之",还有禁暴氏、野庐氏、司爟等。

(4) 国家机器的形成,是警察产生的政治条件。"国家的本质特征,是和人民大众分离的公共权力。"这时出现的警察,体现了这种"和人民大众分离"出来并与人民相对立的公共权力。警察是国家机器的一部分,但它是与整个国家机器密切联系在一起而一同诞生的。因此,有了国家,就有了警察,警察产生的历史条件是和国家相同的,当国家存在的历史条件消亡以后,警察也就会随着国家一同消亡。

二、警察的发展

由于警察赖以存在的社会条件是不断发展的,并显现出一定的阶段性,警察的发展史也随之显现出一定的阶段性,一般分为警察的萌芽时期、古代警察时期、近代警察时期和现代警察时期。近代警察时期是指 19 世纪后一些国家建立警察行政的时期,所以,也可以称萌芽时期和古代警察时期为警察行政前时期,称近代警察时期为警察行政时期。

现代警察,一般认为产生于 20 世纪初的警察专业化运动。此后现代警察经历了多次改革,一直到现在。

(一) 萌芽时期的警察

张晋藩教授研究中国法制史时指出:"在夏朝之前,无疑有一个漫长的国家与法律形成的过程。"法的现象从它一出现就离不开强制性的警察行为,而且这时已出现了由关牲畜的场所演变成的"牢",即监狱的雏形,这种对人身自由的强制行为是典型的警察行为。正式的警察与完备形式的国家不过是上述渐进过程的必然结果。

从氏族公社向奴隶制国家过渡的过程中,氏族武装从全民不脱离生产的武装,逐渐向着职业的、听命于首领或贵族的、不参加生产的独立武装力量转化,氏族武装力量被用于干预本族内部关系的功能逐渐增强,这就意味着警察力量的萌生和逐渐强化。在警察的萌芽时期,同时伴生的有监禁行为、审判行为的萌芽。

原始社会没有警察,但原始社会后期存不存在广义的警察行为尚可探讨。史威姿(Schwaztz)和米勒(Milley)考察了人类 51 个原始文明,其中 29 个没有警务活动。

多数原始社会组织水平低下,具有"三无"的特征:无货币形式、无财物和无分工,如爱斯基摩人的原始部落。在一个小型、初级的社区中,爱斯基摩人的社会组织水平异常低下,整个社会活动都依靠传统的道德规范来约束,这种规范往往是通过禁忌和咒语来实现的,但它们缺乏统一的、被整个社会采纳的规范。例如在爱斯基摩人中,虽然有严格的关于两性关系的禁忌,但绝大部分凶杀案都是由争夺妇女所引发的。一旦甲部落夺了乙部落的人,乙部落就会报复杀人。这时禁忌与咒语就显得无能为力了。在部分存在警察行为的部落中,他们有一套独特的调解制度。例如在菲律宾的某些原始后期部落中,对财物的争夺最终由内部部落首领进行官方调解。一种叫门克鲁马的专门官员从事此种调解工作。从某种意义上说,这是一种警务活动,但还没有形成警察制度。史威姿的结果如下:无调解制和警察萌芽的原始文明有 29 个;有调解制的 7 个;有调解制和警察萌芽的11 个;有警察萌芽但无调解制的 4 个。

（二）**古代警察**

1. 古代警察的含义

古代警察经历了奴隶社会和封建社会两种不同社会形态的漫长时期。在奴隶社会、封建社会中，没有专门的警察机关，也没有专职的警察队伍，警察的职能是由军队、审判机关和行政机关的官吏分别掌管的。这种在奴隶社会和封建社会中执行警察职能的机构和官吏，称为古代警察。

2. 古代警察的特点

（1）警察行为尚未能集中于一个统一的专门机关，而是由军队、审判机关和行政机关分别掌管的。

在西方奴隶社会时期，除古希腊有步行的和骑马的弓箭手组成真正的宪兵队外，古埃及的孟菲斯和底比斯等古城也有类似警察的保安队。在古罗马，有保护州长的警卫官，他们同时负责逮捕人犯，执行刑罚。还有身兼警察和军人两种职能的骑士，他们不从事生产劳动，依靠国家供养，是一个武力保卫国家统治的军事集团。当本国与外国发生战争时，他们就是军人；战争结束后，又是维护国家秩序、镇压被统治阶级的警察。进入封建社会，仍是由地方行政官兼理司法、治安和税务，有的采取地方官分派居民轮流义务值夜守坐，维护治安；还有的在居民中实行"联保联坐"。

在我国奴隶社会初期，就已经有了军队、监狱和它的行政官吏，它们共同起着对奴隶阶级实行专政的职能。据《竹书纪年》记述，"夏帝芬三十六年作圜土"（帝芬是夏朝的第八代帝；"圜土"是用土筑成的一种圆形的土牢）。到了封建社会，国家机构的分工渐细，执行警察职能的机构和官吏也有了发展。秦汉时期，官职中设有"中尉"，掌管京师的治安，负责巡缉盗贼的事务；汉代以后，设置了城镇巡卫军事组织，它兼有警察的职能；宋代设置有巡检司，把守关隘要地，缉捕盗贼；辽、金、元等朝代，设有巡警，掌管防卫都城，警捕盗贼；明代设有"五城兵马司"，负责治安管理；清后期设有巡捕五营，掌管京师守卫等职。在中国古代各封建王朝的国家机构中，都设有警察性质的机构和官吏，警察的职能也渗透到社会的各个领域，国家的许多活动都要受到警察的控制。

在我国长达2000多年的封建社会里，警察职能的特点基本上仍是军警不分、警政合一。造成这种状况的原因主要是：首先，由于封建君主集权的政治制度，便于统治阶级对人民的统治和镇压；其次，由于我国封建社会长期以农业经济为主，人口分散，城市经济不发达，除个别城市设立专门机构行使警察职能外，未能建立全国性的警察专门机构的体制。

（2）古代警察行使职权在法律上是不严格的，神权、皇帝和长官的意志起决定作用。警察权力直接来源于政治，向国君负责。皇帝、行政长官，甚至宗教组织直接处理罪案是常见的现象。他们在决定警察行为上具有很大的随意性。

（3）私刑、私狱普遍存在。有权使用私刑成为古代警察制度的阶级基础和补充力量。这意味着人身强制还没有完全集中于国家的警察行为。奴隶主对奴隶、庄园主对农奴、族长对同宗族的人有权使用私刑。

（三）**近代警察**

近代警察是适应资本主义经济、政治和社会的需要而建立起来的专门执行警察职能的机构和官吏。近代警察时期是指国家建立警察行政以来的历史阶段。近代警察行政发端于西欧,是资本主义发展的产物,是社会生产力迅速发展和社会分工日益细化的必然结果。较早建立近代警察制度的国家是法国和英国。1789 年,法国资产阶级革命推翻了国王路易十六的统治,建立了资产阶级政权,根据制宪会议的决定,建立了保安官制度,即实行了资产阶级共和国的警察制度。在每个县设置了保安官,负责辖区的治安秩序。这时,警察不但与军队有了区别,而且与审判机关也有了区别。1790 年,法国资产阶级共和国根据《人权宣言》建立了市政警察。1801 年,拿破仑执政,建立了巴黎警察总局。

英国在中世纪就建有治安法官制度。针对资本主义社会阶级矛盾的日益尖锐和治安问题的严重化,1829 年,罗伯特·皮尔建立了近代警察机构——首都伦敦警察厅。它是英国治安问题突出化的必然产物。一方面,阶级斗争激化了,而用军队镇压上街的群众运动已经带来严重的不良政治后果;另一方面,犯罪问题日益严重,从 1805 年到 1842 年,犯罪者增加了 6 倍,作为最发达资本主义国家的英国,成为资本主义世界犯罪最多的国家。尽管警察已是治安的需要,但是它的诞生是遇到种种阻力的。1822 年任英国内政部大臣的皮尔就曾主张建立新式警察制度,但是遭到了英国传统保守势力的反对,被指责为:警察即暴政。1829 年,威宁顿公爵出任首相,才支持了皮尔的建议。他说:"一个政权要依靠军队来维护国内秩序是很危险的,应组建一支不同于军队的、集中的、有力的警察队伍。"同年通过了《大伦敦警察法》,并由罗伯特·皮尔建立了首都伦敦警察厅。但是,新的警察巡逻队在伦敦街头出现后又遭到保守政客的种种非议,皮尔也遭到诋毁。后来还是靠雄辩的治安效益证明了警察的价值。英国下院在 1834 年有一个报告说,过去由抢劫和盗窃在伦敦造成的损失每年达 90 万英镑,有了警察巡逻队后每年的同类损失只有 2 万英镑。此后,英国各郡纷纷借鉴首都伦敦警察厅的做法,建立了自己的警察机关。在英国至今没有建立中央的警察机关。这是一种地方自治的警察体制,当时为北美国家和英属殖民地国家和地区所采用,被称为海洋派系的警察制度。

此后,资本主义国家纷纷实行警察行政,美国仿效英国,日本仿效法国建立了本国的近代警察制度。世界各国警察,由于受英、法两国警察制度的影响,形成了两种不同的警政管理体制:地方自治制和中央集权制。地方自治制以英国为代表,警察受地方政府领导,中央政府只起监督作用;中央集权制以法国为代表,警察由中央政府统一领导。

近代警察发端于西欧的原因具体有以下四个方面(也有概括为三个方面的,指前三个)。

(1) 经济原因。资本主义市场经济的发展,使城市经济生活和社会生活复杂化,城市需要专业警察的有效管理。

(2) 阶级原因。在西欧的这些国家,资本使社会形成无产阶级和资产阶级两大对立的阶级,资产阶级为了维护自己政治上的统治和经济上的残酷剥削,必然要强化警察职能。

(3) 社会原因。资本主义的生活方式毒化了社会风气,社会犯罪空前增长,城市贫民的赤贫化扩大了铤而走险者的队伍。为了维护社会秩序,对付犯罪,需要建立专职的警察队伍。

(4) 政治原因。资产阶级人权思想和法治观念、平等要求排斥古代的私刑制度,要求人身强制应统一地由国家的警察力量依法施行。

警察作为国家的专门行政职能，是从 18 世纪开始的。随着资本主义市场经济的发展，犯罪问题和社会公共秩序问题(统称治安问题)越发严重，特别是无产阶级和人民的斗争走上了街头，成为当时的西方新制度的重大威胁。原来依靠军队、审判和一般行政力量兼管治安远远不行了，或主要靠民间的更夫、巡夜人员更是无济于事。专职的警察行政应运而生。

中国的警察行政始建于 19 世纪末 20 世纪初，这是中国国家史上的一个重大进步。

中国警察行政的出现同样是政治与治安的需要。1840 年鸦片战争以后，帝国主义列强的入侵激起了中国人民的强烈反抗，以推翻清政府为目标的革命运动发展起来，公共秩序更是难以维持。镇压反抗，维持秩序已成清廷燃眉之急。在"师夷之长""中体西用"的共识之下，有识之士纷纷向西方探求治安之道。现知最早者为葛元煦，他在《沪游杂记》中描述了上海英租界的工部局和巡捕房，谓其成员"与捕快无异"[①]。后有多位旅外改良派人士著书建议效仿西方设立"巡捕"。

"创警政"是中国维新变法的进步要求。言行卓著者是广东嘉应州人、维新派成员黄遵宪，他被视为"中国近代警察制度的重要奠基人"。他曾出使日本，考察了日本警视厅。从日本回国后盛赞日本警察制度，并谓："警察者，治民之最有实力者也。"他任湖南按察使期间，在湖南巡抚陈宝箴支持下，于 1898 年(光绪二十四年)6 月，在长沙建立了湖南保卫局。它虽然只存在了 3 个月，但是有着重要的历史地位，这是中国历史上最早的专职警察机构。韩延龙主编的《中国近代警察制度》称："湖南保卫局作为戊戌变法运动的一项成果，是维新派在理论和实践领域的双重收获，并从而揭开了中国近代警察制度的序幕。"[②]此后，清政府先后在保定、天津等地创办"巡警局""警务学堂""巡警学校"。

设立治安机构还有来自东西列强的压力，入侵的帝国主义势力要求自己的利益得到治安保护。1900 年，八国联军侵入北京，在其占领区建立了治安机构——安民公所，并要挟清政府："联军须目睹中国竭力设法保护外国人及铁路诸物方能退去。"清廷不得不接受此条件，在外国军队撤走后，即在安民公所的基础上筹建警政。

1901 年(光绪二十七年)清廷下令各地创办巡警，有文称："在中国大地上首次出现了巡警。"这实为缺少历史知识之笑谈。其实，从清朝湖南保卫局设的巡查队、清政府的巡警部开始，直到中华人民共和国成立初期建立的公安局，巡逻都是它们的基本勤务形式。

警政诞生是遇到了种种阻力的。黄遵宪初议建立保卫局时，即遭到顽固官绅以"保护祖宗成法"为名的极力阻挠：有的拒筹款项，有的对黄遵宪进行人身攻击。戊戌变法失败后，慈禧太后谕令张之洞："湖南省城新设南学会、保卫局等名目，迹近植党，应即一并裁撤。"尽管建立警政已是众心所向，但留恋旧的治安制度者大有人在。虽然 1901 年清廷下令各地创办巡警，但 4 年过去了，中央警政仍无动静。直至 1905 年 9 月 24 日发生了出洋考察五大臣被炸事件，慈禧太后十分惊恐，清廷才立即决定成立巡警部。这是清政府的中央警察机关，也是中国历史上第一个全国性的专职警察机构。

在许多人从租界观察、旅欧观察后，一再陈词建立"巡捕"之际，黄遵宪出任日本大使，

---

①　韩延龙,苏亦工. 中国近代警察史(上册)[M]. 北京：社会科学文献出版社,2000：4.

②　韩延龙. 中国近代警察制度[M]. 北京：中国人民公安大学出版社,1993：46.

并仔细地考察了日本的警视厅制度。回国后,极度赞扬日本警政,谓:"警察一署,为凡百新政之根柢。"别人介绍西方 police,称之"巡捕"时,黄遵宪则是首谓"警察"者。称"警察",较之称"巡捕",含义更宽,更适于表达 police 之义,是一大进步。清末众谓"警察"一词来自日本,唯大法学家沈家本称:日本的"警察"一词又是来自中国,中国《金史·百官志》中已有"警察"之谓。黄遵宪在湖南建立保卫局,主要借鉴日本警视厅的经验,也参照了国内租界的经验。后来,湖南保卫局虽被裁撤,但其影响颇深。

1912年,中华民国南京临时政府将"巡捕""巡警"改为警察。1927年,蒋介石为了大力镇压革命活动,迫害共产党人和革命群众,维护国民党的反动统治,不惜耗资扩充警察机构,设立"内政部警政司",把各省、市、县的警察机关改为"公安局"。同时,设立了庞大的特务机构。1946年,设立"内政部警察总署",各省、市、县警察机关改为"警察局"。旧中国近代警察的历史,是军队、警察、特务结合在一起镇压革命、迫害人民的历史。

近代警察与古代警察相比,有以下几点区别。

(1) 近代警察的职能是独立的,警察职能主要集中于警察机关。古代警察的职能尚未集中于一个统一的专门机关,而是由行政官吏、军队、审判机关分别行使的。

(2) 近代警察从中央到地方形成了多层次的专门工作系统,成为国家庞大的专政工具之一,行使专门职权。古代警察则军警不分,警政合一,没有专门的组织。

(3) 近代警察强调法治。警察机关的建立及其体制和职权,均以宪法或法律为依据。古代警察执法极不严格,私刑普遍存在。

(4) 近代警察有统一的制式服装,古代警察则没有专门的服装。

(四) 现代警察

由于对现代警察划分标准难以统一,对何时进入现代警察阶段也就莫衷一是。如果以我国的古代、近代和现代的历史断代方法进行划分,则现代警察是指1919年之后的警察制度,所以,警察制度也就有古代警察、近代警察和现代警察之别。而西方关于历史断代的方法一般采用"二分法",即"古代史和现代史",我们所说的"近代"就是"早期的现代",所以,警察的历史也就是古代警察和现代警察两个阶段,我们所说的"近代警察"也就属于现代警察的范畴。因此,西方警务学者将近代警察创立的代表人物——罗伯特·皮尔称为"现代警察鼻祖"或"现代警察之父"。如果以"现代化"为划分标准,则因对"现代化"内涵理解的不同,也很难确定具体的时间。本书以"近代警察"产生后所经历的五次警务革命中的"警察专业化"革命(20世纪初期)为进入现代警察阶段的起点,并对其特点进行概括。

1. 西方的警务革命历程

(1) 第一次警务革命

第一次警务革命是1829年英国伦敦大都市警察的建立。随着英国工业革命的全面展开,英国经济实力得到了极大增强,国家经济有了迅猛的发展,它代表了世界经济的一次实质性的飞跃和革命。但是,经济的发展却给英国的社会带来了越来越多的各种暴力和毒品等犯罪,这些犯罪活动对英国经济的继续发展和人民的安居乐业都产生了巨大的影响,英国政府和普通民众都迫切要求改革已经不再适应社会发展需要的旧警务。

于是,被西方称为"现代警察鼻祖"的当时担任英国政府内政大臣的罗伯特·皮尔为了改变犯罪严重和社会混乱状况,改革传统的旧警务,向国会提出了一份重要文件——《伦敦大都市警察法》,并在国会获得通过,于1829年公开颁布。这项法律标志着第一次世界警务革命的开始,是新警察与旧警察的分水岭,具有划时代的意义。

罗伯特·皮尔在这项法律中系统阐述了新警察的组建原则和新警务原则,这些原则有些至今仍为许多国家所重视和采用,对现在的世界警务发展仍然具有一定影响。

罗伯特·皮尔的新警察组建原则共有十二条:①警察应以军队为榜样,组建一支稳定的、行之有效的队伍;②警察必须在政府的控制之下;③犯罪减少证明警察的效率与效益;④发布犯罪统计是警察的基本工作;⑤以时间和地域科学分配警力;⑥礼貌是警察质量的根本保障;⑦以形象赢得尊重;⑧招募、训练适应人选是有效执法之本;⑨公众安全需要每个警察挂牌服务;⑩首脑机关必须接近公众;⑪先见习、后上岗;⑫公开警察内部犯罪率。

第一次警务革命在罗伯特·皮尔制定的《伦敦大都市警察法》指导下顺利完成,标志着新警察制度在世界上建立起来了。这次世界警务革命一直延续了将近一个世纪,到20世纪初期才宣告结束。

(2) 第二次警务革命

第二次警务革命最先发生在20世纪初期的美国,目标是实现"警察专业化"。

在将近一个世纪的时间里,新警察制度在包括美国在内的许多国家建立起来,并对各国保持政治稳定和保障经济发展起到了重要作用。但是,随着世界文明的进步,经济、政治的发展,在工业革命时期提出的警务制度已经远远落后于其他方面的发展了,已经起不到促进社会发展的作用了,对世界警务进行新的革命成为世界各国极为迫切的要求。在这种情况下,当时担任国际警长协会主席职务的理查德·西尔威斯特倡导开展"警察专业化运动"。

这一时期美国的警务制度也不再适应经济、政治的发展需要,特别是警察工作效率低下、大量警察缺乏教育培训,而警察机关又盛行腐化堕落之风,许多警察腐败颓废,改革警务制度与整顿警察队伍成为当务之急。于是,在美国首先进行了"警察专业化运动"。

这次警务革命的目的是通过实现警察的专业化,逐步摆脱一些政治集团和经济大财团对警察机关的干扰和控制,使警察队伍成为一支相对独立的、高效率、高质量的文职化队伍,以适应正在突飞猛进发展着的经济、政治的需要。这次警务革命的主要内容包括:向警察队伍管理中逐步引进军事化管理机制、方法和经验,逐步使每个警察都树立起尚武精神;逐步摸索和开发专业化警务部门,将警察工作进行更加细致的分工,这一时期增加的警察专业分工部门包括犯罪、交通、档案、训练等很多方面,使警察工作分工更细、效率更高;在警察的招募和教育培训方面进行改革,逐步提高教育和培训的标准。

随后,世界上许多国家也相继进行了类似的警务革命。这次警务革命使新警察成为相对独立的、高效率、高质量的重要力量,在保障各国的政治经济正常运行中都起着重要作用。

(3) 第三次警务革命

第三次警务革命是指在20世纪30年代至70年代在欧美各国进行的"警察现代化运动"。这次警务革命的目标是全面实现包括警用交通器材、警察指挥系统、警察信息系统等许多方面的现代化。

为了实现警察现代化,首先,这些进行改革的国家在警察系统掀起了大规模的由汽车巡逻代替步行巡逻运动。他们更换了大量陈旧的警用汽车,而代之以非常现代化的交通工具作为巡逻专用汽车,这项工作大大提高了警察的快速反应能力,极大地缩短了警察到达案发现场的时间,为侦破案件准备了有利条件。其次,这些国家还进行了警用通信器材的现代化运动。经过这场运动,警察个人对讲机得以普及,在警察局以及警察局之间的通讯联络网络也迅速形成,这就为各警种之间互相配合、联合作战创造了条件,也为各警察局互通情报,联络感情、交流经验创造了很好的前提条件,实现了指挥系统的现代化。再次,在信息系统现代化方面他们也进行了大胆尝试和积极努力。经过大量艰苦细致的准备工作,这些国家的警察专用计算机信息系统全面完成。这些计算机信息系统包括指纹鉴别系统、刑事犯罪情报系统、人像合成系统、交通控制指挥系统等许多警用计算机信息系统。这些计算机信息系统现代化的实现,极大地提高了警察指挥系统和领导机关对各种纷繁复杂的情报信息进行的分析、处理、存储和使用的能力,加快了警察机关处理各种案件的速度,办事效率成百倍增长。

第三次警务革命是前三次警务革命中最重要的一次警务改革,警务现代化的实现,为社会经济、政治的现代化提供了重要保障,对推进世界文明进程起了重要作用。

(4) 第四次警务革命

第四次警务革命发生在20世纪70年代的欧美各国,这场被称为"后现代化警务革命"(又称"新警察模式""社区警务改革模式""民主式警务")的警务改革,是对前三次警务改革进行理性思考以后提出的全新的警务方式。

欧美等国在实现了警察现代化以后为什么还要进行警务改革呢?这是因为这些国家在实现了警察现代化以后惊奇地发现,警察现代化并没有像人们希望的那样大大降低犯罪率,使社会治安从根本上好转,相反,像警察现代化搞得最好的美国,不仅犯罪率没有降低,暴力等严重犯罪反而大幅上升,这不能不引起这些正在为实现了警察现代化而洋洋得意的国家的警察指挥官们的深思。

经过认真反思,这些警察官员们发现,并不是警察现代化不好,而是西方实现的所谓"警察现代化"有极大的偏差,存在很多弊病。概括起来就是:①在警力配备方面,片面追求警察与公众的高比值,比如这些实现了警察现代化的国家的这种比值都很高,像美国为每万人27.8名警察,英国为每万人24.6名警察,而美国的发案率高达每万人540件,英国则高达每万人780件。②在警用交通工具和器材装备方面,单纯追求高科技和现代化也带来了恶果。由于通过高科技实现了现代化,他们可以坐在办公室里监控社会上发生的各种事情,坐在巡逻车里等待民众报案,以便头戴钢盔、身穿防弹背心,全副武装赶赴现场。这不仅不能提高破案率,反而失去了民众的信任,使民众有了不安全的感觉。③在警务风格上,片面追求快速反应也带来了消极影响。尽管借助现代化的交通工具和通信器材,他们能在接到报案4分钟以内赶到现场,但这并未对破案起到实质性的作用。这是因为由于民众报案不及时,案犯早已逃离现场。④在工作重点上片面强调车辆巡逻而忽视步行巡逻。实验证明,车辆巡逻并不比其他巡逻方式对打击犯罪更有效,这样还疏远了民众。

基于以上这些警察现代化所带来的弊病,欧美各国从 20 世纪 70 年代开始,相继提出了"社区警务"理论,用于对这些国家的警务进行改革。所谓社区警务的基本含义是:警察更多地与社区民众进行接触,使社区和警察机关建立良好的伙伴关系,共同维护社会秩序,保障人民的生命财产安全,预防和打击犯罪,保持社会的良好治安秩序。通过一个时期的探索和实验,社区警务已经初步显示了它的优越性:社区成员对于警察走出巡逻车再次进行步行巡逻非常支持,警察获得了人们的理解和信任;社区警务的实行还使犯罪率有所下降,这也提高了警察的工作积极性,有了一定的成就感。①

(5) 第五次警务革命②

社区警务长盛不衰 50 年,很多人都认为,社区警务是警察应对犯罪的良药。50 年过去了,美国人、英国人都开始反思,社区警务好像并没有像传说的那么灵验。社区警务更像是纯粹的警察哲学,它并不能够根本解决警力的不足,也不能解决经费的短缺,不能为警察所面临的困难不断激发改革的动力。面对 50 年长盛不衰的神话,人们开始动摇、迷惑和疑问。

2011 年 3 月,美国人魁斯特佛·斯顿提出了"警务改革新专业化"。所谓"新专业化",是针对 20 世纪 20 年代旧的美国警察专业化运动而言的。美国警学界认为,"新专业化"可能会代表新一次全球范围的警务革命。第五次警务革命不是标新立异的运动,而是对前四次警务革命的总结,是警务工作的全面提升,是警务改革的综合运动,其主要观点为"警务改革新专业化"。它有四个要素:承担责任性、有效执法性、改革创新性与改革整体性。也就是说,警务改革新专业化是:承担责任性+有效执法性+改革创新性+改革整体性。

① 承担责任性居新警察专业化运动四要素之首,也是这场新警务改革的灵魂之所在。它强调警察队伍面对社会日益复杂的现实状况和层出不穷的问题和挑战,要勇于承担责任,不能后退半步,不可推卸责任,只能披荆斩棘,勇往直前。

社区警务的核心理论是:产生犯罪的根源在社会,抑制犯罪的主力军是人民群众,在这场与犯罪斗争的战役中,警察不是主力军,而是一支重要的方面军,人民群众才是主力军。这就从哲学上转移了警察对社会的责任,也推卸了警察对犯罪上升的责任。

社区警务的另一个核心理论是犯罪守恒论。它认为:一定的社会、经济、政治产生一定的犯罪,这种犯罪的总能量是由社会的大背景所决定的,因此,任何一个犯罪高峰的到来,任何一次犯罪高峰的下降,都和警察没有直接的关系。

社区警务理论还认为:过分的、局部的打击,会导致犯罪从甲地转移到乙地,从犯罪高发区域转移到犯罪低发区域,这就是所谓的犯罪转移论。这一理论也推卸了警察对犯罪率上升的责任。

总的来说,社区警务的若干理论从哲学上巧妙地把警察责任从社会责任中分离了出来。

① 黎津平. 试论世界警务的四次革命[J]. 警学研究,1996(2):1-3.

② 王大伟. 新警察专业化论——第五次警务革命向何处去[J]. 中国人民公安大学学报(社会科学版),2012(6):34-37.

新警察专业化运动对这种传统的警察旁观者的地位提出了批评，它强调警察必须对犯罪率的上升负责，要对社会的管理混乱负责，要对警察经费的短缺负责。

② 有效执法性是警察学的逻辑起点，它可以分成两句话：第一句话是警察的权利从何而来，第二句话是怎样行使你所获得的执法权。为此，产生了若干理论。

第一个理论：警权民授。西方警察的权利从形式上也可能来自女王，也可能来自国会，但是追本溯源，都源于人民。因此，人民群众的满意就是警察行使权利的基础。

第二个理论：善意限制。西方警察学家认为，在和平年代，强大的警察并不一定是民主社会的福音，社会需要对警察的强大权力进行善意限制，就好像车开得很快，就一定要有完整的刹车机制。激情的冲动和刹车的敏感，构成警察这辆高速巡逻车在高速公路上需要有节制地行驶。

第三个理论：最小动用武力论。由于警察的权利源于人民，因此警察的权利必须加以善意的限制，任何致命武力的使用，都可能导致人民群众的不满意和整个社会的混乱。因此，最小动用武力原则是警察若干金科玉律中最重要的一条。

第四个理论：满意决定警务论。在复杂的警务改革面前，在日益涌现的困难和挑战面前，警察站在十字路口上何去何从呢？有没有灯塔为他们照耀着前进、追赶的方向呢？答案是"有"，这就是满意决定警务论：民众的满意、社区的满意决定着警务改革的方向。这实际上是警权民授理论在实际警务操作中的延伸和应用。

③ 改革创新性是警务改革的发动机，引擎越大，警务改革的速度才能越快。

改革有三种模式。第一种是自上而下的改革，也就是由警察的领导者或者警学家进行顶层设计，自上而下贯彻。传统的四次警务改革，都是这种改革模式。第二种是中层学者进行的科学设计，这种科学设计基本上都是一些警务改良模式，也就是局部的、细小的、技术的改革创新。第三种是下层警员的实验和呼唤，这种改革多是局部的好人好事式的总结或是局部创新。

而新的警务改革萌芽于下层的呼唤，汇集于中层的设计，而最后的拍板和决断者，还是来自警察局领导和警学家的顶层设计。因此，四次警务改革之后的第五次警务革命，也应该是自上而下的一种设计。

④ 改革整体性，包括横向和纵向两个方面。

放眼世界，前四次警务革命，虽然发展于某一国家或者某一历史阶段，但是它的影响力都是超越时空的。从时间上来说，它可以延续几十年。从空间上来说，它可以散布世界五大洲四大洋。因此，在现代社会，任何一次世界性的警务改革，都必然是全球性的，而不是局部性的。

2. 现代警察的特点及未来趋势[①]

现代世界各国存在不同的社会制度。不同社会制度和不同发展水平的国家都在努力寻求发展本国经济的道路。经济和科技的迅猛发展，又导致各国出现了许多共同的社会问题。因此，各国警察制度也出现了一些共同的发展趋势。

---

① 贺电，蔡炎斌. 公安学基础理论[M]. 北京：中国人民公安大学出版社，2014：28-29.

（1）加强现代化建设和集中统一的指挥

现代科学技术的飞速发展，尤其是交通、通信工具等的现代化，在促进经济发展、改善人们的物质生活与精神生活的同时，也为犯罪手段的智能化和犯罪分子作案、逃逸、组织、联系提供了有效手段。有鉴于此，世界各国警察制度，无论其管理体制是实行中央集权制，还是实行地方自治制，都致力于加强集中统一的指挥与协同作战，提高作战能力，并且不断改善、更新警用武器、警械、交通工具及通信装备，努力将最新的科技成果迅速、全面地应用到警务工作中，形成警察人员与科技成果相结合的新工作机制和警务模式，以提高警务工作效率与效能。

（2）设置不同的机构，治安与情报分开

由于社会制度的不同以及相同社会制度的国家之间的利害冲突，帝国主义和霸权主义国家对其他国家进行收集、刺探、收买、盗窃情报，甚至搞政治颠覆、策动暴乱。为了适应这一斗争的需要，各国的警察分别设立了两种不同的警察机构，实行治安与情报分开。一种警察机构主要负责国内安全，打击刑事犯罪活动，维护国内社会治安秩序和公共秩序；另一种警察机构主要负责反间谍活动、反政治颠覆和情报工作。一些国家在警察系统内设立专门的机构执行情报和反间谍工作，如法国国家警察总局下设公安局和防谍局，英国伦敦警察厅下设警察局等。也有一些国家除在警察机关内设反间谍部门外，另外专门设置情报机构和国家安全机构，如美国除成立联邦调查局外，还专门设立了中央情报局和国家安全局等。我国设立的这两种机构分别称为"公安部"和"国家安全部"。

（3）建立防暴警察组织

各国纷纷组建反恐怖特种警察部队用以应付各种暴力犯罪和国际恐怖组织活动、营救人质等。这种组织和部队的人员基本上是在原有的警察、特别是武装警察中精选出来的，之后均进行了专门的技术和战术技能训练。为适应地空立体作战需要，防暴警察组织一般配备包括直升机、装甲车、防暴排暴武器与警械等各种先进装备和现代信息指挥系统。

（4）注重社区警务

社区警务作为第四次警务革命的潮流，是 20 世纪 70 年代发端于英国、美国、加拿大、澳大利亚等国家，随后又先后被德国、法国、日本、新加坡等国家借鉴创新而兴起的一种以治本为主、治标为辅的警务发展战略。其基本特征是以预防和减少犯罪为目标，警务工作的重心由传统的事后打击转移到事前防范，依靠社会公众的力量来抑制犯罪，由此达到社会治安的良性循环。经过几十年的实践，西方国家广泛推行的社区警务，已收到明显的成效，在一定程度上实现了密切警民关系、增强公众安全感和遏制犯罪的预期目的。社区警务被越来越多的国家认识和接受，成为当今适应时代要求的警务战略和世界警政发展的潮流。

（5）全面提高警务人员的素质

建立严格的、正规的警察人员录用制度与警察教育训练，使警务人员的素质有明显提高。近代警察创立伊始，由于没有招募警察的标准，缺乏系统的培训，新警察自身素质和执法效率低下，在公众中形象不佳。20 世纪初，这就促使一些国家包括中国在内开始建立警察培训机构，出台警察培训政策和标准。目前许多国家都具有严格的、配套的警察考试招募制度，实行分层次的警察晋升与培训相结合的制度。

（6）对警察工作进行全方位的科学研究

运用科学的理论、原则和方法设计警察的组织机构、管理警察人员、规划警察的勤务制度等,使警察管理与业务工作的科学化水平有了质的飞跃,出版了大批警察科学理论著作和警察培训教材,涌现了大批警察科研成果。

（7）国际警务交流与警务执法合作不断加强

随着当今世界各国之间的经济、文化、科学、技术、人员的交流日益频繁,各国均面临着新的犯罪形势的考验,犯罪呈现出国际化、智能化、有组织化、恐怖化等新的特点和发展趋势。加强国际警务合作已经成为很多国家的共同愿望,尤其是在面对包括恐怖主义、跨国犯罪等非传统安全威胁时,各国警方意识到,传统的画地为牢的执法方式,在对付日益国际化的犯罪中已力不从心,唯有各国警方加强警务交流与合作,才是预防和打击国际性犯罪的唯一有效途径。目前,世界各国对各种犯罪,特别是在有组织犯罪、毒品犯罪、计算机犯罪、恐怖主义犯罪和邪教犯罪等几种危害极大的犯罪领域加强了国际的警务合作与交流。这种国际的合作与交流,有双边及多边的形式。国际刑警组织在其中做了大量卓有成效的工作。

国际刑警组织(International Criminal Police Orgnization, ICPO)是一个在世界范围内以协调预防和打击国际刑事犯罪为目的的国际组织机构,负责预防犯罪研究、传递犯罪信息、协调各国打击跨国犯罪,并对成员警方进行技术培训等。国际刑警组织成立于1923 年,最初名为国际刑事警察委员会,总部设在奥地利首都维也纳。第二次世界大战期间迁到德国首都柏林,一度受纳粹组织控制。"二战"后,该组织恢复正常运转,总部迁到法国巴黎。1956 年,该组织更名为国际刑事警察组织,简称国际刑警组织。1989 年该组织总部迁到法国里昂。

国际刑警组织机构包括全体大会、执行委员会、秘书处和国家中心局。全体大会为最高权力机关,由各成员国代表团组成;执行委员会由大会选出的十三名成员国的代表组成,负责监督大会决议的执行情况、准备大会的工作日程、监督秘书长的管理情况等;秘书处由秘书长和该组织的技术、行政人员组成,负责执行大会和执行委员会的决议、编辑各种刊物、通缉逃犯等;国家中心局是该组织在各国的常设机构,主要负责各国警方同国际刑警组织各成员国之间的合作。国际刑警组织总部建有一个存有 200 余万名国际刑事罪犯材料的资料档案库和一座用于鉴定货币及其他有价证券真伪的实验室。它传递的国际通报分别以红、蓝、绿、黄、黑、紫、白等色标示轻重缓急和内容主题。国际刑警组织的电子邮件网络系统每年可处理 100 万封阿拉伯文、英文、法文和西班牙文的各种"通报"。出版物有《国际刑事警察评论》(每年 10 期)和《伪币和伪造物》(技术期刊)。

国际刑警组织的宗旨是保证和促进各成员国刑事警察部门在预防和打击刑事犯罪方面的合作。它的主要任务是:汇集、审核国际犯罪资料,研究犯罪对策;负责同成员国之间的情报交换;收集各种刑事犯罪案件及罪犯的指纹、照片、档案;通报重要案犯线索、通缉追捕重要罪犯和引渡重要犯罪分子;编写有关刑事犯罪方面的资料等。

国际刑警组织每年召开一次全体成员国代表大会,并经常举行各种国际性或地区性研讨会。该组织日常与各国国家中心局保持密切关系,组织国际追捕。"红色通缉令"是该组织在打击国际犯罪活动中使用的一种紧急快速通缉令。

中国于 1984 年加入国际刑警组织,同年组建国际刑警组织中国国家中心局。1995 年,国际刑警组织第 64 届全体成员国代表大会在北京举行。多年来,中国始终与国际刑警组织之间保持着密切联系。

知识巩固与能力提升训练

一、判断题

1. 古代警察行使职权在法律上是非常严格的。　　　　　　　　　　　　　　（　　）

2. 警察是一个历史范畴,是人类社会一定历史阶段上的产物。　　　　　　　（　　）

3. 当今世界各国,都建有自己的警察机构,设置专职的警察力量。　　　　　（　　）

4. 国家机器的形成是警察产生的社会条件。　　　　　　　　　　　　　　　（　　）

5. 近代警察发端于西欧,是资本主义发展的产物。　　　　　　　　　　　　（　　）

6. 警察必须与国体一致,但不必与政体一致。　　　　　　　　　　　　　　（　　）

7. "警察"一词英文为 police,它源于希腊语 politia。　　　　　　　　　　　（　　）

8. 从氏族公社向奴隶制国家过渡的过程中,氏族武装从全民不脱离生产的武装,逐渐向着职业的、听命于首领或贵族的、不参加生产的独立武装力量转化,氏族武装力量被用于干预本族内部关系的功能逐渐增强,这就意味着警察力量的萌生和逐渐强化。　　　（　　）

9. 在当代的一些国家中,比如永久性中立国瑞士,没有设置具有武装性质的专职警察力量。　　　　　　　　　　　　　　　　　　　　　　　　　　　　　　　（　　）

10. 警察和警察机关随着国家的产生而产生,也将随着国家的消亡而消亡。　（　　）

11. 近代警察机关的建立及其体制和职权,均以宪法或法律为依据。古代警察执法极不严格,私刑普遍存在。　　　　　　　　　　　　　　　　　　　　　　　（　　）

12. 警察是具有武装性质的维护社会秩序、保卫国家安全的国家司法力量。（　　）

13. 在地方自治制警政管理体制中,警察受地方政府领导,中央政府只起监督作用。　　　　　　　　　　　　　　　　　　　　　　　　　　　　　　　　　　（　　）

14. 近代警察机关的建立及其体制和职权,均以宪法或法律为依据。古代警察执法极不严格。　　　　　　　　　　　　　　　　　　　　　　　　　　　　　（　　）

15. 原始社会没有警察。　　　　　　　　　　　　　　　　　　　　　　　（　　）

16. 在奴隶社会、封建社会中,有专门的警察机关,也有专职的警察队伍。（　　）

17. 警察是国家政权中按照统治阶级意志,依靠暴力的、强制的、特殊的手段维护国家安全与社会秩序的武装性质的行政力量。　　　　　　　　　　　　　　（　　）

18. 警察是国家机器的重要组成部分,具有鲜明的阶级性。　　　　　　　　（　　）

19. 警察的社会性表现在它的政治镇压职能上。　　　　　　　　　　　　　（　　）

20. 在警察萌芽时期,同时伴生的有监管行为、审判行为的萌芽。　　　　　（　　）

二、单项选择题

1. 在警察的两种基本职能中,(　　)通常置于首要地位。

　　A. 政治镇压职能　　　　　　　　　　　B. 社会管理职能

　　C. 惩处犯罪　　　　　　　　　　　　　D. 维护社会治安

2.英国的警政管理体制为(   )。

    A.地方自治制   B.中央集权制   C.层级管理制   D.首长负责制

3.警察是具有武装性质的维护社会秩序、保卫国家安全的国家(   )力量。

    A.司法   B.行政   C.军事   D.立法

4.建立近代警察制度较早的国家是(   )。

    A.法国和英国   B.美国和英国   C.英国和荷兰   D.法国和美国

5.下列有关警察本质的观点正确的有(   )。

    A.世界各国由于社会制度不同,警察的阶级基础和政治属性不同,管理体制,机构
       设置各异,因此,他们在本质上也是不同的

    B.警察具有广泛的社会性,而不具有鲜明的阶级性

    C.世界各国警察在本质上是共同的

    D.同其他行政机关一样,警察实现职能的手段不具有特殊性

6.警察的基本职能是(   )。

    A.政治镇压职能和民主职能   B.社会管理职能和政治镇压职能

    C.民主职能和专政职能   D.专政职能和社会管理职能

7.以下关于近代警察与古代警察的区别正确的有(   )。

    A.古代警察的职能是独立的,近代警察的职能尚未能集中于一个统一的专门机关

    B.近代警察没有专门的组织,古代警察有专职的警察队伍

    C.近代警察机关的建立及其体制和职权均以宪法或法律为依据

    D.近代警察没有统一的制式服装,古代警察则有专门的服装

8.阶级矛盾和统治阶级内部矛盾的不可调和性,是警察产生的(   )。

    A.政治条件   B.经济条件   C.阶级条件   D.文化条件

9.中国历史上第一个全国性的专职警察机构是(   )。

    A."巡警部"   B."巡警局"   C."警务学堂"   D."湖南保卫局"

10.决定警察必要性的直接因素是(   )。

    A.阶级矛盾不可调和

    B.维护阶级统治秩序的客观需要

    C.对被统治阶级的政治镇压

    D.由社会矛盾引起的犯罪、对抗冲突和社会秩序问题

11.1829年,(   )通过了《大伦敦警察法》。

    A.法国   B.英国   C.德国   D.美国

12.生产力的发展,私有制的产生,是警察产生的(   )。

    A.政治条件   B.经济条件   C.阶级条件   D.社会条件

13.在奴隶社会和封建社会中(   )。

    A.已经有了专门的警察机构

    B.已组建了专门的警察队伍

    C.军队、警察、行政已有了明确的分工

    D.没有专门的警察组织,军警不分,警政合一

14. 近代警察的职能主要集中在( )。
 A. 行政官吏   B. 军队   C. 审判机关   D. 警察机关

15. 1946年,国民党政府把各省、市、县警察机关改为( )。
 A. 公安局   B. 警察局   C. 保安局   D. 保卫局

16. 旧中国近代警察的历史,是( )结合在一起,镇压革命、迫害人民的历史。
 A. 军警
 B. 军特
 C. 军、警、特
 D. 军警和司法机关

17. "警察"起源于希腊语,其最初的含义是指( )。
 A. 警告、诫示   B. 氏族武装   C. 通缉、缉拿   D. 都市行政

18. 中国的近代警察产生在( )。
 A. 明朝末期
 B. 清朝前期
 C. 清朝中期
 D. 帝国主义入侵中国之后

19. 中国历史上最早的专职警察机构是( )年建立的。
 A. 1898   B. 1905   C. 1895   D. 1907

20. 在中国历史上,将"巡警"改为警察的是( )。
 A. 清政府   B. 南京临时政府   C. 蒋介石政权   D. 中华人民共和国

三、多项选择题

1. 与古代警察相比,近代警察的变化与不同的( )。
 A. 近代警察的职能主要集中于警察机关
 B. 近代警察从中央到地方形成专职的警察队伍,成为国家庞大的专政工具之一,
 行使专门职权
 C. 古代警察极不严格,近代警察强调了法治
 D. 近代警察有统一的制式服装,古代警察则没有专门的服装

2. 警察产生的条件有( )。
 A. 国家机器的形成,是警察产生的政治条件
 B. 维护统治秩序与惩罚犯罪的客观需要,是警察产生的社会条件
 C. 阶级矛盾和统治阶级内部矛盾的不可调和性,是警察产生的阶级条件
 D. 生产力的发展、私有制的产生,是警察产生的经济条件

3. 古代警察的特点是( )。
 A. 军警不分,警政合一
 B. 古代警察行使职权,在法律上是极不严格的,神权、皇帝或长官的意志起决定作用
 C. 私刑、私狱普遍存在
 D. 警民不分,没有专职的警察力量

4. 1912年中华民国成立前,清政府将专职警察称为( )。
 A. "捕快"   B. "保卫"   C. "巡捕"   D. "巡警"

5. 警察的本质特征有( )。
 A. 鲜明的阶级性   B. 手段的强制性
 C. 广泛的社会性   D. 强大的权力性

6. 下列关于近代警察管理体制的理解,错误的有(　　　　)。

　A. 近代警察管理体制的形成受美、法两国警察制度的影响

　B. 世界各国警察管理体制主要有地方自治制、中央集权制、地方自治制与中央集
　　权制结合制

　C. 地方自治制以英国为代表

　D. 中央集权制以美国为代表

7. 属于中央集权制警政管理体制的国家是(　　　　)。

　A. 英国　　　　　　B. 法国　　　　　　C. 美国　　　　　　D. 日本

8. 世界近代警察体制形成了地方自治制和中央集权制两种警察管理体制,深受西方
影响,即(　　　　)。

　A. 地方自治制受英国影响　　　　　　B. 中央集权制受法国影响

　C. 地方自治制受美国影响　　　　　　D. 中央集权制受日本影响

9. 关于警察与国家的联系,下列理解正确的有(　　　　)。

　A. 警察随着国家的产生而产生　　　　B. 警察必将随着国家的消亡而消亡

　C. 警察是和国家一样古老的　　　　　D. 国家是不能没有警察的

10. 警察的基本职能有(　　　　)。

　A. 文化管理职能　　　　　　　　　　B. 社会管理职能

　C. 经济管理职能　　　　　　　　　　D. 政治镇压职能

11. 下列有关中国近代警察的建立的描述正确的有(　　　　)。

　A. "湖南保卫局"是中国历史上最早的专职警察机构

　B. 中国的近代警察是帝国主义入侵中国之后的产物

　C. 1912 年中华民国成立后,南京临时政府将"巡捕"和"巡警"改为警察

　D. "巡警部"是清政府的中央警察机关,也是中国历史上第一个全国性的专职警
　　察机关

12. 有关近代警察的论述正确的有(　　　　)。

　A. 近代警察首先是在欧洲资本主义较为发达的国家建立起来的

　B. 近代警察发端于北美,是资本主义发展的产物

　C. 近代警察是社会生产力迅速发展和社会分工日益细密的必然结果

　D. 近代警察是适应资本主义制度需要而建立起来的专门执行警察职能的机构和
　　官吏

13. 下列关于警察职能的叙述正确的有(　　　　)。

　A. 警察的职能,是指警察的社会效能和作用

　B. 警察的职能是由国家的职能决定的

　C. 警察的政治镇压职能和社会管理职能,构成了警察的基本职能

　D. 警察的政治镇压职能具有鲜明的政治性和强烈的阶级性,警察的社会管理职
　　能具有广泛的社会性和群众性

14. 在奴隶社会、封建社会中,警察的职能是由(　　　　)分别掌管的。

　A. 审判机关　　　B. 行政机关　　　C. 警察机关　　　D. 军队

15. 世界各国警察,由于受英、法两国警察制度的影响,形成的警政管理体制为( )。

    A. 地方自治制   B. 复合管理制   C. 中央集权制   D. 地方分权制

16. 欧洲资本主义较为发达的国家首先产生近代警察的原因是( )。

    A. 城市贫民的赤贫化,扩大了铤而走险的队伍

    B. 资本主义的生活方式毒化了社会风气,社会犯罪空前增长

    C. 在这些国家资本使社会形成无产阶级和资产阶级两大对立的阶级

    D. 资产阶级为了维护自己政治上的统治和经济上的残酷剥削,必然要强化警察的职能

17. 下列关于近代警察管理体制的形成过程叙述正确的有( )。

    A. 英国在中世纪就建有治安法官制度

    B. 1829年英国通过了《大伦敦警察法》,由罗伯特·皮尔建立了首都伦敦警察厅

    C. 美国仿效法国、日本仿效英国建立了本国的近代警察制度

    D. 1789年法国资产阶级革命后建立了保安官制度,即实行了资产阶级共和国的警察制度

18. 下列关于警察的起源理解正确的有( )。

    A. 警察是一个历史范畴,是人类社会一定历史阶段上的产物

    B. 警察和警察机关不是从来就有的,也不是永世长存的

    C. 警察是随着国家的产生而产生的,也必将随着国家的消亡而消亡

    D. 原始社会没有警察

19. 建立近代警察制度较早的国家是( )。

    A. 美国   B. 英国   C. 法国   D. 意大利

20. 在警察的萌芽时期,同时伴生的有( )的萌芽。

    A. 执法行为   B. 监禁行为   C. 审判行为   D. 治安行为

【参考答案】

一、判断题

1. ×   2. √   3. √   4. ×   5. √   6. ×   7. ×   8. √
9. ×   10. √   11. √   12. ×   13. √   14. √   15. √   16. ×
17. √   18. √   19. ×   20. ×

二、单项选择题

1. A   2. A   3. B   4. A   5. C   6. B   7. C   8. C
9. A   10. D   11. B   12. B   13. D   14. D   15. B   16. C
17. D   18. D   19. A   20. B

三、多项选择题

1. ABCD   2. ABCD   3. ABC   4. CD   5. ABC   6. ABD
7. BD   8. AB   9. ABCD   10. BD   11. ABCD   12. ACD
13. ABCD   14. ABD   15. AC   16. ABCD   17. ABD   18. ABCD
19. BC   20. BC

第二章

公安机关的建立和发展

第一节　中华人民共和国成立前的人民公安机关

我国公安机关的历史,是同中国共产党领导的、通过武装斗争逐步夺取政权的革命斗争紧密相连的。中国共产党成立之初,就面临着在资产阶级反动统治下如何保卫自身存在和发展的问题。1921年,中国共产党召开第一次成立会议时,就有专人负责保卫工作。随着党组织的发展和人民军队、革命根据地人民政权的建立,党、军队和政权中的公安保卫机关也逐步创建起来。因此,我国公安保卫工作的历史可以追溯到建党之初,几乎与党的历史一样长。

一、第一次国内革命战争时期的人民公安机关

中国共产党从成立之日起就遇到了安全保密问题,为了保卫党的安全及革命斗争的客观需要,党内相继设立了一些保卫组织。大革命时期,在党领导的工农运动中,针对敌人的镇压、土豪劣绅的仇视、工贼的破坏,一些地方建立起了解敌情的侦察队、处理反革命的会审处、打击叛徒工贼的"打狗队"、保卫工会领袖的督察队。

1924年,第一次国共合作后,一批共产党员参加国民党,推动了革命的发展。其后,共产党人和国民党左派都遭到国民党右派的反对,特别是孙中山逝世后,国民党内部进一步分化,右派势力发展,向共产党人和国民党左派疯狂进攻。在当时,任何一个中国共产党党员和国民党左派随时都可能遭到国民党右派的暗杀。1925年年初,中共中央派中共广东区委委员杨殷,到国民党左派李章达领导的广东省省会公安局任顾问。同年8月20日,著名国民党领袖廖仲恺被刺身亡,杨殷便利用公安局任职的有利条件,调查廖仲恺被国民党右派暗害的阴谋。1926年1月,有中国共产党人参加的国民党第二次全国代表大会在广州召开,为防范国民党右派的破坏,杨殷又在中共广东区委领导下,担负起保卫安全的任务。他从广州工人纠察队和南海县农军中选调一批可靠人员,组成特别保卫大队,保卫共产党人和国民党左派的安全。

1925年6月建立的省港罢工委员会,既是工人运动的指挥机构,又行使了革命政权机关的某些职能。北伐战争胜利后,农民运动高涨,农民们纷纷成立农会,下设武装纠察队和梭镖队,这些组织实际上充当了当时工人、农民运动的治安保卫力量。

上述在中国共产党领导的工农革命运动中建立的各种组织,尽管存在时间不长,组织机构也不够健全,但就其所代表和维护的阶级利益及行使的职能而言,事实上体现了人民公安机关的性质。这就是我国人民公安机关的萌芽时期。

二、第二次国内革命战争时期的人民公安机关

第二次国内革命战争时期,是中国共产党领导的人民公安机关的创建时期。

(一)中央特科

1927 年,蒋介石发动"四一二"反革命政变,杀害大批共产党员和革命群众,党的组织被迫转入地下。由于蒋介石使用大量的特务、警察对共产党人进行暗杀和镇压,个别党员成了叛徒。党中央在白色恐怖下迁到上海。为了确保党中央的安全,在周恩来主持的中央特委的直接领导下,于 1927 年 12 月在上海建立了中央特科,这是中国共产党在中央机关设立的最早的保卫组织。它的主要任务是保卫党中央机关和中央领导的安全;搜集情报、掌握敌情;惩办特务、叛徒、内奸;建立秘密交通联络和秘密电台。1933 年党中央迁往苏区,中央特科工作于 1935 年结束。

中央特科建立的时间不长,但为保卫党、保卫革命立下了不朽的功绩。一是创立了中国共产党中央机关的保卫工作机构,积累了保卫工作的丰富经验。中央特科的历史表明,党从一开始就将保卫工作置于党中央的直接领导之下,注重培养隐蔽斗争干部,这对以后公安保卫工作的发展起了重大的历史作用。二是保卫了中共中央机关和中央领导同志的安全。1931 年 4 月,中央特科负责人之一的顾顺章在武汉被捕叛变,出卖了党中央、中央特科及有关领导人。中央特科打入敌特机关内部的钱壮飞同志抢在敌人行动之前将顾顺章叛变的情况报告了党中央。周恩来同志据此采取断然措施,保卫了党中央的安全。三是收集了大量有价值的情报,在对敌斗争,特别是在反"围剿"斗争中发挥了重要作用。四是镇压了一批背叛革命、出卖党的领导干部的叛徒,避免了更大的损失。

(二)国家政治保卫局

从 1927 年秋到 1930 年,全国各地先后建立了十几块革命根据地。为保卫革命政权,各革命根据地逐步建立起肃反委员会,并制定了各种革命法规,保障工农劳动群众的基本权利,维护根据地的社会治安秩序,镇压敌人的破坏活动,巩固革命政权。

革命根据地的不断发展,引起了国民党反动派的极度恐慌,为剿灭革命力量,国民党蒋介石先后发动了三次反革命"围剿",并加紧特务活动,与根据地内外反动势力相互勾结,妄图破坏和颠覆苏维埃政权。在这种革命与反革命的激烈斗争中,原有的政权保卫组织——肃反委员会已不能适应革命形势发展的需要。

肃反委员会是革命根据地工农民主政权初创时期专政机关的组织形式,兼有公安与司法两方面的职能。这是为适应当时暴风骤雨式的革命斗争的需要而建立的一种临时性的公安保卫组织。肃反委员会的建立,为创建革命根据地和红色政权作出了重大贡献。但是这种缺乏专门机关切实指导的群众性保卫组织,有着不可避免的局限性。肃反委员会的工作基本上是发动和领导人民群众对反动势力实行直接的镇压和斗争。随着革命根据地不断巩固和发展以及法治建设的需要,这种局限性更为明显。这种状况使得加强和

完善专政机关的建设成为历史的必然。随着统一的苏区中央政府的成立,各革命根据地政权在原有的肃反委员会基础上建立了国家政治保卫局。这是一个具有人民民主专政性质、与旧警察有着根本区别的公安保卫机关。它的出现,是特定时期公安客体的客观历史需要,标志着中国共产党领导的新民主主义国家的人民公安机关的正式诞生。

1931年11月,在江西瑞金召开的第一次中华苏维埃工农兵代表大会上,成立了中华苏维埃临时中央政府,以原来的苏区中央局保卫处为基础,组建了国家政治保卫局,这是我国最早的人民政权的公安保卫机关。随后,在各革命根据地和红军中相继建立了政治保卫机关。

国家政治保卫局是中国历史上第一个代表人民大众利益的公安保卫机关。从诞生起,就具有鲜明的新民主主义国家政权专政工具的性质,具有警察机关的基本职能,它依靠人民群众、服务于工农民主政权的巩固和革命战争的需要,把斗争的矛头指向国民党特务暗探、各种反革命分子和一切破坏革命秩序的反动势力。这样一种革命的、进步的、崭新的警察机关的建立,同当时的国民党警察机关横行国土、压迫人民、镇压革命形成了鲜明的对比。它从本质上完全区别于一切反动政权的警察机关,是我国有史以来警察职能的一次历史性转变,具有划时代的历史意义。国家政治保卫局建立以后,按照苏维埃政府有关法律文件规定终止了肃反委员会包揽全部诉讼过程的局面,实行了公安与审判分开、侦查与预审分开,开始了公安专业工作的初步建设。

虽然国家政治保卫局开创了人民公安保卫事业,并为保卫革命根据地作出了重要贡献。但由于当时根据地初创,公安保卫工作缺乏经验,不能很好地将公安工作实际同当时中国国情结合起来,而是照搬苏联早期保卫机关格伯乌(国家政治保卫局)的"垂直领导""独立系统"的管理体制,在内部实行严格的局长单一集权制,"下级对上级的命令绝对服从"。国家政治保卫局成员绝对隶属于本局或上级保卫局,完全独立于同级党和政府之外,具有侦查、拘留、逮捕直至审讯制裁的权力,"地方政府和红军指挥机关无权改变或停止国家政治保卫局的命令"。盲目照搬苏联的一套做法,组织上实行"垂直领导"的体制,使国家政治保卫局成了自成体系,有特殊权力,凌驾于地方党政军之上,严重脱离党和群众的机构。在这种领导体制下,由于缺乏党和政府的正确领导以及革命群众的支持和监督,使公安工作陷入了"肃反中心论"的误区,在工作上不正确地过分夸大了公安保卫工作的特殊性,助长了神秘主义、孤立主义和特权思想。特别是王明的"左"倾冒险主义在中央占统治地位以后,把肃反政策和干部政策的宗派主义纠缠在一起,搞"垂直领导"和"逼供信",因而犯了肃反扩大化的错误,使得一大批革命同志被错误地打成反革命组织"AB团""改组派"分子而大肆加以斗争,甚至无情打击,给党和革命带来难以估量的损失。直至1935年1月,党中央在"遵义会议"上重新确立了毛泽东同志在党和红军中的领导地位,结束了王明"左"倾错误路线,公安保卫工作才重新走上了正确的发展道路。

三、抗日战争时期的人民公安机关

抗日战争爆发后,民族矛盾上升为主要矛盾,阶级矛盾降为次要矛盾。日本帝国主义在对抗日根据地进行军事进攻的同时,加紧网罗汉奸,派遣特务,对根据地进行破坏,而以国民党蒋介石为首的顽固派也不断制造摩擦,掀起反共浪潮。为保卫革命政权,中国共产党领导的公安机关一方面贯彻全面抗战统一战线,以日本帝国主义为主要敌人,严厉镇压日寇汉奸特务的破坏活动;另一方面又同国民党反共、反人民的阴谋进行艰苦卓绝的斗争。这一时期公安保卫工作在艰苦的斗争实践中创造了许多新的经验,走上了适应中国革命实际的发展道路。

(一)陕甘宁边区和各敌后抗日根据地的人民警察

1937 年 7 月,抗日战争全面爆发,中国共产党提出了建立抗日民族统一战线的主张,使敌后抗日根据地得以开辟,并建立了抗日民主政权。随着根据地和政权建设的不断发展,在建立民主政权的同时,公安机关也随之建立。

1937 年 9 月,国共再次合作之时,原中华苏维埃共和国临时中央政府西北办事处更名为陕甘宁边区政府。

1937 年 12 月,陕甘宁边区政府成立保安处,简称"边保",其前身为西北政治保卫局,是边区的锄奸、肃特和安全保卫机构。陕甘宁边区政府保安处处长是周兴。边区以下,各分区先后设保安科、保安分处;各县设保安科。保安处、科内,设保卫(侦察、情报)、检查(预审、看守、执行)、地方指导以及秘书、总务等业务、行政部门。1950 年,陕甘宁边区政府结束工作,陕甘宁边区政府保安处也随之结束工作。

陕甘宁边区政府保安处在 12 年的斗争历程中,为保卫党中央和边区政府机关安全,保卫红色政权,解放西北做出了重要贡献,并在斗争实践中积累了丰富的经验,为新中国培养和储备了一大批公安、政法领域的领导干部和业务骨干。

为了维护陕甘宁边区首府延安市的社会治安和公共秩序,1938 年 5 月成立了延安市警察队,全称是"陕甘宁边区人民警察",简称"边警"。这是我国历史上最早的一支比较正规的人民警察队伍。

各敌后抗日根据地也相继建立了锄奸保卫机构,如晋察冀边区公安总局、晋绥公安局、冀鲁豫边区政府公安总局等。锄奸保卫机构的普遍建立及其卓有成效的工作,对保卫抗日政权、取得抗日战争的胜利发挥了重要作用。

(二)社会部

1939 年 2 月,中央决定在党的高级组织内成立社会部,下设侦查、治安、情报、干部保卫和中央警卫团等机构。

社会部的任务是与敌伪特务、奸细作斗争,保障党的政治、军事任务的完成和组织的巩固,开展对敌情报工作和掌握敌人动向,进行锄奸宣传,培养锄奸骨干,负责军队和尚未建立民主政权的新辟根据地的锄奸保卫工作。

从 1939 年到 1941 年,晋察冀、晋冀鲁豫、晋绥、山东、苏皖等抗日根据地相继设立了公安局(或总局)、保安处和县级公安机关。

(三)抗日战争时期人民公安机关的管理体制和工作对策

为吸取第二次国内革命战争时期国家政治保卫局"垂直领导""独立系统"实施过程中的历史教训,正确处理公安机关与党委、政府的关系,创造出一条适合中国国情的公安领导体制,党中央在抗战初期各级公安机关建立之初,就明确要求各级党组织和公安保卫机关必须认真总结土地革命战争时期政治保卫局实行"垂直领导"、脱离党委和政府监督、在

"肃反"中犯严重扩大化错误的深刻教训;要求切实加强党对公安保卫工作的领导,并采取组织措施保证贯彻执行,要求各级党委要将反奸细斗争作为政治上、组织上的重要任务,责成党委书记、军队首长对此工作首先负责,不要将此重要任务仅仅划给少数人担任,要把这个部门视为党的工作不可分离的组成部分。纠正个别保卫人员留恋过去离开党的领导而形成独立系统的观点。为保证党对公安工作的领导,中共中央决定在党的高级组织内成立社会部的同时,还决定从中央局到地委成立保卫委员会,从政治上、组织上保证加强党对公安工作的领导,确立党对公安保卫工作的领导关系。同时规定了公安机关与地方党委、政府以及同上级公安机关的关系,确立了党委和政府对公安机关的双重领导。各级公安局隶属各级民主政府,公安机关在向党委和上级公安机关报告工作的同时也向同级政府报告工作,正确地解决了公安机关与各级党委和政府的关系问题,形成了后来成为我国公安工作根本原则的"条块结合,以块为主"的领导管理体制。这种领导管理体制是我党在总结公安保卫工作的实践经验和吸取血的教训的基础上的一个创造,也是公安工作具有中国特色的重要方面。

抗日战争时期,由于敌特对革命根据地的渗透和破坏,迫使中国共产党领导的公安机关加强了侦查、情报、预审、治安等专业工作,同时也强化对敌区的情报、派遣、策反和对根据地的防奸防特、治安管理等业务工作。特别是在锄奸斗争中,在加强专门机关的专业工作建设的同时,实行了发动和依靠人民群众的工作路线,各根据地建立了多种多样的锄奸组织。1939 年,陕甘宁边区建立了 700 多个乡锄奸委员会、9000 多个锄奸小组。各根据地相继破获了一批反革命案件和特务案件,创造了专门机关与群众相结合的成功经验。

抗日战争时期,我党的"肃反锄奸"政策也趋向成熟。毛泽东同志在 1940 年 12 月提出镇压与宽大相结合的政策,1943 年 7 月提出防奸工作"九条方针",1945 年又提出严肃与谨慎相结合的方针,在此基础上逐步形成了较严密的政策体系。这一系列政策的制定,丰富了我党公安保卫工作的理论政策体系,特别是"九条方针"的提出对我党公安保卫工作的健康发展具有深远的影响。

1943 年,为打击敌人,纯洁革命队伍,中共中央决定在延安整风运动的后期对革命队伍的干部进行一次普遍性审查,以清除隐藏在革命队伍中的特务奸细及反革命分子。这是符合当时革命斗争形势需要的。但由于"左"的思想影响,作为中央社会部部长的康生在这次运动中错误地估计形势,夸大敌情,发动了所谓的"抢救运动",对于所谓的"失足者"大搞"逼供信",制造了大批冤假错案,导致"审干运动"中的肃反扩大化,使革命力量遭受了巨大损失。为纠正"抢救运动"的错误,保证"整风运动"的健康发展,毛泽东同志提出了著名的"九条方针"。"九条方针"的基本内容是:首长负责,自己动手,领导骨干与广大群众相结合,一般号召与个别指导相结合,调查研究,分清是非轻重,争取失足者,培养干部,教育群众。此后,党中央又相继颁发了一系列指示,要求进一步贯彻执行"九条方针",防止和纠正肃反扩大化;昭雪平反在"抢救运动"中被冤枉的同志。"九条方针"的提出为中国共产党的公安保卫工作确定了一条正确的路线,是中国共产党总结领导根据地肃反工作的成功经验和血的教训的产物,标志着我党公安机关在领导体制上彻底地摆脱了苏联格伯乌"垂直领导"的影响,充分体现了中国共产党对公安工作的政策和路线领导趋于成熟,使我国公安工作走上了一条具有中国特色的发展道路。

四、解放战争时期的人民公安机关

解放战争时期,公安工作的重点逐步从农村转入城市,配合解放军胜利完成军管城市的任务,摧毁国民党警察机关,对旧警察进行改造,建立人民公安机关,为建立统一的中央公安机关做了准备。

1946年4月,东北民主联军进驻哈尔滨,成立人民政权,建立哈尔滨市公安局。随后,中共中央东北局和各地人民政权也建立了东北局社会部和各级人民公安机关。1949年1月,东北公安总处改为东北公安部,东北各省设立公安厅。1948年5月,华北局社会部和华北人民政府公安部建立。1949年7月,中央决定在华北局社会部和华北公安部的基础上组建中央军委公安部。西北解放区、华东解放区的人民政府公安厅(局)也陆续成立,中南和西南地区的人民公安机关随着解放战争的最终胜利和中华人民共和国的成立而逐步建立起来。各级公安机关在党和人民政府的领导下,有力地配合了解放战争,保卫了新区的人民政权,建立了革命秩序,对于夺取新民主主义革命的胜利起到了重要作用,为以后公安工作的建设奠定了可靠的基础。具体工作内容如下。

(一)开展肃清国民党特务斗争,配合部队军管城市

人民解放战争迅速向全国推进,在大城市相继解放的形势下,党中央决定在所有新收复的大城市进行军事管制。我公安机关入城后,在城市军管会的统一领导下,迅速开展肃清敌特的斗争,以配合部队的军管工作。城市的"肃特"工作主要是坚决打击和镇压、取缔反动党团及一切特务组织,进行反动党团登记,管制其中少数反动分子。彻底肃清一切潜伏特务,摧毁一切反革命组织,消灭一切残余的敌人和散兵游勇及武装抵抗分子。由于采取了专门机关与广大群众相结合、秘密工作与公开工作相结合的原则,这场尖锐的斗争取得了重大胜利。城市"肃特"工作的不断胜利,既保卫了新生的城市人民政权,又有力地配合了全国的解放战争。

(二)接管国民党警察机关,改造旧警察

国民党警察机关是国民党反动政权统治城市的主要暴力工具。接管旧警察机关,是我公安机关的一项重要工作。对国民党警察机关的接管和旧警察人员的改造工作,是随着解放战争的胜利发展和城市的逐个解放,在当地党委的领导下,按照中央统一规定的方针、政策,经过充分的准备和严密的组织工作,有计划、分步骤地实施。在接管旧警察机关和改造旧警人员的同时,组建了人民公安机关和人民警察队伍。接管工作大体是按"接收、管理、改造"的原则,分两个步骤完成的。

(1)迅速进驻城市国民党警察机构,进行包括武器弹药、电台档案、各种车辆、房地产及一切公共资产等的全盘接收。对旧警察机构暂时原封不动,要求旧警察人员限期报到登记,以示宽大,安定人心,同时责令他们"放下武器,徒手服务",等待处理。这些做法有利于社会秩序的恢复,一方面可解决我公安机关初进城警力不足、业务生疏而可能出现的空隙;另一方面也有利于了解旧警察的政治思想、工作状况,为处理旧警察提供依据。

(2)取代国民党旧警察机关,建立全新的人民公安机关的工作制度,进行国民党警察人员的安置、处理和改造工作。

　　各大城市的主要做法是：对旧警察人员坚持区别对待的原则，对少数罪行严重、民愤极大的警察头目及警察人员坚决依法惩处，大多数有一定劣迹或恶习的人员，经教育后安置或遣散，对于一些表现较好有一技之长可为我所用的人员及户籍警察、交通警察、消防警察等予以留用。对留用的旧警察人员，采取集中培训、在职学习和思想检查等方式，提高广大留用旧警察人员的思想觉悟，使其树立起为人民服务的新人生观。

　　公安机关以不流血的方式，配合解放军胜利地完成了军管城市的任务，迅速、彻底、稳妥地在内地范围内成功地摧毁了国民党警察机关，对旧警察进行改造，建立人民公安机关，为建立统一的中央公安机关做了准备。

（三）加强公安队伍建设，开展城市治安管理等业务工作

　　在接管国民党的旧警察机关以后，公安队伍迅速扩大，工作全面展开。为了适应这种变化的需要，改变初建时那种过渡的组织形式，纯洁公安队伍已成为当时公安队伍建设的重要方面。各城市公安局都依据上级的指示精神，确定了组织编制，进行了机构、人员的调整，减少了机构层次，加强了集中领导和基层公安派出所的工作。清理改造旧警察，改变公安队伍的成分，进一步纯洁组织，提高政治觉悟，增强战斗力，同时吸收培养一些政治思想好的新民警，充实公安队伍。

　　针对新收复城市社会秩序混乱的状况，各城市公安机关依据中央社会部的指示，开展各项公安业务工作，主要包括：整顿社会治安秩序，打击刑事犯罪和各类社会丑恶现象；加强治安管理和保卫工作，发动群众清查全市户口。公安机关在党的领导下，协同有关部门，迅速、有效地进行了城市社会秩序的治理整顿工作，开展了城市治安管理，迅速建立起新的生产、生活秩序。

第二节　中华人民共和国成立后的人民公安机关

一、中华人民共和国成立后 17 年的人民公安机关

　　1949 年 10 月 1 日，中华人民共和国成立。10 月 19 日，中央人民政府委员会任命罗瑞卿为中华人民共和国中央人民政府公安部部长，杨奇清为副部长。10 月 15 日至 11 月 1 日第一次全国公安会议召开，研究解决了统一全国公安组织机构和公安机关的工作任务问题。11 月 5 日，公安部举行成立大会。之后，地方各级公安机关在全国范围内建立，大大加强了我国新生的人民民主专政政权。

　　从 1949 年到 1966 年，共召开了 14 次全国公安会议，及时传达党中央对公安工作的指示，研究贯彻党中央为公安工作制定的路线、方针、政策，布置各个时期公安工作的重要任务，总结交流公安工作的经验。17 年间，我国的公安保卫工作取得了辉煌的成就，具体表现如下。

　　（1）在全国范围内建立、健全公安组织机构，明确工作任务。公安工作的组织形式由党的组织形式变为政权形式，在中央和各大行政区建立公安部；在省、自治区、直辖市建立公安厅（局）；在省辖市设立公安局；在县、市建立公安局；省、自治区公安厅在各地行政公署设立派出机构——公安处；直辖市、省辖市在各区设派出机构——公安分局；各县、市公

安局和分局在街道、城镇设立公安派出所,乡村设立公安特派员;在工矿、企业、文化、教育等部门和重要机关设立保卫局(部)、处、科或特派员。

(2) 清除反动势力的残渣余孽和旧社会遗留下来的污泥浊水。先后开展了禁烟、禁毒、封闭妓院、改造妓女、收容改造乞丐、取缔反动会道门和打击封建把头等活动,把一个腐败不堪的旧社会改造成一个新社会。

(3) 开展镇压反革命运动。整个运动从 1950 年 10 月开始,到 1953 年 6 月结束,严厉打击了土匪、恶霸、特务、反动党团骨干分子和反动会道门头子五个方面的反革命分子,保卫了土地改革、抗美援朝以及社会主义改造的顺利进行,保证了国民经济的恢复和发展,巩固了新生的人民政权。

(4) 改造大量战争罪犯。公安机关在党的正确路线指引下,把日本战犯、伪满战犯、国民党战犯、伪蒙疆战犯改造过来,取得了巨大成功。经过改造的日本战犯全部被遣送回国。从 1959 年开始,对国民党战犯、伪满战犯分批特赦,到 1975 年全部特赦释放。到 1982 年,在押的原国民党县团级以下军政特人员全部被宽大释放。

(5) 保证了党的路线、方针、政策的贯彻执行,保卫了社会主义革命和社会主义建设的顺利进行。

二、"文化大革命"中的人民公安机关

1966 年至 1976 年的"文化大革命"运动,给国家和人民带来了深重的灾难,也使公安事业遭到极大的破坏。林彪、江青反革命集团出于篡党夺权的目的,全盘否定党的正确路线在公安工作中的主导地位,否定公安民警绝大多数是好的和比较好的,并要彻底砸烂公、检、法,疯狂地破坏公安机关和公安工作。在这种极端困难的条件下,广大公安民警牢记肩负的使命,采取不同形式同林彪、江青反革命集团的倒行逆施进行了坚决斗争,在力所能及的范围内做了许多对国家和人民有益的工作。

三、改革开放后第二十次全国公安会议前的人民公安机关

1976 年粉碎"四人帮"后,特别是党的十一届三中全会以来,中国共产党带领全国人民开始了波澜壮阔的改革开放伟大实践,开创了建设中国特色社会主义的新道路。公安事业作为党和国家事业的重要组成部分,在邓小平理论的指引下,同样迈出了新的步伐,得到了长足发展。

公安工作的重心由"以阶级斗争为纲"迅速转移到服从和服务于经济建设这个中心上来,实现了公安工作指导思想的战略性转变。

全国公安机关始终把维护社会稳定和国家安全置于各项工作的首位,挫败了境内外敌对势力、敌对分子的各种渗透、颠覆和破坏活动。高举维护法律尊严、维护人民利益、维护祖国统一、维护民族团结的旗帜,沉重打击了民族分裂分子和宗教极端势力的暴力恐怖活动。坚定不移地坚持"严打"方针,依法从重从快严厉打击严重刑事犯罪和重大经济犯罪活动,坚决扫除"黄、赌、毒"等社会丑恶现象,为改革开放和现代化建设创造了良好的治安环境。妥善处置大量由各种人民内部矛盾引发的群体性事件,巩固和发展了安定团结的政治局面。不断改革和加强公安行政管理工作,为改革开放和经济建设提供了良好的

服务。牢固地树立"依法治国、执法为民、公平正义、服务大局、党的领导"的社会主义法治理念,毫不动摇地坚持"政治建警、依法治警、从严治警"的方针,坚持"抓班子、带队伍、促工作、保平安"的基本思路,全面推进公安队伍的革命化、正规化、现代化建设,队伍的整体素质和战斗力得到了新的提高,队伍的精神风貌有了明显改观。

四、第二十次全国公安会议后党的十八大之前的人民公安机关

2003 年 11 月 20 日至 22 日,第二十次全国公安会议(简称"二十公")在北京召开。会议以"三个代表"重要思想为指导,在全面总结改革开放特别是近年来公安工作基本经验的基础上,对新世纪、新阶段公安工作面临的形势进行了深入分析,进一步明确了战略机遇期公安工作的主要任务和奋斗目标,研究了加强和改进公安工作的新思路、新举措。

会议要求要以"三个代表"重要思想统领公安工作,深入贯彻落实党的十六大、十六届三中全会精神和《中共中央关于进一步加强和改进公安工作的决定》,紧紧围绕全面建成小康社会的总目标,牢牢把握维护好重要战略机遇期社会稳定的总要求,不断增强大局意识、政治意识、忧患意识、群众意识和法治意识,坚持与时俱进,坚持执法为民,大力推进公安队伍正规化建设,全面提升公安工作的水平和公安队伍的战斗力,切实担负起巩固共产党执政地位、维护国家长治久安、保障人民安居乐业的重大政治和社会责任。

第二十次全国公安会议之后,公安部领导全国公安机关和广大民警认真贯彻落实会议确立的精神提出的要求,为维护战略机遇期的社会稳定作出了应有的贡献。

21 世纪之初,公安机关在科学发展观指导下,不断强化公安工作的各项建设。2006 年的"三基"(抓基层、打基础、苦练基本功)工程建设,为公安工作的进一步发展打下了坚实的基础。"三基"工程建设着重基础建设,如"金盾工程"建设(2003 年启动 2006 年通过国家验收)、实施《公安机关组织管理条例》(2007 年),等等。2009 年,公安部党委在深入总结公安机关"三基"工程建设经验基础上,为推动公安事业长远发展,提出"三项建设"——公安机关警务信息化建设、执法规范化建设、构建和谐警民关系。"三项建设"是"三基"工程建设的深化和延伸,如警务信息化建设就是在金盾工程等硬件建设的基础上,在公安工作中运用信息化技术,实施情报信息导向警务;为构建和谐警民关系,公安机关开展的大走访(2009 年)以及深化大走访开门评警(2011 年)等活动,强化了民警的群众意识,深化了警民沟通,提高了公安机关群众工作能力和服务群众的水平。

基层公安机关天天和老百姓打交道,他们的工作直接关系到广大群众的生命财产安全。多年来的实践说明,公安机关的成绩大多出在基层,问题也大多发生在基层。各项公安工作措施都要靠基层去落实,存在的问题也都要靠基层去解决。所以,提高基层基础的工作水平以及基层民警的基本素质和执法水平,是打牢公安工作基础的重要工作。

公安工作基层基础建设,增强了公安机关的基层实力,改善了基层警务保障条件,提高了基础工作水平,提升了维护社会稳定的能力,公安队伍的整体形象也得到进一步好转。

五、党的十八大以来的人民公安机关

2012 年 11 月,党的十八大部署了全面深化改革的战略。为落实这一战略,2013 年 11 月 15 日,《中共中央关于全面深化改革若干重大问题的决定》正式公布。该决定阐述

了中国全面深化改革的重大意义,总结了中国改革开放 35 年来的历史性成就和宝贵经验,提出了到 2020 年全面深化改革的指导思想、总体思路、主要任务、重大举措。

公安部及各级公安机关在党和国家的领导下,为维护社会稳定,不断加强自身建设,全面深化各项改革。

(一)"四项建设"

2014 年 9 月 22 日至 23 日,在杭州召开的全国公安厅局长座谈会议提出了"四项建设"。"四项建设"是指公安机关基础信息化建设、警务实战化建设、执法规范化建设、队伍正规化建设。这是公安部在继续巩固"三项建设"成果的基础上,为全面深化改革,进一步提升公安机关的履职能力和水平,向全国公安机关提出的要求。

公安部及各地公安机关为主动适应我国经济发展新常态,牢牢把握稳中求进的工作总基调,坚持以全面深化公安改革为动力,以建设法治公安目标为引领,大力推进"四项建设"。比如,2017 年公安部积极配合最高人民法院、最高人民检察院、国家安全部、司法部推进以审判为中心的刑事诉讼制度改革;2017 年公安部批准在贵阳市建设国内第一家"大数据及网络安全示范试点",在大数据及网络安全领域做出全新探索;近年来,各地公安机关大力推行"多警种合成作战体系"建设和派出所"两队一室"警务运行机制改革;同时,各地公安机关积极落实执法勤务警员职务改革方案,积极学习并贯彻落实习近平同志在 2017 年 5 月就公安队伍建设明确提出的"对党忠诚、服务人民、执法公正、纪律严明"的"四句话、十六字"总要求;2019 年年底,全国公安机关开启"百万警进千万家"活动,把爱心服务送到群众身边,把矛盾风险化解在群众身边,把平安幸福守护在群众身边,不断增强群众的获得感、幸福感和安全感。

公安部及各地公安机关推进"四项建设"的一系列举措,突出能力建设,注重机制创新,强化风险管控,狠抓责任落实,进一步提升公安机关的依法履职能力和队伍作风形象,进一步提升人民群众安全感、满意度和执法公信力,切实肩负起维护国家政治安全、维护社会大局稳定、促进社会公平正义、保障人民安居乐业的职责使命。

(二)全面深化公安改革

2015 年 2 月,中央审议通过了《关于全面深化公安改革若干重大问题的框架意见》(以下简称《意见》)及相关改革方案。《意见》明确了全面深化公安改革的总体目标,即完善与推进国家治理体系和治理能力现代化、建设中国特色社会主义法治体系相适应的现代警务运行机制和执法权力运行机制,建立符合公安机关性质任务的公安机关管理体制,建立体现人民警察职业特点、有别于其他公务员的人民警察管理制度。到 2020 年,基本形成系统完备、科学规范、运行有效的公安工作和公安队伍管理制度体系,实现基础信息化、警务实战化、执法规范化、队伍正规化,进一步提升人民群众的安全感、满意度和公安机关的执法公信力。

全面深化改革共有 7 个方面的主要任务、100 多项改革措施。一是健全维护国家安全工作机制,二是创新社会治安治理机制,三是深化公安行政管理改革,四是完善执法权力运行机制,五是完善公安机关管理体制,六是健全人民警察管理制度,七是规范警务辅助人员管理。

（三）2018 年公安机关深化机构改革

2018 年 3 月,中共中央印发《深化党和国家机构改革方案》。该方案对党中央机构、全国人大机构、国务院机构、全国政协机构、行政执法体制、跨军地、群团组织七个方面的改革加以深化。

在深化党中央机构改革的方案中,涉及维护社会稳定领导机构的规定有：不再设立中央社会治安综合治理委员会及其办公室,不再设立中央维护稳定工作领导小组及其办公室,这些机构的原职责交由中央政法委员会承担;将中央防范和处理邪教问题领导小组及其办公室职责划归中央政法委员会、公安部。

深化跨军地改革,着眼全面落实党对人民解放军和其他武装力量的绝对领导,贯彻落实党中央关于调整武警部队领导指挥体制的决定,按照"军是军、警是警、民是民"的原则,将列入武警部队序列、国务院部门领导管理的现役力量全部退出武警,即公安边防、消防、警卫部队不再列入武警部队序列,全部退出现役转入地方,公安边防部队成建制划归公安机关、公安消防部队成建制划归应急管理部、公安警卫局（处）由同级公安机关管理的体制不变;将国家海洋局领导管理的海警队伍转隶武警部队;将武警部队担负民事属性任务的黄金、森林、水电部队整体移交国家有关职能部门并改编为非现役专业队伍,即武警黄金部队并入自然资源部、武警森林部队并入应急管理部、武警水电部队组建成国有企业;同时撤收武警部队海关执勤兵力,彻底理顺武警部队领导管理和指挥使用关系。

公安部及各地公安机关紧密团结在党中央周围,统一思想、统一行动,锐意改革,确保完成党中央作出的重要部署。

（四）2018 年公安机关"放管服"改革

根据中共中央办公厅、国务院办公厅于 2018 年 5 月 23 日印发并实施的《关于深入推进审批服务便民化的指导意见》,公安部深入推进公安机关"放管服"改革：坚持以方便人民群众和企业办事创业为导向,坚持放管并重、放管结合,紧紧围绕让群众和企业到公安机关办事"最多跑一次"的目标,推动审批服务理念、制度、作风全方位深层次变革,深化"互联网＋公安政务服务"工作,着力打造公安机关"放管服"改革升级版,推进审批服务扁平化、便捷化、智能化,不断提升公安机关服务效率和质量。

（五）2019 年全国公安工作会议

2019 年,全国公安工作会议于 5 月 7—8 日在北京召开,中共中央总书记、国家主席、中央军委主席习近平同志出席会议并发表重要讲话。习近平总书记充分肯定了党的十八大以来公安工作的重大成就,深入总结了公安工作的宝贵经验,全面分析了当前公安工作面临的总体形势,为新时代公安工作明确了大政方针,指明了前进方向,提供了根本遵循。

新的历史条件下,公安机关要坚持以习近平新时代中国特色社会主义思想为指导,坚持总体国家安全观,坚持以人民为中心的发展思想,坚持稳中求进工作总基调,坚持政治建警、改革强警、科技兴警、从严治警,履行好党和人民赋予的新时代职责使命,努力使人民群众安全感更加充实、更有保障、更可持续,为决胜全面建成小康社会、实现"两个一百年"奋斗目标和中华民族伟大复兴的中国梦创造安全稳定的政治社会环境。

在实践中,要深化对公安工作的规律性认识,积累了许多宝贵经验,必须总结好、运用好成功经验,确保公安工作坚定正确政治方向,坚持改革创新,坚持全面从严管党治警,按照对党忠诚、服务人民、执法公正、纪律严明的总要求,锻造一支让党中央放心、人民群众满意的高素质过硬公安队伍。

要从政治上建设和掌握公安机关,引导全警增强"四个意识"、坚定"四个自信"、做到"两个维护",始终在思想上政治上行动上同党中央保持高度一致。要教育全警牢固树立正确的世界观、人生观、价值观。要坚持党管干部原则,按照新时期好干部标准,选好配强各级公安机关领导班子和领导干部。各级公安机关要完善对贯彻落实党中央重大决策部署等情况的督促检查、问效问责机制,确保党的路线方针政策和各项重大决策部署得到不折不扣贯彻落实。

要积极预防、妥善化解各类社会矛盾,确保社会既充满生机活力又保持安定有序。要处理好维稳和维权的关系,既要解决合理合法诉求、维护群众利益,也要引导群众依法表达诉求、维护社会秩序。要围绕影响群众安全感的突出问题,履行好打击犯罪、保护人民的职责,对涉黑涉恶、涉枪涉爆、暴力恐怖和个人极端暴力犯罪,对盗抢骗、黄赌毒、食药环等突出违法犯罪,要保持高压震慑态势,坚持重拳出击、露头就打。要坚持打防结合、整体防控,专群结合、群防群治,把"枫桥经验"坚持好、发展好,把党的群众路线坚持好、贯彻好,充分发动群众、组织群众、依靠群众,推进基层社会治理创新,努力建设更高水平的平安中国。

公平正义是执法司法工作的生命线。要抓住关键环节,完善执法权力运行机制和管理监督制约体系,努力让人民群众在每一起案件办理、每一件事情处理中都能感受到公平正义。要严格规范公正文明执法,把打击犯罪同保障人权、追求效率同实现公正、执法目的同执法形式有机统一起来,努力实现最佳的法律效果、政治效果、社会效果。法律面前人人平等,任何人都不能凌驾于法律之上。要加强全民普法宣传教育,推动全社会形成办事依法、遇事找法、解决问题用法、化解矛盾靠法的良好法治环境。

要坚定信心、乘势而上,把新时代公安改革向纵深推进。要推行扁平化管理,把机关做精、把警种做优、把基层做强、把基础做实,加快构建职能科学、事权清晰、指挥顺畅、运行高效的公安机关机构职能体系。要树立大抓基层、大抓基础的导向,推动重心下移、警力下沉、保障下倾,增强基层实力、激发基层活力、提升基层战斗力。要深化同机构改革配套的相关政策制度改革,优化职能配置、机构设置、力量资源配置,加强机构人员职能整合、业务工作融合、机制流程衔接。要把大数据作为推动公安工作创新发展的大引擎、培育战斗力生成新的增长点,全面助推公安工作质量变革、效率变革、动力变革。要推出更多、更高质量的服务举措,着力解决好群众办事难、办事慢、来回跑、不方便等突出问题,让人民群众有更多、更直接更实在的获得感。

从严治警一刻都不能放松。要坚持政治建警、全面从严治警,着力锻造一支有铁一般的理想信念、铁一般的责任担当、铁一般的过硬本领、铁一般的纪律作风的公安铁军。要把理想信念教育作为育警铸魂、固本培元的战略工程常抓不懈,坚持严在平时、管在日常,使全警真正养成知敬畏、存戒惧、守底线的高度自觉。对违纪违法问题,要始终保持"零容忍",不管是"老虎"还是"苍蝇",无论是黑恶势力等违法犯罪的"保护伞"还是群众身边的"微腐败",都要依纪依法严肃查处。

和平时期,公安队伍是牺牲最多、奉献最大的一支队伍。对这支特殊的队伍,要给予特殊的关爱,政治上关心、工作上支持、待遇上保障,全面落实从优待警措施。要完善人民警察荣誉制度,加大先进典型培育和宣传力度,增强公安民警的职业荣誉感、自豪感、归属感。

各级党委要高度重视公安工作,加强对公安工作的领导,支持公安机关依法行使职权、履行职责,帮助解决公安工作中遇到的实际困难和问题,为公安机关依法履行职责创造良好条件。

党的十八大以来,面对错综复杂的国内外形势,党中央统筹国内国际两个大局、发展安全两件大事,就加强公安工作作出一系列重大决策部署,实施一系列重大改革举措,全面深化公安改革,全面推进从严管党治警,提升公安机关执法公信力,促进了社会公平正义,增强了人民群众安全感,确保了社会大局稳定。

知识巩固与能力提升训练

一、判断题

1. 1949年10月15日,中华人民共和国公安部正式成立。　　　　　　（　　）

2. 边警是我国历史上最早的一支比较正规的人民警察队伍。　　　　（　　）

3. 国家政治保卫局是中国共产党在中央机关设立的最早的保卫组织。　（　　）

4. 1931年11月建立的"中央特科"是中国共产党在中央机关建立的最早的保卫组织。　　　　　　　　　　　　　　　　　　　　　　　　　　（　　）

5. 1931年成立的延安市警察队,是我国历史上最早的一支比较正规的人民警察队伍。　　　　　　　　　　　　　　　　　　　　　　　　　　（　　）

6. 为了确保党中央的安全,1927年12月,在周恩来主持的中央特委的直接领导下,北京建立了中央特科。　　　　　　　　　　　　　　　　　　（　　）

7. 1931年11月,以原来的苏区中央局保卫处为基础,组建了国家政治保卫局。
　　　　　　　　　　　　　　　　　　　　　　　　　　　　　　（　　）

8. 1949年11月1日,中华人民共和国公安部举行成立大会。　　　　（　　）

9. 1949年10月1日,中央人民政府委员会任命罗瑞卿为中华人民共和国中央人民政府公安部部长。　　　　　　　　　　　　　　　　　　　　（　　）

10. 1938年5月成立了延安市警察队,简称"延警"。　　　　　　　（　　）

11. 1939年2月,中央决定在党的高级组织内成立社会部,下设侦查、治安、情报、干部保卫和中央警卫团等机构。　　　　　　　　　　　　　　　　　（　　）

12. 1949年7月,中央决定在华北社会部和华北公安部的基础上组建中央军委公安部。　　　　　　　　　　　　　　　　　　　　　　　　　　　　（　　）

13. 1949年10月12日召开第一次全国公安会议,研究解决了统一全国公安组织机构和公安机关的工作任务问题。　　　　　　　　　　　　　　　　　（　　）

14. 中央特科的工作于1937年结束。　　　　　　　　　　　　　　（　　）

15. 从1949年到1966年,我国共召开了15次全国公安会议。　　　　（　　）

16. 党的十一届三中全会以来,公安工作的重心迅速转移,实现了公安工作指导思想

的战略性转变。 （　　）

17. 中华人民共和国成立后,随着全国范围内公安组织机构的健全,公安工作的组织形式由政权形式变为党的组织形式。 （　　）

18. 中华人民共和国成立后,在工矿、企业、文化、教育等部门和重要机关设立了保卫局(部)、处、科或特派员。 （　　）

19. 1946年6月,东北民主联军进驻哈尔滨,成立人民政权,建立哈尔滨市警察局。 （　　）

20. 抗日战争时期,公安工作的重点逐步从农村转入城市。 （　　）

二、单项选择题

1. 我国最早的人民政权的公安保卫机关是（　　）。
    A. 中央特科　　　　　B. 巡警部　　　　　C. 社会部　　　　　D. 国家政治保卫局

2. 我国最早的人民政权的公安保卫机关国家政治保卫局的成立时间是（　　）。
    A. 1927年12月　　　B. 1931年11月　　　C. 1935年1月　　　D. 1938年5月

3. 我国历史上最早的一支比较正规的人民警察队伍是（　　）。
    A. 1938年5月成立的延安市警察队　　　B. 中央特科
    C. "巡警部"　　　　　　　　　　　　D. 社会部

4. 1976年粉碎"四人帮"以后,特别是党的十一届三中全会以来,公安工作的重心和指导思想实现了战略转移,即（　　）。
    A. 由以"阶级斗争为纲"转移到服从和服务于经济建设这个中心上来
    B. 由以打击为主,转移到以防范为主上来
    C. 由单纯依靠公安机关,转移到公安机关与群众相结合上来
    D. 由主要依靠政策办事,转移到主要依靠法律办事上来

5. 1949年10月9日中央人民政府委员会任命（　　）为首任中华人民共和国中央人民政府公安部部长。
    A. 罗瑞卿　　　　　B. 杨奇清　　　　　C. 谢富治　　　　　D. 陈毅

6. 中央特科负责人顾顺章被捕叛变后,（　　）同志及时将情况报告了党中央。
    A. 陈赓　　　　　　B. 周恩来　　　　　C. 李克农　　　　　D. 钱壮飞

7. （　　）时期,公安工作的重点逐步从农村转入城市,为建立统一的中央公安机关作了准备。
    A. 第一次国内革命战争　　　　　B. 抗日战争
    C. 解放战争　　　　　　　　　　D. 第二次国内革命战争

8. 解放战争后期,最早成立的人民公安机关是（　　）。
    A. 东北公安部　　　　　　　　　B. 哈尔滨市公安局
    C. 东北局社会部　　　　　　　　D. 中央军委公安部

9. 华北局社会部成立于（　　）年。
    A. 1946　　　　　　B. 1947　　　　　　C. 1948　　　　　　D. 1949

10. 从1949年到1966年,共召开了（　　）次全国公安会议。
    A. 12　　　　　　　B. 13　　　　　　　C. 14　　　　　　　D. 15

11. 随着中华人民共和国的成立,各省、自治区公安厅在各地行政公署设立了(　　)。

    A. 公安局　　　　B. 公安处　　　　C. 公安分局　　　　D. 特派员

12. 中华人民共和国成立初,集中力量开展了镇压反革命运动,整个运动从 1950 年开始,到(　　)年结束。

    A. 1951　　　　B. 1952　　　　C. 1953　　　　D. 1954

13. 中央特科是在(　　)的直接领导下组建的。

    A. 毛泽东　　　　B. 朱德　　　　C. 周恩来　　　　D. 陈赓

14. 中央特科在(　　)成立。

    A. 北京　　　　B. 上海　　　　C. 天津　　　　D. 广州

15. 毛泽东同志在 1940 年 12 月提出(　　)的政策。

    A. 镇压与宽大相结合　　　　　　　　B. 严肃与谨慎相结合

    C. 严打　　　　　　　　　　　　　　D. 重证据、重调查研究

16. 国家政治保卫局组织上实行(　　)的体制。

    A. 统一领导　　　　B. 分组负责　　　　C. 条块结合　　　　D. 垂直领导

17. 为纠正"抢救运动"的错误,保证"整风运动"的健康发展,毛泽东同志提出了著名的(　　)。

    A. "六条方针"　　　　B. "七条方针"　　　　C. "九条方针"　　　　D. "十条方针"

18. (　　)时期,形成了后来成为我国公安工作根本原则的"条块结合,以块为主"的领导管理体制。

    A. 土地革命战争　　　　　　　　　　B. 抗日战争

    C. 解放战争　　　　　　　　　　　　D. 中华人民共和国成立初期

19. 1966 年至 1976 年的(　　)运动,给国家和人民带来了深重的灾难,也使公安事业遭到极大的破坏。

    A. "文化大革命"　　　　　　　　　　B. "三反"

    C. "五反"　　　　　　　　　　　　　D. "反右"

20. 1949 年(　　),公安部举行成立大会。

    A. 11 月 1 日　　　　B. 11 月 3 日　　　　C. 11 月 4 日　　　　D. 11 月 5 日

三、多项选择题

1. 中华人民共和国成立后 17 年人民公安机关取得的巨大成就主要有(　　)。

    A. 在全国范围内建立、健全公安组织机构,明确了工作任务

    B. 清除反动势力的残渣余孽和旧社会遗留下来的污泥浊水

    C. 开展镇压反革命运动,改造大量战争罪犯

    D. 保证了党的路线、方针、政策的贯彻执行,保卫了社会主义革命和社会主义建设的顺利进行

2. 中华人民共和国成立后,为了巩固人民政权,恢复和发展国民经济,在党中央的领导下开展了"镇压反革命运动",对(　　)几个方面的敌对分子给予了严厉打击。

    A. 土匪、恶霸　　　　　　　　　　　B. 特务

    C. 反动党团骨干分子　　　　　　　　D. 反动会道门成员

3. 关于我党历史上的警察组织,下列说法正确的是(　　　)。
    A. "湖南保卫局"是我党历史上最早的人民警察机构
    B. 中央特科是中国共产党在中央机关设立的最早的保卫组织
    C. 国家政治保卫局是我国最早的人民政权的公安保卫机关
    D. "边警"是我国历史上最早的一支比较正规的人民警察队伍

4. 中华人民共和国成立前的人民公安机关主要包括(　　　)。
    A. 1927 年 10 月在上海建立的"中央特科"
    B. 1931 年 11 月,在江西瑞金召开的第一次中华苏维埃工农兵代表大会上,组建的国家政治保卫局
    C. 1938 年 5 月在延安市成立的陕甘宁边区人民警察
    D. 1939 年 2 月成立的社会部

5. 下列关于中华人民共和国成立前的人民公安机关的叙述,正确的有(　　　)。
    A. 中央特科是中国共产党在中央机关设立的最早的保卫组织
    B. 陕甘宁边区人民警察,简称"边警",这是我国历史上最早的一支比较正规的人民警察队伍
    C. 国家政治保卫局,是我国最早的人民军队的公安保卫机关
    D. 社会部是我国最早的人民政权的中央公安保卫机关

6. 成立于抗日战争时期的人民公安机关是(　　　)。
    A. 中央特科　　　　　　　　　　B. 社会部
    C. 国家政治保卫局　　　　　　　D. 延安市警察队

7. 中央特科的历史贡献主要体现在(　　　)。
    A. 积累了保卫工作的丰富经验
    B. 保卫了中共中央机关和中央领导同志的安全
    C. 收集了大量的有价值的情报
    D. 镇压了一批叛徒,避免了更大的损失

8. 中央特科的主要任务包括(　　　)。
    A. 保卫党中央机关和中央领导的安全
    B. 保卫了中共中央机关和中央领导同志的安全
    C. 收集了大量的有价值的情报
    D. 镇压了一批叛徒,避免更大的损失

9. 抗日战争爆发后,各敌后抗日根据地相继建立了锄奸保卫机构,主要有(　　　)。
    A. 晋察冀边区公安总局　　　　　B. 晋绥公安局
    C. 冀鲁豫边区政府公安总局　　　D. 苏区公安总局

10. 抗日战争后,中央决定在党的高级组织内设立社会部,设立(　　　)机构。
    A. 治安　　　　　B. 侦查　　　　　C. 情报　　　　　D. 中央警卫团

11. 社会部的任务是(　　　)。
    A. 与敌伪特务、奸细作斗争　　　B. 开展边防检查和巡逻
    C. 开展对敌情报工作,掌握敌人动向　D. 打击刑事违法犯罪活动

12. 解放战争时期,随着工作重点的转移,公安工作的内容主要体现在(　　)。

　　A. 开展刑事司法工作　　　　　　　　B. 摧毁国民党警察机关

　　C. 建立人民公安机关　　　　　　　　D. 配合解放军胜利完成军管城市的任务

13. 1950 年开始的镇压反革命运动的历史作用主要体现在(　　)。

　　A. 严格了审判程序　　　　　　　　　B. 打击了台湾分裂活动

　　C. 打击了反革命分子　　　　　　　　D. 保证了国民经济的恢复和发展

14. 改造战犯工作的对象主要包括(　　)。

　　A. 日本战犯　　　　B. 伪满战犯　　　　C. 国民党战犯　　　　D. 伪蒙疆战犯

15. 1949 年 7 月,中央决定在(　　)的基础上组建中央军委公安部。

　　A. 华北社会部　　　　　　　　　　　B. 东北公安部

　　C. 华北公安部　　　　　　　　　　　D. 华东人民政府公安厅

16. 社会主义法治理念的基本内容包括(　　)。

　　A. 依法治国　　　B. 执法为民　　　C. 公平正义　　　D. 服务大局

　　E. 党的领导

17. 改革开放后,公安队伍建设的基本思路是(　　)。

　　A. 抓班子　　　　B. 带队伍　　　　C. 促工作　　　　D. 保平安

18. 改革开放后,全面推进公安队伍的(　　)建设。

　　A. 革命化　　　　B. 正规化　　　　C. 现代化　　　　D. 职业化

19. 改革开放后,公安队伍毫不动摇地坚持(　　)方针。

　　A. 政治建警　　　B. 依法治警　　　C. 从优待警　　　D. 从严治警

20. 面对改革开放和建立、发展社会主义市场经济的考验,面对拜金主义、享乐主义和极端个人主义等腐朽思想的侵蚀,公安队伍始终保持了(　　)的政治本色。

　　A. 忠于党　　　　B. 忠于祖国　　　　C. 忠于人民　　　　D. 忠于法律

【参考答案】

一、判断题

1. ×　　2. √　　3. ×　　4. ×　　5. ×　　6. ×　　7. √　　8. ×

9. ×　　10. ×　　11. √　　12. √　　13. ×　　14. ×　　15. ×　　16. √

17. ×　　18. √　　19. ×　　20. ×

二、单项选择题

1. D　　2. B　　3. A　　4. A　　5. A　　6. D　　7. C　　8. B

9. C　　10. C　　11. B　　12. C　　13. C　　14. B　　15. A　　16. D

17. C　　18. B　　19. A　　20. D

三、多项选择题

1. ABCD　　2. ABC　　3. BCD　　4. BCD　　5. AB　　6. BD

7. ABCD　　8. ACD　　9. ABC　　10. ABCD　　11. AC　　12. BCD

13. CD　　14. ABCD　　15. AC　　16. ABCDE　　17. ABCD　　18. ABC

19. ABD　　20. ABCD

第三章

公安机关的性质、职能和宗旨

我国是人民民主专政的社会主义国家,国家的性质决定了我国公安机关的性质。公安机关的性质,是公安机关基本属性的反映,是公安机关基本职能、基本任务、职责、权力的重要依据。公安机关的性质决定了公安机关的职能。认识公安机关的职能,对于进一步理解、坚持公安机关的性质、正确履行公安机关的职权、完成公安工作的任务具有重要的意义。历史和实践的经验表明:对公安机关性质的认识模糊不清,往往会导致公安工作的原则性失误。因此,提高全体民警对公安机关性质、职能和宗旨的认识,在大力加强公安队伍思想建设的今天,具有重要的现实意义。

第一节　公安机关的性质

公安机关的性质是指公安机关与其他国家机关相区别的根本属性。认识公安机关的性质是确定公安机关职能、任务、职权等问题的重要根据。公安机关的性质体现在公安机关的一切公安实践之中,体现在全体公安民警执行公安任务、行使公安职权的行为之中。

公安机关的性质,从理论上说是确认我国公安机关本质属性的首要根据,从实践上说是体现在全部公安工作中的普遍性内容。

从理论与实践的结合上认清公安机关的性质,是树立科学的人民警察观的认识基础。具有以下重要意义。

（1）公安机关的性质是公安机关诸多规定性因素中根本的决定性因素。什么是公安机关?这是由公安机关的性质、宗旨、职能、任务、职权、体制、机构、工作、政策、法制、业务等规定性范畴所体现出来的。其中,公安机关的性质是根本的决定性因素。其他的规定性范畴,都是由公安机关的性质决定的。公安机关性质一变,其他规定性范畴也就随之改变了。所以,公安机关的性质是公安立法的出发点。也正因为如此,学习公安机关的性质,是认识什么是人民警察的开宗明义第一课。

（2）明确公安机关的性质,才能懂得坚持什么、反对什么,有利于维护公安机关性质的纯洁性。一切公安工作都应以符合公安机关的性质为出发点。人民警察的一言一行,都有一个是不是符合公安机关性质的问题,要同一切背离公安机关性质的言行作斗争。作为人民警察,就要坚持公安机关的性质。认清性质,贵在坚持,学懂不难,坚持不易。

（3）宣传公安机关性质,有利于公安机关正确行使职权。党委和政府领导公安工作,各部门配合与支持公安工作,广大人民理解和协助公安工作,都需要懂得公安机关的性质。那些要求公安机关从事超越职责范围的活动的意见,是与人们对公安机关性质不甚了解有关。所以,仅仅是人民警察自己知道还不行,还应通过宣传使各个方面都了解公安机关的性质。

公安机关的性质可以概括为:公安机关是我国人民民主专政的重要工具,是武装性质的国家治安行政力量和刑事司法力量。因此,《公安机关组织管理条例》第二条规定:"公安机关是人民民主专政的重要工具,人民警察是武装性质的国家治安行政力量和刑事司法力量,承担依法预防、制止和惩治违法犯罪活动,保护人民,服务经济社会发展,维护国家安全,维护社会治安秩序的职责。"这是关于公安机关性质的明确的法律根据。

一、公安机关是人民民主专政政权的重要工具

公安机关是我国人民民主专政的重要工具,体现了公安机关的政治属性,也是它的根本属性,因为它表明了公安机关的阶级本质,是公安机关性质的核心内容和本质特征。马克思主义认为,国家的本质就是一个阶级对另一个阶级的专政。这个专政就是统治阶级凭借暴力强迫被统治阶级服从自己意志并维护和发展有利于统治阶级的秩序。

在任何一个社会中,警察机关都是国家机器的重要组成部分,是统治阶级维护统治的暴力工具,国家的性质决定警察机关的性质。《中华人民共和国宪法》(以下简称《宪法》)第一条规定:"中华人民共和国是工人阶级领导的、以工农联盟为基础的人民民主专政的社会主义国家……"这就决定了公安机关只能是人民民主专政工具的性质。公安机关的这一性质表明了公安机关的以下特性。

(1) 公安机关具有鲜明的阶级性。公安机关作为人民民主专政的重要工具,必须坚持对人民实行民主,保护人民的利益;对极少数危害国家安全、危害人民利益的敌对势力、敌对分子实行专政。

(2) 公安机关在国家政权中占据重要地位。公安机关是国家机器的重要组成部分,在国家政权中,军队与警察是最主要的支柱。2003 年中共中央《关于进一步加强和改进公安工作的决定》中指出:公安工作是巩固国家政权的重要工作。周恩来同志曾指出:"国家安危,公安系于一半。"

(3) 公安机关是国家意志的忠实执行者。在人民当家作主的人民民主专政国家,公安机关是依据广大人民群众的意志建立的,忠实地执行人民的意志、国家的意志,以国家赋予公安机关的任务为公安工作的总根据、总目标,以国家法律和政策为全部活动的依据,因而是国家意志的忠实执行者。

(4) 公安机关要坚持人民民主专政工具的政治属性,就要坚持正确方向,反对错误倾向,坚持站在工人阶级与广大人民群众的政治立场上,防止搞"警察非政治化"。

公安机关的这一政治属性,使它与剥削阶级国家警察机关划清了界限,在下述几个方面呈现出明显的不同。

(1) 两种警察所维护的阶级利益不同。人民警察是维护工人阶级和广大人民群众最根本、最长远利益的,因而他们的宗旨是全心全意为人民服务。剥削阶级警察是维护剥削阶级利益的,是镇压劳动人民群众的工具。

（2）两种警察在专政对象上不同。人民警察代表广大人民群众向敌对势力和一切敌视社会主义制度和人民民主专政政权、破坏社会主义现代化建设的敌对分子实行专政，这种专政是大多数人对极少数人的专政。剥削阶级警察的专政对象是无产阶级和其他劳动人民群众，是极少数剥削者对大多数劳动人民的专政。

（3）两种警察在专政的目的上不同。人民警察所代表的人民民主专政的目的是巩固社会主义制度，促进社会生产力的发展，加快社会主义建设，提高人民的物质和文化生活水平，乃至最终消灭剥削制度，消灭阶级压迫，实现共产主义，因而这种专政是革命的专政。剥削阶级警察所代表的剥削阶级专政的目的，是维护剥削阶级的私有制，维护剥削阶级的政治统治。

（4）两种警察与人民群众的关系不同。人民警察是全心全意为人民服务的，他们是人民的公仆和忠诚的卫士，因而得到群众的信赖和支持。剥削阶级警察是压迫人民的工具，所以他们与广大人民群众是对立的。他们为了缓和同人民群众的尖锐矛盾，也要做一些为公众服务的事，但这仅仅是将此作为一种统治手段和策略，归根结底还是为了维护剥削阶级的政治统治，同人民警察全心全意为人民服务的宗旨有着本质的区别。

二、公安机关是武装性质的国家治安行政力量和刑事司法力量

（一）公安机关具有武装性质

公安机关的武装性质主要表现为公安机关是具有武装性质的警察组织，执行武装性质的任务，配备武器装备。

在我国，警察和军队、法庭、监狱一样，是国家的暴力工具，而这种暴力工具主要是通过其武装性质体现出来的。

公安机关是武装性质的国家行政机关，它实行准军事化管理，进行具有武装特点的公安业务训练，有集中统一的领导和指挥、严格的组织纪律和机动快速的反应能力，有适应于对付复杂的治安情况和突发事件的战斗体制，根据国家的统一装备标准，配备警用武器以及其他武装设施，着制式警服。

公安机关担负着平息暴乱、骚乱，对付恐怖事件，追捕、围歼暴力犯罪，执行武装内卫等武装性质的任务。在执行上述任务中，可以采取武装战斗、武装镇压、武装警戒、武装巡逻、武装守卫、武装押解等方式和手段。

公安机关尽管有武装性质，但它与军队是有区别的，主要表现在：一是分工不同。警察的职能主要是对内，军队的职能主要是对外。二是完成任务的手段不同。警察是通过管理、教育、改造、打击、防范等多种手段来完成任务的，军队则主要是通过军事行动来完成任务的。

（二）公安机关是国家的治安行政力量

根据我国宪法和法律的规定，我国的国家机关由国家权力机关、行政机关、审判机关、检察机关和中国人民解放军（军事机关）等组成。我国的行政机关是国务院和地方各级人民政府。公安机关是国务院和地方各级人民政府领导下的一个职能部门，是国家行政机关的重要组成部分。行政是一种国家的活动，是国家组织的管理行为。按照宪法和法律规定，国家的行政管理活动包括国防行政、外交行政、内务行政、治安行政、经济行政、教育

行政等。治安行政是国家行政管理的内容之一,治安行政管理是国家其他行政管理得以正常实施,并取得社会效益的有力保障。我国公安机关是专门掌管社会治安、行使国家治安管理权的专门机关,这是公安机关与其他国家行政机关的不同之处。治安管理是国家行政管理一个十分重要的方面,其范围非常广泛,涉及国家生活的各个方面以及社会生活的各个领域和社会的各个阶层;其作用极其重要,涉及社会秩序、国家安全、人民民主专政政权的巩固和社会主义建设事业顺利进行的大局。与此相适应,国家赋予公安机关以不同于普通行政机关的各种强制手段,以完成公安机关所担负的治安管理职能,同时也使公安机关成为国家其他行政管理活动的坚强后盾。

治安行政管理的主要任务是:防范和控制犯罪活动,预防和查处各种违反治安管理的行为,同各种治安灾害事故作斗争,以维护社会治安秩序,保障公共安全,保护公民、法人和其他组织的合法权益,为社会主义现代化建设服务。

(三)公安机关是国家的刑事司法力量

我国的公安机关不是单纯的行政机关,而是兼有刑事司法属性的行政机关。根据我国《宪法》和《刑事诉讼法》的规定,公安机关是国家的刑事侦查机关,依法承担刑事侦查、预审、采取或执行拘留、逮捕等刑事强制措施,羁押看管犯罪嫌疑人和执行部分刑罚等任务。公安机关以刑事侦查和刑事强制措施等手段,预防、制止和打击危害国家安全和社会治安的各种刑事犯罪,在刑事诉讼中与人民检察院和人民法院分工负责、互相配合、互相制约,共同完成惩罚犯罪的任务。因而,公安机关是我国刑事司法体系的重要组成部分,是国家的刑事司法力量。

第二节　公安机关的基本职能

公安机关的职能是指公安机关对于国家与社会所应起的效能与作用。公安机关的性质是公安机关职能的根据,公安机关的职能则从社会作用上反映公安机关的性质。从不同的角度看,公安机关有不同的职能。从它调整国家最基本的政治关系的作用看,公安机关具有专政职能和民主职能;从不同专业分工的作用看,公安机关有侦查的职能、保卫的职能、治安管理的职能等;从不同的工作手段所起的作用看,公安机关有镇压、打击、预防、处罚、强制、管理、教育和服务等职能。无论对公安机关的职能作怎样的划分和理解,公安机关的基本职能就是专政职能与民主职能,它集中反映了公安机关作为人民民主专政工具这一根本属性的要求。

一、公安机关的专政职能

公安机关的专政职能是指公安机关在共产党的领导下,团结和依靠广大人民群众,依照国家宪法和法律对危害国家安全的敌对势力、敌对分子和严重危害社会治安秩序的犯罪分子进行镇压、制裁、改造和监督,以巩固人民民主专政的国家政权,维护人民群众利益的社会作用与效能。我国人民民主专政政权的专政职能,是通过人民解放军、公安机关、国家安全机关、检察机关、审判机关和司法行政机关等按照各自的职责范围分工负责、互相配合来实现的。

公安机关的专政职能是专门用于对付敌对势力、敌对分子和严重刑事犯罪分子的,其实质是公安机关代表国家和人民对上述专政对象实行的政治统治。

公安机关承担的专政职能是公安机关性质的必然体现。公安机关专政职能的削弱,就意味着国家专政职能的削弱,这必将影响到国家的安全和社会的安定,关系到人民民主专政国家政权的巩固与否。在现阶段,虽然国家的工作重心是发展经济,阶级斗争已经不是我国社会的主要矛盾,但这并不意味着公安机关的专政职能可以削弱。近年来,境内外各种敌对势力和敌对分子的颠覆、分裂、破坏活动依然存在,严重的刑事犯罪案件居高不下,犯罪的动态化、组织化、职业化和智能化的趋向越来越明显,新的犯罪形式和犯罪手段不断出现,直接威胁到国家安全和社会稳定。面对严峻的斗争形势,公安机关必须增强敌情观念和专政意识,强化专政职能,充分发挥打击犯罪、巩固政权、维护国家安全和社会稳定的作用。

公安机关专政职能的具体内容包括:从专政的目的来说,是保卫人民民主专政的政权,巩固社会主义制度;从专政的对象来看,是对敌对势力、敌对分子和严重刑事犯罪分子实行打击;从专政的手段来说,是打击、制裁、改造与监督并用。

二、公安机关的民主职能

公安机关的民主职能是指公安机关必须服从人民的意志,依法保障人民的民主权利和其他合法权益的社会作用与效能。公安机关民主职能的实质,就是保障人民享有国家主人翁的地位和保障人民的利益。

建设高度的社会主义民主,是我国政治文明建设的重要目标。社会主义民主,在本质上是实现人民当家做主。社会主义民主要通过整个国家机关的作用表现出来,其中包括公安机关。作为人民民主专政的重要工具,公安机关的专政职能反映的是公安机关与敌人的关系,民主职能反映的是公安机关与人民的关系。因而民主职能是我国公安机关性质的又一个具体体现。在现阶段,充分发挥公安机关的民主职能,有助于密切党和政府与人民群众的关系,调动人民群众参与治安工作的积极性,进一步加强对敌专政的职能,确保国家法治建设的健康发展。

公安机关民主职能的内容包括:保障人民充分享受宪法和法律规定的民主权利和其他权利;保障人民依法参与国家事务的管理,享受正常的政治生活、经济生活和文化生活;用民主的方法正确处理人民内部矛盾;依靠人民群众搞好公安工作;全心全意为人民服务。

在我国建设社会主义政治文明的新的历史时期,广大人民群众的民主意识不断提高,对公安机关的民主职能提出了越来越高的要求,因而公安机关要想更好地履行民主职能,必须增强公安民警的民主意识,切实保障公民的合法权益,加强公安队伍的正规化建设,密切与人民群众的关系。

三、公安机关专政职能与民主职能的关系

公安机关的专政职能与民主职能是对立统一的关系,它们之间既有联系,又有区别,不可混淆。

(一)公安机关专政职能与民主职能的联系

所谓联系,是指公安机关的专政职能与民主职能是互相依存、互相渗透、互相促进的关系。对敌人专政与对人民民主这两种职能渗透于公安机关活动的整个过程和各项业务工作之中,两者紧密结合,不能分割。具体来说,这种联系表现在:公安机关专政职能是民主职能的基本保障;民主职能是专政职能的社会基础。只有绝大多数人享有高度的民主,才能对极少数敌人实行专政;只有对极少数敌人实行专政,才能够充分保障大多数人的民主权利。专政职能和民主职能都是为了维护国家和人民的根本利益。

对敌人的每一次有力打击惩罚,都意味着对人民利益的有力保护和人民意志的具体实现;同样对人民的每一项保护与服务措施或组织宣传工作,都意味着对敌人的预防、控制和打击力量的增强。因此,公安机关的专政职能和民主职能可以相互渗透、促进。公安机关两种职能必须全面加强并有机地结合起来,渗透到公安机关各部门和各专业工作全过程。

(二)公安机关专政职能与民主职能的区别

所谓区别,是指公安机关的专政职能与民主职能都有各自的特定对象和特定方法。对谁专政,对谁民主,这是一个根本立场和政治原则问题,是关系公安机关性质和公安工作成败的首要问题。

(1)对象不同。专政的对象是敌人;民主的对象是人民。

(2)方法不同。对敌人使用专政手段;对人民实行民主的方法。

综上所述,专政职能是实现民主职能的基本保障,民主职能是发挥专政职能的基础条件。公安机关对敌人的专政越有力,人民的民主、安全等合法权益就越有保障;公安机关对人民的民主实现得越充分,对敌人专政的社会基础就越深厚。

第三节　公安机关的宗旨

所谓宗旨,就是从事某项工作主要的意旨、目的。全心全意为人民服务是中国共产党的根本宗旨,也是公安机关的宗旨。

一、全心全意为人民服务是公安机关的宗旨

为人民服务这一思想,是毛泽东思想的重要组成部分。早在1944年9月,毛泽东为了纪念牺牲的张思德同志,专门写了一篇题为《为人民服务》的文章,对为人民服务的思想作了重要的阐述。1945年4月,党的七大在延安召开。毛泽东同志在这次大会上作了《论联合政府》的报告,并明确指出:"紧紧地和中国人民站在一起,全心全意为人民服务,就是这支军队的唯一宗旨。"[①],并将全心全意为人民服务这一根本宗旨写进了党的章程。

在改革开放的初期,邓小平同志进一步发展了为人民服务的思想。党的十一届三中全会以后,邓小平同志反复强调,全心全意为人民服务是中国共产党人的根本立场,是必

---

① 毛泽东.毛泽东选集[M].3卷.北京:人民出版社,1991:1039.

须永远坚持的宗旨。他明确指出,人民满意不满意、人民高兴不高兴、人民赞成不赞成,应当成为检验一切工作的标准。

江泽民同志 2000 年 2 月在广东考察工作时站在党和国家发展的历史高度,提出了"三个代表"的重要论述,强调"因为我们党是代表最广大人民群众的根本利益的,所以全党同志的一切工作都是全心全意为人民服务的,都是为了实现好、发展好和维护好人民的利益,任何脱离群众、任何违反群众意愿和危害群众利益的行为,都是不允许的"。

2011 年 7 月 1 日,庆祝中国共产党成立 90 周年大会在北京人民大会堂举行,中共中央总书记胡锦涛在大会上发表重要讲话。讲话阐述的保持和发展马克思主义政党先进性的根本点第二条就是,坚持为了人民、依靠人民,诚心诚意为人民谋利益,从人民群众中汲取智慧和力量,始终保持党同人民群众的血肉联系;提高党的建设科学化水平目标任务第三条也强调,必须坚持以人为本、执政为民的理念,牢固树立马克思主义群众观点、自觉贯彻党的群众路线,始终保持党同人民群众的血肉联系。2012 年 11 月 15 日,习近平总书记强调,人民对美好生活的向往,就是我们的奋斗目标。这充分体现了中国共产党把人民放在最高位置的宗旨信念。可见,全心全意为人民服务是中国共产党一贯坚持的核心思想。

中华人民共和国成立后,公安机关就把全心全意为人民服务作为公安机关的宗旨确立下来。1995 年颁布、2012 年修正的《中华人民共和国人民警察法》(以下简称《人民警察法》)第三条规定:"人民警察必须依靠人民的支持,保持同人民的密切联系,倾听人民的意见和建议,接受人民的监督,维护人民的利益,全心全意为人民服务。"从而以立法的形式明确肯定了为人民服务宗旨的重要地位。

在贯彻落实党的十六大战略部署,进一步加强和改进公安工作新的历史条件下,中共中央在 2003 年印发的《关于进一步加强和改进公安工作的决定》中明确提出了"执法为民"是公安机关执法思想的核心,指出:在各项执法工作中,公安机关和人民警察要真正把人民群众的呼声作为第一信号,把人民群众的需要作为第一选择,把人民群众的利益作为第一考虑,把人民群众的满意作为第一标准,带着对人民群众的深厚感情去执法、去工作,坚决维护人民群众的合法权益。要改进户籍管理、出入境管理、边防管理、交通管理、消防管理等公安行政管理工作,更好地为人民服务,切实做到人民公安为人民。这既是党中央在 21 世纪对公安机关宗旨的进一步强调,也是对公安机关坚持为人民服务宗旨提出的具体要求。

2017 年 5 月 19 日,习近平总书记在会见全国公安系统英雄模范立功集体表彰大会代表时发表重要讲话,明确提出"对党忠诚、服务人民、执法公正、纪律严明"的总要求,其中"服务人民",就是要求自觉践行全心全意为人民服务的根本宗旨,坚持以人民为中心。2019 年全国公安工作会议上,习近平总书记进一步强调了公安工作坚持人民为中心的重要导向。

二、公安机关的宗旨是公安机关性质的必然要求

公安机关是人民民主专政的重要工具,是国家治安行政和刑事司法机关,担负着打击犯罪、保护人民的重要职责。人民是国家的主人,国家的一切权力属于人民。公安机关是

人民的公安机关,公安机关的权力是人民赋予的,公安机关和人民警察必须执行人民的意志,维护人民的根本利益。因此,全心全意为人民服务是公安机关性质的必然要求。

公安机关作为人民民主专政的重要工具,要完成好自己担负的神圣职责,就必须坚持走群众路线,把人民群众满意不满意、赞成不赞成、答应不答应,作为衡量公安工作的最高标准。公安工作具有广泛的社会性和群众性,涉及社会生活的各个领域,离开了广大人民群众的支持和配合,公安机关就一事无成。人民群众的支持,是公安工作最大的政治优势,是公安队伍不断发展壮大的源泉,是做好公安工作的根本保证。没有人民群众的理解、关心、支持和帮助,公安机关警力再多,装备再好,也难以真正完成好公安任务。

三、公安工作必须坚持全心全意为人民服务的宗旨

公安机关作为维护国家长治久安的重要力量,坚持全心全意为人民服务宗旨主要是通过完成法律赋予的各项任务和履行法律赋予的神圣职责来体现的。因而维护国家安全,维护社会治安秩序,保护公民的人身安全、人身自由和合法财产,保护公共财产,预防、制止和惩治违法犯罪活动,管理社会和服务人民就是公安机关坚持全心全意为人民服务的主要内容。

在新的历史时期,公安机关坚持全心全意为人民服务的宗旨,就要做到以下几个方面。

(一)牢固树立宗旨意识

牢固树立宗旨意识,是全心全意为人民服务的思想基础。公安机关要摆正自己的位置,明确公安机关的权力是人民赋予的,公安民警与人民群众的关系是公仆与主人的关系,是服务与被服务的关系,要从思想上认识到人民群众的巨大作用,真心实意地为人民群众谋利益。

(二)坚持一切从人民群众的利益出发

全心全意为人民服务,一个最基本的要求就是要坚持一切从人民群众的根本利益出发。我们每做一项工作,都要注意听取人民群众的意见,反映人民群众的心声,满足人民群众的要求。只有想人民群众之所想,急人民群众之所急,才能赢得人民群众的信赖,才能真正成为人民利益的忠诚卫士。

(三)认真履行职责

公安机关和人民警察坚持全心全意为人民服务的宗旨,就是要在本职工作中恪尽职守,爱岗敬业,高质量地做好本职工作。依法严厉打击刑事犯罪,依法严格治安管理,保护国家、集体的财产安全和人民群众的切身利益,维护良好的社会治安秩序,努力完成法律赋予的各项任务。

(四)提高服务质量

公安机关和人民警察面对新形势和新任务,要高度重视和加强公安队伍建设,努力适应形势发展的要求,积极进取,与时俱进,努力开展多方面、高质量的便民、利民活动,改善服务态度,扩大服务领域,为人民群众提供更多更好的服务,让人民群众满意。

(五)接受人民群众监督

人民群众的监督是促进公安机关更好地践行全心全意为人民服务的重要力量,只有

主动地接受群众监督,不断拓宽群众监督的渠道,才能切实把公安机关的宗旨落到实处。为此,公安机关要大力推进警务公开工作,充分利用各种形式听取群众意见,建立、健全相关的监督制度。

知识巩固与能力提升训练

一、判断题

1. 我国公安机关工作的职能是全心全意为人民服务。　　　　　　　　　（　　）

2. 公安机关是具有武装性质的国家权力机关。　　　　　　　　　　　（　　）

3. 社会主义民主主要通过公安机关的作用体现出来。　　　　　　　　　（　　）

4. 民警小张树立以人为本的理念,把辖区的每一个社会成员都作为警务工作的依靠对象。　　　　　　　　　　　　　　　　　　　　　　　　　　　　　　（　　）

5. 公安机关的专政职能是用以对付一切违法犯罪人员的。　　　　　　　（　　）

6. 公安机关民主职能的实质,就是保障人民享有国家主人翁的地位和保障人民的利益。　　　　　　　　　　　　　　　　　　　　　　　　　　　　　　　（　　）

7. 我国公安机关是兼司社会治安、行使国家治安管理权的机关。　　　　（　　）

8. 公安机关是国务院和地方各级人民政府领导下的一个职能部门,是国家行政机关的重要组成部分。　　　　　　　　　　　　　　　　　　　　　　　　　（　　）

9. 在我国,警察作为国家的暴力工具,主要是通过其组织纪律性体现出来的。（　　）

10. 公安机关的职能,是指公安机关对于国家与社会所应起的效能与作用。（　　）

11. 公安机关的职能是公安机关性质的根据。　　　　　　　　　　　　（　　）

12. 公安机关的职能从社会作用上反映了公安机关的性质。　　　　　　（　　）

13. 公安机关专政职能的实质是公安机关代表党和国家对专政对象实行的政治统治。　　　　　　　　　　　　　　　　　　　　　　　　　　　　　　　　（　　）

14. 公安机关承担的专政职能是公安机关性质的必然体现。　　　　　　（　　）

15. 公安机关专政职能的削弱并不影响国家专政职能。　　　　　　　　（　　）

16. 现阶段,国家的工作重心是发展经济,阶级斗争已经不是我国社会的主要矛盾,这也就意味着公安机关的专政职能可以适当削弱。　　　　　　　　　　　　（　　）

17. 从专政的目的来说,公安机关的专政职能就是保卫人民民主专政的国家政权,巩固社会主义制度。　　　　　　　　　　　　　　　　　　　　　　　　　　（　　）

18. 配备警用武器以及其他武装设施要根据各省的统一标准来进行。　　（　　）

19. 牢固树立宗旨意识,是全心全意为人民服务的思想基础。　　　　　（　　）

20. 公安机关的专政职能与民主职能的关系是相辅相成的关系。　　　　（　　）

二、单项选择题

1. 衡量公安工作的最高标准是(　　　　)。

A. 全心全意为人民服务

B. 执行人民的意志,维护人民的利益

C. 人民群众的理解、关心、支持和帮助

　　D. 人民群众满意不满意、高兴不高兴、赞成不赞成

2. 我国公安机关的基本职能是（　　）。
　　A. 政治镇压职能和社会管理职能　　　　B. 民主职能和社会管理职能
　　C. 民主职能和专政职能　　　　　　　　D. 专政职能和政治镇压职能

3. 全心全意为人民服务宗旨的一个最基本要求是（　　）。
　　A. 公安机关对人民负责，受人民监督
　　B. 公安机关的权力是人民赋予的，它执行人民的意志，维护人民的利益
　　C. 人民群众的支持，是公安工作最大的政治优势，是做好公安工作的根本保证
　　D. 坚持一切从人民群众的根本利益出发

4. 公安机关的（　　）的实质是公安机关代表国家和人民对敌对势力、敌对分子和严重刑事犯罪分子实行政治统治。
　　A. 专政职能　　　　B. 民主职能　　　　C. 管理职能　　　　D. 政治职能

5. （　　）指出："国家安危，公安系于一半。"
　　A. 毛泽东　　　　　B. 周恩来　　　　　C. 邓小平　　　　　D. 江泽民

6. 公安机关的根本属性是（　　）。
　　A. 武装性质　　　　　　　　　　　　　B. 行政属性
　　C. 刑事司法属性　　　　　　　　　　　D. 人民民主专政的重要工具

7. 在我国，公安机关的阶级属性是（　　）。
　　A. 国家的治安行政力量和刑事司法力量
　　B. 人民民主专政的重要工具
　　C. 具有武装性质的国家治安行政力量
　　D. 不具有阶级属性

8. 公安机关承担的专政职能是（　　）的必然体现，公安机关专政职能的削弱，就意味着国家专政职能的削弱，它必将影响到国家的安全和社会的安定，关系到人民民主专政国家政权的巩固。
　　A. 公安机关性质　　　　　　　　　　　B. 公安机关任务
　　C. 公安机关武装性质　　　　　　　　　D. 公安机关为人民服务原则

9. 在我国，警察和军队、法庭、监狱一样，是国家的暴力工具，而这种暴力工具，主要是通过其（　　）体现出来的。
　　A. 阶级性　　　　　B. 武装性质　　　　C. 历史性　　　　　D. 军事性

10. 我国公安机关对危害国家安全的敌对势力、敌对分子和严重危害社会治安秩序的犯罪分子进行镇压、制裁、改造和监督的社会效能是（　　）。
　　A. 文化职能　　　　B. 经济职能　　　　C. 民主职能　　　　D. 专政职能

11. 下列关于警察和军队的职能叙述正确的有（　　）。
　　A. 警察的职能是对外，军队的职能是对内
　　B. 警察的职能是对内，军队的职能是对外
　　C. 两者的职能是一致的，没有内外之别
　　D. 两者的职能不同，警察的职能主要是对内，军队的职能主要是对外

12. 我国公安机关的专政职能与民主职能的关系是（　　）。

　　A. 两者没有任何必然的关系

　　B. 专政职能是实现民主职能的基本保障,民主职能是发挥专政职能的社会基础

　　C. 两者既相互矛盾,又相辅相成

　　D. 民主职能是专政职能的基本保障,专政职能是民主职能的社会基础

13. 从（　　）来看,公安机关具有专政职能和民主职能。

　　A. 不同专业分工的作用

　　B. 不同的工作手段所起的作用

　　C. 调整国家最基本的政治关系的作用

　　D. 不同警种划分

14. 从根本目的来说,公安机关的专政职能就是（　　）。

　　A. 保卫人民民主专政的国家政权　　　　B. 对抗国外反华势力的破坏

　　C. 打击违法犯罪活动　　　　　　　　　D. 维护社会治安秩序

15. 公安机关的民主职能是指公安机关必须服从（　　）的意志。

　　A. 法律　　　　　　B. 政府　　　　　　C. 中国共产党　　　　D. 人民

16. （　　）是做好公安工作的根本保证。

　　A. 上级领导的支持　　　　　　　　　　B. 同级党委的支持

　　C. 人民群众的支持　　　　　　　　　　D. 同级权力机关的支持

17. 中共中央在 2003 年《关于进一步加强和改进公安工作的决定》中明确提出了（　　）是公安机关执法思想的核心。

　　A. “执法为民”　　　B. “公正执法”　　　C. “热情服务”　　　D. “文明执法”

18. （　　）明确指出,人民满意不满意、人民高兴不高兴、人民赞成不赞成,应当成为检验一切工作的标准。

　　A. 毛泽东　　　　　B. 邓小平　　　　　C. 江泽民　　　　　D. 胡锦涛

19. 我国公安机关是掌管（　　）、行使国家治安管理权的专门机关,这是公安机关与其他国家行政机关的不同之处。

　　A. 社会治安　　　　B. 刑事司法　　　　C. 国家安全　　　　D. 武装保卫

20. 根据我国《宪法》和《刑事诉讼法》的规定,公安机关是国家的（　　）,依法承担刑事侦查、预审、采取或执行拘留、逮捕等刑事强制措施,羁押看管犯罪嫌疑人和执行部分刑罚等任务。

　　A. 公诉机关　　　　B. 刑事侦查机关　　　C. 刑事审判机关　　　D. 强制执行机关

三、多项选择题

1. 公安机关民主职能的内容包括（　　）。

　　A. 保障人民充分享受宪法和法律规定的民主权利和其他权利

　　B. 保障人民依法参与国家事务的管理,享受正常的政治生活、经济生活和文化生活

　　C. 用镇压的方法正确处理人民内部矛盾

　　D. 依靠人民群众搞好公安工作,全心全意为人民服务

2. 全心全意为人民服务是公安机关性质的必然要求,其原因有（　　）。

    A. 公安机关是人民民主专政的重要工具

    B. 公安机关是国家治安行政和刑事执法机关,担负着打击犯罪、保护人民的重要
职责

    C. 人民是国家的主人,国家的一切权力属于人民

    D. 公安机关是人民的公安机关,公安机关的权力是人民赋予的,它执行人民的意
志,维护人民的利益

3. 关于公安机关的专政职能与民主职能,下列说法正确的是（　　）。

    A. 专政职能是民主职能的基本保障

    B. 民主职能是专政职能的社会基础

    C. 专政的对象是敌人,民主的对象是人民

    D. 对敌人使用专政手段,对人民实行民主的方法

4. 公安机关与其他一般行政机关的区别（　　）。

    A. 是行政机关　　　　　　　　　　B. 具有武装性

    C. 是治安管理机关　　　　　　　　D. 是刑事司法机关

5. 公安机关的武装性质,主要表现为（　　）。

    A. 具有武装性质的纪律部队　　　　B. 执行武装性质的任务

    C. 配备武器　　　　　　　　　　　D. 与人民解放军享受同等待遇

6. 在我国,公安机关是国务院和各级人民政府领导下的行政职能部门,是国家行政
机关的重要组成部分。但公安机关不同于普通的行政机关,因为（　　）。

    A. 它是掌管社会治安,行使国家治安管理权的专门机关

    B. 国家赋予公安机关以不同于普通行政机关的各种强制手段,以完成公安机关所
担负的治安管理的职能

    C. 公安机关是国家其他行政管理活动的坚强后盾

    D. 公安机关具有鲜明的阶级性

7. 我国的公安机关是（　　）。

    A. 国家治安行政力量　　　　　　　B. 国家刑事司法力量

    C. 立法机关　　　　　　　　　　　D. 只是国家刑事司法力量

8. 我国公安机关是兼有刑事司法职能的行政机关,其刑事司法职能主要体现在
（　　）。

    A. 在刑事诉讼中承担侦查的职能

    B. 在刑事诉讼中承担执行刑罚的职能

    C. 在刑事诉讼中承担审判职能

    D. 在刑事诉讼中承担检察职能

9. 我国公安机关专政职能的对象是（　　）。

    A. 危害国家安全的敌对势力

    B. 危害国家安全的敌对分子

    C. 严重危害社会治安秩序的犯罪分子

D. 危害社会治安秩序的违法分子

10. 我国人民民主专政政权的专政职能,是通过(　　)和司法行政机关等按照各自的职责范围分工负责、互相配合来实现的。

　　A. 人民解放军　　　B. 公安机关　　　C. 国家安全机关

　　D. 检察机关　　　　E. 审判机关

11.《人民警察法》第三条规定:"人民警察必须依靠人民的支持,保持同人民群众的密切联系,(　　)。"

　　A. 倾听人民的意见和建议　　　　　B. 接受人民的监督

　　C. 维护人民的利益　　　　　　　　D. 全心全意为人民服务

12. 公安机关是人民民主专政的重要工具,这是公安机关的阶级属性,也是它的根本属性,公安机关的这一阶级属性表明(　　)。

　　A. 它表明了公安机关的阶级本质,是公安机关性质的核心内容和本质特征

　　B. 公安机关具有鲜明的阶级性

　　C. 公安机关在国家政权中占据重要地位

　　D. 公安机关是国家意志的忠实执行者

13. 我国公安机关是人民民主专政的重要工具,这一阶级属性使它与剥削阶级国家警察机关划清了界限,表现在(　　)。

　　A. 两种警察所维护的阶级利益不同　　B. 两种警察在专政对象上不同

　　C. 两种警察在专政的目的上不同　　　D. 两种警察与人民群众的关系不同

14. 在我国,公安机关和人民群众的关系是(　　)。

　　A. 公安机关对人民负责,受人民监督

　　B. 人民群众满意不满意、赞成不赞成、答应不答应,是衡量公安工作的最高标准

　　C. 人民群众的支持,是公安工作最大的政治优势,是做好公安工作的根本保证

　　D. 人民群众也是公安机关的专政对象

15. 公安机关作为党的忠实工具,必须认真实践全心全意为人民服务的宗旨,要求(　　)。

　　A. 为人民服务要坚持一切从人民群众的利益出发

　　B. 为人民服务要认真履行职责

　　C. 为人民服务要提高服务质量

　　D. 为人民服务要以民主职能为主,专政职能为辅

16. 公安机关的性质必然要求以全心全意为人民服务作为其根本宗旨,这是因为(　　)。

　　A. 公安机关是执法机关,要全力维护宪法的权威

　　B. 公安机关是国家治安行政和刑事执法机关,担负着打击犯罪、保护人民的重要职责

　　C. 公安机关是人民民主专政的重要工具

　　D. 公安机关的权力是党赋予的

17. 公安机关担负着平息暴乱、骚乱,对付恐怖事件,追捕、围歼暴力犯罪,执行武装

内卫等武装性质的任务。在执行上述任务中,可以采取（　　　）等方式和手段。

　　A. 武装战斗　　　　　　　　　　　B. 武装镇压、武装警戒

　　C. 武装巡逻、武装守卫　　　　　　D. 武装押解

18. 从不同专业分工的作用看,公安机关有（　　　）的职能等。

　　A. 侦查　　　　B. 保卫　　　　C. 治安管理　　　　D. 打击犯罪

19. 从不同的工作手段所起的作用看,公安机关有（　　　）等职能。

　　A. 镇压、打击　　B. 预防、处罚　　C. 强制、管理　　　D. 教育、服务

20. 治安行政管理的主要任务是:（　　　）,以维护社会治安秩序,保障公共安全,保护公民、法人和其他组织的合法权益,为社会主义现代化建设服务。

　　A. 防范和控制犯罪活动

　　B. 预防和查处各种违反治安管理的行为

　　C. 同各种治安灾害事故作斗争

　　D. 维护统治秩序

【参考答案】

一、判断题

1. ×　　2. ×　　3. ×　　4. ×　　5. ×　　6. √　　7. ×　　8. √

9. ×　　10. √　　11. ×　　12. √　　13. ×　　14. √　　15. ×　　16. ×

17. √　　18. ×　　19. √　　20. ×

二、单项选择题

1. D　　2. C　　3. D　　4. A　　5. B　　6. D　　7. B　　8. A

9. B　　10. D　　11. D　　12. B　　13. C　　14. A　　15. D　　16. C

17. A　　18. B　　19. A　　20. B

三、多项选择题

1. ABD　　2. ABCD　　3. ABCD　　4. BCD　　5. ABC　　6. ABC

7. AB　　8. AB　　9. ABC　　10. ABCDE　　11. ABCD　　12. ABCD

13. ABCD　　14. ABC　　15. ABC　　16. BC　　17. ABCD　　18. ABC

19. ABCD　　20. ABC

第四章

公安机关的设置和管理体制

公安机关的组织管理是指依法确定的公安机关与同级党委、同级政府的领导及其隶属关系，以及上下级公安机关之间权限划分及领导指挥关系的管理制度的总和。公安机关的组织机构和管理体制是进行公安队伍管理和完成公安工作任务的载体。公安机关是为国家行使警察权、实现警察职能而设立的执行国家公安法律、法规，管理国家公共安全事务的行政机关。公安机关组织结构、管理体制的科学、合理与否，直接关系公安机关能否有效地完成任务和实现目标。

第一节 公安机关的组织机构

一、公安机关设立的法律依据

我国《宪法》第二十八条规定："国家维护社会秩序，镇压叛国和其他危害国家安全的犯罪活动，制裁危害社会治安、破坏社会主义经济和其他犯罪的活动，惩办和改造犯罪分子。"这是我国公安工作的总依据。根据《宪法》第八十九条的规定，国务院领导和管理民政、公安、司法行政和监察等工作。《宪法》中还有关于保护国有、集体、私营经济，保护公私财产和公民人身权利的条款，这些都是建立公安机构和依法开展公安工作的基本依据。《宪法》第一百零七条规定："县级以上地方各级人民政府依照法律规定的权限，管理本行政区域内的经济、教育、科学、文化、卫生、体育事业、城乡建设事业和财政、民政、公安、民族事务、司法行政、监察、计划生育等行政工作……"这是设立地方各级公安机构的法律依据。《人民警察法》第二十四条进一步具体规定："国家根据人民警察的工作性质、任务和特点，规定组织机构设置和职务序列。"

《公安机关组织管理条例》已经 2006 年 11 月 1 日国务院第 154 次常务会议通过，于 2007 年 1 月 1 日起施行。这是我国第一部规范组织管理的行政法规，也是第一部规范人民政府职能部门组织管理的行政法规。《公安机关组织管理条例》以《中华人民共和国公务员法》（以下简称《公务员法》）、《人民警察法》为主要立法依据，以科学化、民主化、制度化为基本目标，坚持政治建警、从严治警、科教强警和从优待警的方针，坚持实事求是、积极稳妥，突出重点、逐步推进的原则，对公安机关的组织管理活动进行了比较全面的规范。《公安机关组织管理条例》的颁布实施，是公安队伍建设走向科学化、正规化、法治化的重要标志,意味着新时期、新阶段的公安工作得到全面的加强,也意味着公安队伍的建设迈入了现代警察管理的方式。

二、公安机关机构设置的原则

公安机关机构设置应遵循以下基本原则。

(一)国家设置原则

公安机关是人民民主专政的重要工具,是武装性质的国家治安行政力量和刑事司法力量,是政府的重要组成部分。公安机关的组织机构只能由国家来确立,其他任何组织、部门和个人均无权设置。坚持这一原则,就使公安机关的组织机构具有国家权威性,能更充分地发挥公安机关的职能作用。

(二)行政对应原则

首先,各级公安机关的设置要与国家行政区划相对应。我国目前的行政区划分为:省、自治区、直辖市,自治州、设区的市,县、自治县、不设区的市、市辖区,乡、民族乡、镇。公安机关的设置要与行政区划的管辖范围相对应,不设跨行政区的公安机关。其次,各级公安机关的设置要与政府机构管理体制相对应。国务院下设各部和各委员会,公安部是其政法方面的职能部门之一,领导和管理全国公安工作。县级以上各级人民政府依照法律规定的权限,管理本行政区域的公安等行政工作。乡、民族乡、镇的人民政府执行本级人民代表大会的决议和上级国家行政机关的决定和命令,管理本行政区域的行政工作。也就是说,在管理体制上县级以上人民政府才设公安机关,乡、镇一级政府只是执行上级国家行政机关的决定、命令和进行管理,不单独设置公安机关。我国有些方面的工作由于性质的特殊,须由国务院有关部门按系统集中统一管理,如铁道、交通、民航、林业、海关等。与此管理体制相适应,在这些部设专门公安机关,并领导下属相当于县级以上管理部门的公安机关。最后,公安机构的设置应与公安机关的任务、职责相对应。任务是建立机构的依据,职责是设置机构的要求。公安机关内部的机构设置应从公安机关在国家行政机关中所承担的任务和履行的法定职责出发,根据实际需要建立。

(三)机构精简原则

《宪法》第二十七条规定:"一切国家机关实行精简的原则……"公安机关作为政府的一个职能部门,也应遵循这一基本原则。首先,实行精简原则有利于保证和促进各级公安机关的灵活运转,提高工作效率。这主要包括两个方面:一是公安机关的组织及其人员要精干;二是公安机关所承担的政务要简化(不同于减少),不能包揽一切公共事务,应按照属地管理的原则,下放权力,减少领导机关的事务性工作。其次,实行精简原则还有利于公安机关节省经费开支。众所周知,作为国家的行政机关,公安机关的经费开支都是由国家和地方财政拨款的。如果内设机构过多,人员过密,势必会增加这方面的财政开支,给国家和地方财政造成过重负担。总的来说,实行精简原则要求公安机关的机构设置在横向方面尽量减少头绪,避免部门林立;在纵向方面尽量减少内部层次,避免职能重叠。

(四)统一规范原则

当前在建立新世纪、新阶段公安管理体制中,要规范机构设置、规范职务序列、规范编制管理、规范执法执勤、规范行为举止,以体现公安机关的系统管理。这既符合我国《宪法》规定的民主集中制的组织原则,又表现了公安机关的性质、任务和特点。

为了实现公安机关组织机构设置的统一要求,应做到以下几点。

(1)内设机构要规范。为保证政令和警令通畅,公安机关内设机构的名称和级别等要统一规范。如果各级公安机关机构设置不统一规范,机构五花八门,不利于公安机关的统一指挥,会削弱公安机关的职能作用。当然,公安机关内设机构的统一规范要具备一定的条件,还要注意从各地实际出发因地制宜,不能搞"一刀切"。

(2)机构要分工合理。各级公安机关内设机构要配套设置,但是配套并不是说机构设得越多越好,用最少的机构完成全部的任务,才是我们追求的目标。相反,该设的机构没有设,其他机构设得再多再细,也不算配套。

(3)指挥要统一。公安机关是人民民主专政的重要工具,是具有武装性质的警察组织,不同于一般的行政机关,因此必须加强公安机关的统一领导和指挥。《中共中央关于进一步加强和改进公安工作的决定》中明确指出:"公安工作必须置于党的绝对领导之下。"《公安机关组织管理条例》第三条规定:"公安部在国务院领导下,主管全国的公安工作,是全国公安工作的领导、指挥机关。县级以上地方人民政府公安机关在本级人民政府领导下,负责本行政区域的公安工作,是本行政区域公安工作的领导、指挥机关。"进入21世纪后,全国人民正在党中央的领导下全面建设小康社会,社会稳定是发展的必要前提,所以更应特别强调党对公安工作的集中统一领导,加强组织纪律性,严防分散主义倾向。对上级党委和公安机关的指示、规定,下级党委和公安机关应当认真执行。在公安业务工作尤其是执法问题上,下级公安机关要坚决服从上级公安机关的命令和监督。各级党委应监督、支持公安机关依法行使职权,不要让公安机关去做违反法律或超越其职权的事。

(五)整体效能原则

公安机关是一个有机的整体,通过发挥整体作用表现其效能。因此,必须按照整体效能的原则设置公安机构,这样才能建立科学的公安机构体系。

(1)分工合理,统一步调。公安机关的组织机构设置是以公安机关的职责为前提的,因此科学、合理地分解、组合公安机关的职责,是保证公安机关整体效能的重要条件。对国家行政机关来说,只有在分工合理的基础上,才能达到科学、合理的设置,才能保证总目标的实现。同时,政府的整体是由各个工作部门构成的,但政府的整体功能并不等于各个工作部门功能的简单相加,而应当是"整体大于部分之和"。为此,设置公安机构时应注意机构的上下沟通,左右配合,减少内部的摩擦和内耗,才能产生较大的整体效能。

(2)公安机关组织机构设置的功能要齐全。公安机关要达到决策机构、执行机构、监督机构、咨询机构和信息反馈机构完整配套,其整体效能才能发挥。长期以来,公安机关的执行机构设置得多而庞大,而信息反馈、咨询、监督机构大多很薄弱,这就需要进行适当调整,适当增加这方面的职能。如加强情报收集、信息反馈和指挥调度职能;完善监督制度,加大执法检查的力度;等等,使公安机关组织机构能够协调和有序地运转。

(六)依法设置原则

首先是必须按照《宪法》《国务院组织法》《地方各级人民代表大会和地方各级人民政

府组织法》《人民警察法》等国家法律规定设置公安机关。其次是必须按照行政组织法规的规定,依法设置公安机关内设机构,其设置、通过、变更或撤销机构,必须由主管部门在其职权范围内审查批准,防止机构设置中的随意性,避免机构臃肿庞大。

三、公安机关及其内设机构的设置

行政机关是那些依法享有行政权,并以行使行政权为己任的国家机关,它包括各级政府,也包括宪法、法律、法规确立的能以自己名义行使行政权的各类政府职能部门①。因此,从行政法的角度,公安机关就是指依法成立的能够以自己的名义行使公安权力的国家行政机关。公安机关是最重要的一种公安行政主体,它与法律、法规、规章授权而成为公安行政主体的公安机构是不同的,其最主要的区别就是其成立便能以自己的名义行使公安权力,而不需要再经法律、法规、规章的授权。根据产生方式的不同,此类公安行政主体即公安机关可分为以下三类。

(一) 人民政府公安机关及其内设机构

根据《公安机关组织管理条例》第五条规定,县级以上人民政府公安机关依照法律、行政法规规定的权限和程序设置。

此类公安机关为同级人民政府的组成部分,公安机关首长为政府组成人员,由同级人大常委会决定或任免,具体包括以下两类。

1. 中央公安机关及其内设机构

根据《国务院组织法》及其有关规定,公安部是国务院的职能部门之一,通过国务院对全国人民代表大会及其常务委员会负责,在国务院的领导下,领导和管理全国的公安工作。

公安部是国务院主管全国公安工作的职能部门,是全国公安机关人民警察的领导和指挥机关。公安部在党中央、国务院的领导下,按照党的路线、方针、政策和国家宪法、法律,指导全国公安机关的组织建设和业务建设,依法管理社会治安,惩治各种刑事犯罪分子,保卫国家安全,维护社会治安秩序,保护公民的人身、财产安全和其他合法权益,保障社会主义现代化建设的顺利进行。公安部的主要职责有以下方面。

(1) 研究拟定公安工作的方针、政策,起草有关法律与法规草案,指导、监督、检查全国公安工作。

(2) 掌握影响稳定、危害国内安全和社会治安的情况;指导、监督地方公安机关依法查处危害社会治安秩序行为,依法管理户口、居民身份证、枪支弹药、危险物品和特种行业等工作。

(3) 组织指导侦查工作,协调处置重大案件、治安事故和骚乱,指挥防范、打击恐怖活动。

(4) 依法管理国籍、口岸边防检查工作;指导、监督消防工作、道路交通安全、交通秩序以及机动车辆、驾驶员管理等工作。

(5) 指导、监督地方公安机关对国家机关、社会团体、企事业单位和重点建设工程的

---

① 胡建淼. 行政法与行政诉讼法[M]. 北京:清华大学出版社,2008:43.

治安保卫工作以及群众性治安保卫组织的治安防范工作和公共信息网络的安全监察工作。

（6）指导、监督地方公安机关依法承担的执行刑罚和监督、考察工作；指导对看守所、拘留所、强制戒毒所等的管理工作。

（7）组织实施对党和国家领导人以及重要外宾的安全警卫工作。

（8）组织实施公安科学技术工作；规划公安信息技术、刑事技术建设。制定公安机关装备、被装配备和经费等警务保障标准和制度。

（9）组织开展同外国、国际刑警组织和我国香港、澳门特别行政区及台湾地区警方的交往与业务合作，履行国际条约和合作协议。

（10）制定公安机关人员培训、教育及宣传的方针和措施；按规定权限管理干部；指导公安机关法治工作；制定公安队伍监督管理工作规章制度，指导公安机关督察工作；查处或督办公安队伍重大违纪事件，维护公安民警正常执法权益。

根据公安部的职责、业务性质和工作需要，公安部内设置厅、部、局、办。公安部内设机构主要包括：驻公安部纪检监察组、国家移民管理局、办公厅、研究室、政治部（包括人事训练局、新闻宣传局）、督察审计局、公安部巡视办、政治安全保卫局、经济犯罪侦查局、治安管理局、反恐怖局、刑事侦查局、食品药品犯罪侦查局、特勤局、铁路公安局、网络安全保卫局、公安监所管理局、警务保障局、交通管理局、技术侦察局、中国民用航空局公安局、海关总署缉私局、法制局、国际合作局、情报指挥中心、装备财务局、禁毒局、科技信息化局等局级机构，分别承担有关业务工作。海关总署缉私局、中国民用航空局公安局列入公安部序列，分别接受公安部和海关总署、公安部和中国民用航空局双重领导，以公安部领导为主。

此外，还有公安部第一研究所、公安部第二研究所（物证鉴定中心）、公安部第三研究所、人民公安报社、中国人民公安大学、中国人民警察大学、南京森林警察学院、中国刑事警察学院、铁道警察学院、中国人民公安出版社、金盾影视文化中心等直属事业单位。

2. 地方公安机关及其内设机构

为了维护社会治安，我国地方公安机关根据《人民警察法》和《地方各级人民代表大会和地方各级人民政府组织法》的规定，在县以上各级政府相应设置同级公安机关。

（1）省、自治区、直辖市公安机关。省、自治区设公安厅，直辖市设公安局。公安厅（局）是省级人民政府的职能部门之一，领导、管理全省、自治区、直辖市范围内的公安工作。其基本职责包括以下几个方面。

① 分析、研究本省、自治区、直辖市的社会治安状况，并对公安工作进行决策，向公安部和本省、自治区、直辖市党委、政府提供信息，做好参谋，提出对策。

② 负责对所辖地区公安民警的管理、教育。

③ 指导、检查和监督本省、自治区、直辖市各级公安机关的执法情况，指导业务工作。

④ 组织、协调和侦破、处置重大案件、重大事件、重大治安灾害事故工作，为全省、自治区、直辖市各级公安机关提供信息、技术、后勤服务。

⑤ 领导本省、自治区、直辖市公安边防、消防、警卫工作，承办警卫任务的执行。

⑥ 承办公安部、省委、省政府交办的其他事项。

(2) 地级公安机关。地级公安机关包括省辖市设立的公安局、自治州设立的公安处以及直辖市公安局下设的公安分局,它们分别是本级人民政府的一个职能部门,负责本地区范围内的公安工作。其任务是:在同级党委、政府的领导下,同时接受上级公安机关的领导,运用法律武器,发挥职能作用,打击敌人,惩罚犯罪,维护社会治安秩序,保护人民的各项权利和生命财产安全,巩固人民民主专政。

(3) 县级公安机关。县(市)、旗设公安局,作为县(市)、旗人民政府的一个职能部门。市辖区设公安分局,负责本辖区的公安工作。作为公安机关基层组织,其任务是:在县(市)、旗党委、政府的领导下,同时接受上级公安机关的领导,打击敌人,惩罚犯罪,维护社会治安秩序,保护人民的各项权利和生命财产安全,巩固人民民主专政。

县级以上地方人民政府公安机关和公安分局内设机构分为综合管理机构和执法勤务机构。

执法勤务机构实行队建制,称为总队、支队、大队、中队。

县级以上地方人民政府公安机关和公安分局内设机构的设立、撤销,按照国家规定的权限和程序审批。

看守所、拘留所、戒毒所依照法律、行政法规的规定设置。

(二) 由人民政府公安机关产生的公安机关及其内设机构

根据《地方各级人民代表大会和地方各级人民政府组织法》第六十八条的规定,省一级人民政府在必要的时候,经过国务院批准,可以设立派出机关——地区行政公署;县一级人民政府在必要的时候,经过省、自治区、直辖市的人民政府批准,可以设立派出机关——区公所(包括与此类似的经济开发区管理机构);市辖区、不设区的市的人民政府,经上一级人民政府批准,可以设立街道办事处,作为它的派出机关。

地方各级公安机关根据工作需要,经本级人民政府和上级公安机关批准,可以在本行政区域内设立派出机构,包括省、自治区在地、盟设立的公安处。地(盟)公安处是省、自治区人民政府公安机关的派出机关,它履行国家法律赋予的政权职能,行使公安机关的权力,负责指导和管理所辖县、旗、县级市公安机关的工作;直辖市、省辖市公安局在各区设立公安分局。在现行公安组织机构的设置中,直辖市公安局所属公安分局和省辖市公安局所属公安分局同样是作为上级公安机关的派出机构而配置的,而不是同级政府的组成部分。直辖市、省辖市所辖区的公安分局,作为市公安局的分设机构,具有派出机构的性质。这类城市公安分局既是一级指挥机关,又是实战单位,执行市公安局直接领导、指挥的体制。县(市)、自治县、旗公安局和区公安分局在乡、镇、街道设立公安派出所。

《公安机关组织管理条例》第六条规定,设区的市公安局根据工作需要设置公安分局,市、县、自治县公安局根据工作需要设置公安派出所。

综上所述,我国派出公安组织有两类:一类为具有公安行政主体资格的派出公安机关,包括直辖市分局和地级市分局,其内设机构一般参照地方人民政府公安机关要求设置,由派出它的公安机关决定;另一类为不具有公安行政主体资格的派出公安机构(但在法律、法规、规章授权时可以成为公安行政主体),即公安派出所,其内设机构应由派出它的公安机关决定。

（三）专门公安机关及其内设机构

专门公安机关是指国家在某些专门行业部门设置的公安机关。2018年公安组织机构改革前，专门公安机关有铁路公安机关、交通公安机关、民航公安机关、森林公安机关和海关公安机关等。

1. 铁路公安机关

铁路公安局作为全国铁路公安系统的领导机关，负责全国铁路公安保卫任务的部署和公安执法监督，组织、协调、指挥跨省、区重大案件的侦破工作；铁路局设铁路公安局，铁路分局设铁路公安处，大、中车站设公安段或派出所；铁路工程总公司和铁道建筑总公司设铁路工程公安局和铁道建筑公安局，下设若干工程建筑公安处，公安处以下设公安段或派出所。

铁路公安机关的主要任务是：车站治安管理，维护车站公共秩序，预防、制止和查处违法犯罪活动和治安灾害事故，保卫铁路运输生产和旅客生命财产的安全；列车治安管理，预防、制止及查处发生在列车上的各种违法犯罪活动；铁路内部安全保卫，保障铁路系统内部的安全防范工作，打击各类犯罪分子的破坏活动；铁路工程建设安全保卫，保卫我国铁路基本建设事业的顺利进行，为施工生产、勘测设计创造良好的治安环境，是铁路公安工作的重要组成部分；铁路警卫工作，负责对党和国家领导人、重要外宾乘坐火车以及经铁路运输的科学尖端保密产品、国防保密物资安全警卫工作的组织、部署、检查、指导和具体执行。

2. 交通公安机关

交通运输部公安局负责组织领导全国交通系统的公安保卫工作，在港务局、航运局、海运局、航务工程局和省（自治区、直辖市）交通厅（局）设公安局（处），其下属各公路运输、水上运输部门等单位设立公安分局（分处）、派出所等，担负本地区港口、航运、公路运输等的公安保卫工作。交通运输部公安局直接管理长江航运公安局和黑龙江航运公安局。另设大连、上海和广东三个海运公安局和天津、上海、广州海上监督局公安处等机构。

交通公安机关工作的任务是整治水上运输和公路运输的治安秩序，保障交通运输生产建设、旅客生命财产安全和交通运输线畅通。为此，交通公安机关的具体措施是管理港口内道路交通；预防、查处辖区内的治安灾害事故；预防、打击辖区内的各种刑事犯罪活动；对港口、客货运输船舶、航道、航务通信设施、航务工程、公路交通、公路工程及其企业内部实施治安管理；对在我国沿海、内河水域航行、停泊、作业中的一切中外船舶实施消防监督。

3. 民航公安机关

中国民用航空局公安局是民用航空局的职能机构，民航地区管理局设公安处，省（自治区、直辖市）民航管理局设公安分处，公安处（分处）下设机场公安派出所。

民航公安机关保卫工作任务是以民航飞行和空防安全为中心，负责飞行中航空器内的安全保卫，严防破坏、劫持航空器的事件发生；对机场安全检查实施指导；搞好机场工作区域及候机楼等公共场所的治安和交通管理；负责专机、要害部位的安全；在机场范围内，配合有关部门做好党和国家领导人、国家所列其他警卫对象、应邀来访的重要外宾的安全保卫工作；负责在民航范围内发生的刑事案件等的侦查；配合我国驻外使馆做好民航驻外办事处的内部安全保卫工作;负责机场内的消防工作等。

4. 森林公安机关

国家林业和草原局设立森林公安局,在省、地、县三级林业部门内分别设立森林公安处(局)、森林公安分局、森林公安科等。国家林业和草原局设立武装森林警察防火办公室,负责检查、指导、协调地方政府和有关部门承担的森林防火工作;协调地方的航空护林防火,管理森林火灾档案,发布森林火险预测和森林火灾信息,指导和管理森林武装警察部队。

森林公安机关的主要任务是保卫森林资源安全,维护林区社会治安秩序,保障林业生产建设的顺利进行。在没有设立森林公安机关的地方,森林公安工作的任务由所在地方公安机关承担。

5. 海关公安机关

海关总署设立走私犯罪侦查局,各地海关设立走私犯罪侦查分局、支局。走私犯罪侦查局在海关总署广东分署及直属海关设立走私犯罪侦查分局,负责该直属海关业务管辖区内走私犯罪案件的侦查、拘留、执行逮捕、预审工作。走私犯罪侦查分局原则上在隶属海关设立走私犯罪侦查支局,负责该隶属海关业务管辖区内走私犯罪案件的侦查、拘留、执行逮捕、预审工作。

走私犯罪侦查局的主要职责是:依法查缉涉税走私犯罪案件和发生在海关监管区内的走私武器、弹药、核材料、伪造的货币、文物、贵重金属、珍贵动物及其制品、珍稀植物及其制品、淫秽物品、固体废物和毒品等非涉税走私犯罪案件,接受海关调查部门、地方公安机关(包括公安边防部门)和工商行政等执法部门查获移送的走私犯罪案件。对走私犯罪案件及涉案犯罪嫌疑人依法进行侦查、拘留、执行逮捕和预审。

对侦查终结的走私犯罪案件向检察机关移送起诉,对经侦查不构成走私罪的案件和虽然构成走私罪,但司法机关依法不追究刑事责任的案件,移送海关调查部门处理。在地方公安机关的配合下,负责制止在查办走私犯罪案件过程中发生的以暴力、威胁方法抗拒缉私和危害缉私人员人身安全的违法犯罪行为。对违反治安管理或构成其他刑事犯罪的,移交地方公安机关处理。依法受理、查办与走私犯罪有关的申诉,办理国家赔偿。承办国务院及海关总署、公安部交办的重大走私案件和其他事项。

2018年12月,中共中央办公厅、国务院办公厅发布《行业公安机关管理体制调整公安方案》,决定对专业公安机关进行改革。这次改革最根本的就是坚持党对公安工作的绝对领导、全面领导,按照"警是警、政是政、企是企"的要求,进一步理顺行业公安机关管理体制,对维护国家安全、社会稳定和行业公安力量体系进行调整和完善,有利于整合警务资源,优化机构职能配置,提升警务效能,构建符合新时代要求的现代警务管理体制,更好地履行党和人民赋予的重大职责使命。按照《行业公安机关管理体制调整工作方案》,原有的铁路公安机关、交通公安机关、森林公安机关不再作为专门公安机关,并对其领导体制进行相应调整,即铁路公安机关、原交通公安机关中的长江航运公安机关由公安部直接领导指挥;各地森林公安机关与所在地方公安机关进行合并。同时,海关公安机关、民航公安机关仍实行双重领导,接受所在部门党委政府和本系统上级公安机关的领导,并以公安部领导为主。其中海关缉私公安和首都机场公安局由公安部直接领导,其他民航公安队伍划归各省或地方公安机关领导。

第二节 公安机关的管理体制

公安机关的管理体制是指公安机关的组织领导制度。我国公安机关现行的是"统一领导、分级管理,条块结合、以块为主"的管理体制。这一管理体制,反映了公安机关组织领导制度三个方面的基本关系:首先,体现出公安机关同党和政府的关系;其次,体现出公安系统内部自上而下的关系;最后,体现出地方各级公安机关与地方党委、政府和上一级公安机关的相互关系。这一管理体制是在我国长期的公安实践经验总结的基础上发展起来的,体现了集权与分权的统一,充分调动了中央和地方的两个积极性。

一、公安机关管理体制的内容

我国人民公安工作创立于第二次国内革命战争时期的中央苏区根据地,当时按照苏联模式组建了国家政治保卫局,负责苏区革命政权、人民军队的保卫工作和社会治安工作,管理体制采取了"垂直领导"的方式。遵义会议以后,在以毛泽东同志为核心的党中央领导下,改变了以往"垂直领导"的做法,结合中国革命的实际,强调各根据地的公安机关要受革命根据地党委、政府的领导,开始建立中国特色的公安管理体制。

1950年,毛泽东同志批示:"保卫工作必须特别强调党的领导作用,并在实际上受党委直接领导,否则是危险的。"这标志着公安管理体制框架的形成。1991年,第十八次全国公安会议指出:"对公安队伍的管理实行条块结合,以块为主的体制。"同年,《中共中央关于加强公安工作的决定》进一步明确指出:"公安机关是政府的一个职能部门,但又不同于一般行政机关,在管理训练、机构设置、指挥监督、工作方式、装备保证等方面应当有与它的性质相适应的体制和制度。"2003年,第二十次全国公安会议再次重申,公安机关实行"统一领导、分级管理,条块结合、以块为主"的管理体制。

(一)统一领导、分级管理

统一领导、分级管理是中央和地方对公安工作组织领导的制度。

统一领导、分级管理是指我国公安机关实行相对集中的管理体制,各级公安机关都在党的绝对领导之下,同时接受上级公安机关的有力领导和指导。公安机关作为国家具有武装性质的刑事执法和治安行政管理机关,不同于其他一般行政机关。公安机关的特殊性要求在日常管理、教育训练、组织纪律以及工作方式和管理措施等方面都有更多的集中统一性和命令强制性等。

"统一领导"就是全国的公安工作统一接受党中央和国务院的领导,地方公安机关接受公安部的统一领导。统一领导集中体现在公安机关的政令统一、建制统一方面,以适应执法、战斗和快速反应等的需要。

"分级管理"是指中央公安机关和地方公安机关分别接受党中央、国务院和各级地方党委、人民政府的管理,同时县以上地方公安机关对所辖公安机关实行领导和管理,即公安部在党中央、国务院的领导下,领导和管理全国的公安工作;地方各级公安机关作为地方政府的一个职能部门,在本级党委、政府的领导下和上级公安机关的领导下,领导和管理所辖公安机关的工作;铁路、交通、民航、林业、海关等部门的公安机关接受本部门的行政领导和地方公安机关的业务领导,并领导和管理所辖公安机关的工作。

统一领导、分级管理符合我国《宪法》的规定。根据《宪法》规定,县级以上地方各级人民政府依照法律规定的权限,管理本行政区域内的经济、教育、科学、文化、卫生、体育事业、城乡建设事业和财政、民政、公安、民族事务、司法行政、监察、计划生育等行政工作;中央与地方国家机构职权划分,应遵循在中央统一领导下,充分发挥地方主动性、积极性原则。统一领导和分级管理是辩证统一的。分级管理是为了确保统一领导,而要统一领导又必须分级管理。统一领导、分级管理的关键是职责、权限的划分。毛泽东同志曾说过,"要发挥中央和地方两个积极性,两个积极性比一个积极性好",强调除大政方针要集权外,其他方面要分权。但是,改革开放以来,有些地方片面强调本地的特殊性,为了地方利益搞地方保护主义,出现了公安权力分散的倾向,严重削弱了中央统一领导的权威,给公安工作带来了不利的影响。因此,从思想上进一步明确"统一领导、分级管理"的精神实质,科学地划分中央和地方的职权,对于做好公安工作具有重要的现实意义。

（二）条块结合、以块为主

条块结合、以块为主是地方公安机关在实际工作中接受上级公安机关的"条"和地方党委、政府的"块"的双重领导组织制度。

所谓"条",是指公安业务管理的体系,是从上到下的公安职能部门。公安工作是一项专业性、政策性很强的工作,一些重大决策和措施必须全国统一。公安部作为国务院的一个职能部门,在党中央和国务院的领导下对全国的公安工作进行统一管理,各省、自治区、直辖市公安厅（局）在公安部的领导下,对所辖区域各级公安机关进行统一管理、统一指挥,各市（地）公安机关在上级公安机关的领导下对所辖县（市）公安机关实行管理,即所谓实行县以上各级公安机关上级对下级的领导和管理。

所谓"块",是指地方各级公安机关的分层。地方公安机关隶属地方各级人民政府,是地方政府的一个重要组成部分,在当级地方党委和政府的领导下,具体负责该级地方的社会治安秩序,保一方平安。

条块结合、以块为主,作为地方公安机关一方面要接受上级公安机关的领导;另一方面还要接受本级地方党委和政府的领导,并且以接受同级党委、政府的领导为主。这两个方面的领导都是从公安工作的实际出发,其目的、方向是一致的。公安机关从上而下的领导是从全国整体着眼,突出专业性、政策性、时间性和统一性,上级公安机关主要负责公安业务工作和队伍建设的指导。全国性的重大公安决策,有时由党中央、国务院直接作出,有时由公安部根据党中央、国务院的指示精神作出。而地方党委和政府的领导则着眼于具体的组织实施和安排落实,从当地实际出发,对地方公安工作进行决策,负责公安机关经费的开支和公安民警的人事管理等,以保证地方公安工作有条不紊地进行。

"条"与"块"结合必须是"条条领导"与"块块领导"相互配套、互为前提的有机结合,丢弃哪一方面都不行。既要有系统内部上级对下级的领导和管理,又要有地方党委、政府的领导和管理,构成双重领导关系。这种双重领导关系,从组织制度上规定了地方公安机关不仅要对上级公安机关负责,还必须对同级党委、政府负责。条块结合不是简单地把两个方面的领导捏合在一起,更不是随心所欲各取所需。对全国统一的工作部署和要求,既要按公安部的要求落实,又要在地方党委、政府的统一安排下组织实施。对具有地方特点的措施,既要按地方党委、政府的要求部署,又要听取上级公安机关的意见,因为公安工作总的目的是维护国家和社会安宁。它有很强的政策性,但是它不是抽象的而是具体的,具有很强的地区性,因此在"条"和"块"的结合上必须以"块"为主。

明确"条块结合、以块为主"的关系,既加强了中央的纵向集中统一领导,又充分发挥了地方横向的积极性;既有利于公安机关系统内部的统一领导和指挥,又有利于加强党和政府对公安机关的领导。同时,有利于公安机关从实际出发,更有针对性和更有效地做好公安工作。

二、公安机关现行管理体制的意义

"统一领导、分级管理,条块结合、以块为主"的管理体制经过实践检验,证明是一种适合我国国情且行之有效的体制,这种体制的优点与特点是正确地解决了集权与分权的关系问题。我国是一个集中统一的社会主义国家,中国的建设与发展是在党中央、国务院的领导下统一进行的,全国各地的发展方向、目标、要求是一致的,因此公安保卫工作也就有了全国统一性。但中国又是一个地域辽阔、人口众多、各地区发展不平衡的多民族国家,地方特点很强,这就决定了公安工作必须从地方实际情况出发,必须与地方各项工作相配合,必须与当地的中心工作相结合,因此地方公安工作也就有了地方特殊性。这种统一性与特殊性的辩证关系,是公安机关实行集权与分权相结合体制的客观依据。集权有利于从宏观整体上把握公安工作,便于在全国范围内统一思想、统一政策、统一部署、统一行动;分权则是从地方实际出发,发挥地方的积极性,因地制宜地开展公安工作,有利于公安工作的局部控制和微观控制。将两者有机地结合起来,发挥了集权制与分权制各自之长,弥补了两者之短,较好地解决了集权与分权的关系问题,发挥了中央和地方的两个积极性。经过从民主革命时期到社会主义革命时期长时间的实践检验,证明这种现行公安管理体制符合我国的国情,符合中国共产党长期坚持的民主集中制,体现了中国公安管理的特色。

公安机关现行管理体制体现了高度的辩证统一。"统一领导、分级管理,条块结合、以块为主"的公安机关管理体制是完整的整体,必须完整地理解。在"统一"下"分级",统一是前提,但统一并不是统死,而是在大政方针、政策、法律基本原则上的统一;而分级就是在统一的前提下分别负起责任,发挥地方的主动性和积极性。"统一领导、分级管理"又具体体现在"条"和"块"的关系上,因此,在理解"条块结合、以块为主"时绝不能把它与"统一领导、分级管理"割裂、对立起来。应该说"条"体现统一领导,"块"体现分级管理;在总体把握上要坚持统一,保证政令、警令畅通,在具体实施上要明确责任,讲求效益和效率。

公安机关现行的"统一领导、分级管理,条块结合、以块为主"的管理体制,不仅仅是由公安机关的性质、任务所决定的,也是党的方针政策、国家法律法规的一贯要求,同时还是党的民主集中制原则在公安工作中的具体运用。实行这一管理体制,对于公安工作和队伍建设具有重要的意义。

(1)有利于加强党对公安工作的领导。这一管理体制的核心就在于强调党对公安工作的绝对领导,公安机关必须置于各级党委和政府的实际、直接领导之下,这是行之有效的管理体制,绝不能有丝毫的怀疑和动摇。对公安机关的管理实行"统一领导、分级管理,条块结合、以块为主"的体制,是中国共产党在长期实践中形成的适合我国国情的公安队伍的管理体制,也是我国公安机关的优良传统,这对于加强党和政府对公安工作的领导是极为有利的,是一条成功的经验,必须坚持。公安工作的历史经验充分证明,什么时候脱离了党的领导,公安工作就会失去正确的政治方向,给党的事业带来严重的危害与损失,历史教训是非常深刻的。在发展社会主义市场经济和全面建设小康社会的过程中,为了更好地服务于经济与社会建设,仍然必须坚持党对公安工作的绝对领导这一根本原则,这是我国公安工作的优势,也是一项重大政治原则。

(2) 有利于发挥公安机关的职能作用,便于公安机关统一指挥、快速反应,提高公安机关的战斗力。公安机关是人民民主专政的重要工具之一,是具有武装性质的国家刑事执法和治安行政管理机关。当前,社会治安形势越来越复杂,犯罪组织形式和手段方法越来越多样化、动态化、职业化和智能化,这就要求公安机关在打击犯罪、整治社会治安工作中要统一指挥、统一行动,下级公安机关应坚决服从上级公安机关的命令和监督,保证警令畅通,防止出现政出多门、部门分割、推诿和扯皮的现象。

(3) 有利于发挥地方党委和政府的作用。在发展社会主义市场经济的过程中,各地区的经济发展水平和社会治安状况出现了较大的差异。实现"统一领导、分级管理,条块结合、以块为主"的管理体制,就能把公安工作的统一目标和各地的实际情况很好地结合起来,便于各地根据本地区的实际情况采取有针对性的措施,因地制宜地贯彻落实党委、政府对于公安工作的方针和路线,减少工作的盲目性。

(4) 有利于落实公安工作属地管理的原则。根据有关规定,公安工作实行属地管理的原则,案件管辖、处理社会治安问题、指导内保工作,主要由区、县公安(分)局负责,上级公安机关主要履行指导、监督的职责。属地管理原则明确了地方公安机关在保一方平安中的主要责任。现行公安管理体制能充分发挥地方公安机关在打击防范犯罪、维护社会治安中的作用,在组织体制上保证了属地管理原则得以顺利实施和落实。

公安机关的管理体制,是由我国的政治制度、经济制度和新时期经济社会发展水平等客观需要决定的,也是我国公安机关管理经验的历史总结,是经过长期实践证明的一种正确管理制度,符合社会主义初级阶段公安工作的实际,对于确保党对公安工作的绝对领导和政令、警令畅通等方面起到了重要作用,今后的公安工作中仍然要继续坚持和完善这一公安管理体制。

三、不断加强和完善公安管理体制

(一) 进一步加强党对公安工作的绝对领导

公安机关是在中国共产党的领导下诞生的,党在公安机关中的核心领导地位和作用是我国公安机关管理体制的突出特点。因此,要特别强调党对公安工作的集中统一领导,加强组织纪律性,严防分散主义倾向。坚持党对公安工作的绝对领导,就能保证公安机关这一人民民主专政的"刀把子"始终掌握在党的手中。在新的历史条件下,党对公安工作的领导要进一步加强和完善。各级党委要密切关注国内外形势,关心公安工作,落实党对公安工作的方针、政策,加强公安领导班子建设,主要领导同志要直接过问、听取公安工作汇报,经常提出要求,帮助解决公安工作中的困难和问题,做到全面加强领导。各级党委要监督、支持公安机关履行法定职能和依法行使职权,不要让公安机关去做违反法律和超越职权的事,为公安机关创造良好的执法条件与执法环境。

(二) 各级政府要加强对公安工作的领导

公安机关作为各级政府的职能部门必须接受各级政府的领导,这是宪法和法律所明确规定的,有利于社会治安的综合治理、公安工作的开展和公安队伍的建设。尤其在社会主义市场经济条件下,政府对公安机关的领导更要加强。应把公安工作全面纳入政府工作的轨道,工作上要统一部署和协调,人、财、物上要优先给予保证,切实解决公安机关的实际问题,以保障公安工作的正常运行。

(三) 加强公安机关内部业务领导管理

改革开放以来,社会治安出现了新的形势和特点,这就要求公安机关高度集中统一,发挥整体功能,建立指挥有效、警令畅通的业务指挥系统和信息系统,成为能够快速反应、有坚强战斗力的集体。公安部要强化对全国公安工作的宏观决策和指挥职能,加强对有关公安方面的国际和国内跨国跨省重大行动、重大案件、重大事件、重大事故的协调处置。省、自治区、直辖市公安机关要强化对全省、自治区、直辖市公安工作的宏观决策和指挥职能,加强对本地区有关公安方面的重大行动、重大案件、重大事件、重大事故的协调处置,加强对下级公安机关的指导、协调和服务。全国公安机关要建立统一考录制度、统一训练标准、统一纪律要求、统一外观标识的运行机制。在当前形势下,加强公安机关内部业务管理,加强公安部对全国公安机关的系统领导,强调公安机关内部下级服从上级、保证警令畅通是完全必要的,是符合党和国家利益的,也是地方党委和政府的意愿。

(四) 坚持公安领导干部的双重管理

在省、市(地级)、县三级公安机关领导干部的管理上,要继续认真执行"条块结合,下管一级"的体制。中共中央已决定,根据实际情况和干部任职条件,在领导班子职数范围内,有条件的地方逐步实行由同级党委常委或政府副职兼任省、市(地级)、县三级公安机关主要领导。地方党委在任命、选拔、配备公安机关的领导干部时,一定要按照《人民警察法》规定的任职条件选拔,并事先征得上级公安机关党委同意,并在充分考虑上级公安机关党委意见的基础上作出决定,做到协调一致,先培训后上岗。公安机关领导班子其他成员任免仍要征求上级公安机关的意见。边防、消防、警卫工作领导干部的管理以"条"为主,业务培训、晋升培训由公安机关负责。

按照中共中央的要求和《公安机关组织管理条例》的规定,县级以上地方人民政府公安机关正职领导职务的提名,应当事先征得上一级公安机关的同意;县级以上地方人民政府公安机关副职领导职务的任免,应当事先征求上一级公安机关的意见。

(五) 理顺公安分局和派出所的管理体制

公安机关接受党委和政府的领导,主要是县(市)以上党委和政府对公安机关的领导。近几年来,各级公安机关在理顺公安分局和派出所的管理体制上已经做了不少工作。但是,仍有一些地方没有认真执行有关条例和规定,把城市公安分局和公安派出所的管理权限下放到区(县)和乡(镇)党委、政府,这种做法违反了《公安组织管理条例》关于公安派出所由公安机关直接管理的规定和关于城市公安分局、派出所实行以上级公安机关领导为主的体制精神,不利于公安机关的统一指挥和快速反应。为了加强公安机关的正规化管理,保证公安机关政令、警令畅通和秉公执法,更好地稳定公安队伍,应理顺上级公安机关对下级公安机关工作的领导和指挥关系,理顺基层公安派出所和公安分局的管理体制。要认真落实城市公安分局、派出所由上级公安机关直接管理的规定,公安分局作为设区的城市公安局的派出机构,实行上级公安机关领导为主的管理体制;公安派出所作为县(市)、区公安(分)局管理治安工作的派出机构,由县(市)公安局或者区公安分局直接领导和管理;各级公安机关内设机构、派出机构的领导干部,由同级公安机关任免。这样有利于统一领导和指挥,防止分散主义的倾向,同时还可以减少对公安分局和派出所的不正确的过多干预,避免公安分局和派出所超越职权非法从事非警务活动,以维护公安机关和人民警察的形象与声誉。

　　总之,对公安机关的现行管理体制,一要坚持,二要改善,在坚持中改善,在改善中坚持,这样才能使公安机关在这种科学的管理制度下充满生机和活力,有效地实现公安管理目标。

知识巩固与能力提升训练

一、判断题

1. 公安部是国务院的职能部门,是全国公安工作的领导指挥机关。　　　　　(　　)

2. 公安机关实行行政首长负责制。　　　　　　　　　　　　　　　　　　(　　)

3. 市级以上人民政府公安机关依照法律、行政法规规定的权限和程序设置。(　　)

4. 设区的市公安局根据工作需要设置公安分局。市、县、自治县公安局根据工作需要设置公安派出所。　　　　　　　　　　　　　　　　　　　　　　　(　　)

5. 县级以上地方人民政府公安机关正职领导职务的提名,应当事先征得上一级公安机关的意见。　　　　　　　　　　　　　　　　　　　　　　　　　　　　(　　)

6. 县级以上地方人民政府公安机关副职领导职务的任免,应当事先征求上一级公安机关的同意。　　　　　　　　　　　　　　　　　　　　　　　　　　　　(　　)

7. 县级以上地方人民政府公安机关在本级人民政府领导下,负责本行政区域的公安工作,是本行政区域公安工作的领导、指挥机关。　　　　　　　　　　　　　(　　)

8. 公安分局和公安派出所的设立、撤销,按照规定的权限和程序审批。　　(　　)

9. 市级以上地方人民政府公安机关和公安分局内设机构分为综合管理机构和执法勤务机构。　　　　　　　　　　　　　　　　　　　　　　　　　　　　　(　　)

10. 执法勤务机构实行队建制,称为总队、支队、大队、中队。　　　　　　(　　)

11. 根据《人民警察法》和《地方各级人民代表大会和地方各级人民政府组织法》的规定,在县以上各级政府相应设置同级公安机关。　　　　　　　　　　　　　(　　)

12. 我国公安机关现行的是"统一领导、分级管理,条块结合、以块为主"的管理体制。　　　　　　　　　　　　　　　　　　　　　　　　　　　　　　　　(　　)

13. 所谓"条",是指公安业务管理的体系,是从上到下的公安职能部门。　(　　)

14. 所谓"块",是指各级公安机关的分层。　　　　　　　　　　　　　　(　　)

15. 在"条"和"块"的结合上必须以"块"为主。　　　　　　　　　　　　(　　)

16.《公安机关组织管理条例》是我国第一部规范组织管理的行政法规,也是第一部规范人民政府职能部门组织管理的行政法规。　　　　　　　　　　（　　）

17.1950 年,毛泽东同志批示:"保卫工作必须特别强调党的领导作用,并在实际上受党委直接领导,否则是危险的。"这标志着公安管理体制框架的形成。　　（　　）

18.2000 年,第二十次全国公安会议再次重申,公安机关实行"统一领导、分级管理,条块结合、以块为主"的管理体制。　　　　　　　　　　　　　　　　（　　）

19.县级以上地方人民政府公安机关和公安分局内设机构的设立、撤销,按照国家规定的权限和程序审批。　　　　　　　　　　　　　　　　　　　　　　（　　）

20.根据公安部的职责、业务性质和工作需要,公安部内设置厅、部、局、办。（　　）

二、单项选择题

1.公安部在国务院领导下,主管全国的公安工作,是全国公安工作的（　　）机关。
A.指挥　　　　　　B.领导　　　　　　C.领导、指挥　　　　D.指导

2.县级以上地方人民政府公安机关在（　　）领导下,负责本行政区域的公安工作,是本行政区域公安工作的领导、指挥机关。
A.上级党委　　　　　　　　　　　　B.本级党委
C.上级人民政府　　　　　　　　　　D.本级人民政府

3.公安机关实行（　　）。
A.行政首长负责制　　B.部长负责制　　C.厅长负责制　　D.局长负责制

4.（　　）人民政府公安机关依照法律、行政法规规定的权限和程序设置。
A.市级以上　　　　B.县级以上　　　　C.厅级以上　　　　D.局级以上

5.设区的市公安局根据工作需要设置公安分局。市、县、自治县公安局根据工作需要设置（　　）。
A.社区警务室　　　B.信访室　　　　C.公安派出所　　　D.群众接待室

6.县级以上地方人民政府公安机关和公安分局（　　）分为综合管理机构和执法勤务机构。
A.勤务机构　　　　B.外设机构　　　　C.管理机构　　　　D.内设机构

7.（　　）实行队建制,称为总队、支队、大队、中队。
A.内设机构　　　　　　　　　　　　B.外设机构
C.综合管理机构　　　　　　　　　　D.执法勤务机构

8.县级以上地方人民政府公安机关和公安分局（　　）的设立、撤销,按照国家规定的权限和程序审批。
A.外设机构　　　B.综合管理机构　　C.内设机构　　　D.执法勤务机构

9.县级以上地方人民政府公安机关正职领导职务的提名,应当事先征得（　　）。
A.上一级公安机关的意见　　　　　　B.上一级公安机关的同意
C.上一级人民政府的意见　　　　　　D.上一级人民政府的同意

10.县级以上地方人民政府公安机关（　　）,应当事先征求上一级公安机关的意见。
A.正职领导职务的提名　　　　　　　B.正职领导职务的任免
C.副职领导职务的任免　　　　　　　D.副职领导职务的提名

11. 现行公安机关的领导体制是（   ）。

A. 统一领导,分级负责,条块结合,以块为主

B. 统一领导,分级负责,条块结合,以条为主

C. 独立体系,垂直领导

D. 党委党组集体领导

12. （   ）的颁布实施,是公安队伍建设走向科学化、正规化、法治化的重要标志。

A.《公务员法》   B.《公安机关组织管理条例》

C.《人民警察法》   D.《人民警察警衔条例》

13. （   ）年,第十八次全国公安会议指出:"对公安队伍的管理实行条块结合,以块为主的体制。"

A. 1991   B. 1992   C. 1993   D. 1994

14. （   ）原则明确了地方公安机关在保一方平安中的主要责任。

A. 统一管理   B. 属地管理   C. 共同管理   D. 属人管理

15. 直辖市、省辖市所辖区的公安分局,作为市公安局的分设机构,具有派出机构的性质。这类城市公安分局既是一级指挥机关,又是实战单位,执行（   ）直接领导、指挥的体制。

A. 市公安局   B. 市政府与市委

C. 省级公安机关   D. 公安部

16. 在省、市(地级)、县三级公安机关领导干部的管理上,要继续认真执行（   ）的体制。

A."条块结合,以块为主"   B."条块结合,以条为主"

C."垂直领导"   D."条块结合,下管一级"

17. （   ）在公安机关中的核心领导地位和作用是我国公安机关管理体制的突出特点。

A. 行政领导   B. 党委书记   C. 中国共产党   D. 人民代表大会

18. 各级公安机关内设机构、派出机构的领导干部,由（   ）任免。

A. 同级公安机关   B. 上级公安机关

C. 同级政府   D. 同级党委

19. "统一领导、分级管理,条块结合、以块为主"的管理体制的优点与特点正确地解决了（   ）的关系问题。

A. 公正与效率   B. 集权与分权

C. 管理与服务   D. 打击与保护

20. 地方党委在任命、选拔、配备公安机关的领导干部时,一定要按照（   ）规定的任职条件选拔。

A.《中华人民共和国公务员法》

B.《中华人民共和国宪法》

C.《中华人民共和国人民警察法》

D.《中华人民共和国人民警察警衔条例》

三、多项选择题

1. 公安部在国务院领导下,主管全国的公安工作,是全国公安工作的( )机关。

    A. 指导   B. 领导   C. 指挥   D. 管理

2. 县级以上地方人民政府公安机关在本级人民政府领导下,负责本行政区域的公安工作,是本行政区域公安工作的( )机关。

    A. 领导   B. 指挥   C. 指导   D. 管理

3. 根据《公安机关组织管理条例》,县级以上人民政府公安机关依照法律、行政法规规定的( )和( )设置。

    A. 权限   B. 职责   C. 程序   D. 内容

4. 设区的市公安局根据工作需要设置公安分局。( )公安局根据工作需要设置公安派出所。

    A. 市   B. 县   C. 自治县   D. 自治区

5. 县级以上地方人民政府公安机关和公安分局内设机构分为( )。

    A. 综合管理机构   B. 综合勤务机构

    C. 执法管理机构   D. 执法勤务机构

6. 执法勤务机构实行队建制,称为( )。

    A. 总队   B. 支队   C. 大队   D. 中队

    E. 区队

7. 我国公安机关根据产生方式不同,其类型主要包括( )。

    A. 人民政府公安机关   B. 派出公安机关

    C. 专业公安机关   D. 特种公安机关

8. 以下属于专业公安机关的是( )。

    A. 铁路公安机关   B. 交通公安机关

    C. 民航公安机关   D. 林业公安机关

    E. 海关公安机关

9. 《公安机关组织管理条例》规定( )依照法律、行政法规的规定设置。

    A. 看守所   B. 拘留所   C. 戒毒所   D. 收容教育所

10. 公安机关机构设置应遵循( )基本原则。

    A. 国家设置   B. 行政对应   C. 机构精简   D. 统一规范

    E. 整体效能   F. 依法设置

11. ( )在乡、镇、街道设立公安派出所。

    A. 县(市)公安局   B. 自治县公安局

    C. 旗公安局   D. 区公安分局

12. ( )公安局和海关走私犯罪侦查局列入公安部业务局序列,受主管部门和公安部双重领导。

    A. 铁道   B. 交通   C. 民航   D. 林业

13. 公安机关现行管理体制的意义有( )。

    A. 有利于加强党对公安工作的领导

    B. 有利于发挥公安机关的职能作用

  C. 有利于发挥地方党委和政府的作用

  D. 有利于落实公安工作属地管理的原则

14. 中共中央已决定,根据实际情况和干部任职条件,在领导班子职数范围内,有条件的地方逐步实行由(　　)兼任省、市(地级)、县三级公安机关主要领导。

  A. 同级党委常委　　　　　　　　B. 同级政府副职

  C. 同级政法委书记　　　　　　　D. 同级人大常委会副职

15. (　　)工作领导干部的管理以"条"为主,业务培训、晋升培训由公安机关负责。

  A. 边防　　　　　B. 消防　　　　　C. 出入境　　　　　D. 警卫

16. 统一领导集中体现在公安机关的(　　)方面,以适应执法、战斗和快速反应等的需要。

  A. 政令统一　　　　B. 训练统一　　　　C. 建制统一　　　　D. 待遇统一

17. 下列属于根据《地方各级人民代表大会和地方各级人民政府组织法》第六十八条的规定设立的派出机关有(　　)。

  A. 行政公署　　　B. 区公所　　　C. 街道办事处　　　D. 直属机构

18. 公安机关实行(　　)的管理体制。

  A. "统一领导"　　B. "分级管理"　　C. "条块结合"　　D. "以块为主"

  E. "垂直领导"

19. 全国公安机关要建立(　　)的运行机制。

  A. 统一考录制度　　　　　　　　B. 统一训练标准

  C. 统一纪律要求　　　　　　　　D. 统一外观标识

  E. 统一行为举止

20. 地级公安机关包括(　　),它们分别是本级人民政府的一个职能部门,负责本地区范围内的公安工作。

  A. 省辖市设立的公安局　　　　　　B. 自治州设立的公安处

  C. 直辖市公安局下设的公安分局　　D. 公安部下设的公安局

【参考答案】

一、判断题

1. √　　2. √　　3. ×　　4. √　　5. ×　　6. ×　　7. √　　8. √

9. ×　　10. √　　11. √　　12. √　　13. √　　14. ×　　15. √　　16. √

17. √　　18. ×　　19. √　　20. √

二、单项选择题

1. C　　2. D　　3. A　　4. B　　5. C　　6. D　　7. D　　8. C

9. B　　10. C　　11. A　　12. B　　13. A　　14. B　　15. A　　16. D

17. C　　18. A　　19. B　　20. C

三、多项选择题

1. BC　　2. AB　　3. AC　　4. ABC　　5. AD　　6. ABCD

7. ABC　　8. ABCDE　9. ABCD　　10. ABCDEF　11. ABCD　12. ABCD

13. ABCD　14. AB　　15. ABD　　16. AC　　17. ABC　　18. ABCD

19. ABCD　20. ABC

第五章

公安机关的任务和职权

公安机关的任务是通过履行职责和行使权力来实现的。

公安机关的职责与权力既有联系又有区别。职责确定权力的目的与范围;权力是实现职责的措施、手段。职责,作为法定责任义务,在文件中常表述为:"应该"做什么,"必须"做什么。权力,作为国家赋予的可用手段,在文件中常表述为:可以采取什么措施,有权采取什么手段。

第一节 公安机关的任务

公安机关的性质和职能,决定了公安机关的任务。公安机关的任务,是指公安机关在国家法律所确定的管辖范围内,为实现一定的目标所承担的工作内容。《人民警察法》《公安机关组织管理条例》等法律法规规定了公安机关的任务,从总体上看它是一个多形式、多层次的系统。从宏观到微观,依据不同的部门、不同的专业、不同的时间和空间,可以对公安机关的任务作不同的划分:如从时间上分,有目前任务和长远任务;从范围上分,有局部任务和全局任务;从层次上分,有基本任务和具体任务等。在新世纪、新阶段,公安机关的总任务是维护国家安全和社会稳定。具体来说,公安机关的基本任务包括以下五项。

(一)维护国家安全

国家安全是关系一个国家领土完整、主权独立和政权巩固的根本大事。邓小平指出:"国家的主权和国家的安全要始终放在第一位。"《国家安全法》指出,国家安全是指国家政权、主权统一和领土完整、人民福祉、经济社会可持续发展和国家其他重大利益相对处于没有危险和不受内外威胁的状态,以及保障持续安全状态的能力。

我国维护国家安全的工作要走适合我国国情的中国特色国家安全道路,坚持中国共产党的领导,坚持总体国家安全观思想。总体国家安全观,是指站在国家全局高度,通过统筹把握国内国际因素、兼顾各领域安全形势来审视国家安全而形成的系列观点、理念和战略方针。其要求是必须以人民安全为宗旨,以政治安全为根本,以经济安全为基础,以军事、文化、社会安全为保障,以促进国际安全为依托,坚持社会主义法治原则,走出一条中国特色国家安全道路。

《国家安全法》规定:国家安全机关、公安机关、有关军事机关根据职责分工,依法搜集涉及国家安全的情报信息,在国家安全工作中依法行使侦查、拘留、预审和执行逮捕以及法律规定的其他职权。公安机关要全面贯彻总体国家安全观,敢于斗争、善于斗争,严厉打击各种渗透颠覆破坏活动、暴力恐怖活动、民族分裂活动、宗教极端活动,坚决捍卫中国共产党领导和我国社会主义制度。2017年11月,公安部向全国公安机关提出,要牢牢把握公安机关是党和人民手中掌握的"刀把子"的政治属性,坚决捍卫以政权安全、制度安全为核心的国家政治安全,为巩固党的长期执政地位、确保党和国家长治久安营造安全稳固的政治环境。

随着我国政治、经济形势的发展,公安机关维护国家安全的工作更加复杂和艰巨。国际上的敌对势力采取"和平演变"战略对我国进行渗透、破坏和颠覆活动;国内一些对人民民主专政政权心存不满的犯罪分子也与境外敌对势力遥相呼应,妄图推翻我国的社会主义制度。对此,我们决不可掉以轻心,必须同一切敌对势力和敌对分子进行坚决的斗争。公安机关维护国家安全主要包括三个方面的内容。

(1) 积极防范危害国家安全的违法犯罪行为发生。要严密防范境内外敌对势力的渗透颠覆活动,坚决打击和防范民族分裂势力、宗教极端势力和暴力恐怖势力的破坏活动。对公民和组织进行教育,增强其国家安全意识,从而自觉维护国家安全,同危害国家安全的违法犯罪行为作斗争。此外,还要堵塞工作和制度上的漏洞,使国内外的敌对势力无隙可乘。

(2) 及时发现和制止危害国家安全的违法犯罪行为,将其遏制在萌芽状态,以避免造成危害国家安全的严重后果。加强情报、侦查、控制和网上斗争,增强预见性、敏感性,提高发现、控制和处置能力,紧紧把握斗争的主动权。

(3) 坚决打击和惩治危害国家安全的违法犯罪分子,使境内外敌对势力和敌对分子的渗透颠覆活动,民族分裂势力、宗教极端势力和暴力恐怖势力及其他非法组织的破坏活动得到应有的惩罚,同时也警戒其他不法分子。

(二) 维护社会治安秩序和社会稳定

社会治安秩序是指由公安法律法规所确认和维护的有关维护国家安全、社会安全和公民权益的社会秩序,包括工作秩序、劳动生产秩序、教学秩序、公共场所秩序以及家庭生活秩序等。社会稳定是指在人民民主专政的条件下,社会主义建设事业按照客观规律并遵循社会主义法治轨道协调发展的和谐状态,包括政治稳定、经济稳定、思想稳定、生活稳定和治安稳定。政治、经济、思想、社会生活任何一方面不稳定的问题,往往都会通过治安秩序问题表现出来,治安方面的不稳定,也可能引起其他方面的不稳定。

良好的社会治安秩序、稳定的社会局面是进一步深化改革、扩大开放、加快社会主义现代化建设的前提和保证。因此,切实维护党的执政地位,切实维护国家安全,切实维护人民利益,确保社会大局稳定,维护好社会治安秩序是公安机关的重要任务。维护社会治安秩序和社会稳定的工作主要有以下四个方面的内容。

(1) 积极防范和制止危害社会治安秩序的违法犯罪行为。要对公民进行法制宣传,增强公民的法治意识,使他们自觉地同危害社会治安秩序的违法犯罪行为作斗争。充分发挥公安机关的职能作用,调动社会各方面力量,运用各种手段,进行社会治安综合治理,增强社会防范意识。人民警察对于已经发生的危害社会治安秩序的违法犯罪行为,应当行使法律赋予的职权,坚决予以制止。

(2) 坚决惩治危害社会治安秩序的违法犯罪分子。公安机关要依法坚决打击、制裁那些扰乱、破坏社会秩序、生产秩序、工作秩序、教学科研秩序和人民群众生活秩序的违法犯罪行为。

（3）全力维护社会稳定，积极预防、妥善处置群体性事件，依法化解社会矛盾和群众纠纷，巩固和发展安定团结的政治局面。

（4）依法进行维护社会秩序的行政管理，创造良好的社会环境。

（三）保护公民的人身安全和人身自由

（1）保护公民的人身安全，就是保护公民的生命权、健康权不受侵犯，依法惩治杀人、伤害、抢劫、绑架、强奸、强迫妇女卖淫和拐卖人口等侵犯公民人身权利的违法犯罪活动。

（2）保护公民的人身自由，就是保护公民的人身自由、人格尊严、住宅、通信自由和通信秘密不受侵犯。

（四）保护公共财产和个人合法财产

公共财产和公民个人合法财产都是我国法律保护的对象，因为它们是保障我国人民生存和发展的条件，也是我国进行社会主义现代化建设的物质保障。公安机关要依法保护国家公共财产和个人合法财产，预防、制止非法侵害、毁损国家公共财产和公民个人合法财产的不法行为，严厉打击各类经济犯罪活动。

（五）预防、制止和惩治违法犯罪活动

在建设社会主义市场经济体制和小康社会的历史条件下，预防、制止和惩治违法犯罪活动尤为重要。公安机关要有力地防范和打击敌对势力、敌对分子的破坏活动，积极防范和严厉打击各种严重刑事犯罪，尤其是经济领域的严重犯罪活动。同时要协同有关方面，惩治违法犯罪分子，教育改造违法犯罪者，使他们认罪服法，弃旧图新，重新做人。

第二节　公安机关的职责

一、公安机关职责的含义与特点

（一）含义

职责，即职业责任。公安机关的职责，是公安机关依法在管辖范围内应承担的责任和义务。公安机关的职责，是由公安机关的性质和任务所决定的。

（二）特点

（1）法律性，即公安机关的职责是由国家法律和法规所确认的。

（2）政治性，即公安机关的职责体现国家政权的根本属性。

（3）行政性，即公安机关的职责反映了国家行政管理的部分职能。

（4）有限性，即公安机关的职责是有范围的，超过范围就是越权。

（5）责任性，即公安机关及其人民警察必须依法履行职责，如不履行职责或滥用职权，将受到纪律乃至法律的追究。

二、公安机关的法定职责及其法律依据

《人民警察法》第六条规定，公安机关的人民警察按照职责分工，依法履行下列职责。

（1）预防、制止和侦查违法犯罪活动。

（2）维护社会治安秩序，制止危害社会治安秩序的行为。

（3）维护交通安全和交通秩序，处理交通事故。

（4）组织、实施消防工作，实行消防监督。

（5）管理枪支弹药、管制刀具和易燃易爆、剧毒、放射性等危险物品。

（6）对法律、法规规定的特种行业进行管理。

（7）警卫国家规定的特定人员，守卫重要的场所和设施。

（8）管理集会、游行、示威活动。

（9）管理户政、国籍、入境出境事务和外国人在中国境内居留、旅行的有关事务。

（10）维护国（边）境地区的治安秩序。

（11）对被判处拘役、剥夺政治权利的罪犯执行刑罚。

（12）监督管理计算机信息系统的安全保护工作。

（13）指导和监督国家机关、社会团体、企业事业组织和重点建设工程的治安保卫工作，指导治安保卫委员会等群众性组织的治安防范工作。

（14）法律、法规规定的其他职责。

《人民警察法》第六条对人民警察的职责作了详细的规定，具体列举了十三项职责。最后是一个概括性条款，即"法律、法规规定的其他职责"。这里的"法律"是指全国人民代表大会及其常务委员会制定的法律。"法规"包括行政法规和地方性法规两种，其中行政法规是指由国务院颁布或者批准的规范性文件；地方性法规是指省、自治区、直辖市人民代表大会及其常务委员会所通过的规范性文件。这一概括性规定为公安机关职责范围的扩充及调整提供了弹性空间与法律上的依据。例如，2015 年《刑法修正案（九）》规定，"因利用职业便利实施犯罪，或者实施违背职业要求的特定义务的犯罪被判处刑罚的，人民法院可以根据犯罪情况和预防再犯罪的需要，禁止其自刑罚执行完毕之日或者假释之日起从事相关职业，期限为三年至五年。被禁止从事相关职业的人违反人民法院依照前款规定作出的决定的，由公安机关依法给予处罚。通过信息网络侮辱他人或者捏造事实诽谤他人的行为，被害人向人民法院告诉，但提供证据确有困难的，人民法院可以要求公安机关提供协助。"据此，公安机关就有了"处罚"与"协助"的职责内容。

三、人民警察非工作时间的职责

《人民警察法》规定，人民警察在非工作时间，遇到其职责范围内的紧急情形，应当履行职责。这一规定一方面指出人民警察在遇到职责范围内的紧急情形时，即使在非工作时间也必须履行职责，不得借口不在工作时间而逃避履行职责；另一方面也确认了人民警察在非工作时间对紧急情形履行职责的合法性。

四、人民警察社会公益方面的职责和义务

《人民警察法》还规定了公安机关在救护、扶助、调解等公益方面的责任义务。要求人民警察遇到公民人身、财产安全受到侵犯或者处于其他危难情形时，应当立即救助；对公民提出解决纠纷的要求，应当给予帮助；对公民的报警案件，应当及时查处。人民警察应

当积极参加抢险救灾和社会公益工作。

五、公安机关主要警种的职责

警种是依据警察职位及工作特征对人民警察作出的类别划分。公安机关各警种的职责有以下几种。

（一）治安警察的职责

治安警察是负责维护社会治安秩序，保障公共安全的人民警察。其主要职责如下。

（1）依照国家有关法律、法规进行社会治安管理，维护社会治安秩序。

（2）处理治安案件。

（3）管理特种行业。

（4）查禁违禁物品。

（5）预防犯罪。

（6）了解并掌握社会治安动态。

（7）预防和处理治安灾害事故。

（8）进行治安巡逻。

（9）发动群众参加维护社会治安秩序等工作。

（二）户籍警察的职责

户籍警察是负责管理户籍、掌握户口动态等户政工作的人民警察。其主要职责如下。

（1）执行户口管理制度。

（2）做好户籍管理和人口统计工作。

（三）刑事警察的职责

刑事警察简称刑警，是负责刑事案件侦破工作的人民警察。刑事警察包括刑事侦查人员和从事刑事科学技术的法医、化验员、鉴定员、警犬训练员等。其主要职责如下。

（1）依法进行公开的、秘密的专门调查和运用刑事科学技术揭露和打击刑事犯罪。

（2）运用公开管理手段、秘密力量和群众联防控制社会上的复杂场所，限制和缩小犯罪分子的活动空间。

（3）研究犯罪分子的活动规律，防范刑事犯罪活动。

（四）交通警察的职责

交通警察简称交警，是负责维护交通安全和交通秩序，处理交通事故，进行交通安全管理工作的人民警察。其主要职责如下。

（1）依照国家有关交通安全管理的法律、法规，对道路、行人、车辆和驾驶人员进行管理。

（2）防止和处理交通事故。

（3）开展交通安全的宣传教育。

（4）维护交通秩序，保障交通安全和道路畅通。

（五）外事警察的职责

外事警察是维护国家主权和安全，对进出我国国（边）境的外国人（包括无国籍人）和我国公民进行管理的人民警察。其主要职责如下。

（1）依照国家有关出入境管理的法律、法规，对我国公民出入境和外国人入出境、居留、旅行进行管理。

（2）对我国公民和外国人违反出入境管理法律、法规的行为进行处理。

（3）发现和处理来华外国人的违法犯罪活动。

（4）保护外国人在我国的合法权益和人身、财产安全。

（六）巡逻警察的职责

巡逻警察简称巡警是指在一定路线或一定地段用巡逻方式进行勤务活动的人民警察。其主要职责如下。

（1）维护辖区内的治安秩序，预防和制止治安案件和突发性事件。

（2）预防和制止犯罪行为。

（3）参加处置灾害性事故。

（4）维护交通秩序。

（5）接受公民报警。

（6）劝解、制止公共场所发生的民事纠纷。

（7）为社会和公民提供救助和服务等。

（七）督察警察的职责

督察警察是对公安机关的人民警察执行法律、法规、遵守纪律的情况进行监督的警察。其主要职责如下。

（1）重要的警务部署、措施、活动的组织实施情况。

（2）重大社会活动的秩序维护和重点地区、场所治安管理的组织实施情况。

（3）治安突发事件处置的情况。

（4）刑事案件、治安案件的受理、立案、侦查、调查、处罚和强制措施的实施情况。

（5）治安、交通、户政、出入境、边防、消防、警卫等公安行政管理法律、法规的执行情况。

（6）使用武器、警械以及警用车辆、警用标志的情况。

（7）处置公民报警、请求救助和控告申诉的情况。

（8）文明执勤、文明执法和遵守警容风纪规定的情况。

（9）组织管理和警务保障的情况。

（10）履行职责、行使职权和遵守纪律及其他情况。

（八）边防警察的职责

边防警察是负责维护我国边境地区的社会治安、处理边境涉外事务的人民警察。边防警察原实行义务兵役制，属中国人民武装警察部队序列。1997年，经国务院批准在北京、天津、上海、广州、深圳、珠海、汕头、厦门、海口九个城市进行了边防检查职业化改革试点，由兵役制改为职业制人民警察，现已整体转为职业制人民警察。其主要职责如下。

（1）在陆地边防线和近海海域进行武装巡逻和警戒。

（2）在边防口岸进行武装警卫。

（3）依法管理边境地区的社会治安。

（4）在边防口岸和民航机场进行边防检查、安全检查，防止非法越境，防范、打击各类刑事犯罪和破坏活动，保障国家安全。

（九）特种警察的职责

特种警察简称"特警"，其主要职责如下。

（1）处置突发事件，包括处置严重暴力犯罪事件。

（2）处置暴乱、骚乱事件。

（3）处置大规模流氓滋事事件等重大治安事件。

（4）处置对抗性强的群体性事件。

（5）担负重大活动的安全保卫任务。

（6）担负特定巡逻执勤任务等。

（十）网络警察的职责

由于网络技术具有高速发展的特点，现行法律、法规还不能及时解决网络世界日新月异变化出现的新问题，因此网络安全管理就显得尤为重要。网络安全保卫部门的警察依据法律规范管理网络，保护网民利益不受危害，维护网络空间的安全在当前形势下任务艰巨。网络警察的职责可以简要概括为：依法维护网络安全，保护网民的利益，打击网络犯罪。网络警察的具体任务如下。

（1）依法加强信息网络安全监督管理，监督、检查互联网安全管理制度和安全保护技术措施落实，维护信息网络安全秩序。

（2）防范和查处针对信息网络的违法犯罪和主要违法犯罪行为在信息网络中实施的其他违法犯罪，协助查处利用信息网络的违法犯罪。

（3）开展互联网信息巡查和处置，及时发现、处置危害国家安全和社会稳定，损害人民群众利益的有害信息。

（4）监督、检查、指导重要信息系统的信息安全等级保护工作，承担国家网络与信息安全的信息通报任务。

（十一）监所警察的职责

监所警察主要是指负责公安机关管理的看守所、拘留所管理的人民警察。其主要职责是看守、管教，即看住在押人员，防止意外事件等发生，管束在押人员，制止"牢头狱霸"，教育其好好改造，争取宽大处理。

（十二）特勤警察的职责

特勤警察指的是公安队伍中从事某些特殊勤务的执行人员，其主要职责有：依法警卫国家规定的特定人员，守卫重要的场所和设施。

应当指出的是，公安机关各警种间的分工与协作是各警种正确履行职责不可缺少的条件。公安机关为了使人民警察更好地履行职责，完成各项工作任务，设置了不同的业务部门，从而形成了不同的警种。然而，人民警察是个整体，其战斗力取决于各警种协同作战、整体作战的能力。因此，各警种之间的分工是根据各警种的任务、职责、权限的不同而划分的，其目的是便于日常工作。这种分工是相对的，在发生重大事件或突发性事件时，往往是各警种联合作战,在需要履行职责时,不允许人民警察借口不属其职责范围而拒绝执行。

第三节　公安机关的权力

一、公安机关权力的概念和特点

(一)公安机关权力的概念

公安机关权力是指由国家宪法、法律赋予公安机关为履行职责,进行警务活动时依法采取的权威性措施和手段,它是国家行政权力的重要组成部分,体现着公共行政权力。

由于公安机关的权力是在法定职责限度内行使的,并受相应的制约,故又称公安机关的权限。

(二)公安机关权力的特点

公安机关权力作为一种国家权力,具有以下特点。

(1)法定性。公安机关的各项权力,都是由国家法律和法规规定的,反映国家的意志。行使公安机关权力是一种执法行为,必须在法定权限内依照法定程序行使,不得超越法定权限范围和滥用职权。行使公安机关权力的行为还要受到国家权力机关、司法机关和人民群众的制约和监督。

(2)国家意志性。公安机关权力的运行虽然在行使过程中难免会掺入行使者(即公安民警)的个人因素,但公安机关职权本身的性质和内容乃是国家意志的体现,而非个人意志的体现。因此,就每一位公安民警而言,他是代表公安机关行使公权,是国家意志的执行者。

(3)强制性。任何国家权力都具有强制性,而公安机关权力则具有特殊强制性。特殊强制性是指公安机关权力以暴力为后盾,能够采取行政的、刑事的强制手段和措施,特别是对违法犯罪嫌疑人员,可以采取人身方面的强制措施,而公安机关权力的实施对象只能服从。

(4)专属性。公安机关职权的归属,在主体上具有专属性特征,即权力行使主体只限于公安机关,公安行政管理或刑事司法相对人不具有公安机关职权,法律规定的公安机关权力,只能由公安机关及其人民警察行使,其他任何机关、团体和个人均无权行使这些权力。个别受委托组织或个体也只能在公安机关指导下代行部分职权。

(5)单向性。公安机关权力的行使,是国家意志的单向性表示,不以相对人同意与否为先决条件。公安机关权力的行使是体现权力行政主体单方意思的行为,而非双向行为。

以上特点表明,公安机关权力是一种特殊的国家权力。了解和掌握这些基本特点,有助于认识公安机关权力的重要作用和规律性,并在公安实践活动中正确行使权力,履行职责,更好地体现公安机关的性质和职能,为保卫社会主义现代化建设服务。

二、公安机关权力的分类

(一)公安机关的治安行政管理权

1. 治安行政处置权

治安行政处置权是指公安机关在公共场所管理、道路交通管理、消防管理、危险物品管理、特种行业管理和出入境管理等治安行政管理活动中,为维护社会秩序和公共安全,依法对特定的人、物、事、场所采取的命令、禁止与取缔、许可等权力运行行为。

(1) 命令是指公安机关为了维护社会治安秩序和公共安全,依法向负有特定义务的人发出的作为、不作为和约束的指令。这种命令又称"警察命令"。

(2) 禁止与取缔是指公安机关依法对某些违反治安管理、扰乱社会秩序、妨害公共安全的行为宣布禁止,予以取缔,并对违禁者予以法律制裁。

(3) 许可是指公安机关在行政管理中,对公民、法人或者其他组织的请示依法允许或者否定的一种权力。这种权力通常是通过审核批准、决定、登记、颁发证照、指挥等形式表现出来。

2. 治安行政处罚权

(1) 概念。治安行政处罚(又称治安管理处罚),是公安机关对于不履行治安法规所确定的义务或者危及社会治安秩序,情节轻微,尚不够刑事处罚的行为,依照治安管理的法律和法规规定实施的行政处罚。治安管理处罚是我国行政处罚的一种。治安行政处罚不同于刑事处罚,是以公安行政强制力实施的行政处罚。

(2) 种类。根据《中华人民共和国治安管理处罚法》(以下简称《治安管理处罚法》)的规定,它的种类有警告、罚款、行政拘留、吊销公安机关发放的许可证。对违反治安管理的外国人,可以附加适用限期出境或者驱逐出境。

3. 治安监督检查权

(1) 概念。治安监督检查是公安机关依法对应负治安责任的社会团体、组织及个人履行治安责任、预防治安问题的发生所进行的监督检查。

(2) 内容。通过治安监督检查,发现违章违法行为,依法予以处置或制裁;发现治安隐患,要求监督对象限期整顿改正,预防治安问题的发生,增强其自治、自防、自卫的能力,创造安全的生产和工作环境。

4. 治安行政强制权

《行政强制法》第二条规定:"本法所称行政强制,包括行政强制措施和行政强制执行。行政强制措施是指行政机关在行政管理过程中,为制止违法行为、防止证据损毁、避免危害发生、控制危险扩大等情形,依法对公民的人身自由实施暂时性限制,或者对公民、法人或者其他组织的财物实施暂时性控制的行为。行政强制执行是指行政机关或者行政机关申请人民法院,对不履行行政决定的公民、法人或者其他组织,依法强制履行义务的行为。"

由上可知,治安行政强制是指公安机关在依法进行治安行政管理和实施治安行政处罚时,为达到使行为人履行法定义务或接受处罚的目的,对不履行法定义务或不服从治安行政处罚的人所采取的人身和物品的强制手段。例如,强制传唤、强行带离现场和强制拘留、强制隔离、约束特定的人、盘问检查等。

(二) 公安机关的刑事司法权

公安机关的刑事司法权包括以下几种。

1. 立案权

立案是我国刑事诉讼的一个独立程序,是刑事诉讼活动的开始。只有经过立案,公安机关的侦查活动才有合法的依据,才能行使侦查权力。公安机关应根据《刑事诉讼法》的有关规定,按照刑事案件的管辖范围,行使立案权。刑事案件的立案是指公安司法机关对自己发现的案件材料和接受的控告、举报、报案、自首等材料以及自诉人的起诉材料,通过审查,认为有犯罪事实,需要追究刑事责任,符合刑事案件的立案标准,并且属于本身的管辖范围时,经履行法定手续,将其确立为刑事案件的工作过程。

任何单位和个人发现有犯罪事实或者犯罪嫌疑人,有权利也有义务向公安司法机关报案或者举报。被害人对侵犯其人身、财产权利的犯罪事实或者犯罪嫌疑人,有权向公安司法机关报案或者控告。公安司法机关对于报案、控告、举报,都应当受理,并按照管辖范围,迅速进行审查,认为有犯罪事实需要追究刑事责任的时候,应当立案;认为没有犯罪事实,或者犯罪事实显著轻微,不需要追究刑事责任的时候,不予立案。对于不属自己管辖的,应及时移送主管机关处理。

2. 侦查权

侦查是指公安机关、人民检察院等具有侦查职能的机关在办理刑事案件的过程中依照法律进行的专门调查工作和采取的有关的强制性措施。

公安机关的侦查权由下列具体权力组成:有权收集证实犯罪嫌疑人有罪或者无罪、犯罪情节轻重的各种证据;有权讯问犯罪嫌疑人(包括传唤犯罪嫌疑人);有权依法询问证人(包括通知证人到公安机关提供证言);有权对与犯罪有关的场所、物品、人身、尸体进行勘验或检查;有权依法进行侦查实验;有权依法为收集犯罪证据和查获犯罪人进行搜查;有权依法查封扣押物证、书证(包括犯罪嫌疑人的邮件、电报);有权依法查询、冻结犯罪嫌疑人的存款、汇款、债券、股票、基金份额等财产;有权依照法律程序对刑事侦查对象的通信进行检查;有权依法对涉及的专门性问题指派、聘请有专门知识的人进行鉴定;有权依法通缉应当逮捕而在逃的犯罪嫌疑人等。《中华人民共和国刑事诉讼法》(以下简称《刑事诉讼法》)第一百五十条规定,公安机关在立案后,对于危害国家安全犯罪、恐怖活动犯罪、黑社会性质的组织犯罪、重大毒品犯罪或者其他严重危害社会的犯罪案件,根据侦查犯罪的需要,经过严格的批准手续,可以采取技术侦查措施。人民检察院在立案后,对于利用职权实施的严重侵犯公民人身权利的重大犯罪案件,根据侦查犯罪的需要,经过严格的批准手续,可以采取技术侦查措施,按照规定交有关机关执行。追捕被通缉或者批准、决定逮捕的在逃的犯罪嫌疑人、被告人,经过批准,可以采取追捕所必需的技术侦查措施。

《人民警察法》第十六条规定,公安机关因侦查犯罪的需要,根据国家有关规定,经过严格的批准手续,可以采取技术侦察措施。

3. 刑事强制权

刑事强制权是为了保证刑事诉讼的顺利进行,由公安司法机关对犯罪嫌疑人、被告人依法采取限制或者剥夺人身自由等方面的强制权力。它由下列具体权力组成:有权依法对犯罪嫌疑人、被告人拘传、取保候审、监视居住;有权依法对犯罪嫌疑人、被告人实行拘留和逮捕。

4. 刑罚执行权

执行是法定机关将人民法院已经发生法律效力的判决、裁定付诸实施的活动。

依照《中华人民共和国刑法》(以下简称《刑法》)和《刑事诉讼法》的规定,公安机关有权依照人民法院的判决,负责以下刑罚的执行。

（1）短期有期徒刑执行。对被判处有期徒的罪犯,在被交付执行刑罚前,剩余刑期在3个月以下的,由公安机关代为执行刑罚。

（2）拘役、剥夺政治权利执行。

（3）驱逐出境执行。

（三）警械、武器使用权

《人民警察法》和《人民警察使用警械和武器条例》等法律法规规定,公安机关依法享有使用警械、武器实施管理、守卫、保护、制伏和杀伤的权力。它由下列具体权力组成:有权依法对警卫、守卫、守护目标采取武装保卫措施,以确保其绝对安全;有权采取武装追捕、押解、看押、巡逻等措施;有权运用武装力量进行边防检查、边境守卫;为制止严重违法犯罪活动的需要,公安机关的人民警察依照国家有关规定可以使用警械;遇有拒捕、暴乱、越狱、抢夺枪支或者其他暴力行为的紧急情况,公安机关的人民警察依照国家有关规定可以使用武器。

在上述权力行使过程中,使用武器进行杀伤,用警械进行镇压,属于公安权力范畴,与公民依《刑法》所享有的正当防卫权利有原则性的区别。

1. 使用警械、武器的原则

（1）由轻到重的原则。《中华人民共和国人民警察使用警械和武器条例》第二条规定,人民警察制止违法犯罪行为,可以采取强制手段;根据需要,可以依照本条例的规定使用警械;使用警械不能制止,或者不使用武器制止,可能发生严重危害后果的,可以依照本条例的规定使用武器。

（2）以制止违法犯罪行为,尽量减少人员伤亡、财产损失为原则。《中华人民共和国人民警察使用警械和武器条例》第四条规定,人民警察使用警械和武器,应当以制止违法犯罪行为,尽量减少人员伤亡、财产损失为原则。

《中华人民共和国人民警察使用警械和武器条例》第六条规定,人民警察使用警械和武器前,应当命令在场无关人员躲避;在场无关人员应当服从人民警察的命令,避免受到伤害或者其他损失。

（3）依法使用的原则。《中华人民共和国人民警察使用警械和武器条例》第五条规定,人民警察依法使用警械和武器的行为,受法律保护。人民警察不得违反本条例的规定使用警械和武器。

2. 警械使用权

警械是指人民警察按照规定装备的警棍、催泪弹、高压水枪、特种防暴枪、手铐、脚镣、警绳等警用器械。

《中华人民共和国人民警察使用警械和武器条例》第七条规定,人民警察遇有下列情形之一的,经警告无效的,可以使用警棍、催泪弹、高压水枪、特种防暴枪等驱逐性、制伏性警械。

（1）结伙斗殴、殴打他人、寻衅滋事、侮辱妇女或者进行其他流氓活动的。

（2）聚众扰乱车站、码头、民用航空站、运动场等公共场所秩序的。

（3）非法举行集会、游行、示威的。

（4）强行冲越人民警察为履行职责设置的警戒线的。

（5）以暴力方法抗拒或者阻碍人民警察依法履行职责的。

（6）袭击人民警察的。

（7）危害公共安全、社会秩序和公民人身安全的其他行为,需要当场制止的。

（8）法律、行政法规规定可以使用警械的其他情形。

人民警察依照前款规定使用警械,应当以制止违法犯罪行为为限度;当违法犯罪行为得到制止时,应当立即停止使用。

《中华人民共和国人民警察使用警械和武器条例》第八条规定,人民警察依法执行下列任务,遇有违法犯罪分子可能脱逃、行凶、自杀、自伤或者有其他危险行为的,可以使用手铐、脚镣、警绳等约束性警械。

（1）抓获违法犯罪分子或者犯罪重大嫌疑人的。

（2）执行逮捕、拘留、看押、押解、审讯、拘传、强制传唤的。

（3）法律、行政法规规定可以使用警械的其他情形。

人民警察依照前款规定使用警械,不得故意造成人身伤害。

《公安机关办理行政案件程序规定》(2012年12月3日通过)第四十六条规定:"违法嫌疑人在醉酒状态中,对本人有危险或者对他人的人身、财产或者公共安全有威胁的,可以对其采取保护性措施约束至酒醒,也可以通知其家属、亲友或者所属单位将其领回看管,必要时,应当送医院醒酒。对行为举止失控的醉酒人,可以使用约束带或者警绳等进行约束,但是不得使用手铐、脚镣等警械。约束过程中,应当指定专人严加看护。确认醉酒人酒醒后,应当立即解除约束,并进行询问。约束时间不计算在询问查证时间内。"

公安部关于《人民警察法》第十四条规定的"保护性约束措施"是否包括使用警械的批复中指出:《人民警察法》第十四条规定的"公安机关的人民警察对严重危害公共安全或者他人人身安全的精神病人,可以采取保护性约束措施",包括使用警绳、手铐等约束性警械。

3. 武器使用权

（1）武器的概念。所谓武器,是指人民警察按照规定装备的枪支、弹药等致命性警用武器。

（2）使用武器的情形。《中华人民共和国人民警察使用警械和武器条例》第九条规定,人民警察判明有下列暴力犯罪行为的紧急情形之一的,经警告无效的,可以使用武器。

① 放火、决水、爆炸等严重危害公共安全的。

② 劫持航空器、船舰、火车、机动车或者驾驶车、船等机动交通工具,故意危害公共安全的。

③ 抢夺、抢劫枪支弹药、爆炸、剧毒等危险物品,严重危害公共安全的。

④ 使用枪支、爆炸、剧毒等危险物品实施犯罪或者以使用枪支、爆炸、剧毒等危险物品相威胁实施犯罪的。

⑤ 破坏军事、通信、交通、能源、防险等重要设施,足以对公共安全造成严重、紧迫危险的。

⑥ 实施凶杀、劫持人质等暴力行为,危及公民生命安全的。

⑦ 国家规定的警卫、守卫、警戒的对象和目标受到暴力袭击、破坏或者有受到暴力袭

击、破坏的紧迫危险的。

⑧ 结伙抢劫或者持械抢劫公私财物的。

⑨ 聚众械斗、暴乱等严重破坏社会治安秩序,用其他方法不能制止的。

⑩ 以暴力方法抗拒或者阻碍人民警察依法履行职责或者暴力袭击人民警察,危及人民警察生命安全的。

⑪ 在押人犯、罪犯聚众骚乱、暴乱、行凶或者脱逃的。

⑫ 劫夺在押人犯、罪犯的。

⑬ 实施放火、决水、爆炸、凶杀、抢劫或者其他严重暴力犯罪行为后拒捕、逃跑的。

⑭ 犯罪分子携带枪支、爆炸、剧毒等危险物品拒捕、逃跑的。

⑮ 法律、行政法规规定可以使用武器的其他情形。

人民警察依照前款规定使用武器,来不及警告或者警告后可能导致更为严重危害后果的,可以直接使用武器。

(3) 不得和立即停止使用武器的情形。《中华人民共和国人民警察使用警械和武器条例》第十条规定,人民警察遇有下列情形之一的,不得使用武器。

① 发现实施犯罪的人为怀孕妇女、儿童的,但是使用枪支、爆炸、剧毒等危险物品实施暴力犯罪的除外。

② 犯罪分子处于群众聚集的场所或者存放大量易燃、易爆、剧毒、放射性等危险物品的场所的,但是不使用武器予以制止,将发生更为严重危害后果的除外。

《中华人民共和国人民警察使用警械和武器条例》第十一条规定,人民警察遇有下列情形之一的,应当立即停止使用武器。

① 犯罪分子停止实施犯罪,服从人民警察命令的。

② 犯罪分子失去继续实施犯罪能力的。

(4) 使用武器之后的程序。《中华人民共和国人民警察使用警械和武器条例》第十二条规定,人民警察使用武器造成犯罪分子或者无辜人员伤亡的,应当及时抢救受伤人员,保护现场,并立即向当地公安机关或者该人民警察所属机关报告。

当地公安机关或者该人民警察所属机关接到报告后,应当及时进行勘验、调查,并及时通知当地人民检察院。

当地公安机关或者该人民警察所属机关应当将犯罪分子或者无辜人员的伤亡情况,及时通知其家属或者其所在单位。

《中华人民共和国人民警察使用警械和武器条例》第十三条规定,人民警察使用武器的,应当将使用武器的情况如实向所属机关书面报告。

4. 使用武器、警械的法律责任

《中华人民共和国人民警察使用警械和武器条例》第十四条规定,人民警察违法使用警械、武器,造成不应有的人员伤亡、财产损失,构成犯罪的,依法追究刑事责任;尚不构成犯罪的,依法给予行政处分;对受到伤亡或者财产损失的人员,由该人民警察所属机关依照《中华人民共和国国家赔偿法》的有关规定给予赔偿。

《中华人民共和国人民警察使用警械和武器条例》第十五条规定,人民警察依法使用警械、武器,造成无辜人员伤亡或者财产损失的,由该人民警察所属机关参照《中华人民共和国国家赔偿法》的有关规定给予补偿。

(四) 紧急状态处置权

紧急状态处置是指公安机关为维护国家安全和社会治安秩序,对突发的重大暴力犯罪、重大治安事件和重大治安灾害事故依法采取的非常措施。紧急状态处置权由下列具体权力组成。

1. 紧急优先权和紧急征用权

公安机关的人民警察因履行职责的紧急需要,经出示相应证件,可以优先乘坐公共交通工具;遇交通阻碍时,可以优先通行。因侦查犯罪的需要,必要时,按照国家有关规定,可以优先使用机关、团体、企业事业组织和个人的交通工具、通信工具、场地和建筑物,用后应及时归还,并支付适当费用;造成损失的,应当赔偿。

根据紧急处理暴力犯罪或重大治安灾害事故、追捕逃犯、抢险救灾的需要,公安机关依法可以征用急需的人员、物资和场所。

2. 紧急排险权

紧急排险是指公安机关在紧急处置重大灾害事故或平息叛乱时,在不得已的情况下所采取的非常措施。例如,在扑救重大火灾、处置重大爆炸事故时,为防止火势蔓延和事故波及面扩大而拆除同火灾、事故现场毗连的建筑物,或者在平息叛乱中炸毁暴徒盘踞的建筑物和借以顽抗的设施等。凡在紧急排险中需拆除的建筑物、毁坏的其他设施的所有者,必须无条件地服从公安机关现场指挥员的指挥,履行拆除的义务。

3. 管制权

县级以上人民政府公安机关,为预防和制止严重危害社会治安秩序的行为,可在一定的区域和时间,限制人员、车辆的通行或停留,必要时可以采取相应的交通管制措施。县级以上人民政府公安机关,经上级公安机关和同级人民政府批准,对严重危害社会治安秩序的突发事件,可以根据情况实行现场管制。人民警察可以采取必要手段强行驱散,并对拒不服从的人员强行带离现场或者立即予以拘留。

4. 戒严执行权

戒严一般是指战时或平时面临重大紧急事件,为了维护政治稳定控制紧急局面所采取的非常措施。《中华人民共和国戒严法规定》(以下简称《戒严法》),在发生严重危及国家的统一、安全或者社会公共安全的动乱、暴乱或者严重骚乱,不采取非常措施不足以维护社会秩序、保护人民的生命和财产安全的紧急状态时,国家可以决定实行戒严。全国或者个别省、自治区、直辖市的戒严,由国务院提请全国人民代表大会常务委员会决定;中华人民共和国主席根据全国人民代表大会常务委员会的决定,发布戒严令。省、自治区、直辖市的范围内部分地区的戒严,由国务院决定,国务院总理发布戒严令。戒严任务由人民警察、人民武装警察执行;必要时,国务院可以向中央军事委员会提出,由中央军事委员会决定派出人民解放军协助执行戒严任务。

公安机关对戒严地区实行治安控制。戒严期间,可以在戒严地区采取交通管制、宵禁等特别管理措施。出入戒严地区的人员、车辆必须持有本人身份证件和戒严实施机关签发的特别通行证,按指定的时间、路线出入,不得自由行动。

《中华人民共和国宪法修正案》(2004 年),已经将"戒严"改成"紧急状态",这种修改确立了一项基本的宪法原则,即作为调整国家权力与公民权利之间关系的《宪法》,其规范作用不仅涉及平常时期的国家机关与公民之间的宪法关系,而且在紧急状态时期,国家机关行使的紧急权力也要来自《宪法》,也要具有《宪法》上的依据。"紧急状态"包括"戒严",又不限于"戒严"。《戒严法》仍然有效,只要符合《戒严法》适用的条件,仍然可以根据《戒严法》的规定启动戒严机制。

知识巩固与能力提升训练

一、判断题

1. 公安机关的任务是指公安机关在国家法律所确定的管辖范围内,为实现一定的目标所承担的工作内容。　　　　　　　　　　　　　　　　　　　　　　（　　）

2. 在新世纪、新阶段,公安机关的总任务是维护宪法和法律的尊严和权威。（　　）

3. 维护国家安全,就是要保卫我国人民民主专政政权和社会主义制度不受侵犯,保卫中国共产党的执政地位。　　　　　　　　　　　　　　　　　　　　　（　　）

4. 公安机关的职责就是公安机关的职业责任。　　　　　　　　　　　　（　　）

5. 治安警察是指负责维护社会治安秩序,保障公共安全的人民警察。　　（　　）

6. 公安机关依法享有使用警械、武器实施管理、守卫、保护、制伏和杀伤的权力。
　　　　　　　　　　　　　　　　　　　　　　　　　　　　　　　　　（　　）

7. 督察警察是对公安机关的人民警察是否完成上级公安机关下达的任务进行监督的人民警察。　　　　　　　　　　　　　　　　　　　　　　　　　　　　（　　）

8. 边防警察实行义务兵役制,属中国人民武装警察部队序列。　　　　　（　　）

9. 户籍警察的主要职责有:执行户口管理制度,做好户籍管理和人口统计工作。
　　　　　　　　　　　　　　　　　　　　　　　　　　　　　　　　　（　　）

10. 外事警察是维护国家主权和安全,对进出我国国(边)境的外国人(包括无国籍人)进行管理的人民警察。　　　　　　　　　　　　　　　　　　　　　（　　）

11. 消防警察实行兵役制,属中国人民武装警察部队序列。　　　　　　　（　　）

12. 公安机关的任务是由公安机关的性质和职能决定的。　　　　　　　（　　）

13. 化验员属于刑事警察。　　　　　　　　　　　　　　　　　　　　（　　）

14. 公安机关在行使紧急优先权时,对于造成的损失没有任何赔偿义务。（　　）

15. 公安机关权力的特殊强制性,是指公安机关权力以暴力为后盾,能够采取行政的、刑事的强制手段和措施,特别是对违法犯罪嫌疑人员,可以采取人身方面的强制措施,而公安机关权力的实施对象只能服从。　　　　　　　　　　　　　　　（　　）

16. 戒严一般是指战时或平时面临重大紧急事件,为了维护政治稳定所采取的非常措施。　　　　　　　　　　　　　　　　　　　　　　　　　　　　　　　　（　　）

17. 维护辖区内的治安秩序,预防和制止治安案件和突发事件是巡逻警察的职责之一。　　　　　　　　　　　　　　　　　　　　　　　　　　　　　　　　　（　　）

18. 监督管理计算机信息系统的安全保护工作是公安机关人民警察必须履行的职责。　　　　　　　　　　　　　　　　　　　　　　　　　　　　　　　　　（　　）

19. 公安机关人民警察因履行职责的需要,遇交通阻碍时,可以优先通行。 （ ）

20. 警械、武器使用权是指公安机关依法享有使用警械、武器实施管理、守卫、保护、制伏和杀伤的权力。 （ ）

21. 公安机关的权力又称为公安机关的权限。 （ ）

22. 公安机关的权力是一种国家权力,反映国家意志。 （ ）

23. 公安机关的人民警察依法对被判处管制的罪犯执行刑罚。 （ ）

24. 命令是指公安机关为了维护社会治安秩序和公共安全,依法向负有特定义务的人发出的指导性指令。 （ ）

25. 治安行政处罚与刑事处罚一样,是以公安行政强制力实施的行政处罚。 （ ）

二、单项选择题

1. 下列不属于刑事警察主要职责的是（ ）。

    A. 依法进行公开的、秘密的专门调查和运用刑事科学技术手段,揭露和打击刑事犯罪

    B. 运用公开管理手段、秘密力量,依靠人民群众联防控制社会上的复杂场所,限制和缩小犯罪分子的活动空间

    C. 发动群众参加维护社会治安秩序等工作

    D. 研究犯罪分子的活动规律,防范刑事犯罪活动

2. 法律规定的公安权力,只能由（ ）行使,其他任何机关、团体和个人均无权行使这些权力。

    A. 公安机关　　　　　　　　　　　B. 人民警察

    C. 公安机关及其人民警察　　　　　D. 国家权力机关和司法机关

3. 公安机关在紧急处置重大灾害事故或者平息叛乱时,在不得已的情况下所采取的非常措施是（ ）。

    A. 紧急优先权和紧急征用权　　　　B. 紧急排险权

    C. 管制权　　　　　　　　　　　　D. 戒严执行权

4. （ ）是公安机关的首要任务。

    A. 维护社会治安秩序　　　　　　　B. 维护国家安全

    C. 保护公民的人身安全和人身自由　D. 保护公共财产和个人合法财产

5. 《人民警察法》规定,人民警察在非工作时间,遇有其职责范围内的紧急情形,（ ）。

    A. 可以不履行职责　　　　　　　　B. 必须履行职责

    C. 可自行决定是否履行职责　　　　D. 应当履行职责

6. 公安机关的职责是由（ ）所确认的。

    A. 政策　　　　B. 法律　　　　C. 法规　　　　D. 法律和法规

7. 下列不属于交警的主要职责的是（ ）。

    A. 依法对道路、行人、车辆和驾驶人员进行管理

    B. 防止和处理交通事故

    C. 开展劳动安全宣传教育

D. 维护交通秩序,保障交通安全、道路畅通

8. 下列不属于公安机关必须依法履行职责的是( )。

    A. 预防、制止和侦查违法犯罪活动

    B. 维护社会治安秩序,制止危害社会治安秩序的行为

    C. 维护交通安全和交通秩序,处理交通事故

    D. 解决企业之间的经济纠纷

9. 维护社会治安秩序的是( )。

    A. 公安机关的基本任务   B. 公安机关的首要任务

    C. 公安机关的重要任务   D. 公安机关的一般任务

10. 县级以上人民政府公安机关,经( )批准,对严重危害社会秩序的突发事件,可以根据情况实行现场管制。

    A. 上级公安机关   B. 同级人民政府

    C. 上级检察机关   D. 上级公安机关和同级人民政府

11. 下列不属于公安机关必须依法履行的职责的是( )。

    A. 管理集会、游行、示威活动   B. 惩治投机分子

    C. 维护国(边)境地区的治安秩序   D. 法律、法规规定的其他职责

12. 下列不属于公安治安行政处置权中许可权力行为的是( )。

    A. 审核批准   B. 决定   C. 颁发证照   D. 取缔

13. 刑事强制权是为了保证刑事诉讼的顺利进行,由( )对犯罪嫌疑人、被告人依法采取限制或者剥夺人身自由等方面的强制权力。

    A. 公安机关和其他专门机关   B. 公安机关

    C. 其他专门机关   D. 司法机关

14. 在紧急排险中需拆除的建筑物、毁坏的其他设施的所有者,必须无条件地服从( )的指挥,履行拆除的义务。

    A. 公安机关上级领导   B. 公安机关本级领导

    C. 公安机关现场最高领导   D. 公安机关现场指挥员

15. 下列不属于治安警察职责的是( )。

    A. 处理治安案件   B. 管理特种行业

    C. 预防犯罪   D. 执行户口管理制度

16. 拘传属于公安机关的( )。

    A. 行政强制权   B. 刑事强制权   C. 刑事执行权   D. 行政处置权

17. 下列( )不是戒严的执行主体或协助执行主体。

    A. 人民警察   B. 人民武装警察   C. 人民解放军   D. 保安

18. 《人民警察法》第十六条规定,公安机关因侦查犯罪的需要,根据国家有关规定,经过严格的批准手续,( )采取技术侦察措施。

    A. 应该   B. 必须   C. 应当   D. 可以

19. 公安机关的人民警察因履行职责的紧急需要,经出示相应证件,可以优先乘坐( )。

    A. 个人交通工具   B. 单位交通工具

    C. 公共交通工具   D. 罚没交通工具

20. 依照《刑法》和《刑事诉讼法》的规定,公安机关负责执行的刑罚有(　　　)。

    A. 假释   B. 监外执行   C. 管制   D. 剥夺政治权利

21. 只有经过(　　　),公安机关的侦查活动才有合法的依据。

    A. 立案   B. 起诉   C. 预审   D. 报案

22. 保护公民的人身安全,就是保护公民的(　　　)不受侵犯。

    A. 肖像权、隐私权   B. 生命权、健康权

    C. 著作权、财产权   D. 名誉权、住宅权

23. 下列属于人民警察使用警械的原则的是(　　　)。

    A. 依法使用警械原则

    B. 不得造成无关人员伤亡原则

    C. 使用约束性警械优先制伏性警械原则

    D. 不得造成公民财产损失原则

24. 人民警察使用警械和武器前,(　　　)在场无关人员躲避。

    A. 不需要命令   B. 视情况命令

    C. 应当命令   D. 自行决定是否命令

25. 下列不属于驱逐性、制伏性警械的是(　　　)。

    A. 警棍   B. 催泪弹

    C. 高压水枪、特种防暴枪   D. 手铐、脚镣、警绳

三、多项选择题

1. 下列属于公安机关必须依法履行的职责的是(　　　)。

    A. 指导和监督国家机关、社会团体、企业事业组织和重点建设工程的治安保卫工作,指导治安保卫委员会等群众性组织的治安防范工作

    B. 管理户政、国籍、入境出境事务和外国人在中国境内居留、旅行的有关事务

    C. 管理枪支弹药、管制刀具和易燃易爆、剧毒、放射性等危险物品

    D. 对被判处拘役、剥夺政治权利的罪犯执行刑罚

2. 关于各警种间的分工与协作,下列说法中正确的是(　　　)。

    A. 人民警察是个整体,公安机关各警种间的分工与协作是各警种正确履行职责不可缺少的条件

    B. 公安机关为了使人民警察更好地履行职责,完成各项工作任务,设置了专门的业务警察建制,从而形成了警种

    C. 各警种之间的分工是根据各警种的任务、职责、权限的不同而划分的,是为了便利日常工作

    D. 各警种之间的分工是相对的,在发生重大事件或突发性事件时,往往是各警种联合作战,在需要履行职责时,不允许人民警察借口不属于其职责范围而拒绝执行

3. 在实行现场管制时,人民警察可以采取必要手段强行驱散聚集人群,并将拒不服

从的人员（　　）。

　　A. 立即予以拘留　　　　　　　　　B. 立即予以逮捕

　　C. 强行带离现场　　　　　　　　　D. 予以制伏和杀伤

4. 公安机关职责的特点有（　　）。

　　A. 法律性　　　　B. 有限性　　　　C. 责任性　　　　D. 强制性

　　E. 政治性　　　　F. 行政性

5. 从大的方面来讲，公安机关权力可以分为（　　）。

　　A. 治安行政管理权　　　　　　　　B. 警械、武器使用权

　　C. 刑事司法权　　　　　　　　　　D. 紧急状态处置权

6. 维护社会治安秩序的工作主要有（　　）。

　　A. 积极防范和制止危害社会治安秩序的违法犯罪行为

　　B. 坚决惩治危害社会治安秩序的违法犯罪分子

　　C. 依法进行维护社会治安秩序的行政管理，以创造一个良好的社会环境

　　D. 积极防范危害国家安全的违法犯罪行为的发生

7. 保护公民的人身自由，就是保护公民的（　　）不受侵犯。

　　A. 人身自由　　　　　　　　　　　B. 人格尊严

　　C. 住宅　　　　　　　　　　　　　D. 通信自由和通信秘密

8. 按照《人民警察法》第二十一条的规定，人民警察在公益方面应当履行的责任义务有（　　）。

　　A. 当遇到公民人身、财产安全受到不法侵害或者处于其他危难情形时，应当立即救助

　　B. 对公民提出解决纠纷要求时，应当给予帮助

　　C. 对公民的报警案件，应当及时查处

　　D. 人民警察应当积极参加抢险救灾和社会公益工作

9. 以下属于公安机关采取的紧急排险措施的是（　　）。

　　A. 在扑救重大火灾时，为防止火势蔓延而拆除同火灾现场毗连的建筑物

　　B. 在处置重大爆炸事故时，为防止事故波及面扩大而拆除同事故现场毗连的设施

　　C. 在平息叛乱中炸毁暴徒盘踞的建筑物

　　D. 在平息叛乱中炸毁暴徒借以顽抗的设施

10. 公安机关的基本任务有（　　）。

　　A. 维护国家安全，维护社会治安秩序　B. 保护公民的人身安全和人身自由

　　C. 保护公共财产和个人合法财产　　　D. 预防、制止和惩治违法犯罪活动

11. 禁止与取缔是指公安机关依法对于某些（　　）等行为宣布禁止，予以取缔，并对违禁者予以法律制裁。

　　A. 违反治安管理　　　　　　　　　B. 扰乱社会秩序

　　C. 妨害公共安全　　　　　　　　　D. 企业间的违约

12. 公安机关权力具有（　　）特点。

　　A. 法定性　　　　B. 专属性　　　　C. 强制性　　　　D. 单向性

13. 公安机关的行政处置权包括( )。
    　A. 命令　　　　　B. 处分　　　　　C. 禁止　　　　　D. 许可

14. 下列各项中属于治安行政处罚权的有( )。
    　A. 强制传唤　　　　　　　　　　　B. 警告
    　C. 吊销公安机关发放的许可证　　　D. 没收非法财物

15. 因侦查犯罪的需要,必要时按照国家有关规定,公安机关的人民警察可以优先使用机关团体、企事业组织和个人的( )。
    　A. 交通工具　　　B. 通信工具　　　C. 场地　　　　　D. 办公用品

16. 警种是依据( )对人民警察作出的类别划分。
    　A. 机构隶属　　　B. 警察职位　　　C. 任务轻重　　　D. 工作特征

17. 遇有( )或者其他暴力行为的紧急情况,公安机关的人民警察依照国家有关规定可以使用武器。
    　A. 拒捕　　　　　B. 暴乱　　　　　C. 携带枪支在逃　D. 越狱

18. 人民警察使用武器时,( ),可以直接使用武器。
    　A. 来不及警告
    　B. 警告后可能导致更为严重的危害后果的
    　C. 遇到犯罪分子暴力反抗
    　D. 发现犯罪分子逃跑的

19. 县级以上人民政府公安机关,为预防和制止严重危害社会治安秩序的行为,可以在一定的区域和时间( )。
    　A. 限制车辆通行　　　　　　　　　B. 限制人员通行
    　C. 限制人员停留　　　　　　　　　D. 限制车辆停留

20. 人民警察使用警械和武器,应当以( )为原则。
    　A. 预防违法犯罪行为　　　　　　　B. 制止违法犯罪行为
    　C. 尽量减少人员伤亡　　　　　　　D. 尽量减少财产损失

21. 民警李某、何某在巡逻中发现几名嫌疑人正在殴打一名妇女,这时李某、何某可以使用( )。
    　A. 警棍　　　　　B. 微型冲锋枪　　C. 特种防暴枪　　D. 手枪

22. 民警李某见两青年持钢条围追殴打一中年人。李某即掏枪击伤其中一青年。另一青年转而攻击李某,李某又开枪将其击伤。李某随后将两青年押回派出所。李某的行为不符合《中华人民共和国人民警察使用警械和武器条例》规定的有( )。
    　A. 李某使用武器前没有先予警告
    　B. 李某使用武器前没有请示
    　C. 李某没有及时保护现场
    　D. 李某没有立即向所属机关报告使用武器情况

23. 遇有( )紧急情况,人民警察可以依法使用武器。
    　A. 暴力拒捕,危及民警生命安全　　B. 暴乱
    　C. 携带枪支在逃　　　　　　　　　D. 越狱

24. 民警王某、周某接到 110 指令后赶到现场,看到有 10 多人正在或持械或拳打脚踢殴斗在一起,3 人躺在地上,满身是血。民警可以(   )。

    A. 立即上报现场情况,请求支援

    B. 鸣枪警告,命令所有斗殴人员立即停止斗殴

    C. 对正在持械伤人且不听警告的违法人员开枪制止

    D. 静等支援

25. 人民警察遇有(   )情形之一的,不得使用武器。

    A. 怀孕妇女使用匕首进行抢劫

    B. 抢夺财物后逃入商场

    C. 犯罪分子带着抢来的枪支夺路逃走

    D. 6 名犯罪分子对金店进行了抢劫

【参考答案】

一、判断题

1. √	2. ×	3. ×	4. √	5. √	6. √	7. ×	8. √
9. √	10. ×	11. √	12. √	13. √	14. ×	15. √	16. √
17. √	18. √	19. ×	20. √	21. √	22. √	23. √	24. ×
25. ×							

二、单项选择题

1. C	2. C	3. B	4. B	5. D	6. D	7. C	8. D
9. A	10. D	11. B	12. D	13. A	14. D	15. D	16. B
17. D	18. D	19. C	20. D	21. A	22. B	23. A	24. C
25. D							

三、多项选择题

1. ABCD	2. ABCD	3. AC	4. ABCEF	5. ABCD	6. ABC
7. ABCD	8. ABCD	9. ABCD	10. ABCD	11. ABC	12. ABCD
13. ACD	14. BC	15. ABC	16. BD	17. ABCD	18. AB
19. ABCD	20. BCD	21. AC	22. ACD	23. ABCD	24. ABC
25. AB					

第六章

我国其他国家机关的人民警察

在我国,除了公安机关的人民警察之外,还有国家安全机关的人民警察、监狱人民警察、法院和检察院的司法警察等。①

第一节　国家安全机关的人民警察

国家安全机关是反间谍工作的主管机关。国家安全机关的人民警察,是我国人民警察的一个独立警种,是维护国家安全的重要力量,承担着对间谍案件的侦查工作,行使宪法和法律规定的公安机关的侦查、拘留、预审和执行逮捕的职权;是在隐蔽战线上同境内外敌对势力、敌对分子进行斗争的一支人民警察队伍。

一、国家安全机关职能

(一)反间谍情报职能

《中华人民共和国反间谍法》(以下简称《反间谍法》)第三条规定,国家安全机关是反间谍工作的主管机关。国家安全机关在反间谍工作中必须依靠人民的支持,动员组织人民防范、制止危害国家安全的间谍行为。反间谍情报职能,是指国家安全保卫机关为发现、证实、揭露、打击和防范敌对势力、敌对分子等间谍分子的破坏活动,消除不安定因素,维护社会政治稳定和国家安全以发现和掌握间谍的情况、情报信息为目的的专门工作。及时、准确地收集有关间谍分子的情报信息,是国家安全保卫部门提高发现和控制间谍分子能力的关键,也是消除和化解不安定因素,处置和制止各种突发事件的重要条件。

中华人民共和国成立以后的较长时期内,国家安全保卫部门在情报收集工作方面是卓有成效的,但是当时的情报工作的视野主要在海外,情报工作的概念主要是指海外情报,特别是海外敌情,有很大的局限性,没有把情报工作作为国家安全保卫工作的重要组成部分从总体上加以研究部署。党的十一届三中全会以后,在改革开放的历史条件下,随着党和国家工作重心的转移,国家安全保卫部门情报工作的地位和作用显得日益重要,情报工作概念的内涵和外延也大大地发展了,不仅包括传统意义上情报工作蕴涵的内容,而且涵盖了有可能危害社会政治稳定和国家安全的势力、组织、人员的一切情况和信息。当

---

① 　冯德文. 警察学概论[M]. 北京:中国人民公安大学出版社,2005:15-19.

前的隐蔽斗争是全方位、多层次的立体运作模式,已经渗入到社会的各个领域、各个层面。面对新的隐蔽斗争形势,国家安全保卫工作必须彻底转变观念,改变过去的重具体工作轻情报信息的传统方法,要面向全社会,努力做好间谍分子的情报信息工作。

现阶段国家安全保卫部门要充分发挥收集间谍分子情报的职能作用,必须进一步增强情报意识和敌情观念,努力拓宽情报信息工作的范围和领域,建立渠道畅通、灵敏高效、覆盖社会面广的情报信息网络。

(1) 要根据形势发展和隐蔽斗争的需要,把长远目标与现实斗争紧密结合起来,建立一批能发挥重要作用,获取高质量、深层次情报的反间谍尖子秘密力量,针对不同领域、阵地、目标,大力加强信息员、联络员队伍建设,逐步建成以秘密力量为主体、多层次、多形式的秘密力量体系,努力拓展触角,扩大覆盖面。

(2) 对所有可能危害国内社会政治稳定和国家安全的问题和苗头,特别是那些可能激化、转化或被敌对势力利用的不安定因素,都要积极开展工作,努力获取内幕性的情报信息。

(3) 要突出情报信息的预警功能在维护社会政治稳定工作中的作用,明确情报信息不仅要为隐蔽斗争服务,而且要着眼全局,对掌握的情报信息进行分析研究,提出意见和对策,为党和政府维护稳定的决策服务。

(二)侦查职能

侦查职能是指国家安全保卫部门针对危害社会政治稳定和国家安全的组织、人员、活动所进行的秘密调查、监视控制、限制处置及依法打击等专门工作。在社会主义初级阶段,境内外敌对势力、敌对分子的渗透、颠覆、分裂和破坏活动是不会停止的,如果我们不能对危害社会政治稳定和国家安全的组织、人员及其活动进行有效的侦查控制,维护社会政治稳定和国家安全就是一句空话。因此,对危害社会政治稳定和国家安全的组织、人员及其活动进行侦查控制是国家安全保卫部门的一项重要职能,同时也是隐蔽斗争的主要手段、侦查工作的核心环节。

侦查控制的基本要求是要达到发现得了、控制得住。"发现得了"就是要求对侦控对象各方面的情况了如指掌,心中有数,为对其打击处理创造条件;"控制得住"就是将侦控对象始终纳入视线之内,通过公开或秘密途径将其限制在一定的范围之内,阻止和粉碎被控对象策划的活动和阴谋计划,以达到社会政治稳定和国家安全的总体目标。

(三)安全防范职能

安全防范是国家安全保卫部门在维护社会政治稳定和国家安全工作中,为防止、限制、消除危险和负面影响,以特定时期、特定领域、特定目标为重点,依照国家法律和政策,使用多种手段和方式进行的预防、控制和处置工作。随着我国改革开放的不断深入,社会转型过程中的人民内部矛盾日益增多,境内外的敌对势力、敌对分子插手其中,企图挑起事端制造动乱,重点时期和重点领域、重点部位、重点对象的安全防范任务日益繁重。

国家安全保卫部门的安全防范工作主要包括三个方面的内容:①指导单位、部门、领域内部的安全保卫工作;②在重点领域和复杂场所建立秘密力量,实施阵地控制,及时掌握可能影响社会政治稳定和国家安全的敌情和内部不安定因素;③协助有关部门积极妥善地处置各种不安定因素。

国家安全保卫部门当前发挥安全防范职能的重点是：运用公开与秘密相结合的信息网络和安全防范机制，防止危害，努力把各种可能影响、危害社会政治稳定和国家安全的因素解决在萌芽状态，解决在基层和内容。

二、国家安全机关人民警察的职责与权力

《反间谍法》第二章规定了国家安全机关在反间谍工作中的职权主要有以下几个方面。

（1）国家安全机关在反间谍工作中依法行使侦查、拘留、预审和执行逮捕以及法律规定的其他职权。

（2）国家安全机关的工作人员依法执行任务时，依照规定出示相应证件，有权查验中国公民或者境外人员的身份证明，向有关组织和人员调查、询问有关情况。

（3）国家安全机关的工作人员依法执行任务时，依照规定出示相应证件，可以进入有关场所、单位；根据国家有关规定，经过批准，出示相应证件，可以进入限制进入的有关地区、场所、单位，查阅或者调取有关的档案、资料、物品。

（4）国家安全机关的工作人员在依法执行紧急任务的情况下，经出示相应证件，可以优先乘坐公共交通工具，遇交通阻碍时，优先通行。

国家安全机关因反间谍工作需要，按照国家有关规定，可以优先使用或者依法征用机关、团体、企业事业组织和个人的交通工具、通信工具、场地和建筑物，必要时，可以设置相关工作场所和设备、设施，任务完成后应当及时归还或者恢复原状，并依照规定支付相应费用；造成损失的，应当补偿。

（5）国家安全机关因侦察间谍行为的需要，根据国家有关规定，经过严格的批准手续，可以采取技术侦察措施。

（6）国家安全机关因反间谍工作需要，可以依照规定查验有关组织和个人的电子通信工具、器材等设备、设施。查验中发现存在危害国家安全情形的，国家安全机关应当责令其整改；拒绝整改或者整改后仍不符合要求的，可以予以查封、扣押。

对依照前款规定查封、扣押的设备、设施，在危害国家安全的情形消除后，国家安全机关应当及时解除查封、扣押。

（7）国家安全机关因反间谍工作需要，根据国家有关规定，可以提请海关、边防等检察机关对有关人员和资料、器材免检。有关检察机关应当予以协助。

（8）国家安全机关对用于间谍行为的工具和其他财物，以及用于资助间谍行为的资金、场所、物资，经设区的市级以上国家安全机关负责人批准，可以依法查封、扣押、冻结。

（9）国家安全机关根据反间谍工作需要，可以会同有关部门制定反间谍技术防范标准，指导有关部门落实反间谍技术防范措施，对存在隐患的部门，经过严格的批准手续，可以进行反间谍技术防范检查和检测。

（10）国家安全机关及其工作人员在工作中，应当严格依法办事，不得超越职权、滥用职权，不得侵犯组织和个人的合法权益。

　　国家安全机关及其工作人员依法履行反间谍工作职责获取的组织和个人的信息、材料，只能用于反间谍工作。对属于国家秘密、商业秘密和个人隐私的，应当保密。

　　（11）国家安全机关工作人员依法执行职务受法律保护。

三、国家安全机关的管理体制

（一）机构设置

　　国家安全工作是指维护国家安全的专门机构所从事的保障国家安全的工作。国家安全机构是国家机器的重要组成部分，是维护国家安全、实行专政的主要工具之一，是隐蔽战线的特殊重要部门。如果依据国家安全机构担负的职责来分类，可将国家安全机构分为国家情报机构和国家反间谍机构。国家情报机构是主管国外秘密情报工作的职能部门，而国家反间谍机构是主管国家的反间谍工作，直接与外国间谍活动和敌对势力破坏活动进行斗争的专门机关。关于国家安全机构的设置，各国不尽相同，在名称和建制上互有差异。如有的国家把国家情报机构与反间谍机构都隶属于国家安全机关，有的把反间谍机构隶属于司法部或内政部，有的国家则将反间谍机构直属政府首脑领导。多数国家设有专职情报机构，分成政府和军队两个系统等。

　　我国从事国家安全保卫工作的职能部门包括国家安全机关和公安机关，国家安全机关是反间谍工作的主管机关。《反间谍法》第三条规定："国家安全机关是反间谍工作的主管机关。公安、保密行政管理等其他有关部门和军队有关部门按照职责分工，密切配合，加强协调，依法做好有关工作。"根据相关规定，国家设立国家安全部；省、自治区、直辖市设立国家安全厅（局）；地、市设立国家安全局。以下不再对应，但设立相应的安全保密部门。

（二）组织管理体制

　　我国国家安全机关人民警察组织实行层级制与职能制相结合的组织体系。国家安全机关的最高领导机关是国家安全部，受党中央、国务院领导；地方各级国家安全机关受上级国家安全机关的领导，同时，接受同级党委和政府的领导。各级国家安全机关根据业务需要设置若干职能部门。

　　国家安全系统实行垂直领导、两级管理体制，是由"坚持党的绝对领导"这一国家安全工作的首要原则和政治建警原则决定的。为了保证党的绝对领导，把国家安全工作置于中国共产党的绝对领导之下，不仅实行了"垂直领导、两级管理"的管理体制，还建立了向党委请示报告制度和政治监督制度。党中央明确规定：国家安全部的重大问题都应当及时向党中央、国务院报告；重要机密情况应当及时向中央常委、总书记、总理和中央主要领导同志请示报告。对地方国家安全机关也相应规定了向地方党委请示报告的制度。严格要求各级国家安全机关"对党不闹独立性，不弄虚作假，不阳奉阴违，不凌驾于党委之上"。严禁在党内搞情报，严禁在党内搞侦察。地方党委要加强对国家安全机构的政治监督。

　　在各级国家安全机关建立党委，在国家安全机关人民警察组织内部，实行党委集体领导下的行政首长负责制。

第二节　监狱机关的人民警察

监狱人民警察是代表国家和人民执行刑罚任务,对监狱中在押犯实施惩罚和改造的人民警察队伍,是我国人民警察队伍的一个警种。监狱人民警察是我国人民民主专政的重要工具,是我国监狱制度的组织实体和主体力量,在整个监狱系统运行中起着主导作用。

一、监狱人民警察的性质和作用

(一) 监狱人民警察的性质

监狱人民警察是指我国监狱对依法被判处死刑缓期二年执行、无期徒刑、有期徒刑的罪犯执行刑罚,实施惩罚和改造的管理人员。监狱人民警察除具有我国人民警察的一般性质外,其性质还表现在,监狱人民警察是我国监狱管理的主体。对罪犯的管理、教育和改造是一项庞大而复杂的系统工程,监狱人民警察是这个系统工程的管理者,在刑罚执行过程中任何一项活动的组织、协调和监督都离不开监狱人民警察创造性的艰辛工作。《监狱法》第十二条第二款明确规定:"监狱的管理人员是人民警察。"这一规定既表明了监狱人民警察是我国人民警察的组成部分,又限定了监狱的管理者只能是监狱人民警察。

总之,监狱人民警察是国家政权的重要组成部分,是人民民主专政的重要工具之一,是武装性质的机关,是代表国家行使特殊管理职能的重要工具,是国家依法执行刑罚、维护社会治安的一支重要的刑事司法力量。

(二) 监狱人民警察的作用

监狱人民警察的特殊性质,决定了他们在我国社会主义革命和建设中具有特殊的重要作用。

(1) 监狱人民警察是国家刑罚的执行者。监狱是国家刑罚执行机关,监狱人民警察是监狱执行国家刑罚的专门队伍,罪犯收监、减刑、假释和刑满释放等各个环节的执法活动,都是由监狱人民警察来完成和实现的。监狱人民警察在我国刑事司法体系中,在我国刑罚的执行中具有重要地位,起着关键性的作用。

(2) 监狱人民警察是监狱工作方针政策的体现者。我国监狱实行"惩罚与改造相结合,以改造人为宗旨"的监狱工作方针,贯彻实行"惩办与宽大相结合"的政策、"给出路"的政策、"区别对待"的政策以及"教育、感化、挽救"的政策,这些方针和政策集中体现了我国对罪犯实施惩罚和改造,把罪犯改造成为守法公民的指导思想。国家改造罪犯的方针和政策是通过监狱人民警察的各项管理、教育和组织劳动的具体工作和活动来实现的。因此,在实行依法管理、科学管理、文明管理的执法活动中,监狱人民警察必须准确地理解和认真地贯彻执行这些方针政策。正是因为广大监狱人民警察有着良好的素质和较高的政策水平,正确和全面贯彻执行了国家的监狱工作方针政策,我国监狱工作才获得了今天的发展和成就。

(3) 监狱人民警察是社会治安综合治理的重要力量。社会治安综合治理是一项系统工程。在这项系统工程中,监狱人民警察一方面执行刑罚,严格监管罪犯,通过艰苦和细致的教育改造工作,使罪犯由违法者和社会主义事业的破坏者转变为守法公民和社会主义事业的建设者,从而发挥刑罚的特殊预防作用;另一方面监狱人民警察通过执行刑罚,发挥人民民主专政的威力,维护国家法律的威严,震慑和警诫社会上有违法犯罪意图的不稳定分子,从而发挥刑罚的一般预防作用。

(4) 监狱人民警察是行刑过程中的特殊教育者。监狱人民警察不仅是国家刑罚和党的监狱工作方针政策的执行者,而且是教育改造罪犯的特殊园丁,是重新塑造罪犯思想的"灵魂工程师"。作为特殊教育者,他们比一般学校教育工作者担负的任务更加艰巨和繁重。一般社会教育的主要任务是向受教育者传授系统的科学文化知识,而监狱人民警察教育改造罪犯则不仅要使其掌握必要的文化知识和生产技能,更重要的是要在行刑过程中教育转变罪犯的犯罪思想意识,矫正其违法犯罪的行为恶习。对罪犯的教育改造是对罪犯从思想到行为,从知识技能的全面改造和重塑,这是我国社会主义监狱制度先进性的具体体现,也是我国监狱改造罪犯工作取得成功的一个重要的基本因素。

(5) 监狱人民警察是罪犯劳动改造的组织者和管理者。通过组织有益的劳动改造罪犯是我国监狱工作的一个特色,监狱人民警察是罪犯劳动改造的组织者、管理者。他们通过对罪犯劳动的组织、管理和指挥,为国家和社会创造了一定的物质财富,这是我国监狱工作取得的成功经验,具有历史意义和现实意义。从中华人民共和国成立初期大规模组织罪犯劳动开始,在各个不同的历史时期,我国监狱的罪犯劳动都为国家的经济建设做出了直接的贡献。随着我国市场经济的进一步发展、完善和监狱生产体制改革的进一步深入,罪犯劳动的改造价值和经济效益的实现将逐步走向科学和统一。

总之,我国监狱是人民民主专政的工具,是国家刑罚执行机关。监狱人民警察担负着惩罚犯罪,对罪犯进行管理、教育、劳动改造等任务,是我国维护治安秩序,打击、惩罚犯罪,保护人民和社会主义经济建设事业顺利进行的基本力量之一。

二、监狱人民警察的职责与权力

(一)监狱人民警察的职责
监狱人民警察的职责主要包括以下几个方面。

(1) 依法行刑的职责。监狱人民警察作为国家刑罚的执行者,必须严格按照人民法院对罪犯做出的已生效的法律裁判,执行刑罚。监狱人民警察依法履行行刑职责的要求是:第一,要具有强烈的法律意识和较高的执法水平,一切行刑活动都必须按照法律确定的刑罚的内容和程序来实施;第二,在处理与罪犯刑罚的执行相关联的问题时,要以事实为根据,以法律为准绳;第三,对罪犯实施的行政管理或刑事奖惩要重调查,重表现、重证据,严格依法办事,做到公平公正,不枉不纵。

(2) 保护罪犯合法权益的职责。罪犯也是国家的公民,虽然他们被依法剥夺了自由,剥夺或限制了公民的部分权利,但是,他们仍然依法享有除被剥夺或限制之外的基本的公民权利。因此,监狱人民警察应当不断增强人权观念,增强罪犯人权、罪犯合法权益保护的观念,这是当今社会文明发展对各国监狱提出的普遍要求。我国是社会主义国家,其监狱制度具有历史进步性,在罪犯人权和罪犯合法权益的保护上更应当走在监狱文明发展的前列。

处于服刑中的罪犯是被惩罚、被改造的对象，他们与监狱人民警察在法律关系中的地位是不平等的，他们对自己合法权益的保护或权利的行使必然受到主客观条件的限制。所以，监狱人民警察特别要注意保护罪犯在服刑期间仍然享有的权利和罪犯的人权，如人格权、申诉权、控告权、辩护权、检举权、人身财产权和安全权等。此外，监狱人民警察还需同社会有关方面进行协调与沟通，确保罪犯的各项权益都不受侵害。

（3）改造罪犯的职责。教育改造罪犯是国家刑事法律所规定的，是我国社会主义监狱制度先进性的体现，也是减少重新犯罪率的根本所在。对于监狱人民警察来说，教育改造罪犯的职责既神圣又艰巨。因此，监狱人民警察在履行这一职责时，必须做到：第一，牢固树立监狱工作以"改造罪犯为宗旨"的指导思想，充分认识改造罪犯的重要性和紧迫性；第二，在实际工作中，要坚持一切以改造罪犯为中心，各项工作都要服从、服务和有利于对罪犯的改造，要正确处理惩罚与改造、教育与劳动的关系，确保对罪犯的教育改造不受冲击和干扰；第三，为了切实履行改造罪犯的职责，实现改造罪犯的目的，要刻苦学习业务，掌握管理、教育和改造罪犯的科学的思想方法和工作方法，不断提高自己的业务水平和工作成效，不断提高罪犯改造的质量；第四，依法对罪犯进行思想教育、心理矫治、文化知识教育和职业技能的培训，同时要坚持因人施教、分类管理、以理服人的原则；第五，依法管理监狱和罪犯，维护监管秩序；第六，要制定相关的制度，坚持依法管理、严格管理、科学管理、文明管理，防止脱逃、非正常死亡等重大、恶性事故的发生。

（4）承担损害赔偿的职责。监狱工作是一项十分严肃的执法活动，由于监狱人民警察同罪犯之间在法律上不平等的主体地位以及监狱人民警察的个体因素，监狱人民警察在执法过程中可能会发生对罪犯合法权益的侵害行为。对此，监狱人民警察应当承担相应的侵权赔偿责任。同时，罪犯在自己的合法权益受到侵害时，也有权要求赔偿。监狱人民警察的赔偿职责，要求其在执行刑罚过程中，必须严格依法办事，不能滥用职权。

（二）监狱人民警察的权力

监狱人民警察的权力主要包括以下几种。

（1）刑罚执行权。刑罚执行权又称行刑权，是监狱人民警察的核心权力。刑罚执行权的内容广泛，涉及从收监、罪犯的申诉、检举和控告以及监狱执行减刑、假释和刑满释放等刑罚执行的全过程。其内容包括：①收押权；②对罪犯申诉提请处理权；③对罪犯减刑、假释的建议权；④暂予监外执行权；⑤对罪犯释放、假释的执行权。

监狱人民警察在行使对罪犯执行刑罚的权力时，应当注意以下几点：①要严格依法办事，即要严格遵守法律的规定和严格履行法定的程序；②要坚持文明执法，绝不允许对罪犯进行体罚或变相体罚、侮辱；③要正确理解和贯彻"惩罚和改造相结合，以改造人为宗旨"的监狱工作方针，正确处理惩罚和改造之间的辩证统一关系。

（2）狱政管理权。狱政管理是监狱人民警察的一项基本权力。我国刑罚对罪犯人身自由的剥夺，主要是通过狱政管理和对罪犯的监禁得以实现的。监狱人民警察行使狱政管理权的内容包括：①对罪犯服刑改造场所的监管权；②对罪犯实行分押分管权；③对刑罚活动的组织协调管理权；④对罪犯日常生活和活动的安排、监督权；⑤对罪犯改造、生产等活动的考核权；⑥警戒权；⑦使用戒具、武器权；⑧对罪犯脱逃的抓捕权；⑨狱内侦查权；⑩对罪犯人身、物品、通信、会见的检查权等。

（3）教育改造权。监狱人民警察是对罪犯实施教育改造活动的主体,对罪犯的教育改造权是监狱人民警察的一项重要权力。监狱人民警察对罪犯教育改造权的内容包括:①对罪犯进行思想的转化、文化知识的学习、行为习惯的养成和劳动技能的培训;②协调罪犯教育与社会教育的关系,将罪犯教育与社会教育有机地结合起来;③制定教育改造的标准并进行检查和验收。

（4）刑罚变更的建议权。按照我国法律的有关规定,监狱人民警察在刑罚执行过程中,一方面,可以根据罪犯的改造表现给予表扬、物质奖励和记功等行政奖励,或给予警告、记过、禁闭等行政惩罚;另一方面,监狱人民警察还可以根据法律规定的条件和程序,建议有关部门对罪犯的刑罚执行予以变更。监狱人民警察所具有的刑罚变更的建议权主要包括:①依法向人民法院提请对罪犯减刑或者假释的建议权;②对罪犯服刑期间又犯罪的,监狱人民警察可以向有关机关提出起诉意见权等。

此外,监狱还依法拥有变更罪犯刑罚执行场所的权力,即监外执行的决定权。

三、监狱人民警察的机构设置和管理体制

（一）监狱的机构设置及其职责

我国监狱的机构设置体现了分组管理的体制。中央人民政府有监狱主管机关,各省、自治区、直辖市有监狱管理机关以及市属监狱的管理机关,下设基层监狱。

1. 国家监狱主管机关及其职责

《监狱法》第十条规定:"国务院司法行政部门主管全国的监狱工作。"此规定表明,全国的监狱工作是由国务院司法部主管的。司法部下设监狱管理局,具体负责全国监狱的各项业务工作。

国家监狱主管机关的主要职责如下。

（1）根据党中央、全国人民代表大会、国务院制定的方针、路线、法律、法令、政策、决议,制定关于全国监狱工作的具体政策、条例和重要的规章制度。

（2）制定全国监狱事业的发展规划;制定各类监狱建设的标准,掌握中央专项投资的使用;指导全国监狱系统开展创建现代化文明监狱活动。

（3）指导监狱机关的改革工作,安排各个时期监狱工作的任务,检查和指导各省、自治区、直辖市的狱政管理、狱内侦查、教育改造、生活卫生、计划装备、劳动生产等项工作,并统一制定上述有关方面的计划、指标、规章制度、实施细则等。

（4）掌握、指导、解决全国各地监狱工作中出现的有关政策性、法律性问题。

（5）指导监狱人民警察队伍建设工作,指导警察队伍教育培训工作,廉政建设,基层基础工作,总结交流监狱工作经验,主持编写监狱专业教材。

（6）统计汇总全国各级监狱人民警察机关的基本情况。

（7）协调中央和地方以及国务院各部门有关监狱工作的关系。

2. 地方监狱管理机关及其职责

各省、自治区、直辖市司法厅（局）下设监狱管理局,具体负责本省、自治区、直辖市监狱的各项业务工作。有些省（自治区）监狱管理局根据工作需要下设的监狱管理分局是省（自治区）监狱管理局的派出机构。监狱管理分局在其管理的范围内行使省（自治区）监狱

管理局的部分权限。但是,监狱管理分局不是一级监狱管理机关。地方监狱分为省属监狱和市属监狱。市属监狱由市司法局下设的监狱管理处具体负责本市所属的监狱的人事管理工作和各项业务工作。

地方监狱管理机关的主要职责包括以下几个方面。

(1) 贯彻执行党和国家的监狱工作方针、政策、法律、法令、决议,拟订执行计划、具体实施办法和适合地方情况的补充规定。

(2) 根据国家和地方政府的有关指示和规定,会同地方政府有关部门,制订本地区各类监狱事业的发展规划、年度规划、财务规划、基建计划和劳资计划;管理好本地区监狱的统计工作。

(3) 领导本地区各类监狱的狱政管理、教育改造、生活卫生、警戒看押等项工作,审查各类监狱对罪犯实施的奖励、惩戒、假释、保外就医等工作情况,及时处理狱内发生的重大事故。

(4) 组织本地区各类监狱的工农业生产,组织制定产业结构调整规划,组织推广先进技术和经验。

(5) 负责监狱人民警察队伍建设工作,主要包括负责监狱人民警察的遴选、录用、职称评定工作;负责监狱、机关处室领导干部的考核、任免工作;负责监狱人民警察培训工作。

(6) 按照监狱法规和有关条例的规定,要全面视察、指导监狱的各项工作;经常进行监狱行政工作的监督、检查、经验总结和交流。

(7) 做好与本地区有关部门的协调工作。

(8) 做好本系统各项公益事业的建设与发展工作。

3. 基层监狱的机构设置及其职责

我国基层监狱在机构设置上实行两级管理或三级管理体制。在两级管理体制中分为监狱和监区两个层级,在三级管理体制中分为监狱、监区、分监区三个层级。

(1) 监狱。监狱设监狱长 1 人、副监狱长若干人。监狱根据刑罚执行与改造罪犯任务的需要,按照监管改造罪犯系列、思想政治工作系列、行政事务系列、生产经营系列等设置必要的职能科室。

(2) 监区。监区设监区长 1 人、副监区长若干人。监区作为下一级建制,在机构设置上不要求与监狱级的机构设置相对应,但是为了完成监狱布置和安排的各项工作任务,发挥监区级机构的功能,监区可以下设办事机构或设置若干工作人员。

(3) 分监区。分监区设置分监区长 1 人、副分监区长 1~2 人。同时根据分监区监管改造罪犯工作的实际需要,设置管教干事、生产干事等。

此外,根据政治建警的原则,在监狱、监区、分监区,分别设政治委员、教导员和指导员。

基层监狱管理机构的主要职责包括以下几个方面。

(1) 贯彻执行党和国家关于监狱工作的方针、政策、法律、法规,执行上级监狱管理机关的决议和指示。根据本监狱的实际情况,对一些重大问题作出决策。

(2) 拟订各项具体工作计划、指标。制定实现计划指标的具体措施,并在日常工作中组织实施和督促检查。

（3）负责对罪犯的管教工作。对监狱依法实行科学管理和文明管理。办理罪犯的收押、刑满释放。严格执行各项法律、法规及行政规章制度，加强对罪犯的监管控制，防止重大恶性事故的发生，组织侦破狱内案件。加强对罪犯的政治教育、文化教育和职业技术教育。做好罪犯的奖惩工作，严格执行罪犯减刑、假释、保外就医等手续制度。管理罪犯的生活、卫生，安排其生活物资的供应。

（4）合理、安全地组织罪犯进行生产劳动。严格执行生产规章制度，做好罪犯的劳动保护工作。

（5）抓好监狱财务管理，严密财务制度。

（6）负责监狱人民警察队伍的建设与管理工作。

（7）协调与所在地的地方政府和公安、法院、检察机关及有关部门的关系。

（8）协调与执行看押任务的武警部队的关系。

（9）办好监狱人民警察的福利事业。

（二）监狱人民警察组织管理运行机制

1. 监狱人民警察组织体系

我国监狱人民警察组织管理运行机制主要表现为"层级制与职能制相结合"的组织体系。层级制是指监狱人民警察系统按纵向分为若干层次，各层次所管理的业务性质基本相同，但其管辖范围和职权随着不同的层级而改变。层级越高，管辖的范围和职权越大，反之越小。职能制是指监狱人民警察组织系统内的各个层级平行地设置若干专业部门，各自对业务工作负责。不论是监狱管理机关还是基层监狱所设置的职能部门，都要各负其责，发挥职能作用。

2. 监狱人民警察组织的权力分配体制

我国监狱人民警察组织的权限划分主要有以下三种情况。

（1）司法部及其监狱管理局与各省、自治区、直辖市司法厅（局）及其监狱管理局之间实行"条块结合、以块为主"的领导体制。

（2）各省、自治区、直辖市司法厅（局）及其监狱管理局与各基层监狱，实行"条块结合、以条为主"的领导体制，各基层监狱与当地党委和政府的关系，只存在党委领导关系，不存在行政和业务隶属关系。

（3）地市办的监狱，从各省、自治区、直辖市司法厅（局）及其监狱管理局与这些市属监狱的领导体制来说，实行"条块结合、以块为主"的领导体制。

（三）监狱人民警察的领导体制

监狱人民警察的组织内部，实行党委集体领导下的监狱长负责制，执行民主集中制的领导原则。

1. 党委集体领导制度

（1）党委对监狱所属的各个组织、部门、人员和工作实行统一领导。监狱长是党委领导班子的成员，不能凌驾于党委之上。

（2）党委对监狱工作具有决策权、领导权和指挥权。凡涉及监狱工作的路线，监管改造方针和教育改造政策,监狱的重大决策、重要工作任务的部署,监狱干部的重要任免、调动和处理等重大问题,都必须由党委讨论决定。

(3)党委实行集体领导,按照民主集中制原则,对应由党委决定的问题作出决定,而不得由个人专断。党委的正、副书记不能以行政首长的身份在党内出现,将自己的意见强加于人,更不允许以任何借口推翻党委集体的决议。

(4)党委对决议的贯彻执行情况进行监督,并依据情况的变化适时调整和修改。

2.监狱长负责制度

(1)监狱长负责党委决策的执行,并承担相应的责任。监狱长要对党委负责,副监狱长要对监狱长负责。如果是按党委集体决定在执行过程中出现问题或造成后果的,由党委集体承担责任,如属非集体决定所犯的错误,则要由监狱长承担责任。

(2)监狱长负责行政领导,并承担相应责任。监狱长主持全面工作,副监狱长主管分管部门的领导工作。监狱长和副监狱长按其职权对行政工作承担责任。凡属按规定应由监狱长决定的问题,要通过行政办公会讨论决定,监狱长拥有个人最后决策权。

监狱实行党委集体领导下的监狱长负责制,是监狱工作决策权和执行权的统一,是我国监狱人民警察组织领导的基本制度。

第三节　法院和检察院的司法人民警察

根据《人民警察法》第二条第二款的规定,司法人民警察是我国人民警察警种之一,司法人民警察特指人民法院和人民检察院的司法警察。

一、人民法院的司法人民警察

(一)人民法院司法人民警察的性质和任务

1.人民法院司法人民警察的性质

根据《中华人民共和国人民法院组织法》《中华人民共和国人民警察法》和《中华人民共和国人民法院司法警察条例》的规定,人民法院的司法人民警察是一个独立的警种,是武装性质的国家司法行政力量,是国家审判机关的法定组成人员,是人民法院行使审判权的执行力量。

2.人民法院司法人民警察的任务

人民法院司法警察的任务是预防、制止和惩治妨碍审判活动的违法犯罪行为,维护审判秩序,保障审判工作顺利进行。

(二)人民法院司法人民警察的职责与权力

1.人民法院司法人民警察的职责

根据《人民法院司法警察条例》第七条的规定,人民法院司法警察履行下列职责。

(1)维护审判秩序。

(2)对进入审判区域的人员进行安全检查。

(3)刑事审判中押解、看管被告人或者罪犯,传带证人、鉴定人和传递证据。

(4)在生效法律文书的强制执行中,配合实施执行措施,必要时依法采取强制措施。

（5）执行死刑。

（6）协助机关安全和涉诉信访应急处置工作。

（7）执行拘传、拘留等强制措施。

（8）法律、法规规定的其他职责。

2. 人民法院司法人民警察的权力

根据《人民法院司法警察条例》第八条至第十四条规定，人民法院司法警察行使如下权力。

（1）在法庭审判过程中，人民法院司法警察应当按照审判长或者独任审判员的指令，对违反法庭规则，哄闹、冲击法庭，侮辱、诽谤、威胁、殴打司法工作人员、诉讼参与人或者其他人员等扰乱法庭秩序的，依法予以强行带离，执行罚款或者拘留。

出现危及法庭内人员人身安全、被告人或者罪犯脱逃等紧急情况时，人民法院司法警察应当先行采取必要措施。

（2）对以暴力、威胁或者其他方法阻碍司法工作人员执行职务的，人民法院司法警察应当及时予以控制，根据需要进行询问、提取或者固定相关证据，依法执行罚款、拘留等强制措施。

（3）对不宜进入审判区域而强行进入的，人民法院司法警察应当依法强行带离；对涉嫌违法犯罪的，人民法院司法警察应当予以控制，并视情节及时移送公安机关。

（4）在生效法律文书的强制执行中，人民法院司法警察可以依法配合实施搜查、查封、扣押、强制迁出等执行行为。

（5）人民法院司法警察在履行职责过程中，遇当事人或者其他人员实施自杀、自伤等行为时，应当及时采取措施予以制止和协助救治，必要时应当对其采取约束性保护措施，并视情节移送公安机关。

（6）对严重扰乱人民法院工作秩序、危害人民法院工作人员人身安全及法院机关财产安全的，人民法院司法警察应当采取训诫、制止、控制等处置措施，保存相关证据，对涉嫌违法犯罪的，及时移送公安机关。

（7）遇有脱逃、拦劫囚车、抢夺枪支或者其他暴力行为的紧急情况，人民法院司法警察可以依照国家有关规定使用警械；使用警械不能制止或者不使用武器制止可能发生严重后果的，可以依照国家有关规定使用武器。

（三）人民法院司法人民警察的机构设置和管理体制

1. 人民法院司法人民警察的机构设置及其职责

人民法院司法警察的编制、建制，由最高人民法院规定。人民法院司法警察实行编队管理。最高人民法院设立司法警察局，高级人民法院设立司法警察总队，中级人民法院设立司法警察支队，基层人民法院设立司法警察大队。

（1）各级人民法院司法警察部门管理本级司法警察工作的主要职责如下。

① 组织落实司法警察的条例、条令及其他相关文件。

② 制定实施司法警察工作的规章制度和细则。

③ 组织司法警察履行职责。

④ 组织司法警察教育训练工作。

⑤ 协助管理司法警察警衔。

⑥ 管理司法警察装备。

⑦ 完成院长交办的其他任务。

(2) 上级人民法院司法警察部门管理下级人民法院司法警察工作的主要职责如下。

① 研究、制定司法警察工作的规划和规章制度。

② 指导、监督、考评司法警察工作。

③ 制定司法警察教育训练计划。

④ 承担司法警察部门主要负责人的任免职备案工作。

⑤ 管理司法警察警衔。

⑥ 协调跨地区的重大警务活动。

⑦ 承担其他需要管理的事项。

2. 人民法院司法人民警察的组织管理运行机制

人民法院司法警察接受所在人民法院院长和上级人民法院司法警察部门的领导,接受所在人民法院司法警察部门的管理。人民法院对司法警察的调配,应当征求本院司法警察部门的意见;司法警察部门主要负责人的任免,应当报上级人民法院司法警察部门备案。

二、人民检察院的司法人民警察

(一)人民检察院司法人民警察的性质和任务

1. 人民检察院司法人民警察的性质

根据《人民检察院组织法》《人民警察法》和《人民检察院司法警察条例》的规定,人民检察院的司法警察是一个独立的警种,是人民检察院的法定组成人员,是人民检察院行使检察权、履行检察职能的执行力量。

2. 人民检察院司法人民警察的任务

人民检察院司法警察的任务是通过行使职权,维护社会主义法制,维护检察工作秩序,预防、制止妨碍检察活动的违法犯罪行为,保障检察工作的顺利进行。

(二)人民检察院司法人民警察的职责与权力

1. 人民检察院司法警察的职责

《人民检察院司法警察条例》第七条规定,人民检察院司法警察依法履行下列职责。

(1) 保护人民检察院直接立案侦查案件的犯罪现场。

(2) 执行传唤、拘传。

(3) 协助执行监视居住、拘留、逮捕,协助追捕在逃或者脱逃的犯罪嫌疑人。

(4) 参与搜查。

(5) 提押、看管犯罪嫌疑人、被告人和罪犯。

(6) 送达有关法律文书。

(7) 保护出席法庭、执行死刑临场监督检察人员的安全。

(8) 协助维护检察机关接待群众来访场所的秩序和安全,参与处置突发事件。

(9) 法律、法规规定的其他职责。

根据《人民检察院司法警察条例》第八条规定，人民检察院司法警察在检察官的指挥下履行职责。

2. 人民检察院司法警察的权力

根据《人民检察院司法警察条例》第九条至第十三条的规定，人民检察院司法警察行使如下权力。

（1）对以暴力、威胁或者其他方法阻碍检察人员依法执行职务的，人民检察院司法警察应当及时予以控制，并依法采取强行带离现场或者采取法律规定的其他措施。

（2）对涉诉信访人员及其他人员在人民检察院办公区域或者门前实施自杀、自伤等过激行为或者其他违法行为的，人民检察院司法警察应当及时采取措施予以制止和协助救治，必要时应当对其采取约束性保护措施，并视情节移送公安机关。

（3）对严重危害人民检察院工作人员人身安全及检察机关财产安全的，人民检察院司法警察应当采取制止、控制等处置措施。对涉嫌违法犯罪的，及时移送公安机关。

（4）遇有拒捕、拦劫囚车、抢夺枪支或者其他暴力行为的紧急情况，人民检察院司法警察可以依照国家有关规定使用警械；使用警械不能制止或者不使用武器制止可能发生严重后果的，可以依照国家有关规定使用武器。

（5）对检察官或者其他办案人员在一定场所的讯问、询问活动中的违法违规行为，人民检察院司法警察应当及时提醒，必要时可以向分管检察长报告。

（三）人民检察院司法人民警察的机构设置和管理体制

1. 人民检察院司法人民警察的机构设置及其职责

人民检察院司法警察的编制、建制，由最高人民检察院规定。人民检察院司法警察实行编队管理。最高人民检察院设立司法警察局；省、自治区、直辖市人民检察院设立司法警察总队；省、自治区、直辖市人民检察院分院和自治州、省辖市人民检察院设立司法警察支队；县、市、自治县和市辖区人民检察院设立司法警察大队。

（1）最高人民检察院司法警察局管理全国检察机关司法警察工作，其主要职责如下。

① 研究、制定司法警察工作的规划和规章制度。

② 指导、考评司法警察业务工作。

③ 监督、检查司法警察执行法律、法规的情况。

④ 协调跨省区的重大警务活动。

⑤ 指导、组织司法警察的教育培训。

⑥ 管理司法警察警衔。

⑦ 管理司法警察警用装备。

⑧ 完成检察长交办的其他任务。

（2）司法警察总队和司法警察支队管理本级和下级人民检察院司法警察工作，其主要职责如下。

① 组织落实司法警察工作的条例、规定及其他相关文件。

② 指导司法警察队伍建设，制定队伍管理的规章制度。

③ 指导、考评司法警察业务工作。

④ 组织司法警察履行职责。

⑤ 协调跨地区的重大警务活动。

⑥ 组织司法警察的教育培训。

⑦ 管理或者协同管理警司以下司法警察的警衔。

⑧ 管理司法警察警用装备。

⑨ 完成检察长交办的其他任务。

（3）司法警察大队管理本院司法警察工作，其主要职责如下。

① 组织司法警察履行职责。

② 落实司法警察工作的条例、规定及其他相关文件。

③ 制定本院司法警察管理的规章制度。

④ 制定司法警察工作计划。

⑤ 组织司法警察进行训练。

⑥ 管理司法警察警用装备。

⑦ 完成检察长交办的其他任务。

2. 人民检察院司法警察的组织管理运行机制

最高人民检察院领导地方各级人民检察院和专门人民检察院司法警察工作，上级人民检察院领导下级人民检察院司法警察工作。司法警察接受所在人民检察院检察长的领导，接受所在人民检察院和上级人民检察院司法警察部门的管理。司法警察的调配，应当征求本级人民检察院司法警察部门的意见。司法警察部门主要负责人的任免，应当报上级人民检察院司法警察部门备案。

第四节　人民武装警察部队

人民武装警察部队是中华人民共和国武装力量的重要组成部分。

一、人民武装警察部队的领导指挥和机构设置

（一）领导指挥

人民武装警察部队坚持中国共产党的绝对领导，贯彻习近平强军思想，贯彻新时代军事战略方针，按照多能一体、维稳维权的战略要求，加强练兵备战、坚持依法从严、加快建设发展，有效履行职责，由党中央、中央军事委员会集中统一领导。

人民武装警察部队平时执行任务，由中央军事委员会或者中央军事委员会授权人民武装警察部队组织指挥。人民武装警察部队平时与人民解放军共同参加抢险救援、维稳处突、联合训练演习等非战争军事行动，由中央军事委员会授权战区指挥。人民武装警察部队战时执行任务，由中央军事委员会或者中央军事委员会授权战区组织指挥。

中央国家机关、县级以上地方人民政府应当与人民武装警察部队建立任务需求和工作协调机制。中央国家机关、县级以上地方人民政府因重大活动安全保卫、处置突发社会安全事件、防范和处置恐怖活动、抢险救援等需要人民武装警察部队协助的，应当按照国家有关规定提出需求。执勤目标单位可以向负责执勤任务的人民武装警察部队提出需求。

调动人民武装警察部队执行任务,应当坚持依法用兵、严格审批的原则,按照指挥关系、职责权限和运行机制组织实施。批准权限和程序由中央军事委员会规定。遇有重大灾情、险情或者暴力恐怖事件等严重威胁公共安全或者公民人身财产安全的紧急情况,人民武装警察部队应当依照中央军事委员会有关规定采取行动并同时报告。

人民武装警察部队根据执行任务需要,参加中央国家机关、县级以上地方人民政府设立的指挥机构,在指挥机构领导下,依照中央军事委员会有关规定实施组织指挥。

中央国家机关、县级以上地方人民政府对人民武装警察部队执勤、处置突发社会安全事件、防范和处置恐怖活动、抢险救援工作进行业务指导。人民武装警察部队执行武装警卫、武装守卫、武装守护、武装警戒、押解、押运等任务,执勤目标单位可以对在本单位担负执勤任务的人民武装警察部队进行执勤业务指导。

(二)组织机构

人民武装警察部队由内卫部队、机动部队、海警部队和院校、研究机构等组成。内卫部队按照行政区划编设,机动部队按照任务编设,海警部队在沿海地区按照行政区划和任务区域编设。

二、人民武装警察部队的任务

(一)人民武装警察部队执勤任务

(1)警卫对象、重要警卫目标的武装警卫。

(2)重大活动的安全保卫。

(3)重要的公共设施、核设施、企业、仓库、水源地、水利工程、电力设施、通信枢纽等目标的核心要害部位的武装守卫。

(4)重要的桥梁和隧道的武装守护。

(5)监狱、看守所等场所的外围武装警戒。

(6)直辖市,省、自治区人民政府所在地的市和其他重要城市(镇)的重点区域、特殊时期以及特定内陆边界的武装巡逻。

(7)协助公安机关、国家安全机关依法执行逮捕、追捕任务,协助监狱、看守所等执勤目标单位执行押解、追捕任务,协助中国人民银行、国防军工单位等执勤目标单位执行押运任务。

(二)人民武装警察部队参与处置动乱、暴乱、骚乱、非法聚集事件、群体性事件等突发事件担负的任务

(1)保卫重要目标安全。

(2)封锁、控制有关场所和道路。

(3)实施隔离、疏导、带离、驱散行动,制止违法犯罪行为。

(4)营救和救护受困人员。

(5)武装巡逻,协助开展群众工作,恢复社会秩序。

(三)人民武装警察部队参与防范和处置恐怖活动担负的任务

(1)实施恐怖事件现场控制、救援、救护,以及武装巡逻、重点目标警戒。

(2) 协助公安机关逮捕、追捕恐怖活动人员。

(3) 营救人质、排除爆炸物。

(4) 参与处置劫持航空器等交通工具事件。

（四）人民武装警察部队参与自然灾害、事故灾难、公共卫生事件等突发事件的抢险救援担负的任务

(1) 参与搜寻、营救、转移或者疏散受困人员。

(2) 参与危险区域、危险场所和警戒区的外围警戒。

(3) 参与排除、控制灾情和险情，防范次生和衍生灾害。

(4) 参与核生化救援、医疗救护、疫情防控、交通设施抢修抢建等专业抢险。

(5) 参与抢救、运送、转移重要物资。

三、人民武装警察部队的权限

人民武装警察执行任务时，可以依法采取下列措施。

(1) 对进出警戒区域、通过警戒哨卡的人员、物品、交通工具等按照规定进行检查；对不允许进出、通过的，予以阻止；对强行进出、通过的，采取必要措施予以制止。

(2) 在武装巡逻中，经现场指挥员同意并出示人民武装警察证件，对有违法犯罪嫌疑的人员当场进行盘问并查验其证件，对可疑物品和交通工具进行检查。

(3) 协助执行交通管制或者现场管制。

(4) 对聚众扰乱社会治安秩序、危及公民人身财产安全、危害公共安全或者执勤目标安全的，采取必要措施予以制止、带离、驱散。

(5) 根据执行任务的需要，向相关单位和人员了解有关情况或者在现场以及与执行任务相关的场所实施必要的侦察。

人民武装警察执行任务时，发现有下列情形的人员，经现场指挥员同意，应当及时予以控制并移交公安机关、国家安全机关或者其他有管辖权的机关处理。

(1) 正在实施犯罪的。

(2) 通缉在案的。

(3) 违法携带危及公共安全物品的。

(4) 正在实施危害执勤目标安全行为的。

(5) 以暴力、威胁等方式阻碍人民武装警察执行任务的。

人民武装警察部队协助公安机关、国家安全机关和监狱等执行逮捕、追捕任务，根据所协助机关的决定，协助搜查犯罪嫌疑人、被告人、罪犯的人身和住所以及涉嫌藏匿犯罪嫌疑人、被告人、罪犯或者违法物品的场所、交通工具等。

人民武装警察执行执勤、处置突发社会安全事件、防范和处置恐怖活动任务使用警械和武器，依照人民警察使用警械和武器的规定以及其他有关法律法规的规定执行。

人民武装警察执行任务，遇有妨碍、干扰的，可以采取必要措施排除阻碍、强制实施。人民武装警察执行任务需要采取措施的，应当严格控制在必要限度内，有多种措施可供选择的，应当选择有利于最大限度地保护个人和组织权益的措施。

人民武装警察因执行任务的紧急需要，经出示人民武装警察证件，可以优先乘坐公共交通工具;遇交通阻碍时,优先通行。

　　人民武装警察因执行任务的需要,在紧急情况下,经现场指挥员出示人民武装警察证件,可以优先使用或者依法征用个人和组织的设备、设施、场地、建筑物、交通工具以及其他物资、器材,任务完成后应当及时归还或者恢复原状,并按照国家有关规定支付费用;造成损失的,按照国家有关规定给予补偿。

　　人民武装警察部队出境执行防范和处置恐怖活动等任务,依照有关法律法规和中央军事委员会的规定执行。

第二篇 公安工作及基本原则

　　公安机关任务的完成和职责的履行是通过公安民警从事具体的公安工作来实现的。立志成为公安民警的公安院校学员,在学习公安业务之前,首先了解一下当前公安工作的主要内容和整体表现出的特点尤其必要,因为对公安工作有了整体把握之后,不仅能够认识到公安工作在国家政权中的地位与作用,而且还能够认识到各项公安工作之间的有机联系,从而培养学员的全局观念,培养学员全面学习公安工作知识的意识,为培养复合型警务人才打下良好的基础。公安机关保卫国家安全、维护社会治安秩序的任务,主要是通过公安专业工作来完成的,因此,在对公安工作有了整体认识之后,更要具体学习一下公安专业工作的内容和特点,使学员认识到学习公安专业课程的重要性。因为公安专业工作体现了警察职业的魅力,从而培养了学员学习公安专业的热情和紧迫感。为了使公安工作永葆政治本色,始终不偏离方向,还要努力学习我国公安机关在长期的公安工作实践中形成的独具特色的原则、路线、方针、政策,将其作为未来从事公安工作的行动指南。

第七章

公 安 工 作

第一节　公安工作的内容及特点

一、公安工作的含义

公安工作是依据党和国家的政策、法律、法规保卫国家安全与社会治安秩序的专门工作,是我国政府的行政行为,是我国人民民主专政政权工作的重要组成部分。同时,公安工作也包括公安机关依法对自身事务规范的管理活动。

(一)公安工作是保卫国家安全、维护社会治安秩序的专门工作

《国家安全法》中规定的国家安全,是指国家政权、主权、统一和领土完整、人民福祉、经济社会可持续发展和国家其他重大利益相对处于没有危险和不受内外威胁的状态,以及保障持续安全状态的能力。维护国家安全是国家许多部门的工作,如人民解放军、外交部、国家安全机关、司法机关等都从军事上、政治上维护国家安全,而公安机关维护国家安全的工作主要是依据法律、法规同那些破坏国家安全的犯罪进行斗争的工作。

社会治安秩序是指由法律法规——主要是《刑法》《治安管理处罚法》以及其他治安法规所确认和维系的社会秩序。社会治安秩序包括社会公共秩序、生产秩序、工作秩序、教学科研秩序和人民群众生活秩序。公安机关维护社会治安秩序的工作主要是依据法律、法规,预防、制止惩治破坏社会治安秩序的违法犯罪活动。

(二)公安工作是我国政府的重要行政行为

公安工作是由人民警察以国家名义按国家法律赋予的职权进行社会行政管理,执行国家意志,维护工人阶级和广大人民群众利益的活动。其内容是由法律和公安法规所确定,必须按照党的政策和国家法律来实施。

二、公安工作的主要内容

(一)公安领导工作

公安领导工作主要是指公安机关首长所从事的工作。《公安机关组织管理条例》指出,公安部在国务院领导下,主管全国的公安工作,是全国公安工作的领导、指挥机关。县级以上地方人民政府公安机关在本级人民政府领导下,负责本行政区域的公安工作,是本行政区域公安工作的领导、指挥机关。公安领导工作主要有政治领导工作、行政领导工作和业务领导工作。

（二）公安政治工作与公安队伍建设

公安政治工作是党的思想政治工作的重要组成部分，是公安队伍战斗力生成的重要构成要素，是公安机关有效履行职责的根本保证。

公安政治工作是公安机关正确贯彻党的政治路线、思想路线、组织路线，坚持四项基本原则，与党中央保持一致的重要工作，保障党的公安工作的原则、路线、方针和政策得以顺利地执行和落实。公安队伍建设就是对公安民警在政治上、思想上、纪律上、作风上、工作能力上加强教育和训练，按照"依法治警，从严治警"的方针，坚持严格教育、严格训练、严格管理、严格纪律，把公安队伍建设成为一支政治坚定、业务精通、作风优良、执法公正，能够应付政治事件和治安事件的坚强的、有战斗力的专业队伍。

（三）公安情报指挥工作

公安情报指挥工作是公安情报工作和公安指挥工作的统称，是公安机关情报指挥部门的主要工作。根据公安部情报指挥一体化建设的总体要求，情报指挥部门作为公安机关警务实战的指挥中枢，担负着情报分析、研判预警、指挥调度、应急值守等重要职责。公安部情报指挥中心与地方各级公安机关的情报指挥中心共同构成了我国公安机关的情报指挥体系，分别负责全国与地方各级公安机关的情报指挥工作。公安情报指挥工作的具体内容包括：情报搜集与研判，领导指令的具体下达，应急指挥、处置与救助，各业务部门和专业工作的统一协调和调度，预警防范与快速反应，"110"接警出警等工作。

（四）公安专业工作

详见本章第二节。

（五）公安机关事务综合管理工作

公安机关事务综合管理工作主要是指公安机关办公厅、室，调研统计、信访、文书档案等部门的工作，它为领导决策指挥、政策制定、公安机关常态运行等提供综合管理和服务活动。主要包括为公安领导工作提供信息咨询服务、调查研究、组织实施领导决策、对各项任务的完成情况进行督促检查以及公文写作、文书处理和档案管理、组织会议、办理信访、协调工作关系等。

（六）警务保障工作

警务保障工作是指公安机关充分履行职责，行使职权，提高整体工作水平，推动公安事业不断健康发展，提供全面、系统、务实、高效的条件和保证，它是开展公安工作的重要基础和强大支撑。警务保障的目的是保障公安机关和人民警察依法有效发挥职能作用，依法行使职权。广义的警务保障包括政治、法律、体制、警察人力、情报信息、经费、装备、科技、环境资源、社会福利等方面。狭义的警务保障主要是指经费保障、装备保障、被装保障、基础设施建设保障、技术手段保障、后勤服务保障等。

（七）公安法制工作

公安法制工作是指各级公安机关法制部门依照自己的职责权限，编制立法计划、案件审核把关、执法监督检查、法制调研和宣传教育等事关公安立法、执法的活动。公安法制建设是整个公安工作的基石,是全面提高公安工作水平的重要支撑。公安法制工作以积极回应人民群众的新期待、满足人民群众的新要求为出发点,以立法工作科学化、执法行为规范化、执法管理现代化为目标,全面加强、深入推进公安法制建设,为新时期新阶段公安工作和公安队伍建设提供更加及时、有效的执法服务、法律支持和法制保障。

公安法制工作包括公安机关内部法律事务和内部执法监督工作以及、行政案件复议、行政诉讼案件应诉、办理国家赔偿案件等项工作。主要内容有:研究有关公安工作的方针、政策,制定公安法制工作总体规划;组织、协调起草公安法律、法规、规章和其他规范性文件;负责公安机关应用法律、法规的解释和咨询工作;负责规范性文件法律审核工作;组织开展案件审核、执法检查、考核评议、专项调查、专案调查;执法过错责任追究等内部执法监督工作;组织、指导、办理行政复议、听证、诉讼和国家赔偿工作;指导、承办少年收容教养案件的审批工作;组织开展法制培训工作;参与刑事司法协助、引渡条约、国际警务合作和重大涉外案件处置等法律事务;研究执法中的问题和对策;各级公安机关决定由法制部门承担的其他工作。

(八)公安教育与科研工作

公安教育与科研工作是为公安队伍提供人才和科学技术的专门工作。公安教育有学校教育和民警在职教育。通过公安教育,使公安人才数量上得到补充,素质上得到提高。

公安科研包括社会科学的研究和技术科学的研究。公安社会科学的研究,主要是围绕有关公安工作的社会现象进行的研究工作。公安技术科学的研究,主要是围绕有关公安工作的技术手段、装备现代化进行的研究工作。

三、公安工作的特点

(一)阶级性与社会性相结合

公安工作具有鲜明的阶级性,又有广泛的社会性。所谓阶级性,即警察与国家一致的特点。这是各国警察共有的特性。国家要求警察必须与国体一致,与政体一致,与国家意志一致,成为国家忠诚的统治与管理工具。我国公安工作也不例外,公安工作必须与我国执政党——中国共产党保持一致。因此,公安工作必须与党的路线、方针、政策相一致,与国家的政策和法律相一致。

所谓社会性,即公安工作与社会的联系是广泛而密切的。公安工作涉及社会生活的各个领域,直接关系到千家万户乃至每一个人。

(二)隐蔽性与公开性相结合

工作对象的隐蔽性和公开性,决定了公安工作的隐蔽性和公开性。首先,犯罪分子的犯罪行为有的是隐蔽的,有的是在光天化日之下明目张胆地进行的,因此公安机关就要有针对性地将秘密工作和公开工作结合起来;其次,为了广泛发动群众同违法犯罪作斗争,为了震慑犯罪分子,除了做好秘密工作之外,还需要进行大量的公开工作;最后,公安机关除了同违法犯罪作斗争之外,还担负着大量的社会管理工作,许多管理工作不仅不能秘密进行还要广泛宣传,实行警务公开以赢得广大人民群众的支持。

所谓秘密工作,是指为了不使对方察觉或了解到己方的意图,而采取秘密的措施、手段开展的工作。

所谓公开工作,是指直接以公安机关的名义和人民警察的身份,采取被对方了解、认识直至使对方配合的方法和措施开展的工作。

秘密工作与公开工作是相辅相成的。秘密工作需要公开工作进行掩护,秘密工作寓于公开工作之中;公开工作需要秘密工作做后盾,并为秘密工作创造条件。

(三)打击与保护相结合

公安工作具有打击与保护的双重特点,这是由公安工作的对象所决定的。由于工作对象不同,所以工作方式就有区别。对于侦查破案、拘留逮捕、审讯、处置突发暴力事件、制裁违法犯罪等项工作,公安机关的工作对策主要是以强制力进行打击;对于警卫守护、巡逻值勤等项工作,公安机关的工作对策主要是保护。

打击与保护,两者是紧密联系、相互依存、相互渗透、互为前提的。打击中包含着警戒预防,使人不敢以身试法;保护中包含着消除造成违法犯罪的消极因素。当然,公安工作的有些对策,如治安管理措施本身既有打击又有保护的双重作用。总之,公安工作的打击与保护作用是紧密结合在一起的。

(四)强制性与教育性相结合

公安工作是以国家暴力作后盾的,是以警察的实力即武装的、特殊的手段作保障的,具有强烈的强制性。但公安工作大量的、经常性的工作主要是教育,这不仅是对广大群众而言,就是对违法犯罪分子在实施打击的同时,也要实行教育,以使他们悔过自新,重新做人。

(五)集中性与分散性相结合

公安工作的集中性,就是它的统一性。要求在服从国家意志、实行宏观决策、领导与指挥等方面要高度集中。在战略战役部署与实施上,在法制与政策的结合上,在多部门横向协同上,要高度统一。这样才能形成整体一致、快速反应、多警种配合、多专业协作的整体合力。但犯罪分子是在不同时空出现的,这就决定了公安工作的分散性。对于高度分散的、隐蔽的,又不断衍生的犯罪分子,不宜采用"大兵团作战",而宜分散地对案件各个侦破,将犯罪分子逐个制伏。公安工作的集中性与分散性是相互依存、相辅相成的。越有分散性,越要求步调一致、统一指挥、统一行动。而高度集中的部署又必须通过分散的行动去实现。要防止只强调一个方面而忽视另一个方面的片面观点。

(六)政策性与法律性相结合

公安机关作为国家的统治工具,人民警察作为国家的公务员,在履行自己职责的工作中必须坚定地执行党和国家的各项政策,特别是有关公安工作的路线、方针和政策。同时,公安机关作为国家的执法机关,人民警察作为执法人员,在履行自己的职责时,又必须有法必依、执法必严、违法必究。由于政策是法律的灵魂,是制定法律的依据;法律是政策的定型化、条文化、规范化,所以执行政策与执行法律是一致的。因此,公安工作是政策性与法律性相结合的一项工作。

（七）行政性与司法性相结合

《公安机关组织管理条例》明确规定,公安机关是人民民主专政的重要工具,人民警察是武装性质的国家治安行政力量和刑事司法力量。《人民警察法》规定的公安机关人民警察职责包括治安行政管理和刑事司法等。我国颁布的《治安管理处罚法》《刑事诉讼法》等法律、法规规范了公安机关承担的行政性工作和相关的司法性工作。公安工作的行政性体现了公安机关作为政府机构依法承担的行政管理职责。公安工作的司法性体现了公安机关履行刑事法律规定的部分职责,它是中国特色公安工作的鲜明特征。

（八）管理性与服务性相结合

公安机关的管理活动是使社会有序运转、社会和谐稳定,人们不断增强公共安全感,提高幸福感;公安机关的服务活动本质是服务经济社会发展,主要围绕维护社会稳定的主流任务,在集中精力打击违法犯罪活动,改善治安环境,增加公众安全感等方面对公民的"共同私权"提供服务,在公安行政管理中坚持以人为本、服务为先的思想,在公安机关职权、义务范围内采取切实有效的"便民、利民、为民"措施,实现人民警察全心全意为人民服务的宗旨。公安机关及其人民警察要处理好执法、管理、服务三者之间的关系,坚持在管理中做到为民服务,在创新服务中实现有效管理。

第二节　公安专业工作的内容及特点

公安机关保卫国家安全、维护社会治安秩序的任务,主要是通过公安专业工作来完成的。把握公安专业工作的内容和特点,有助于公安机关人民警察更好地完成公安工作任务。

一、公安专业工作的含义

公安专业工作是指依法执行公安机关职责与职权,专门从事处理案件、事件和事故,进行预防与管理以及进行专业建设的各项工作。

二、公安专业工作的内容

公安专业工作主要包括刑事司法工作、治安行政管理工作、保卫工作和警卫工作。

（一）刑事司法工作

刑事司法工作主要是依据《刑法》《刑事诉讼法》同刑事犯罪作斗争的一系列工作。具体包括以下几个方面。

（1）国内安全保卫工作,即对危害国家安全犯罪的侦查和防范工作。国内安全保卫工作是在党和政府的领导下,紧紧依靠群众,以秘密的侦察手段和公开的斗争形式,防范、发现和打击一切敌对势力、敌对分子的各种阴谋破坏活动,以保卫人民民主专政政权,保障国家安全,保卫社会主义现代化建设事业的顺利进行。国内安全保卫工作是党和国家赋予公安机关的一项特殊使命,具有隐蔽性、长期性、尖锐性和复杂性的特点。

（2）刑事侦查工作,是一项依据国家法律的有关规定,采用专门调查方法和强制性措施,揭露、打击和防范刑事犯罪的专门工作。刑事侦查工作的主要任务是侦破刑事案件,阻止和打击国际恐怖活动和国外、境外犯罪组织、犯罪分子以及黑社会性质组织的渗透活动;预防、制止和减少刑事犯罪的发生,及时发现犯罪、揭露犯罪、证实犯罪、打击犯罪,以保障人民的合法权益,保卫社会主义现代化建设事业的顺利进行。

(3) 刑事强制工作,即依据《刑事诉讼法》对犯罪嫌疑人所采取的拘传、取保候审、监视居住、拘留和逮捕的工作。

(4) 羁押工作,即对被拘留、逮捕的犯罪嫌疑人、被告人进行关押看守的工作。

(5) 执行刑罚工作,根据《刑法》和《刑事诉讼法》的规定,公安机关担负着拘役执行和剥夺政治权利执行、驱逐出境执行等项刑罚执行工作。同时,《刑事诉讼法》还规定,没收财产的判决,在必要时,人民法院可以会同公安机关执行。

(二) 治安行政管理工作

治安行政管理工作是公安机关运用国家赋予的行政权力,依据法律法规从事行政管理方面的各项业务工作。它的主要任务是预防违法犯罪,查处治安案件,组织群众治安力量,维护社会治安秩序。具体包括以下几个方面。

(1) 户籍管理工作,主要包括户籍登记和户籍证明工作。户籍登记是国家关于人口的一项重要行政管理制度,也是公安工作的一项基础工作。户籍证明工作主要是居民身份证及其他人口证件的签发和验证工作。

(2) 公共秩序管理工作,主要是对人群聚集或进行公众活动的公共场所治安秩序的管理工作,如对车站、码头、机场、文娱或体育场所、商场、集贸市场、展览场馆,以及公园、风景区等场所维护社会治安秩序的工作。

(3) 特种行业管理工作,主要对旅馆业、公章刻制业、典当业、开锁业等行业进行治安管理,以防止和发现违法犯罪活动。

(4) 民用危险物品管理工作,主要是对管制刀具、枪支、弹药、易燃易爆物品、剧毒物品、放射性物品进行治安管理,以防止违法犯罪分子用以进行违法犯罪活动,或在生产、运输、保管、持有、使用过程中发生事故。

(5) 交通安全管理工作,主要是对城乡道路交通实行管理,预防和查处交通事故,保证交通安全与畅通,包括道路交通设施管理、车辆驾驶员管理、道路交通秩序管理、道路交通事故处理。

(6) 移民管理和出入境管理工作。移民管理和出入境管理工作是由原先的公安边防检查工作与出入境管理工作整合而来的。根据2018年3月中共中央印发的《深化党和国家机构改革方案》,将公安部的出入境管理、边防检查职责整合,建立健全签证管理协调机制,组建国家移民管理局,加挂中华人民共和国出入境管理局牌子,由公安部管理。移民管理和出入境管理工作的主要内容有:负责全国移民管理工作,协调拟订移民和出入境管理政策与规划并协调组织实施,起草相关法律法规草案;负责建立健全签证管理协调机制,组织实施外国人来华口岸签证、入境许可签发管理和签证延期换发;负责外国人来华留学管理、工作有关管理、停留居留和永久居留管理、国籍管理、难民管理;负责出入境边防检查、边民往来管理、边境地区边防管理;负责中国公民因私出入境管理、港澳台居民回内地(大陆)定居审批管理;牵头协调非法入境、非法居留、非法就业外国人治理和非法移民遣返,查处妨害国(边)境管理等违法犯罪行为;承担移民领域国际合作等。

（三）保卫工作

保卫工作主要包括机关、团体、企业和事业单位内部的治安保卫工作,以及计算机信息系统的安全监察工作。

（1）机关团体保卫工作,主要指对党中央、国务院的各部门,省、自治区、直辖市和地、县的党政部门以及工会、共青团、妇联和各民主党派以及其他群众团体所进行的保卫工作。

（2）企业保卫工作,主要指对工厂、矿山、财贸、邮电、水产等企业单位所进行的保卫工作。

（3）事业单位保卫工作,主要指对文化、教育、科研、卫生、体育、新闻、广播、电视等事业单位所进行的保卫工作。

（4）部门系统保卫工作,主要指对铁路系统、交通航运系统、民用航空系统、森林系统所进行的保卫工作。

（5）监督管理计算机信息系统的安全保护工作。

（四）警卫工作

警卫工作是为确保党和国家领导人,来访的重要外宾,中央和省、自治区、直辖市党政领导机关以及重大活动的安全所进行的警戒、保卫工作,包括住地警卫、路线警卫、现场警卫等。

三、公安专业工作的特点

公安机关保卫国家安全、维护社会治安秩序的任务,主要是通过公安专业工作来完成的。公安专业工作的主要特点如下。

（一）复杂性

公安工作是以维护国家安全和社会治安秩序为主要任务的一项工作。公安工作所面临的形势和工作对象的复杂性,决定了公安工作具有复杂性。当前,我国经济发展、社会稳定,但国际形势错综复杂,影响我国国家安全和社会稳定的因素增加。西方敌对势力继续对我国实施"西化""分化""弱化"的政治图谋,利用一切可以利用的机会对我国进行渗透、破坏活动;颠覆与反颠覆、分裂与反分裂的斗争复杂尖锐;在国际反华势力的支持、鼓动下,境内外的敌对分子加紧活动;由人民内部矛盾引发的群体性事件已经成为严重影响社会稳定的突出问题;在我国目前所处的体制转轨的特定历史时期,诱发、滋生犯罪的各种消极因素大量存在,治安问题的压力不断增大,刑事犯罪不仅数量增多,而且危害加剧。因此,只有清醒地看到公安工作面临形势的复杂性、严峻性,才能随时应付各种困难和复杂局面,掌握斗争的主动权,完成公安工作的艰巨任务。

（二）艰苦性

公安工作的艰苦性主要表现在两个方面:一方面,由于对敌斗争的复杂性,常常需要人民警察连续作战,超负荷工作;另一方面,不良的自然环境和执法环境也常常给人民警察执行公务带来诸多困难。不良的自然环境,如恶劣的气候条件、交通条件、地理环境等,都使人民警察在工作中忍受艰难困苦。冬季,他们有时要在零下三十多摄氏度严寒中趴冰卧雪;夏季,有时要在零上四十多摄氏度的高温中激烈地奔跑,夜晚执行任务要忍受蚊虫叮咬;检查处理高度腐败的尸体更是常人难以忍受的。不良的社会环境也给人民警察带来不寻常的困苦,在依法执行公务的过程中,当事人因某些个人利益被触及,产生对立情绪,致使人民警察经常遭遇无理的指责,谩骂,甚至遭到攻击。特别是有些人倚仗权势,非法干预、阻挠人民警察依法执行公务,有的还对人民警察进行打击报复,威胁人民警察的生命安全。这些都会对人民警察造成心理上的压力和伤害。

(三)危险性

人民警察在工作中往往处于对抗性矛盾的第一线,经常同犯罪分子进行面对面的斗争。如采取强制的、暴力的手段制伏正在实施暴力犯罪的犯罪分子;对付犯罪分子的暴力反抗、拒捕、报复、袭击等;在处理治安案件或事件中受到不法分子的殴打伤害等。在同恶性灾害事故斗争中,人民警察也面临着巨大的危险,如在同火灾、水灾、风灾、地震、爆炸等灾害、事故的斗争中,人民警察要冒着生命危险进行工作,每年伤亡的人数大大高于其他行政部门。

(四)风险性

公安工作的风险性,主要指有些专门业务工作由于环境因素或内容特殊可能引发不幸事件的发生,或者一个事件、一段经历可能带来我们所不希望的后果。在公安专门业务工作中,一方面,人民警察作为执法者,手中掌握着执法的权力,如果这些权力得不到有效制约,行使职权的活动得不到有效的监督,人民警察的执法活动不依法进行,就可能会滋生以权谋私、贪赃枉法、包庇放纵罪犯等消极腐败现象;另一方面,人民警察在工作中经常会接触社会的阴暗面和丑恶现象,一些违法犯罪人员常常用金钱、物质、美色等各种手段进行腐蚀拉拢,在公安队伍中寻找他们的代理人或保护伞,这些行为都有可能极大地腐蚀公安民警。公安队伍中每年都有一些立场不坚定、思想意志脆弱的警察受到腐蚀,走上了违法犯罪道路。所以,人民警察必须树立正确的世界观、人生观、价值观、权力观和远大的理想,具备坚定的信念、坚强的意志和防腐拒变的能力。

知识巩固与能力提升训练

一、判断题

1. 公安工作是我国政府的重要司法行为。 ( )

2. 国家安全是指中国共产党的执政地位不受侵犯。 ( )

3. 公安机关维护国家安全的工作,主要是同那些出卖国家秘密的间谍分子作斗争。

( )

4. 社会治安秩序是指由《刑事诉讼法》以及其他法规所确认和维系的社会秩序。

( )

5. 公安机关维护社会治安秩序的工作,主要是预防、制止、惩治刑事违法犯罪。

( )

6. 公安机关保卫国家安全与维护社会治安秩序的任务,主要是通过公安领导工作实现的。 ( )

7. 国内安全保卫工作是党和国家赋予公安机关的一项特殊使命。　（　　）

8. 刑事强制工作的主要依据是《宪法》和《刑法》。　（　　）

9. 根据《刑法》和《刑事诉讼法》的规定,公安机关担负着短期有期徒刑执行的工作。

（　　）

10. 治安行政管理工作,即公安机关依法从事行政管理方面的各项业务工作。

（　　）

11. 户籍登记是国家关于人事管理的一项重要制度,也是公安工作的一项基础工作。

（　　）

12. 交通安全管理工作,主要是对水上交通实行管理的工作。　（　　）

13. 边防治安工作主要是维护边境地区的治安秩序,保护国界安全的不可侵犯性。

（　　）

14. 公安机关在边防检查工作中,有权对出入境口岸过境人员、交通工具实施检查、监护,但无权对违章违法事件与案件进行查处。　（　　）

15. 对外国人管理和中国公民出入境管理工作,就是依法查处出入境人员中的违法犯罪人员。　（　　）

16. 警卫工作就是为了确保党和国家领导人的安全所进行的保卫工作。　（　　）

17. 公安技术科学的研究,主要是围绕有关公安工作的社会现象进行的研究工作。

（　　）

18. 公安后勤保障工作,主要是指为各项公安工作提供财、物等条件,进行后勤保障的管理工作。　（　　）

19. 公安机关除了同违法犯罪作斗争之外,还担负着大量的社会服务工作。　（　　）

20. 公安工作具有打击和保护的双重特点,这是由公安工作的性质所决定的。

（　　）

21. 对于侦查破案、审讯、处置突发暴力事件,公安机关的工作对策主要是以暴力进行打击。　（　　）

22. 对于警卫守护、巡逻值勤等项工作,公安机关的工作对策主要是保护。　（　　）

23. 打击中包含着警戒预防;保护中包含着消除造成违法犯罪的消极因素。　（　　）

24. 对于高度分散的、隐蔽的、又不断衍生的犯罪分子,应该采用"大兵团作战",强调集中性,以提高效率。　（　　）

25. 人民警察在工作中往往处于对抗性矛盾的第一线,经常同犯罪分子进行面对面的斗争。　（　　）

二、单项选择题

1. 公安工作是由公安机关以(　　)的名义进行的活动。
　　A. 执政党　　　　　B. 人民　　　　　C. 国家　　　　　D. 法律

2. 国家安全是指我国的(　　)不受侵犯。
　　A. 社会主义制度　　　　　　　　B. 民族区域自治制度
　　C. 多党合作制度　　　　　　　　D. 人民代表大会制度

3. 社会治安秩序是由法律、法规,主要是(　　)所确认和维系的社会秩序。

A.《刑法》和《中华人民共和国民法典》(以下简称《民法典》)

B.《刑法》和《刑事诉讼法》

C.《刑法》和《治安管理处罚法》

D.《宪法》和《刑法》

4. 公安工作的内容是由法律和（   ）所确定的,必须按照党的政策和国家法律来实施。

A. 行政法规 B. 部门规章 C. 地方性法规 D. 公安法规

5. 公安机关保卫国家安全与社会治安秩序的任务,主要是通过（   ）来实现的。

A. 公安指挥工作   B. 公安领导工作

C. 公安保卫工作   D. 公安专业工作

6. 刑事司法工作是依法同（   ）作斗争的一系列工作。

A. 违法犯罪 B. 刑事犯罪 C. 违法行为 D. 不法行为

7. 下列不属于刑事侦查工作的是（   ）。

A. 预防、制止和减少刑事犯罪的发生

B. 侦破刑事案件

C. 防范和打击一切敌对势力、敌对分子的阴谋破坏活动

D. 阻止和打击国际恐怖活动

8. 刑事强制工作的依据是（   ）。

A.《中华人民共和国宪法》   B.《中华人民共和国刑法》

C.《中华人民共和国刑事诉讼法》 D.《中华人民共和国治安管理处罚法》

9. 取保候审属于刑事司法工作中的（   ）。

A. 刑事侦查工作   B. 羁押工作

C. 执行刑罚工作   D. 刑事强制工作

10. 治安行政管理工作,即公安机关运用国家赋予的（   ）,依法从事行政管理方面的工作。

A. 行政权力 B. 刑事权力 C. 司法权力 D. 立法权力

11. 下列不属于公共秩序管理工作范围的是（   ）。

A. 集贸市场 B. 学校 C. 商场 D. 公园、风景区

12. 下列物品中不属于民用危险物品的是（   ）。

A. 剧毒物品 B. 管制刀具 C. 放射性物品 D. 可卡因

13. 为各项公安工作提供必要的办公条件、生活条件的工作属于（   ）。

A. 生活保障 B. 装备保障 C. 财务保障 D. 信息保障

14. 为各项公安工作提供通信联络、档案资料以及应用电子计算机提供信息服务的工作属于（   ）。

A. 装备保障 B. 生活保障 C. 财务保障 D. 信息保障

15. 公安工作既有鲜明的政治性,又有广泛的（   ）。

A. 经济性 B. 社会性 C. 服务性 D. 文化性

16. 所谓阶级性,即警察与（   ）一致的特点。

A. 国家　　　　　B. 政党　　　　　C. 政府　　　　　D. 法律

17. 所谓社会性,是指公安工作与( )的联系是广泛而密切的。

A. 国家　　　　　B. 政府　　　　　C. 社会　　　　　D. 政党

18. ( )的隐蔽性和公开性,决定了公安工作的隐蔽性和公开性。

A. 工作方式　　　B. 工作内容　　　C. 工作手段　　　D. 工作对象

19. 公安工作具有打击与保护的双重特点,这是由公安工作的( )所决定的。

A. 性质　　　　　B. 对象　　　　　C. 权力　　　　　D. 职责

20. 对于警卫守护、巡逻值勤等项工作,公安机关的工作对策主要是( )。

A. 防范　　　　　B. 打击　　　　　C. 保护　　　　　D. 打击与保护并重

21. 对于侦查破案、处置突发暴力事件等工作,公安机关的工作对策主要是( )。

A. 积极防范　　　　　　　　　　B. 发动群众

C. 严密布控　　　　　　　　　　D. 以强制力进行打击

22. 公安工作的集中性是指它的( )。

A. 统一性　　　　B. 法律性　　　　C. 政治性　　　　D. 社会性

23. 犯罪分子是在不同时空出现的,这就决定了公安工作的( )。

A. 策略性　　　　B. 集中性　　　　C. 分散性　　　　D. 灵活性

24. 公安工作是( )的一项工作。

A. 政策性与社会性　　　　　　　B. 政策性与法律性

C. 社会性与法律性　　　　　　　D. 国家性与政治性

25. 公安工作的复杂性是由( )决定。

A. 工作要求和指挥管理的复杂性　　B. 工作任务和职责要求的复杂性

C. 工作内容和工作程序的复杂性　　D. 面临的形势和工作对象的复杂性

三、多项选择题

1. 国家安全是指( )。

A. 我国人民民主专政政权不受侵犯　　B. 我国人民代表大会制度不受侵犯

C. 我国的国家主权不受侵犯　　　　　D. 我国的领土完整不受侵犯

2. 下列属于社会治安秩序的是( )。

A. 审判秩序　　　　　　　　　　B. 选举秩序

C. 社会公共秩序　　　　　　　　D. 人民群众生活秩序

3. 公安工作是由人民警察进行的( )活动。

A. 社会行政管理　　　　　　　　B. 国家司法审判

C. 国家司法监督　　　　　　　　D. 执行国家意志

4. 下列属于公安专业工作的是( )。

A. 刑事司法工作　　　　　　　　B. 治安行政管理工作

C. 警务监督工作　　　　　　　　D. 立法工作

5. 下列属于公安刑事司法工作的是( )。

A. 刑事侦查工作　　　　　　　　B. 户籍管理工作

C. 边防工作　　　　　　　　　　D. 刑事强制工作

6. 公安机关的国内安全保卫工作,就是对危害国家安全犯罪的(　　)工作。

　　A. 侦查　　　　　B. 审判　　　　　C. 防范　　　　　D. 监管

7. 公安机关进行的国内安全保卫工作,目的是(　　)。

　　A. 维护宪法和法律的权威

　　B. 保卫人民民主专政政权

　　C. 保障国家安全

　　D. 保卫社会主义现代化建设事业的顺利进行

8. 公安机关的国内安全保卫工作具有(　　)的特点。

　　A. 隐蔽性　　　　B. 政治性　　　　C. 尖锐性　　　　D. 复杂性

9. 下列关于刑事侦查工作的主要任务的叙述错误的是(　　)。

　　A. 加快完善刑事立法　　　　　　　B. 侦破刑事案件

　　C. 及时发现犯罪　　　　　　　　　D. 对刑事犯罪分子执行刑罚

10. 刑事强制工作的主要形式包括(　　)。

　　A. 拘役　　　　　B. 拘传　　　　　C. 取保候审　　　D. 监视居住

11. 羁押工作是对(　　)进行关押看守的工作。

　　A. 被拘留的犯罪嫌疑人　　　　　　B. 被逮捕的犯罪嫌疑人

　　C. 被起诉的犯罪嫌疑人　　　　　　D. 被告人

12. 户籍管理工作主要包括(　　)。

　　A. 户籍变更　　　B. 户籍登记　　　C. 户籍档案　　　D. 户籍证明

13. 下列属于特种行业的是(　　)。

　　A. 旅店业　　　　B. 零售业　　　　C. 印刷业　　　　D. 刻字业

14. 交通安全管理工作主要包括(　　)。

　　A. 对城乡道路交通实行管理　　　　B. 预防和查处交通事故

　　C. 保证交通安全与畅通　　　　　　D. 建设与维护交通设施

15. 消防工作的内容主要包括(　　)。

　　A. 消防监督　　　　　　　　　　　B. 火灾预防和扑救

　　C. 审核建设工程的消防设施　　　　D. 查处火灾事故

16. 下列关于边防治安工作的理解正确的是(　　)。

　　A. 维护边境地区的治安秩序　　　　B. 查处违禁品

　　C. 查处治安案件　　　　　　　　　D. 保护国界安全的不可侵犯性

17. 公安机关对中国公民出入境管理工作的对象包括(　　)。

　　A. 出入境的中国人民　　　　　　　B. 出入境的华侨

　　C. 出入境的港澳台商人　　　　　　D. 出入境的边境居民

18. 保卫工作的主要内容包括(　　)。

　　A. 企业、事业单位外部的公安保卫工作

　　B. 机关、团体内部的公安保卫工作

　　C. 计算机信息系统的安全监察工作

　　D. 计算机信息系统的性能维护工作

19. 警卫工作的对象包括(　　)。
  A. 党和国家领导人
  B. 省级党政机关领导
  C. 来访的重要外宾
  D. 重大活动

20. 下列属于公安法制工作具体内容的是(　　)。
  A. 制定公安法制工作总体规划
  B. 指导、承办收容教养案件的审批工作
  C. 负责公安机关应用法律、法规的解释和咨询工作
  D. 参与国际警务合作等法律事务

21. 公安后勤保障工作包括(　　)。
  A. 法律保障　　　　B. 装备保障　　　　C. 生活保障　　　　D. 财务保障

22. 阶级性要求警察必须与(　　)一致。
  A. 国体　　　　B. 政体　　　　C. 国家意志　　　　D. 地方政府

23. 在我国,公安工作必须与(　　)相一致。
  A. 党的路线
  B. 党的方针
  C. 党的政策
  D. 国家的政策和法律

24. 在公安工作中,对政治与法律关系的理解正确的是(　　)。
  A. 政策是法律的灵魂,是制定法律的依据
  B. 法律是政策的定型化、条文化、规范化
  C. 执行政策与执行法律有时是矛盾的
  D. 公安工作是政策性与法律性相结合的工作

25. 下列不属于公安专业工作特点的是(　　)。
  A. 专业性　　　　B. 危险性　　　　C. 政治性　　　　D. 法律性

【参考答案】

一、判断题

1. ×	2. √	3. ×	4. √	5. ×	6. ×	7. √	8. ×
9. ×	10. √	11. ×	12. ×	13. √	14. ×	15. ×	16. ×
17. ×	18. ×	19. ×	20. ×	21. ×	22. √	23 √	24. ×
25. √							

二、单项选择题

1. C	2. A	3. C	4. D	5. D	6. B	7. C	8. C
9. D	10. A	11. B	12. D	13. A	14. D	15. B	16. A
17. C	18. D	19. B	20. C	21. D	22. A	23. C	24. B
25. D							

三、多项选择题

1. AC	2. CD	3. AD	4. AB	5. AD	6. AC
7. BCD	8. ACD	9. AD	10. BCD	11. ABD	12. BD
13. ACD	14. ABC	15. ABCD	16. AD	17. BD	18. BC
19. ACD	20. ACD	21. BCD	22. ABC	23. ABCD	24. ABD
25. ACD					

第八章

公安工作的根本原则和根本路线

坚持中国共产党对公安工作的绝对领导和坚持公安工作的群众路线是中国公安工作的两大政治优势和鲜明特色,形成了我国公安工作的根本原则和根本路线。我国公安机关作为联系党和政府与人民群众的桥梁和纽带,只有上依靠党的正确领导,下依靠人民群众的有力支持,才能永远立于不败之地。这是我国公安工作取得胜利的正确方向和根本保证,是必须始终坚持的政治原则。

第一节　公安工作的根本原则

公安工作必须置于党的绝对领导之下,坚决贯彻执行党的路线、方针、政策,在思想上、政治上、行动上与党中央保持高度一致,要始终保持正确的政治方向,永葆忠于党、忠于祖国、忠于人民、忠于法律的政治本色,永做党和人民的忠诚卫士,这是公安工作的根本原则。

一、坚持党对公安工作的绝对领导是公安工作的根本原则

中国共产党是中国特色社会主义事业的领导核心,是全中国人民的领导核心,我国公安机关的性质、职能、任务、宗旨,决定了我国公安工作必须置于中国共产党的绝对领导之下。1950 年 9 月,毛泽东同志在对全国经济保卫工作会议的指示中说:"保卫工作必须特别强调党的领导作用,并在实际上受党委直接领导,否则是危险的。"这一指示确立了我国公安工作必须坚持的根本原则。所谓"特别强调党的领导作用",是指从公安工作与党的关系来说,公安工作必须置于党的绝对领导之下。所谓"在实际上受党委直接领导",是指从地方公安机关与同级地方党委的关系来说,公安机关必须置于党委的实际领导之下,不仅要原则性的领导,而且要有权,是可以直接过问公安工作的。党的绝对领导只有通过党委对公安机关实际的、直接的领导才能得到落实。这种领导关系,是我国公安工作的政治优势。中国共产党对公安工作实行绝对领导,具有双重含义。

（一）在我国的各种政治力量中,只能由中国共产党领导公安工作

党对公安工作的领导权具有绝对性,中国共产党早就提出了对人民军队的绝对领导权。1927 年,党的第一个保卫机关"中央特科"成立时,就由当时任党中央军委书记的周恩来亲自领导和主持,从它的发展历史就可看出,中国共产党一开始就将保卫工作置于党

中央的直接领导下。1937 年 11 月,毛泽东同志指出,中国共产党"拒绝了国民党派遣他们的党员来当八路军干部的要求,坚持了共产党领导八路军的原则"。同时,中国共产党还实行绝对领导人民公安保卫工作的原则,并且一直坚持到今天。

党中央曾多次重申对公安工作的绝对领导。1991 年,中共中央《关于加强公安工作的决定》再次强调,"公安工作必须置于党的绝对领导之下";1992 年,江泽民同志在全国政法工作会议上的讲话强调指出:"加强党对政法工作的领导,是我们始终不渝地坚持的一个原则。人民民主专政是一个整体功能,要在党的领导下进行协调。"中国共产党历来重视对公安工作的领导,将有关国家安危的要害部门直接置于自己的领导之下,这是坚持人民民主专政性质的需要,是维护党、国家、人民利益的需要。

在 2019 年 5 月召开的全国公安工作会议上,习近平总书记强调,要从政治上建设和掌握公安机关,始终在思想上政治上行动上同党中央保持高度一致,各级党委要高度重视公安工作,加强对公安工作的领导。长期以来,正是因为始终坚持党对公安工作的绝对领导,公安事业才得以长盛不衰、历久弥新。

(二)公安机关服从中国共产党领导的无条件性

党对公安工作的领导必须是绝对的、无条件的、全面的、直接的。毛泽东同志曾经指出:"我们的原则是党指挥枪,而绝不允许枪指挥党。"对公安工作也是这样。党对公安工作领导的无条件性,就是要求公安机关必须无条件地置于党中央及各级党委的领导之下,不得以任何理由和借口削弱、抵制、损害或者摆脱党的领导。党对公安工作领导的全面性,就是要求公安机关全面地接受党在政治上、思想上、组织上和工作上的领导。凡是涉及重大方针、政策、法律问题时,都要及时向党委请示报告,经党委审核批准,并在党委监督下贯彻执行。那些具有全面性重大政治影响和社会影响的工作部署以及一些重大案件的侦查处理,都要在地方党委实际领导下进行。党对公安工作的直接领导,就是要求公安机关自觉地接受党中央制定的路线、方针、政策的领导,同时也应自觉接受党中央和各级党委对公安工作的直接领导。凡是党委直接过问、检查和督促的事项,公安机关都要如实汇报,不得封锁消息,不得向党委保密,不准消极应付和抵制,更不准拒绝。

做到党对公安工作的绝对领导,必须坚持四条:一是人民警察与党中央在思想上、政治上保持高度一致;二是县级以上各级公安机关接受同级地方党委的实际领导;三是充分发挥公安机关党委的领导和保证作用;四是充分发挥公安系统每个党员的模范带头作用。

二、坚持党对公安工作绝对领导的必要性

(一)只有在党的正确领导下才能发挥公安机关职能作用

根据马克思主义的国家学说,整个国家机器都是专政工具,但主要的是军队、警察、法庭和监狱。中国共产党是执政党,直接领导着政权工作,对有武装性质的专政工具必须绝对地掌握和控制,以便得心应手地运用其为巩固政权服务。否则,掌握专政工具的大权旁落是十分危险的。

我国是人民民主专政的国家,工人阶级是领导阶级,中国共产党是代表工人阶级利益的唯一政党。人民武装力量,包括人民警察只能由中国共产党领导。人民公安机关是人民民主专政国家政权的重要组成部分,是武装性质的治安行政和刑事司法力量,是关系国

家安全和社会治安的要害部门。公安机关一旦脱离党的领导，就可能被坏人所掌握、所利用，蜕变成镇压人民的工具。所以，把公安机关置于党的绝对领导之下并发挥其职能作用，也是体现党的执政能力的重要方面。

（二）只有坚持党的领导才能保证公安机关权力正确运行

公安机关拥有法律赋予的特殊权力和强大实力，公安机关拥有国家依法赋予的强制手段、侦查手段、惩罚手段。能否正确运用这些权力和手段，直接关系到国家、社会和人民的利益。公安机关是人民手中的"刀把子"，掌握得好，能打击敌人，保护人民；掌握得不好，就容易损害人民利益，甚至给党和国家带来灾难。只有坚持党对公安机关领导的原则，才能使专政的"刀把子"牢牢掌握在可靠的人手里，充分发挥其打击敌人、保护人民的作用，才能确保人民民主专政政权的巩固。

（三）只有坚持党的领导才能加强公安机关战斗力和保持队伍纯洁性

公安工作要处理社会矛盾中最具有对抗性、隐蔽性和腐蚀性的问题，坚持党的领导才能使公安机关加强战斗力和保持纯洁性。违法犯罪是对社会发展破坏性最大的一个社会问题，其中许多问题是具有对抗性的社会矛盾。公安机关处于国内对抗性矛盾斗争的第一线，它所面对的是阶级矛盾、社会矛盾中最具有对抗性的部分，是危害活动中最具有隐蔽性的部分，是污染社会的行为中最具有腐蚀性的部分，是各种社会矛盾中最尖锐、最复杂的部分。特别要看到，随着对外开放和国际交往的扩大，境内外敌对势力的破坏活动更加隐蔽、狡猾。同时，境内外敌对势力和犯罪分子正在千方百计地用政治瓦解、思想渗透、物质和色情引诱等卑劣伎俩对我内部人员进行拉拢腐蚀和"心战"策反等活动。公安人员接触黑暗面多，分散执行任务，必须具有高度的反腐蚀能力。面对这样复杂、艰巨的任务，公安机关必须置于党的领导之下，并接受其有力的监督，才能提高其战斗力，保持公安队伍的纯洁性。

（四）只有坚持党的领导才能动员、组织和协调社会力量

公安工作具有广泛的社会性，需要党的领导去动员、组织和协调各方面的力量。国家安全和社会治安问题，涉及国家和社会生活的一切领域，与各部门、各行业、各组织和广大人民群众都有密切的联系。保障国家安全和维护社会秩序，只有在全社会的配合和支持下才能做好。这也是治安社会化的必然要求，而治安社会化是公安工作现代化的重要标志。党是领导我国现代化事业的核心力量，只有党才能够动员和领导政、军、工、农、商、学、青、妇等社会各界，也只有党才能对人民群众有最大的号召力。因而，保障国家安全和维护社会秩序需要在党的统一领导下，最广泛地动员和组织各种社会力量，支持和参与公安工作，号召广大人民群众作出各自的贡献。

（五）只有坚持党的领导才能保证公安决策的正确性

我们党是以马克思列宁主义、毛泽东思想、邓小平理论、"三个代表"重要思想、科学发展观和习近平新时代中国特色社会主义思想武装起来的党，坚持以科学的世界观和方法论分析治安形势和制定政策，是公安决策正确的根本保证。从过去到现在，党为公安工作制定了一系列的方针、政策、原则，并领导了公安法规的制定和执行。党的决策经受了历史和现实的重大实践的检验，证明了它们的正确性。党中央和各级党委通过制定正确的

政策,并贯彻实施这些政策来实现对公安工作的领导。公安机关在政策上与党中央保持一致。党从全国各族人民的长远利益出发,能够总揽全局,高瞻远瞩地对重大问题作出正确决策。因此,在事关重大的案件与事件的处置上,公安机关要及时请示党中央和地方党委,以取得及时、有力的领导。

公安工作涉及党的各项政策,包括外交政策、统战政策、民族政策、干部政策等。只有正确执行党和国家的各项政策才能取得各阶层、各党派和各界人士的拥护,才能最广泛地调动和保护人民群众的治安积极性,而党的领导是正确执行党的政策的根本保证。

三、坚持党对公安工作绝对领导的途径

(一)政治领导

政治领导是指中国共产党在政治方向、政治原则、政治路线和方针、政策上的领导。其实现途径是经常以党的最高纲领、近期奋斗目标教育和武装人民警察,使他们既有远大的理想,又有求实的精神,并采取多种措施和形式提高人民警察的政治觉悟,增强其政治敏锐性和政治鉴别力,组织和督促人民警察认真学习党和政府的方针、政策和国家法律,确保公安机关及人民警察自觉地与党中央在政治上保持高度一致。当前和今后一个时期,公安机关必须坚持用习近平新时代中国特色社会主义思想武装头脑、指导实践,确保公安工作沿着正确道路前进;必须坚持党对公安工作的绝对领导,确保公安工作坚定正确政治方向;必须坚持总体国家安全观,把维护以政权安全、制度安全为核心的国家政治安全作为公安工作的根本着眼点和着力点,坚决捍卫中国共产党长期执政地位和中国特色社会主义制度;必须坚持以人民为中心,忠实践行人民公安为人民的初心和使命,不断增强人民群众获得感、幸福感、安全感;必须坚持全面从严管党治警,按照对党忠诚、服务人民、执法公正、纪律严明的总要求,锻造一支让党中央放心、人民群众满意的高素质过硬公安队伍,肩负起坚决捍卫政治安全、全力维护社会安定、切实保障人民安宁,为全面建设社会主义现代化国家,实现中华民族伟大复兴的中国梦创造安全稳定的政治社会环境的新时代使命任务。

(二)思想领导

思想领导是实现政治领导的思想保证。其实现途径是党委经常以马克思列宁主义、毛泽东思想、邓小平理论和"三个代表"重要思想、科学发展观和习近平新时代中国特色社会主义思想教育人民警察,促使人民警察树立科学的世界观、价值观、警察观,掌握马克思主义方法论,提高思想水平,自觉想大事、顾大局;培养艰苦奋斗、克己奉公、忠诚老实、谦虚谨慎的品德和良好的职业道德;养成机智勇敢、实事求是、坚持真理、修正错误的思想作风。

(三)组织领导

组织领导是指通过党的组织系统工作发挥党的领导、监督、保证作用。各级党组织对同级公安机关的领导是通过对各级公安机关党委的领导来实现的,组织领导是实现党对公安机关领导的组织保证。其实现途径是健全公安机关各级党组织,严密组织制度,加强领导管理。抓好公安机关领导班子和公安队伍建设,抓好党内组织生活,贯彻民主集中

制,保证党员民主权利,正确开展批评与自我批评。坚持党管干部的原则,在广泛听取意见、认真考评的基础上,向上级政府推荐公安机关的主要领导干部;对干部的任免,必须由党委集体讨论决定。

(四)决策领导

决策领导是指地方党委对公安工作事关重大的问题有权作出决策,具体内容如下。

(1)作出宏观公安决策。公安机关要及时向党委汇报重要的敌情、社情和治安情况,党委根据具体情况提出宏观性的决策意见,责成并督促政府和公安机关贯彻执行。

(2)对重大问题作出必要指示。公安机关作出的战略性部署,处理政策性、法律性问题,采取的有社会影响的行动,均须主动向党委请示报告,请党委研究并作出指示。

(3)党委做好组织协调工作。组织和动员其他有关部门和各种社会力量支持、配合公安工作,协调公安机关与检察机关、审判机关、司法行政机关和国家安全机关的关系,帮助和督促公安机关完成任务。

四、公安机关必须置于党委实际的、直接的领导之下

公安机关自觉地置于党委的领导之下,就是要积极地创造便于党委领导公安工作的条件,把接受党委的领导作为根本原则加以制度化、规范化,长期而全面地贯彻执行。

(一)认真执行党委的决定,重要问题及时请示报告

要在人民警察中下层进行经常性的党性教育,使广大的人民警察认清服从党的领导的必要性,坚定不移地接受党的领导。在实际工作中,要坚决贯彻执行党的路线、方针、政策,服务于党的中心工作。自觉维护党的形象,抵制各种贬低、淡化党的领导的倾向。

(二)当好党委的参谋和助手

公安机关要经常向党委和政府报告敌情、社情和社会治安情况,定期报告公安工作情况,并向党委提出制定对策的参考性意见,充分发挥参谋和助手作用。

(三)将上级公安机关布置的工作及时报告党委,并依靠党委的领导去贯彻落实

对于上级公安机关的重要部署及执行有重大社会影响的任务,要向党委报告并在党委的密切领导下进行。对于工作中涉及面广、政策性强的问题,对于重大案件的侦破措施,对于处置治安事件的重大行动,都应该及时向党委请示,得到党委的指示。工作中出现严重困难和挫折,要及时报告党委。党委作出的决定,公安机关要认真贯彻执行。上级公安机关的部署要及时通报党委,并依靠党委领导去贯彻执行。上级公安机关的重要会议精神,下达的有关重要文件,要及时通报党委。党委对重大问题提出决策意见后,公安机关必须贯彻执行。

(四)接受同级党委政法委员会的领导

政法委员会属于政法领导部门,是党委的一个重要职能部门,是加强党对政法工作领导的一种组织形式。其任务是协助党委领导和协调政法各部门的工作。各种政法工作之间难免会有不同意见和矛盾,要通过政法委员会的协调来解决,以发挥政法工作的整体效能。公安部要接受中央政法委员会的领导,各级地方公安机关要接受各级党委政法委员会的领导。

（五）严禁把侦查手段用于党内

党内的是非问题,要按照党章的规定去解决,绝不允许把对付犯罪的手段用于解决党内的矛盾问题。

五、正确处理党的领导与政府的领导的关系

在强调公安机关必须接受党的领导的同时,还需要强调政府对公安机关的领导,党的领导不是代替而是促进和保证政府领导的顺利实现。政府是国家权力机关的执行机关,党的路线、方针,政策和重大决策贯穿于国家的全部行政工作之中,由政府去贯彻执行。政府加强了对公安工作的领导,党的有关公安工作的路线、方针、政策才能落实。公安机关的治安行政管理是国家行政管理的重要内容,是在各级政府的领导下实行的。

正确处理党的领导与政府的领导的关系,应遵循以下原则。

（一）党政分工的原则

党政分工是指把党的领导和政府的领导从性质、职能、内容、方式上区别开来。党的领导是党代表工人阶级意志对公安机关的领导,两者是政治上的关系;政府的领导是政府代表国家意志对公安机关的领导,两者是行政上的关系,是由法律制度所确定的。党的领导是政治领导,政府的领导是行政领导。党的政治领导是使公安机关坚持正确的政治方向,实行正确的政治原则,贯彻执行党的路线、方针、政策;政府的行政领导是依照国家法律,以行政的手段进行指挥和管理,使公安机关高效率地执行行政职能。

党的政治领导与政府的行政领导都是不可缺少的,它们在领导职能上有原则性区别,既不能混淆,又不能彼此取代。以行政的领导取代或削弱党的领导,必将使公安工作失去有力的政治工作保障,这对行政领导本身也是不利的。以党的领导取代行政领导,则必然削弱政府对公安机关的行政领导,这对党本身也是不利的,必然分散党的工作重点,忙于具体事务,实际上削弱党的政治领导作用。所以,坚持党政分工有利于分别发挥各自的领导职能作用。当然,在讲党政分工的时候,绝不允许借口党政分工而削弱或者否定党的领导。

（二）彼此保证的原则

党的领导与政府的领导虽然在性质、职能等方面有区别,但加强公安工作的目标是一致的,大政方针是统一的。因此,在各自对公安机关的领导中,要互相保证,而不能互相冲击。党对公安机关的领导,是从政治方向、思想路线和重大决策上保证各级政府对公安机关领导的正确性,保证和支持上级公安机关对下级公安机关的正确领导;各级政府对同级公安机关的领导,是通过行政管理工作保证党的路线、方针、政策、重大决策和上级公安机关计划、部署的切实贯彻执行。

（三）互相结合的原则

互相结合是指为了完成某项任务,需要地方党委、地方政府共同部署、共同领导。解决某些重大事件时,往往需要两者共同组成指挥班子,把领导作用结合起来。有些领导职能的结合,还需要加以制度化。例如,对公安机关领导干部的任用与管理,地方党委、地方政府都有职责。

（四）全面强化的原则

全面强化是指党的领导、政府的领导都要加强，而不是只加强某一种领导，无论是党的领导，还是政府的领导都要不断适应新形势的需要，通过改革和完善领导方式和执政方式，加强各自的领导职能，形成领导关系的全面强化。

第二节　公安工作的根本路线

根本路线是指在思想、政治、组织、工作上所遵循的根本方针和准则。

一、群众路线是公安工作的根本路线

群众路线是党和政府一切工作的根本路线。坚持群众路线，开展群众工作，是中国共产党在长期革命斗争中形成的优良传统，是三大革命法宝之一。毛泽东同志说过："一切工作都要走群众路线，公安工作也要走群众路线。"在公安工作中贯彻、实行群众路线，同样是我国公安机关的优良传统，是公安工作必须坚持的根本路线，是党和政府的群众路线在公安工作中的具体体现，反映了我国公安工作的重要特色和优势。

（一）公安工作中群众的概念

从狭义上理解，群众即普通劳动者，是指相对于领导者而言的社会成员，或相对于国家公务员而言的"老百姓"。

从广义上理解，群众泛指人民大众，属于政治概念的范畴。当前，一切赞成、拥护和参加社会主义现代化建设以及拥护社会主义制度的爱国者，都属于人民的范畴，具体指各个阶级、阶层和社会集团，全体劳动者，包括工人、农民、知识分子等。

在我国公安工作中，对"群众"有特定的理解。公安工作所指的群众，就是公安工作的服务对象和依靠力量，其中包括普通劳动者、各种社会组织及成员等。这与西方国家警察所讲的警察面对的"公众"是有区别的。他们的"公众"没有敌我区分，我国公安工作的"群众"不包括敌对分子、敌对势力。所以，公安工作的群众路线既反映了人民警察站在绝大多数人民的立场上，又体现了群众工作的人民性、阶级性。

（二）公安工作群众路线的含义

公安工作群众路线是公安工作实行的"一切为了群众，一切依靠群众，从群众中来，到群众中去"的根本工作路线。它是在公安工作中服务群众、保护群众、宣传群众、组织群众、依靠群众的理论、原则、制度和方法的总称。

一切为了群众，是公安工作的宗旨和出发点，就是要把全心全意为人民服务的思想与履行自己的职责统一起来。一方面，有效地打击违法犯罪活动；另一方面，保障人民群众的权利和利益不受侵犯。

一切依靠群众，是公安工作的根本态度，就是坚定地相信群众，在党和政府的领导下宣传群众、组织群众，依靠一切可以依靠的力量，同违法犯罪活动和治安灾害事故作斗争，保障国家安全，维护社会治安。

从群众中来，到群众中去，是公安工作的基本方法，就是要广泛听取人民群众的意见

和要求,虚心接受人民群众的批评和监督;同时,要把人民群众在实践中创造出来的好方法、好经验及时加以总结和推广,使之制度化、法治化,长期坚持下去。

群众路线是公安工作的根本工作路线,也是公安工作的根本领导作风和工作方法。坚持群众路线,就能保证公安工作始终与群众的血肉联系,保证各项公安工作取得成功。群众路线的实质,就是要求公安工作要代表人民群众,为人民谋利益,就是要立警为公,执政为民,这也是公安工作的优良传统和作风。

二、公安工作坚持群众路线的必要性

我国公安工作依靠人民群众是以马克思主义唯物史观为理论基础的,公安工作群众路线是公安工作的根本路线,是公安工作取得重大成就的根本保证。广大公安民警在工作实践中,必须始终坚持群众路线。

(一)全心全意为人民服务是人民警察的根本宗旨

人民警察是人民民主专政的工具,人民警察属于人民。人民警察必须把为人民谋利益作为自己全部工作的出发点和归宿。人民群众是人民警察的力量源泉和胜利之本。人民警察来自人民,警无民失根,民无警不宁,密切联系群众是公安机关的优良传统,公安工作必须坚持执法为民,要把公安工作深深扎根于人民群众之中。

(二)人民群众是维护社会治安的基本力量

在我国,人民是国家和社会的主人,保卫国家安全,维护社会治安秩序,保持社会稳定,是人民的根本利益所在。在维护国家安全和社会治安秩序方面,广大人民群众不仅仅是积极的拥护者、支持者,而且是积极的参与者。在广泛的社会领域中,人民群众是维护社会治安的基本力量。人民群众的治安积极性调动起来,公安工作就有了坚实的群众基础。

(三)公安工作离不开人民群众的大力支持

国家安全与社会治安问题涉及的社会关系是极为广泛的。公安工作具有广泛的社会性和群众性,任何治安问题都离不开群众生活领域,人民群众在解决治安问题方面富有创造性和实践性。要正确认识和解决国家安全和社会治安的复杂问题,只靠公安民警所具有的知识和智慧是远远不够的。人民群众置身于社会生活之中,最了解治安问题,懂得问题的症结所在,知道该从哪里入手、用什么办法解决,许多安全防范的有力措施和抢救事故灾害的有效方法,常常是人民群众创造的。特别是人民群众中的那些行家里手和专门人才,更可弥补公安民警知识结构方面的缺陷,必须充分重视和加以利用。人民群众是有关犯罪和社会治安问题信息最广泛、最直接、最敏感的来源。违法犯罪活动和各种治安问题,不管发生在什么角落,采取什么诡秘手段,总是逃不过人民群众的眼睛。有些案件,从表面看是公安民警侦破的,但引起怀疑的情况和用于判明侦查方向的依据,大多是人民群众提供的。人民群众是对违法犯罪行为施加影响最普遍、最直接、最及时的力量。

(四)处理好公安机关与人民群众的关系是调整各种社会关系的基础

公安机关要调整各种社会关系,其中最基本的关系是公安机关与人民群众的关系,这是调整其他各种社会关系的基础和前提。这个关系调整好了、融洽了,就会得到人民群众的广泛拥护和支持,再复杂的问题都能协调好,再大的困难和问题都能顺利解决。因此,公安机关要特别注意群众路线的贯彻和执行。只有坚定不移地坚持群众路线,与全社会和广大群众建立和谐的关系,充分赢得广大人民群众的理解、信任和支持,公安工作就有了最坚强、最强大的依靠力量,就没有战胜不了的困难。

(五)公安工作离不开人民群众的监督

对公安工作的功过是非,主要依靠人民群众的检验和评价。在一切监督力量中,人民群众对公安工作的监督具有第一位的意义。人民群众对公安工作最关心,感受最广泛、最直接、最深刻,因而,人民群众的监督最具有广泛性、普遍性和直接性。党的监督、政府监督、司法监督、公安机关自身的监督都很重要,但这些监督最终往往也要依靠人民群众的监督。

三、贯彻公安工作群众路线的途径

(一)切实打牢执法为民的思想基础

执法为民是公安工作贯彻群众路线的重要方面,是公安机关执法思想的核心。坚持执法为民,最基本的要求是以最广大人民群众的根本利益作为全部公安工作的根本出发点和落脚点,在各项执法活动中充分体现"三个代表"重要思想,充分体现社会主义法治的本质。

打牢执法为民的思想基础,必须在各项执法工作中,真正把人民群众的呼声作为第一信号,把人民群众的需要作为第一选择,把人民群众的利益作为第一考虑,把人民群众的满意作为第一标准,带着对人民群众的深厚感情去执法、去工作,坚决维护人民群众的合法权益。

打牢执法为民思想基础具体包括以下几方面内容。

(1)坚持群众观点不动摇,真正做到感情上始终贴近群众。要有强烈的百姓情怀,视百姓如父母,待百姓如亲人,情系群众、感恩群众、敬畏群众、赢得群众真心实意地拥护和支持。

(2)坚持执法为民不动摇,真正做到生活上竭诚服务群众。公安民警为群众多送一份温暖,群众对党就多一份感情;公安民警多尽一份职责,就为党多增一份光彩。广大公安民警要立足本职,从群众最需要解决的小事办起,从关系群众切身利益的小处做起,日积月累、深入持久地为群众办好事、解难事、做实事,真正赢得群众、收获民心。

(3)坚持民意导向不动摇,真正把评判权交给群众。民意是一把尺子,能够衡量出公安工作的好坏优劣;民意是一种导向,能够引领公安工作的前进方向。只有融入群众、倾听民意,才能准确把握群众的思想脉搏;主动接受群众评议、着力落实整改措施,才能促进和谐警民关系建设。

(二)努力做好群众工作

公安机关的群众工作是一项多层次、多方面、多门类的工作,而且每项专业工作都有做好群众工作的具体要求。公安机关应根据不断变化的形势,根据不同的任务、不同的对象及不同的工作要求,有针对性地做好群众工作。

公安机关群众工作的任务大致包括以下几个方面。

(1)广泛深入地做好对群众的宣传、教育和组织工作。宣传,就是说明讲解,让人明白。对群众宣传的主要内容包括：法制宣传、道德宣传、公安机关和公安工作宣传、警务公开和警务规范宣传、群众自我防范宣传等。教育，就是指导对象，使人成长。教育群众，主要是对特殊人群的帮教指导，最大限度地减少不和谐因素。组织群众就是围绕一定的目标、任务把分散的、无系统的各方面群众组织起来，持续有效地调动群众的治安积极性。做好这项工作，一是表明了党和政府维护人民的利益，坚决打击各种违法犯罪活动的决心；二是可以激发广大群众维护社会治安的积极性，敢于起来揭发、检举违法犯罪分子，与违法犯罪行为作斗争。做好这项工作，一要注意群众对象的广泛性；二要注意途径的多样化；三要注意内容和形式的丰富性。

（2）将群众工作贯穿于各项公安业务活动中。群众工作是公安专业工作的有机组成部分，群众工作的情况如何，直接反映在公安专业工作的质量上。没有群众支持，就没有公安工作；不会做群众工作，就不会做公安工作。公安民警必须善于面对面地做好群众工作，掌握做好群众工作的基本功。

（3）遵纪爱民，廉洁为民，自觉接受群众的监督。公安机关及人民警察要牢记全心全意为人民服务的宗旨，要牢固树立以人为本的理念，要真正把人民群众当作国家的主人，事事为群众着想，做人民的孺子牛。公安民警要勤政廉洁，秉公执法；乐于奉献，不怕艰难困苦，不怕流血牺牲；关心群众疾苦，开展便民、利民、助民活动，为群众排忧解难；自觉接受群众监督，坚决杜绝耍特权、逞威风、摆架子，甚至仗势欺压群众，破坏警民关系等违法乱纪的行为；对群众提出的批评意见，要虚心听取，有则改之，无则加勉，切实接受群众的监督。

（三）与时俱进推广群众工作新经验

近年来，公安机关既发扬传统，坚持走群众路线，又不断探索，不断开拓，创造了公安工作的新形式，积累了一些新经验。

（1）公安工作群众路线纳入了法治轨道。鉴于历史上在贯彻群众路线问题上出现过偏差，党的十一届三中全会以后，逐步在法律上把公安工作的群众路线确定下来，分清了发动群众、走群众路线与搞群众运动的界限，既打破了公安工作中的"神秘主义""孤立主义"，也防止了搞"群众运动""群众专政"的极"左"错误，使公安群众工作奠定在社会主义民主与法治的基础上。

（2）拓宽了警民联系的新渠道。公安机关充分运用现代化传播媒介，广泛地宣传、教育、发动广大民众，使警民联系的渠道不断拓宽。"110"报警服务台的开通，加快了违法犯罪信息的传递，渠道更畅通、更便捷。利用电台、电视台等新闻媒体开设的警务专题节目、热线电话、微博，使公安机关得以将党和政府的方针、政策，当前的治安形势、公安对策以及需要人民群众支持和配合的事项及时告诉群众，使普通群众更直接地参与保障国家安全、维护社会治安的工作，监督公安机关和公安民警的工作，因而成为公安机关联系人民群众、人民警察走进千家万户的新形式。巡警的建立与工作，既是公安工作由静态管理走向动态管理的新举措，也是密切警民联系的新途径。巡警上街，震慑了犯罪分子，人民群众普遍有了安全感。有许多地方运用"警民联系卡"、聘请群众监督员监督公安机关和人民警察工作等方式，进一步密切了警民联系。

（3）创造了警民协作的新形式。如近年来的警民联防、设立治安岗亭、警民共建精神文明、组织指导群众义务值勤、共同帮教违法青少年等，这些工作加强了治安防范，弥补了警力不足,加深了警民之间的理解、信任。

(4)形成了群防群治的新局面。近年来,公安工作的群众路线正在朝着群防群治的方向发展,就是在党的统一领导下,动员各社会组织自觉承担治安方面的责任义务,形成全社会的社会治安综合治理网络体系。

(5)全面实施社区警务战略。2000 年,公安部及时抓住社区改革的有利时机,把开展社区警务建设纳入社区改革总体部署中,要求在 2004 年年底前在全国大中城市全面实施社区警务战略,努力实现"发案少,秩序好,社会稳定,群众满意"的工作目标。社区警务战略的要求是:以社区为依托,立足社区,服务社区,依靠社区,优化警务配置,规范警务运作,切实做到警力下沉,警务前移,警民携手,预防犯罪,减少发案,共创安全社区,逐步建立起与新型社区管理体制相适应的社区警务运行机制。

做好群众工作,永远是公安机关的一项重要任务,永远是做好公安工作的重要条件。随着我国政治、经济形势的深刻变化,人们的思想觉悟、文化结构、道德、法制、价值观念等也发生了不同程度的变化,公安群众工作要跟上社会发展的步伐,就要不断总结新经验,开拓新思路,创造新方法。只有这样,公安群众工作才会充满活力。

(6)推广"大走访""大接访""警民恳谈"等成功做法。一方面,要推动走访、接访联系群众工作的制度化、规范化、常态化,给老办法注入新内涵,让老传统焕发新活力;另一方面,要进一步完善群众工作新机制,改进公安机关领导干部选拔任用机制,在政策导向、警务保障等方面向基层倾斜,最大限度地推动警务前移、警力下沉,引导广大民警乐于扎根基层、主动融入群众。特别是要进一步创新群众工作载体,通过建立完善网上公安局、网上派出所、网上警务室和民警微博、QQ 群等方式,不断拓宽联系群众、服务群众的新渠道,进一步提高新形势下公安机关与群众沟通的能力。

四、把"枫桥经验"坚持好、发展好,把党的群众路线坚持好、贯彻好

2013 年 10 月,为纪念毛主席批示"枫桥经验"50 周年,习近平总书记对坚持和发展"枫桥经验"再次作出重要指示,强调各级党委和政府要充分认识"枫桥经验"的重大意义,发扬优良作风,适应时代要求,创新群众工作方法,善于运用法治思维和法治方式解决涉及群众切身利益的矛盾和问题,把"枫桥经验"坚持好、发展好,把党的群众路线坚持好、贯彻好。

(一)"枫桥经验"的起源

20 世纪 60 年代初,浙江省绍兴市诸暨县(现诸暨市)枫桥镇干部群众创造了"发动和依靠群众,坚持矛盾不上交,就地解决,实现捕人少,治安好"的"枫桥经验"。为此,1963年毛泽东同志就曾亲笔批示"要各地仿效,经过试点,推广去做"。"枫桥经验"由此成为全国政法战线一个脍炙人口的典型。

1965 年前后,国内经济形势紧张,城市人口开始疏散到农村,城市社会需要应对人口迁徙量大、流窜犯罪率高的社会治安形势。枫桥干部群众在农村地区全面开展社会主义教育运动期间,发动群众力量对"顽固不化""非捕不可"的"四类分子"以非武力和非强制性手段进行社会主义改造。这个时期的"枫桥经验",在社会主义教育运动时期积累经验的基础上,还联系社会现实加入了"帮教失足青少年"的新内容。

（二）改革开放后至党的十八大前的"枫桥经验"

改革开放后，逐步形成了"小事不出村，大事不出镇，矛盾不上交，就地化解"的基层维稳工作的"枫桥经验"。在这一阶段，社会治安工作重点从改革开放之前单位制时期的有限纠纷化解转向了无限的社会治安防范工作，公安机关替代了大量原来由单位所承担的社会服务职能。"枫桥经验"的内容逐渐从教育改造"四类分子""不良人员"向构建"群防群治"的综治经验、维护社会稳定的经验转变。

（三）新时代"枫桥经验"

在迈入中国特色社会主义新时代的新征程后，"枫桥经验"由习近平总书记总结发展成为新时代"枫桥经验"。

新时代的"枫桥经验"主要表现为"矛盾不上交，平安不出事，服务不缺位"。

新时代"枫桥经验"的主要内容是，在开展社会治理中实行"五个坚持"，即坚持党建引领，坚持人民主体，坚持"三治融合"，坚持"四防并举"，坚持共建共享。

人民主体是新时代"枫桥经验"的核心价值，实现人民的利益是新时代"枫桥经验"的价值导向。党建引领是新时代"枫桥经验"的政治灵魂，反映了新时代"枫桥经验"的本质特征。路径创新是新时代"枫桥经验"的实践特质。坚持自治、法治、德治"三治融合"是新时代"枫桥经验"的主要路径。人防、物防、技防、心防"四防并举"是新时代"枫桥经验"的重要手段。共建共享是新时代"枫桥经验"的工作格局。

（四）对公安机关贯彻新时代"枫桥经验"的要求

公安机关无疑是坚持和发展"枫桥经验"、维护社会治安的主力军。近年来，公安机关在工作中认真践行和发扬新时代"枫桥经验"，以浙江诸暨市公安局枫桥派出所为榜样，开展"枫桥式公安派出所"创建工作，紧紧围绕"矛盾不上交、平安不出事、服务不缺位"的目标，强化和规范公安基层基础工作，积极探索、大力发展新时代"枫桥经验"，忠实践行人民公安为人民的初心使命，创造安全稳定的政治社会环境。

2019年，公安部印发《关于全国公安机关坚持发展新时代"枫桥经验"的意见》，进一步部署推动新时代"枫桥经验"在全国公安机关开花结果、落地生根。

1. 坚持发展新时代"枫桥经验"，建设更高水平的平安中国

坚持党建统领、强化基层所队战斗堡垒作用，坚持群众路线、创新新时代群众工作，坚持源头治理、切实做到"矛盾不上交"，坚持以防为主、切实做到"平安不出事"，深化改革创新、切实做到"服务不缺位"，大力加强以派出所为重点的基层基础建设以及全面加强对坚持发展新时代"枫桥经验"的统筹推动。

2. 坚持人民主体地位

贯彻以人民为中心的发展思想，创造性地贯彻落实好党的群众路线，坚持自治、法治、德治有机融合，统筹社会资源参与社会治理体系建设，积极构建多元化化解矛盾、全时空守护平安、零距离服务群众工作机制，加快形成共建共治共享的基层社会治理格局，提高治理的社会化、法治化、智能化、专业化水平。要积极适应新时代群众工作的新特点、新变化，更加注重运用现代科技手段和新媒体，建立健全方便群众、畅通民意、沟通互动的网上群众工作平台。要围绕"110"接警出警、日常执法执勤、信访办理、窗口服务等群众工作主

题,将群众工作能力培养纳入民警教育培训规划,不断提高民警群众工作能力和水平。

3. 为了群众、依靠群众是新时代"枫桥经验"的生命力所在

要把加强新时代群众工作作为各警种、各部门的重要任务,与民警日常工作结合起来,与接待每一次来访、调解每一起纠纷、侦办每一起案件等结合起来,不断创新警务实践,着力打造警民良性互动的平安共同体。要深入开展多种形式的群防群治活动,组织社区网格员、治安志愿者、楼栋长等人员开展警治联勤、联户联防、联村联防、邻里守望等多种形式的"平安守护"行动,构筑全覆盖、无缝隙巡逻防控网络。要坚持源头治理,切实做到"矛盾不上交"。常态开展矛盾纠纷排查化解,积极构建矛盾纠纷多元化解机制,大力推动矛盾纠纷源头治理。要坚持以防为主,切实做到"平安不出事",扎实推进社会治安防控体系建设,积极开展系列平安活动。要深化改革创新,切实做到"服务不缺位",真正让数据多跑腿、让群众少跑路、让基层多减负。要大力加强以派出所为重点的基层基础建设,科学优化勤务运行,夯实社区警务,创新服务群众机制,夯实警务保障,以满足服务群众和实战需要。

4. 各地公安机关要全面加强对坚持发展新时代"枫桥经验"的统筹推动

在坚持中创新,在创新中发展,始终保持"枫桥经验"与时代同步、与未来同行,当好坚持发展新时代"枫桥经验"的主力军、排头兵。要强化组织领导、强化示范引领,着力打造一批立得起、叫得响、过得硬的"枫桥式公安派出所",让"枫桥经验"全面开花结果,再焕强大生机活力。要强化宣传发动,引导社会各界和人民群众广泛参与治安防范工作,不断提升社会治安治理水平,全力做好新形势下维护社会稳定、保一方平安的各项工作。

第三节　社会治安综合治理

一、社会治安综合治理的基本内容

社会治安综合治理是党和政府全面解决我国社会治安问题的战略方针,是我国社会主义精神文明建设的重要组成部分,是公安工作中党的领导、公安机关和人民群众三者有机结合的新形式,是党委领导公安工作的根本原则和群众路线在新形势下的新发展。

社会治安问题是各种社会消极因素的综合反映,必须依靠全党、全社会的共同努力,实行综合治理。社会治安综合治理的基本内容是:在各级党委和政府的领导下,充分发挥司法机关的职能作用,广泛组织社会各方面的力量,依靠广大人民群众,运用政治的、经济的、行政的、教育的、文化的、法律的各种手段,预防和惩罚违法犯罪行为,预防和处置治安事件和治安事故,教育改造违法犯罪人员,逐步限制、消除产生违法犯罪的土壤和条件,建立良好稳定的社会秩序,保障经济建设和改革开放的顺利进行,保护人民安居乐业,维护国家的长治久安。

社会治安综合治理的要点包括以下四个方面。

(1) 社会治安综合治理的领导力量是各级党委和政府。

（2）社会治安综合治理的实施力量是综合性的,既要发挥公安、检察、审判、司法行政、国家安全等专门机关的骨干作用、职能作用,更要发挥各政府部门、各系统、各社会团体、各群众组织以及广大人民群众的积极作用。

（3）社会治安综合治理的手段和措施是综合性的。

（4）社会治安综合治理的目标是综合性的。

在社会治安综合治理的过程中,既要使已发生的违法犯罪行为受到应有的制裁,又要防范一切可能的治安危害发生。同时力求减少产生犯罪的社会条件,带动社会的改造,在促进精神文明建设、创造良好的社会秩序、带来经济效益等多方面产生积极的影响。

二、社会治安综合治理的任务

（一）打击

打击是社会治安综合治理的首要环节,是落实综合治理其他措施的前提条件。通过打击,可以发挥震慑的威力,狠刹严重犯罪分子的气焰,有力地遏制严重刑事犯罪。为此,必须长期坚持对严重危害社会治安的犯罪分子采取依法从重、从快惩处的政策,必要时在全国范围或较大区域内开展对严重刑事犯罪活动集中统一的打击行动。这种“严打”行动,多数情况下由各省、自治区、直辖市从当地社会治安情况出发,主动有节奏、有准备、有重点地开展集中打击或专项斗争。

（二）预防

积极的预防工作,是减少各种治安危害和维护治安秩序的基本措施。公安机关应对广大社会成员进行治安形势和违法犯罪发展趋势的教育,增强其治安防范意识;要在社会各个方面健全治安防范制度,加强预防设施的建设,检查、堵塞各种治安漏洞;要建立预警制度,通过治安信息的收集与分析,不断提高对治安危害的预见性,加强超前控制。

（三）教育

围绕治安问题开展的社会教育,是维护社会治安的战略性措施。防治治安危害的社会教育是多层次的:一是全社会普遍进行的正面教育,如政治思想教育、法制教育、道德教育、纪律教育等;二是为防范治安危害进行的有针对性的教育,对可能酿成违法犯罪治安事件、治安事故的因素有重点地开展教育工作;三是对造成治安危害的有关人员,在执法过程中进行的教育工作;四是制裁后的教育管理工作,如对刑满释放、解除劳动教养或少年教养人员的帮教工作,使他们吸取教训,不再重犯。防治治安危害的社会教育,是有广泛群众性的思想工作,要在党委和政府领导下,发动各个部门,特别是宣传、教育、新闻、出版等部门,以健康的、进步的思想占领思想阵地,并且加强宣传教育的组织工作,把思想工作做深做细,促使消极的、破坏的因素转化为积极的、健康的因素。

（四）管理

加强行政管理是减少治安危害、建立良好社会秩序的重要手段,是直接维护社会治安秩序的基础工作。通过管理堵塞漏洞,发现违法犯罪,提高公民的治安意识,建立良好的社会治安秩序。治安行政管理既有行政强制性,又有行政说服性。必须坚持依法管理、严格管理、科学管理、文明管理,同时努力发展群众的自治管理。除了治安行政管理工作外,抓好其他方面的行政管理,如市场、工商、财贸、税务、卫生、海关、教育等方面的行政管理,也可以大量地减少治安问题的发生。

（五）建设

加强有关社会治安综合治理的思想建设、组织建设、规范建设,是落实综合治理的关键。所谓"治理",一个很重要的方面是"建设",这是社会治安综合治理工程的一项积极措施。因此,应是边治边建,治中有建。社会治安综合治理的思想建设,就是要使全社会,特别是各级有关领导,用科学的综合治理的理论与知识武装起来。社会治安综合治理的组织建设,就是抓紧整顿建设好办事机构和城乡基层组织。社会治安综合治理的规范建设,是要建立、健全有关综合治理的法律、法规、规章、制度的体系。这三方面的建设要同步进行,以取得治理工程的整体效能。综合治理社会治安工程的建设是长期任务,必须有长期规划,进行坚持不懈的工作。

（六）改造

对违法犯罪分子的改造工作,是教育人、挽救人和防止重新犯罪的特殊预防工作。监狱要坚持"教育、感化、挽救"的方针,不断提高教育改造质量,实行改造工作的"向前、向外"延伸,动员全社会参与和支持改造工作。

三、公安机关在社会治安综合治理中的作用

社会治安综合治理是全党、全社会的任务,作为负责国内安全和社会治安的公安机关,负有特殊的责任,对于推进社会治安的综合治理起着重要的作用。为此,公安机关要首先当好党委和政府的参谋、助手。要深入实际,调查研究,及时掌握敌情、社情,探讨新问题,总结新经验,并及时向党委和政府汇报综合治理的情况,提出有针对性的建议,并协助党委和政府推动落实综合治理的各项措施。同时,公安机关要在有关部门协作配合和广大群众的支持下,积极完成以下任务。

（一）充分发挥公安机关的职能作用,依法严惩各种严重刑事犯罪分子

依法从重、从快严厉惩处严重刑事犯罪和经济犯罪是打击的重点和关键,是搞好社会治安综合治理的一记"重拳"。有了这个"严打"的重拳,才能把犯罪分子的嚣张气焰打下去,才能震慑、分化犯罪分子,使具有一般或轻微犯罪的人悬崖勒马,使人民群众挺起腰板来与违法犯罪作斗争,积极参与综合治理的各项工作,落实综合治理的各项措施。

（二）加强基层工作,坚持"打防结合,预防为主"的原则

坚持"严打"要与加强公安基础工作、搞好安全防范有机地结合起来,不断地搞好专项治理和重点整顿,通过有力的基础工作建设,掌握敌情、社情信息,依靠广大人民群众和各种治安保卫力量,推广人防、物防和技防措施,建立多层次的群防群治网络和社会治安防控体系,增强全社会预防和控制犯罪的能力。打击与防范是公安机关维护社会治安秩序和社会稳定的两手,两者互相补充,互相兼容。

（三）配合有关部门搞好维护社会稳定的各项工作

按照"谁主管，谁负责"的原则，严密各项治安管理措施。切实加强各项行政管理措施，把治安管理同各项经济活动的管理、社会生活的管理结合起来，落实综合治理的各项具体措施，搞好重点地段和复杂公共场所的秩序，及时发现和解决事故苗头，扫除社会丑恶现象。加强对社会动向和群众情绪的了解，努力协助有关部门调解、疏导群众之间的纠纷。及时、稳妥地处理因人民内部矛盾而引发的群体性事件。

知识巩固与能力提升训练

一、判断题

1. 党的绝对领导通过党委对公安机关实际的、间接的领导才能得到落实。（　）

2. 县级以上各级公安机关接受同级和上级党委的实际领导。（　）

3. 依法决策是公安决策正确性的根本保证。（　）

4. 公安机关自觉地置于党委的领导之下，就是要积极主动地创造便于党委领导公安工作的条件，把接受党委的指导作为根本原则加以制度化长期全面地贯彻执行。（　）

5. 对公安工作的功过是非，要依靠各级党委和政府的检验和评价。（　）

6. 思想领导是指党在政治方向、政治路线、政治原则和方针、政策上的领导。（　）

7. 一切依靠群众，这是公安工作的宗旨和出发点。（　）

8. 基层组织是有关犯罪和社会治安问题信息最广泛、最直接、最敏感的来源。（　）

9. 教育是减少各种治安危害和维护社会治安秩序的基本措施。（　）

10. 巡警的建立与工作，既是公安工作由静态管理走向动态管理的新举措，也是密切警民联系的新途径。（　）

11. 公安机关是对违法犯罪行为施加影响最普遍、最直接、最及时的力量。（　）

12. 治安行政管理工作的主要任务是预防、打击违法犯罪，查处治安案件，组织群众治安力量，维护社会治安秩序。（　）

13. 从群众中来，到群众中去，这是公安工作的根本态度。（　）

14. 公安机关要调整各种社会关系，其中最基本的关系是公安机关与政府的关系。（　）

15. 防范是社会治安综合治理的首要环节，是落实综合治理其他措施的前提条件。（　）

16. 打击是社会治安综合治理中的基础环节，是落实综合治理其他措施的前提条件。（　）

17. 社会治安综合治理的领导力量是各级党委和政府。（　）

18. 民警小张树立以人为本的理念，把辖区的每一个社会成员都作为警务工作的依靠对象。（　）

19. 某县县委副书记兼政法委书记张某因怀疑县委常委、组织部部长李某在干部任用过程中有受贿问题，遂指派县公安局刑侦大队有关人员在李某办公室和住宅秘密安装了监视装置。（　）

20. 党委的政治领导和政府的行政领导,在领导职能上是没有区别的,是一致的。
　　　　　　　　　　　　　　　　　　　　　　　　　　　　　　　(　　)
21. 社会治安综合治理是公安机关全面解决我国社会治安问题的战略方针。(　　)
22. 社会治安综合治理的实施力量是综合性的。　　　　　　　　　　　　(　　)
23. 处理好公安机关与人民群众的关系是调整各种社会关系的基础。　　　(　　)
24. 要建立预警制度,通过治安信息的收集与分析,不断提高对治安危害的预见性,加强超前控制。　　　　　　　　　　　　　　　　　　　　　　　　　(　　)
25. 对违法犯罪分子的改造工作,是教育人、挽救人和防止其重新犯罪的特殊预防工作。　　　　　　　　　　　　　　　　　　　　　　　　　　　　　　(　　)

二、单项选择题

1. 党对公安工作的绝对领导是我国公安工作的(　　)。
　　A. 组织优势　　　B. 政治优势　　　C. 体制优势　　　D. 领导优势
2. 公安机关要接受同级党委(　　)的领导。
　　A. 政法委员会　　B. 监察部门　　　C. 宣传部门　　　D. 组织部门
3. 公安机关必须置于党的(　　)领导之下。
　　A. 形式的、直接的　　　　　　　　B. 实际的、直接的
　　C. 形式的、间接的　　　　　　　　D. 实际的、间接的
4. 为了完成某项任务,需要地方党委、地方政府共同部署、共同领导;解决某些重大事件时,需要两者共同组成领导指挥班子,把领导作用结合起来。这体现的是(　　)的原则。
　　A. 党政分工　　　B. 彼此保证　　　C. 互相结合　　　D. 全面强化
5. 社会治安综合治理的基本内容之一是,在各级党委和政府的领导下,充分发挥(　　)的职能作用。
　　A. 各级公安机关　　　　　　　　　B. 各种群众组织
　　C. 社会各机关、团体　　　　　　　D. 司法机关
6. 社会治安综合治理的领导力量是(　　)。
　　A. 各级党委　　　　　　　　　　　B. 各级党委和公安司法机关
　　C. 各级党委和政府　　　　　　　　D. 各级政府
7. (　　)是社会治安综合治理的首要环节,是落实综合治理其他措施的前提条件。
　　A. 打击　　　　　B. 防范　　　　　C. 教育　　　　　D. 管理
8. 要建立(　　),通过治安信息的收集与分析,不断提高对治安危害的预见性,加强超前控制。
　　A. 群防群治制度　　　　　　　　　B. 预警制度
　　C. "110"报警制度　　　　　　　　D. 警民联系卡制度
9. 在一切监督力量中,对公安工作的监督具有第一位意义的是(　　)。
　　A. 人民代表大会　B. 各级党委　　　C. 各级政府　　　D. 人民群众
10. 群众对公安工作的体验最直接,群众的监督具有(　　)。
　　A. 实质性、普遍性　　　　　　　　B. 广泛性、权威性

C. 广泛性、普遍性　　　　　　　　　D. 随意性、普遍性

11. 凡是党委要直接过问、检查和督促的,公安机关都要如实汇报,不得封锁消息,不得向党委保密,不准消极地应付和抵制,更不准拒绝,这体现了党对公安工作领导的( )。

　　　A. 无条件性　　　B. 全面性　　　C. 直接性　　　D. 绝对性

12. 应对广大社会成员进行治安形势和违法犯罪发展趋势的教育,提高其( )。

　　　A. 公民基本道德意识　　　　　　　B. 社会公德意识和法治意识

　　　C. 社会主义精神文明素质　　　　　D. 治安防范意识

13. 对待严重危害社会治安的犯罪分子,我国长期坚持采取( )的政策。

　　　A. 坦白从宽,抗拒从严　　　　　　B. 依法从重从快惩处

　　　C. 坚决打击,毫不手软　　　　　　D. 综合治理,惩防结合

14. 公安机关和广大群众结合得好不好,责任在( )方面。

　　　A. 人民群众　　　　　　　　　　　B. 公安机关和人民警察

　　　C. 行政机关　　　　　　　　　　　D. 党委

15. 近年来,公安工作的群众路线正在朝着( )的方向发展,这就是在党的统一领导下,动员各社会组织自觉承担治安方面的责任义务,形成全社会的治安控制网络。

　　　A. 群防群治　　　B. 严打严防　　　C. 综合治理　　　D. 社区警务

16. 不属于社会治安综合治理的手段和措施的是( )的手段和措施。

　　　A. 政治　　　　　B. 经济　　　　　C. 行政　　　　　D. 外交

17. 依法从重从快严厉惩处严重刑事犯罪和经济犯罪是( )的重点和关键,是搞好社会治安综合治理的一记"重拳"。

　　　A. 管理　　　　　B. 建设　　　　　C. 改造　　　　　D. 打击

18. ( )是公安工作贯彻群众路线的重要方面,是公安机关执法思想的核心。

　　　A. 严格执法　　　B. 执法为民　　　C. 依法行政　　　D. 执法为公

19. 社会治安综合治理的( ),就是抓紧整顿建设好办事机构和城乡基层组织。

　　　A. 制度建设　　　B. 思想建设　　　C. 组织建设　　　D. 规范建设

20. 下列说法不正确的是( )。

　　　A. 强调党委对公安机关领导的同时,要强调政府对公安机关的领导

　　　B. 党委领导能代替政府领导

　　　C. 政府加强了对公安工作的领导,党的有关公安工作的路线、方针、政策才能落实

　　　D. 公安机关的治安行政管理是在各级政府领导下实行的

21. ( )是公安机关维护社会治安秩序和社会稳定的两手措施,二者互相补充、互相兼容。

　　　A. 管理与改造　　　B. 管理与建设　　　C. 打击与防范　　　D. 预防与教育

22. 建立专门机关与广大群众相结合的社会工程,需要宣传组织群众,帮助群众掌握法律和政策,将( )工作纳入法治轨道。

　　　A. 基层　　　　　B. 群众　　　　　C. 公安　　　　　D. 组织

23.（   ）是党和政府全面解决我国社会治安问题的战略方针,是我国社会主义精神文明建设的重要组成部分。

    A. 依法治国   B. 社会治安防控体系

    C. 社会治安综合治理   D. 群防群治

24. 社会治安综合治理要坚持"打防结合、预防为主"的原则,加强基层基础工作,增强全社会的(   )能力。

    A. 严打和治理   B. 预防和控制犯罪

    C. 专政和民主   D. 管理和监督

25. 公安机关应自觉接受党中央和各级党委对公安机关实际工作的(   )。

    A. 原则领导   B. 直接领导   C. 原则指导   D. 宏观指导

三、多项选择题

1. 坚持党对公安工作的绝对领导是公安工作的根本原则。党对公安工作绝对领导的含义具体包括(   )。

    A. 在我国的各种政治力量中,只能由中国共产党领导公安工作

    B. 公安机关服从中国共产党的领导,必须是绝对的、无条件的、全面的和直接的

    C. 公安机关服从中国共产党的领导,必须是相对的、无条件的、全面的和间接的

    D. 在我国各种政治力量中,只能由中国共产党和各民主党派联合领导公安工作

2. 做到党对公安工作的绝对领导,必须坚持(   )。

    A. 人民警察与党中央在思想上、政治上保持高度一致

    B. 县级以上各级公安机关接受同级党委的领导

    C. 充分发挥公安机关党委的领导和保证作用

    D. 充分发挥公安系统每个党员的模范带头作用

3. 党对公安工作领导的全面性,就是要求公安机关全面地接受党在(   )上的领导。

    A. 政治   B. 思想   C. 组织   D. 工作

4. 公安工作涉及党的各项政策,包括(   )政策。

    A. 外交   B. 统战   C. 民族   D. 干部

5. 坚持党对公安工作的绝对领导的途径是(   )。

    A. 政治领导   B. 思想领导

    C. 组织领导   D. 决策领导、法治领导

6. 坚持党对公安工作绝对领导的途径之一是政治领导,是指党在(   )上的领导。

    A. 政治方向   B. 政治路线

    C. 政治原则   D. 方针、政策

7. 思想领导作为坚持党对公安工作绝对领导的途径之一,是实现政治领导的思想保障。其实现途径是(   )。

    A. 党委经常以马克思列宁主义、毛泽东思想、邓小平理论和"三个代表"重要思想教育人民警察,促使民警树立科学的世界观,掌握马克思主义方法论,提高思想水平,自觉想大事、顾大局

B. 培养艰苦奋斗、克己奉公、忠诚老实、谦虚谨慎的品德和良好的职业道德

C. 养成机智勇敢、实事求是、坚持真理、修正错误的思想作风

D. 党委经常以党的最高纲领、近期奋斗目标教育和武装人民警察,使他们既有远大的理想,又有求实的精神

8. 坚持党对公安工作绝对领导的途径之一是组织领导,其实现途径是( )。

A. 健全公安机关各级党组织,严密组织制度,加强领导管理

B. 抓好公安机关领导班子和公安队伍的建设,抓好党内组织生活,贯彻民主集中制,保证党员民主权利,正确开展批评与自我批评

C. 在广泛听取意见、认真考评的基础上向上级政府推荐公安机关的主要领导干部

D. 对干部的任免,必须由党委集体讨论决定

9. 地方党委对公安工作事关重大问题有权作出决策,其具体内容包括( )。

A. 进行宏观公安决策 B. 对重大问题作出必要指示

C. 做好组织协调工作 D. 进行具体业务指挥

10. 正确处理党的领导与政府领导的关系,应遵循( )的原则。

A. 党政分工 B. 彼此保证

C. 互相结合 D. 全面强化

11. 党政分工,是指把党的领导和政府的领导从( )区别开来。

A. 性质上 B. 职能上 C. 内容上 D. 方式上

12. 党委的政治领导与政府的行政领导( )。

A. 都是不可缺少的

B. 在领导职能上没有原则性区别,可以彼此取代

C. 以行政的领导取代或者削弱党委的领导,必将使公安工作失去有力的政治保障,这对行政领导本身也是不利的

D. 以党委的领导取代行政领导,则必然削弱政府对公安机关的行政领导,这对党委本身也是不利的

13. 公安工作的群众路线,是公安工作实行的( )的工作路线。

A. 一切为了群众 B. 一切依靠群众

C. 从群众中来 D. 到群众中去

14. 一切为了群众,( )。

A. 这是公安工作的宗旨和出发点

B. 就是要把全心全意为人民服务的思想与履行自己的职责统一起来

C. 一方面有效地打击违法犯罪活动;另一方面保障人民群众的权利和利益不受侵犯

D. 就是要坚定地相信群众

15. 下列观点错误的有( )。

A. 一切依靠群众,这是公安工作的宗旨和出发点

B. 一切为了群众,这是公安工作的根本态度

C. 从群众中来,到群众中去,这是公安工作的基本方法

D. 群众路线是公安工作的根本路线

16. 从群众中来,到群众中去,这是公安工作的基本方法,就是要(　　)。

　　A. 广泛听取人民群众的意见和要求

　　B. 虚心接受人民群众的批评和监督

　　C. 要把人民群众在实践中创造出来的好方法、好经验及时地加以总结推广,使之制度化、法治化

　　D. 把全心全意为人民服务的思想与履行自己的职责统一起来

17. 社会治安综合治理是(　　)。

　　A. 党和政府全面解决我国社会治安问题的战略方针

　　B. 我国社会主义精神文明建设的重要组成部分

　　C. 公安工作中党的领导、公安机关和人民群众三者有机结合的新形式

　　D. 党委领导公安工作的根本原则和群众路线在新形势下的新发展

18. 社会治安综合治理是公安工作中(　　)有机结合的新形式。

　　A. 党的领导　　　　B. 公安机关　　　　C. 人民群众　　　　D. 各级政府

19. 下列观点正确的有(　　)。

　　A. 打击是社会治安综合治理的首要环节,是落实综合治理其他措施的关键

　　B. 积极的预防工作,是减少各种治安危害和维护治安秩序的基本措施

　　C. 围绕治安问题开展的社会教育,是维护社会治安的战略性措施

　　D. 加强行政管理是减少治安危害、建立良好社会秩序的重要手段,是直接维护社会治安秩序的基础工作

20. 社会治安综合治理的(　　)是综合性的。

　　A. 领导力量　　　　B. 实施力量　　　　C. 目标　　　　D. 手段和措施

21. 人民群众是对违法犯罪行为施加影响(　　)的力量。

　　A. 最直接　　　　B. 最普遍　　　　C. 最及时　　　　D. 最有效

22. 社会治安综合治理的任务(　　)。

　　A. 打击　　　　B. 防范　　　　C. 教育　　　　D. 管理

23. 党对公安机关的政治领导的实现途径包括(　　)。

　　A. 经常以党的最高纲领、近期奋斗目标教育和武装人民警察

　　B. 采取多种措施和形式提高人民警察的政治觉悟

　　C. 将公安机关置于党中央及各级党委的领导之下

　　D. 组织和督促人民警察认真学习党的方针、政策和国家的法律、法规

24. 公安机关在社会治安综合治理中应发挥的作用有(　　)。

　　A. 充分发挥公安机关的职能作用,依法严惩各种严重刑事犯罪分子

　　B. 要当好党委和政府的参谋与助手

　　C. 配合有关部门搞好维护社会稳定的各项工作

　　D. 加强基础工作,坚持"打防并举、标本兼治、重在治本"的原则

25. 加强社会治安综合治理中的建设环节,主要是抓好(　　)。

　　A. 思想建设　　　　B. 组织建设　　　　C. 教育建设　　　　D. 规范建设

【参考答案】

一、判断题

1. ×　2. ×　3. ×　4. √　5. ×　6. ×　7. ×　8. ×　9. ×
10. √　11. ×　12. ×　13. ×　14. ×　15. ×　16. ×　17. √　18. ×
19. ×　20. ×　21. ×　22. √　23. √　24. √　25. √

二、单项选择题

1. B　2. A　3. B　4. C　5. D　6. C　7. A　8. B　9. D
10. C　11. C　12. D　13. B　14. B　15. A　16. D　17. D　18. B
19. C　20. B　21. C　22. B　23. C　24. B　25. B

三、多项选择题

1. AB　2. ABCD　3. ABCD　4. ABCD　5. ABCD　6. ABCD
7. ABC　8. ABCD　9. ABC　10. ABCD　11. ABCD　12. ACD
13. ABCD　14. ABC　15. AB　16. ABC　17. ABCD　18. ABC
19. ABCD　20. BCD　21. ABC　22. ABCD　23. ABD　24. ABCD
25. ABD

第九章

公安工作的基本方针和基本政策

党和政府为公安工作制定的方针、政策,是公安机关的全部公安工作都必须遵循的行动指南,是做好公安工作、胜利完成公安任务的保证。公安机关及人民警察在公安工作中必须科学地认识公安工作方针和公安政策,认真贯彻执行公安工作的方针和政策,使自己的言行和各项公安业务活动与党的公安工作方针、政策保持高度一致。这是构建社会主义和谐社会的重要保证。

第一节　公安工作的基本方针

一、公安工作基本方针的概念

方针是指导工作或事业前进的方向和目标。政党或国家在一定历史阶段为实现一定目标和完成一定任务而确定的工作指导原则亦称为方针。它主要规定完成工作任务、实现工作目标的基本方向,明确工作的重点和相应的工作部署,是指导一定时期、一定任务完成的总纲领、总原则。

公安工作的基本方针是指我国各项公安业务工作都必须遵循的共同指导原则。我国公安工作的基本方针是"党委领导下的专门机关与广大群众相结合"。它完整地表述了公安工作中党的领导、公安机关和人民群众三者的关系,反映了我国公安工作的重要特色和优势。党委领导下的专门机关与广大群众相结合贯穿于公安工作的各个方面,被公安法规所确认,并体现在公安人员的纪律中。

二、专门机关与广大群众相结合的内涵

(1) 专门机关与广大群众相结合,是在党委的领导下,把公安机关的职能作用与人民群众的积极主动精神结合起来。公安机关要在党委的领导下充分发挥自己的职能作用,开展各项保障国家安全和维护社会治安的专业工作;人民群众积极主动地以自己的智慧和力量参与社会治安管理,协助公安机关和人民警察工作。这两个方面共同发挥作用,有机结合形成合力,共同维护社会稳定。

(2) 专门机关与广大群众的结合,是在双方目标一致基础上的结合。维护国家安全和社会秩序是公安机关的职责,也是人民群众的需要。人民群众需要公安机关保障自己

的权利和利益,公安机关也需要人民群众的支持和配合。这种良好的结合关系建立在双方自觉的基础上。

(3) 专门机关与广大群众的结合,是以公安机关为主导的全方位的结合。公安机关作为国家安全和社会治安的主管部门,是双方结合的主导方面。公安机关应更积极、主动地去调动人民群众的治安积极性,争取群众的理解、信任与支持。同时,公安机关专门工作与依靠群众的结合是多层次、多角度、多形式的全方位结合,贯穿于公安工作的各个方面,而不应局限或停留在某一层次、某一形式、某一范围。

三、建立专门机关与广大群众相结合的社会工程

坚持公安工作的基本方针,关键是建立和完善专门机关与广大群众结合的社会工程。

(一)建立、健全警民沟通的信息网络

通过信息网络,宣传教育动员群众,调动群众的积极性,将党和国家的方针、政策、法律、法规、公安对策及时公布于众,取得群众支持;通过信息网络,进一步拓宽社会治安问题的信息源,将群众中的治安信息及时反馈到公安机关。

(二)建立、健全一体化的治安社会防控系统

通过推行治安工作区域化、自治化、责任化、契约化、职业化等,使社会治安管理维护工作由公安机关和治保积极分子等少数部门和人员的事,转化为全体社会公民的责任,将个别、分散的力量整合成遍布社会的严密防控网络体系,使治安问题尽可能地依靠全社会的力量去解决。

(三)建立、健全保安科技装备使用机制

公安机关要随着国家科技发展与现代化进程,推动保安科技事业的进步,推广保安科技装备的普遍使用,使保安技术更好地为群众和社会服务,做到人防、物防、技防的有机结合,形成群众参与和技术装备共同构成的安全防控报警与快速反应网。积极推广适用于民间的公安科技,提高群众自防、自救能力,实现公安科技群众化。

(四)建立、健全警察公共关系途径渠道

公安机关要重视公共关系建设,拓展警民结合的形式,开展独具特色的公共关系工作,加强与群众和社会各界的交往、沟通,增进警民相互理解,在构建融洽的和谐警民关系进程中,推动警民携手维护社会治安秩序。

总之,落实专门工作与广大群众相结合,是一项长期的社会系统工程建设任务,需要长期坚持、扎实推进。

四、专门机关与广大群众相结合的创新途径

随着改革开放的深入推进,我国经济体制发生深刻变革,社会结构发生深刻变动,利益结构发生深刻调整,思想观念发生深刻变化。公安工作不断面临新的挑战。落实专门机关与广大群众相结合也要适应环境形势的变化要求,不断总结新经验、开拓新思路、创造新方法,才能跟上社会发展的步伐。

（一）树立民意主导警务的群众工作理念

要深刻认识解决民生问题的重要性、紧迫性，紧紧围绕解决民生问题，找准公安机关的位置，明确公安工作的努力方向，将实现好、维护好、发展好最广大人民的根本利益作为做好公安工作的根本出发点，树立从群众最紧迫、最急需的事情做起，竭尽全力地为群众办好事、办实事、办最需要办的事的思维习惯，全心全意为人民服务。

（二）建立开门评警群众工作长效机制

始终把人民群众的安全感和满意度作为衡量和检验公安工作的根本标准，建立为民考评的绩效考评体系，将公安机关的目标追求与群众的期待需求密切联系起来，综合采取群众测评、社会调查、电话测评、短信测评等方式，最大限度地听取群众评价，征求群众意见，根据群众评议改进各项工作。

（三）掌握"三懂四会"群众工作方法

全体民警要牢固树立全心全意为人民服务思想，全面掌握"三懂四会"群众工作方法。"三懂"指的是懂群众心理、懂群众语言、懂沟通技巧；"四会"指的是会化解矛盾、会调处纠纷、会主动服务、会宣传发动。

（四）完善开放型的公安工作社会监督大格局

拓展警务公开渠道，健全内外监督制约机制，敞开大门接受社会监督。一要完善社区民警和窗口单位民警向辖区群众和服务对象述职制度。二要整合人大、政协、社会团体、行业协会的监督职能。三要构建检法机关司法建议、新闻媒体监督、"政法民声热线"等信息资源共享机制。四要畅通群众投诉、信访举报等渠道。五要全方位、多角度征求社会各界对公安工作的意见建议。六要积极落实事务办理工作责任机制、群众意见研判机制、监督成果运行机制和群众工作责任追究机制，切实把公安工作置于社会和广大人民群众的监督之下。

第二节　公安工作的基本政策

公安政策是党和国家为实现公安工作目标而制定的指导方针和行为准则，是公安机关维护社会治安秩序、打击犯罪、维护社会稳定的重要手段和措施。公安机关及公安民警在公安工作中科学地认识公安政策，注意把握和运用公安政策，是公安机关实现公平正义的重要保证。

一、公安政策的概念和作用

政策是指国家机关、政党及其他政治团体在特定时期为实现或服务于一定社会政治、经济、文化目标所采取的政治行为或规定的行为准则。它是一系列谋略、法令、措施、办法、方法、条例、规范等的总称。

（一）公安政策的概念

公安政策是党和国家的意志在公安工作中的集中体现，是党和国家为实现公安工作目标而制定的指导公安工作的行为准则。它是党和国家认识与解决社会治安问题的重要形式和重要手段,是公安机关用来处理和解决各种社会治安问题的重要措施和手段,是公安民警预防、惩治、打击犯罪的有力武器,是公安民警执法行为的基本规范。

公安政策是由党和国家制定的,因而具有较强的政治性、权威性和规范性。公安政策首先是由党提出来的,是党关于公安工作的主张和要求,体现了党的意志。然后,经过一定的程序,成为国家的公安政策,体现了国家的意志。党和国家的公安基本政策,分别被载入党中央、全国人大及其常委会和国务院的正式文件之中,有许多公安政策被写进了党中央、国务院批准的公安工作文件之中,要求全国贯彻执行。党和政府的公安政策,指导范围是广泛的。它不仅要求公安机关和人民警察认真贯彻执行,同时,它还是向全党和各级政府机关提出的,要求各级党委和政府按照这些政策领导和监督公安工作,充分体现了党的政策及国家政策的统一性。

公安政策通过其有效的执行,发挥着它特有的指导、规范、调整等作用,对公安工作具有极其重要的意义。

(二)公安政策的作用

1. 指导作用

公安政策为公安机关及人民警察明确了从事公安工作的基本方向、基本要求、基本做法。其指导作用既体现在对公安机关及人民警察行为的引导,也体现在对公安民警的思想、认识和观念的引导。党和国家对公安工作领导的一个重要方面就是政策的指导。公安政策所蕴含的公安工作必需的行动策略、具体措施和方法途径,对公安法规的制定和实施、公安专业对策的制定与执行也发挥着重要的指导作用。

2. 规范作用

公安政策有较强的规范性,是公安机关及人民警察从事公安工作必须遵循的行为准则,公安民警必须自觉地用公安政策规范约束自己的活动与行为。公安民警应按照公安政策的规定做好公安工作,不得随意违背;谁违反了公安政策,造成了损失,谁就应受到批评教育或纪律处分。

3. 调整作用

公安政策对调整有关国家安全和社会治安秩序的社会关系具有重要意义。它对人民群众有调动治安积极性的作用,对违法犯罪分子有遏制、制裁及促使其转化的作用,对公安机关有强化其职能的作用。实践证明,公安政策既能对公安民警的行为起到调整作用,又能调整公安民警解决社会治安问题的决策思维和解决某一案件的具体方法。此外,在人们对公安政策的理解和认同的基础上,通过公安机关对公安政策的落实、兑现,公安政策能调整人们尤其是违法犯罪分子的心理活动,使他们能按政策调整自己的行为取向,促使违法犯罪分子自觉转化。

作为人民民主专政的重要工具,公安机关是通过坚决贯彻党和国家的公安政策来体现自己的政治性质和实现党对公安工作的政治领导。公安民警必须站在政治建警的高度去把握公安政策,公安工作政策水平是衡量公安民警素质的重要标志。提高公安民警的政策执行能力和水平,是公安队伍建设的重要内容,是构建平安社会、和谐社会的要求。

贯彻执行公安政策,要提高公安民警的政策水平,要注意政策执行的原则性,又要注意灵活性,尤为重要的是,要正确处理好公安政策与公安法制的关系。实践证明,公安政策与公安法制都是党和国家意志的体现,都是公安机关及广大人民维护社会治安、打击违法犯罪的工具,二者相互影响、相互补充、相互配合,相辅相成,不可或缺。要克服和纠正把公安政策与法律对立或等同起来的错误观念,要在具体的执法活动中把二者有机统一起来,避免政策手段与法律的冲突,做到法律效果和社会效果的有机统一。

二、公安基本政策的内容

我国公安工作在长期实践中已形成了一些稳定的公安政策,已形成由总政策、基本政策、具体政策等各种政策相互作用组成的政策体系。这里主要介绍以下几项公安基本政策。

(一)严肃与谨慎相结合的政策

严肃与谨慎相结合是中国共产党根据对历史经验的深刻理解而提出的,是指导人民警察同刑事犯罪分子作斗争的一项重要的刑事政策。

1. 严肃、谨慎的含义

所谓"严肃",就是执法必严,使应负刑事责任的犯罪分子不能逃避法律的制裁,特别是对于那些严重的刑事犯罪分子必须予以严厉打击,绝不手软,以维护法律的严肃性,表明对敌斗争和打击犯罪的坚决态度和原则立场。这是从事公安工作的基本工作态度。所谓"谨慎",就是重证据,重调查研究,不得草率,防止偏差,实行严格审批制度、监督制度,坚持有错必纠。谨慎是中国共产党实事求是、光明磊落和对人民高度负责精神的体现。这是从事公安工作的基本工作方法与工作原则。

2. 严肃与谨慎的关系

两者是辩证统一、相辅相成的,是不可分割的整体。严肃要以谨慎为保证,谨慎要服从严肃的要求。在刑事斗争方面,始终要全面地贯彻这个政策,严肃不忘谨慎,谨慎不忘严肃,两者不可偏废,不可脱节。如果片面强调严肃而忽视了谨慎,就会伤害无辜,犯扩大化的错误;如果片面强调谨慎而忽视了严肃,就会放纵坏人,犯打击不力的错误。

3. 认真贯彻严肃与谨慎相结合的政策

严肃与谨慎相结合政策的总的精神就是不枉不纵。认真贯彻执行严肃与谨慎相结合的政策,就是要坚持"稳、准、狠"。"稳",就是要注意策略,讲究工作方法,不打无准备之仗,不打无把握之仗;"准",就是对打击对象一定要准确,不要出偏差,做到事实准、定性准、量刑准,准是关键;"狠",就是要依法给犯罪分子以严厉打击,使之受到应有的惩处。

(二)依法从重从快惩处严重刑事犯罪分子的政策

1. 依法从重从快惩处严重刑事犯罪分子政策的含义

所谓依法从重,是指依照《刑法》的规定,在量刑幅度内从重处罚,而不是随意加重刑罚。所谓依法从快,是指依照《刑事诉讼法》的规定,在审理案件的时限以内,迅速审结案件,并不是抛开法定的办案程序与时限,不顾办案质量,越快越好。这项政策是我国现阶段一项重要的刑事司法政策。

1983年,《中共中央关于进一步加强和改进公安工作的决定》指出,要始终保持对刑事犯罪活动的高压态势,提高打击的针对性、主动性和时效性,要把集中统一行动与日常打击犯罪有机结合起来,及时打击黑恶势力犯罪、毒品犯罪,绝不能任其蔓延发展,严密防范、严厉打击盗窃、抢夺、抢劫等多发性侵财犯罪和爆炸、投毒、杀人、绑架等严重暴力犯罪,坚决整治人民群众反映强烈的治安问题,不断增强人民群众的安全感。这是"严打"政策在新时期的体现。

2. 依法从重从快惩处严重刑事犯罪分子的必要性

依法从重从快惩处严重刑事犯罪分子,是维护稳定和巩固人民民主专政的社会主义制度的需要;是建立社会主义市场经济,发展社会生产力的需要;是团结教育广大人民群众,密切党与人民群众血肉联系,密切警民关系的需要;是促进社会主义精神文明建设的需要。

3. 贯彻依法从重从快惩处严重刑事犯罪分子政策应注意的问题

(1) 注意特定适用范围。依法从重从快惩处的对象是严重危害社会治安的刑事犯罪分子。不得随意扩大使用范围,但具体对象在不同时期有所不同。

(2) 必须坚持以事实为根据,以法律为准绳。从重从快不是不讲质量,而是要坚持做到犯罪事实清楚,证据确凿,定性准确,量刑适当,程序合法。从重从快的前提是依法,要做到准确、及时、合法。

(3) 依法从重从快惩处严重刑事犯罪分子,并不意味着对其他刑事犯罪分子一律从宽或不予处罚。

(三) 宽严相济政策

宽严相济政策是在长期斗争中逐步形成的,是党中央在构建社会主义和谐社会新形势下重申的一项重要政策,是我国基本的刑事司法政策。

宽严相济的"宽",是指宽大、宽缓和宽待。主要表现为以下三种情形:一是非犯罪化,即指本来作为犯罪处理的行为,基于某种刑事政策的要求,不作为犯罪处理;二是非监禁化,即指某一行为虽然构成犯罪,但根据犯罪情节和悔罪表现,判处非监禁刑或者采取缓刑、假释等非监禁化的刑事处罚措施;三是非司法化,这是就诉讼程序而言的,在一般情况下凡是涉嫌犯罪的都应进入刑事诉讼程序,但公诉案件中如果犯罪嫌疑人、被告人真诚悔罪,通过向被害人赔偿损失、赔礼道歉等方式获得被害人谅解,被害人自愿和解的,双方当事人可以和解。非司法化,是对轻微犯罪案件在正式的刑事诉讼程序之外得以结案的一种方式,体现了对轻微犯罪的宽缓处理。

宽严相济的"严",是指严格、严厉和严肃。这里的严格是指法网严密,有罪必罚。严厉是指刑罚苛厉,从重惩处。严肃是指司法活动循法而治,不徇私情。

宽严相济的"济"具有以下三层含义:一是救济,即所谓以宽济严、以严济宽。二是协调,即所谓宽严有度、宽严审势。宽严有度是指保持宽严之间的平衡:宽,不能宽大无边;严,不能严厉无比。宽严审势是指宽严的比例、比重不是一成不变的,而应当根据一定的形势及时地进行调整。三是并行,即所谓宽中有严,严中有宽。宽和严虽然是有区别的,并且不同时期、不同犯罪和不同犯罪人,应当分别采取宽严不同的刑罚:该宽则宽,该严则严。但这并不意味着宽而无严或者严而无宽。实际上,既无绝对的宽又无绝对的严,应当宽严并用。

因此,宽严相济的刑事政策的实质是对刑事犯罪要区别对待,做到当严则严,当宽则宽,宽严适度,宽严有据,实现法律效果和社会效果的统一。简言之,宽严相济政策中的宽与严是一个有机统一的整体,必须全面理解,全面把握,全面落实。既要防止只讲严而忽视宽,又要防止只讲宽而忽视严,防止一个倾向掩盖另一个倾向。

正确贯彻执行宽严相济政策应该注意以下两点。

(1) 突出"从严",依法从重从快严厉打击严重刑事犯罪和社会丑恶现象。

首先,必须长期坚持"严打"方针,维护社会稳定,保障经济发展。其次,要根据公安部的部署,加大对黑恶势力、严重暴力犯罪,多发性侵财犯罪,经济犯罪和毒品犯罪等五类犯罪的打击力度,立足本地的社会治安实际和违法犯罪特点确定打击重点,坚持集中整治与日常"严打"相结合,增强"严打"斗争的及时性和针对性。最后,要充分运用法律和治安行政措施,对那些聚众斗殴、寻衅滋事、煽动闹事、欺行霸市,或者称霸一方、为非作歹、欺压群众、恶习较深、扰乱社会治安稳定的,加大整治力度。

(2) 突出"从宽",深入探索公安执法过程中的应对措施。

① 把好案件源头。刑事案件的立案必须具有需要追究刑事责任的犯罪事实,符合法定立案标准,该立则立,不该立的不立。

② 推行刑事和解。刑事和解,是指通过调停人使受害人和加害人直接交谈、共同协商达成经济赔偿和解协议后,司法机关根据具体情况作出有利于加害人的刑事责任处置的诉讼活动,包括经济赔偿和解和刑事责任处置两个程序过程。在和解过程中,被害人与加害人可充分阐述犯罪对他们造成的影响及对刑事责任的意见等方面内容,选择双方认同的方案来弥补犯罪所造成的损害。在刑事责任处置过程中,加害人能从轻、减轻或免除处罚。这样,被害人在精神和物质上可以获得双重补偿,而加害人则可以赢得被害人谅解和改过自新、尽快回归社会的双重机会。

③ 慎用羁押性强制措施。在办理刑事案件中坚持区别对待,对严重的刑事犯罪坚决严厉打击,从严处理。对主观恶性较小、犯罪情节轻微的未成年人,初犯、偶犯、过失犯罪,贯彻"教育、感化、挽救"方针,慎用羁押性强制措施,做到当宽则宽。对符合条件的犯罪嫌疑人适用取保候审措施,为将来法院对其从轻定罪量刑打下良好的基础。

④ 对未成年人、在校学生触犯轻罪实行非刑事化处理。对未成年人与在校学生犯罪案件,以宽宥为基本原则,以保护未成年人健康成长和维护社会稳定为双重目的,通过使用轻缓处理方法引导未成年人走向正确道路。对于在校学生犯轻罪,由办案单位与学生家长、学校共同研究帮教措施,切实保障未成年人能够在重返社会后得到全方位的帮教和挽救。对于社会青年对在校学生实施的犯罪,则采取严厉打击、提早防控的方法,有效治理学校周边的治安环境秩序。

(四) 重证据、重调查研究、严禁"逼供信"的政策

公安工作的一项重要任务就是办案。通过办案,揭露犯罪分子的犯罪事实,使犯罪分子受到相应的法律制裁;通过办案,辨别真伪,确保无罪者不受法律追究。重证据、重调查研究、严禁"逼供信"是指导人民警察正确办案的一项重要刑事政策。

"逼供信"是指对被审讯人员滥用刑讯,逼取口供,导致随意乱供,并信以为真,作出错误判断与处理,造成冤假错案的发生。我国于1998年加入联合国《公民权利与政治权利

国际公约》，该公约第十四条对沉默权作了明确规定：凡被刑事指控者，不被强迫作不利于他自己的证言或强迫承认犯罪。这就要求公安民警在办案过程中要重证据、重调查研究，防止刑讯逼供现象的发生。

长期以来，公安机关尽管一再强调这项政策，但由于受历史上长期封建主义刑讯逼供的流毒的影响，一些办案人员主观主义思想严重，仍存在口供是"证据之王""不打不招"等错误认识与做法，这样很容易造成冤、假、错案。认真理解和正确贯彻这一政策，有利于防止错案，做到不枉不纵。

重证据、重调查研究、严禁"逼供信"政策的基本要求如下。

（1）要忠于事实真相，整个办案过程都要坚持以事实为依据。公安民警要增强社会主义法治理念，提高自身的法律素养和业务素质，坚持"以事实为根据，以法律为准绳"，对案件进行深入的调查研究，以合法的手段、合法的程序，通过艰苦细致的调查研究和侦查工作收集犯罪嫌疑人有罪、无罪、罪轻、罪重的证据。要坚持重证据而不轻信口供。

（2）严禁刑讯逼供，严禁以威胁、引诱、欺骗以及其他非法的方法收集证据。不得强迫任何人证实自己有罪。证据是指以法律规定的形式表现出来的、能够证明案件真实情况的一切事实。证据必须具有客观性，形式与来源的合法性，非法获得的证据不具有法律效力。不轻信口供不是不要口供，而是要正确发挥口供在证据当中的作用。口供有很大的虚假可能性，侦查、讯问人员对犯罪嫌疑人进行逼供、诱供、指供，就有可能造成口供的严重失实，导致错案、冤案的发生；轻信口供使一些办案人员过分倚重和依赖口供，容易导致刑讯逼供，给案件侦破带来困难，影响刑事诉讼的合法性和效率。

（3）禁止侮辱侵犯犯罪嫌疑人的人格尊严，给犯罪嫌疑人以人道的待遇。我国《刑法》《刑事诉讼法》《治安管理处罚法》明文禁止刑讯逼供，刑讯逼供违反《宪法》规定，侵犯公民的尊严和人权，直接破坏法律的权威和尊严，容易导致无辜者受害，造成错案、冤案，严重降低执法效率，浪费有限的执法、司法资源。

（4）凡有违反者，必须从纪律上或法律上追究责任。重证据、重调查研究、严禁"逼供信"的政策体现了人民公安对人民群众高度负责，对公民权利、人身权利的高度重视和有力保护，体现了公安机关依法、公正、文明办案和实事求是的精神，使办案工作真正建立在彻底唯物主义基础上。实行这项政策，有利于防止冤、假、错案，做到不枉不纵；有利于正确认识和发挥证据与口供的作用，促使公安人员提高办案水平。

这项政策是我党多年来一贯坚持的刑事政策，已经成为我国刑事诉讼法律的重要原则。现行的《刑事诉讼法》第五十二条规定："审判人员、检察人员、侦查人员必须依照法定程序，收集能够证实犯罪嫌疑人、被告人有罪或者无罪、犯罪情节轻重的各种证据。严禁刑讯逼供和以威胁、引诱、欺骗以及其他非法方法收集证据，不得强迫任何人证实自己有罪。必须保证一切与案件有关或者了解案情的公民，有客观地充分地提供证据的条件，除特殊情况外，可以吸收他们协助调查。"第五十五条规定："对一切案件的判处都要重证据，重调查研究，不轻信口供。只有被告人供述，没有其他证据的，不能认定被告人有罪和处以刑罚；没有被告人供述，证据确实、充分的，可以认定被告人有罪和处以刑罚。证据确实、充分，应当符合以下条件：（一）定罪量刑的事实都有证据证明；（二）据以定案的证据均经法定程序查证属实；（三）综合全案证据，对所认定事实已排除合理怀疑。"

(五) 尊重和保障人权政策

尊重和保障人权是我国《宪法》确立的一项重要原则,体现了社会主义制度的本质要求。修改后的《刑事诉讼法》在程序设置和具体规定中都贯彻了这一宪法原则,使得尊重和保障人权成为一项重要的刑事政策。

《刑事诉讼法》第二条规定,中华人民共和国刑事诉讼法的任务,是保证准确、及时地查明犯罪事实,正确应用法律,惩罚犯罪分子,保障无罪的人不受刑事追究,教育公民自觉遵守法律,积极同犯罪行为作斗争,维护社会主义法治,尊重和保障人权,保护公民的人身权利、财产权利、民主权利和其他权利,保障社会主义建设事业的顺利进行。《刑事诉讼法》在完善侦查程序的同时,还增加了"不得强迫任何人证实自己有罪"等规定,完善了辩护、证据、侦查监督等制度,这对公安机关的人权保障水平提出了更高的要求。

公安机关和广大民警在执法办案中,要正确处理打击犯罪与保障人权之间的关系,做到二者兼顾。既要准确及时地打击犯罪,依法行使侦查权,有效维护社会秩序;又要牢固树立尊重和保障人权的观念,认真落实人权保障的各项要求,切实保护犯罪嫌疑人依法享有的辩护权和其他诉讼权利。要坚决防止过分强调一个方面忽视另一个方面的错误倾向,既要避免因为强调保护人权,就削弱严厉打击甚至缩手缩脚、不敢执法,又要避免因为强调严厉打击就忽视保护人权甚至随意侵犯人权。

(六) 教育与处罚相结合的政策

教育与处罚相结合是指导治安行政管理处罚的一项基本政策。我国《治安管理处罚法》规定,办理治安案件应当坚持教育与处罚相结合的原则。教育是治安管理的基本手段,通过教育,增强公民自觉守法与维护治安秩序的意识与行动;处罚是治安行政管理的必要手段,是公安机关对实施了违反治安管理行为的人依法剥夺其人身自由、财产或其他权利的一种行政处罚,通过对违反治安管理行为的人进行教育和处罚来达到维护社会治安秩序的目的,是治安管理处罚的任务之一。

1. 教育与处罚相结合政策的含义

处罚是治安管理的必要手段,当罚不罚,就难以制止治安违法行为的发生,但处罚的目的是教育本人和他人,维护社会治安秩序。教育是治安管理的基本手段,处罚是教育的辅助手段,对违反治安管理行为的人,应当坚持教育多数,处罚少数,并且要寓教于处罚的全过程。

2. 教育与处罚相结合政策的基本要求

(1) 教育与处罚相辅相成,以教为主,寓教于罚。所谓教育,主要是指法制教育,要求被教育者必须懂法、守法,不得以任何借口逃避、拒绝教育。处罚也是一种教育,其目的是通过处罚促使违法者幡然醒悟,自觉遵守国家的法律,所以要寓教育于处罚的全过程。

(2) 教育多数,处罚少数,慎用处罚。处罚不是治安管理的唯一手段,应当重在教育,慎用处罚,特别是罚款、拘留等手段,不能处罚过多、过滥,不能单纯地采取惩罚主义。违反治安管理行为多发生在一般法治观念不强的群众之中,这些人中的绝大多数是能够改正的,对于这些人要重在教育,对情节轻微,并能及时改正或者主动承认错误的,可以减轻或免予处罚;对情节较恶劣的,要给以必要的惩戒。惩戒的目的也是教育,使其遵纪守法,树立公德。

（3）当罚则罚，罚如其分。强调说服教育，并不意味着处罚不重要。处罚不是万能的，说服教育也不是万能的。对依法当罚的违法者，要依法分别给予警告、罚款或行政拘留等处罚。否则，不能严肃法纪，不能教育本人和他人，也就无法维持正常的社会秩序。处罚一定要适当，是用什么形式的处罚，处罚到什么程度，都要有利于教育受罚者，不能感情用事、畸轻畸重。

（七）处置群体性事件的政策

群体性事件是指某些利益诉求相同或相近的群体，在以各种方式聚众反映群体的共同愿望时，群体行为超出法律允许的范围而引发扰乱和破坏社会治安秩序与危及社会稳定的事件。一般表现为静坐，游行，示威，集体请愿，非法集会，罢工、罢市、罢课，包围冲击重要机关、部门和要害单位，堵塞交通，非法占据公共场所，在社会文体商贸活动中聚众滋事，聚众哄抢，聚众械斗以及少数的打砸抢行为等。

群体性事件往往是合理要求与不合法行动、无理要求与非法行动、多数人的人民内部矛盾与少数人的严重违法行为混杂交织的矛盾体，一旦发生群体性事件，处置难度大。加上敌对势力、敌对分子插手群体性事件制造事端，如果处理不当，局部问题就可能影响全局，非对抗性矛盾就可能转化为对抗性矛盾。处置群体性事件需要在依法解决的过程中，发挥政策和策略的作用。

1. 处置群体性事件的原则

各级公安机关要牢固树立政治意识、大局意识、忧患意识、群众意识、法治意识，提高预防和处置的能力。按照构建社会主义和谐社会的要求，以"发现得早、控制得住、处置得好"为要求，坚持"教育疏导，缓解矛盾，内紧外松，依法办事"的方针，依法办事、按政策办事，妥善处置群体性事件，维护群众利益和社会稳定。公安机关处置群体性事件应当遵循以下各项原则。

（1）在党委、政府的领导下会同有关主管部门处置的原则。群体性治安事件发生后，公安机关在党委、政府的统一领导下，按属地管理、分级负责和谁主管谁负责的要求，配合有关部门，积极妥善处理各类群体性事件。

（2）教育疏导，防止矛盾激化的原则。坚持"可散不可聚、可解不可结、可顺不可激"，以教育疏导为主，综合运用政策、法律、经济、行政等手段和教育、协商、调解等方法处置群体性事件，引导群众以理性合法的方式表达自己的利益要求，解决利益矛盾，防止矛盾激化和事态扩大，力争把问题解决在萌芽状态或初始阶段。

（3）慎用警力、慎用强制措施、慎用警械和武器的原则。公安机关应立足于教育疏导，坚持慎用警力、慎用武器警械、慎用强制措施的原则，增强人权保护意识，公平公正，及时高效地处置群体性事件，切实维护广大人民群众的基本人权。要防止警力和强制措施使用不当而激化矛盾，使事态扩大失去控制。

（4）及时果断处置的原则。群体性事件发生后，公安机关要抓住时机，正确地采取相应措施，迅速组织力量出击，坚决依法果断处置，力争速战速决，控制局势，尽快平息事态，防止事态扩大蔓延，尽量避免和减少群体性事件对国家、集体和公民权益造成的危害和损失。对于发生打、砸、抢等违法犯罪行为，以及境外敌对势力插手破坏的犯罪行为，公安机关应及时查处,依法打击,确保社会大局的稳定。

(5)依法办事、按政策办事的原则。处置群体性事件是一项政策性、策略性和执法性非常强的工作,稍有不慎,就可能导致严重后果。因此,在处置工作中,要严格执行国家有关法律、法规和政策的规定,杜绝任何侵犯公民合法权益的非法行为。坚持依法办事的原则,坚持惩治少数,争取、团结、教育大多数的原则,公安机关及人民警察应能够充分、灵活地运用各种法律武器,既要避免违反或超越法律规定行事,又要充分运用法律,依法管理、取缔和打击违法犯罪行为。

2.正确把握处置群体性事件的原则和方法

(1)明确职责,做好党委、政府的参谋与助手。在处置群体性事件工作中各级公安机关是参与者、参谋者、执行者;党委、政府才是组织者、指挥者、决策者。公安机关合理定位,明确职责,在党委、政府的统一领导下,建立、健全统一指挥、功能齐全、反应灵敏、运转高效的应急处置机制,配合有关部门,妥善处置各类群体性事件。

(2)正确处理新时期人民内部矛盾,准确界定事件的性质,讲究处置策略和方法。当前,我国社会生活中出现的各类群体性事件,就其性质来说,总体上属于人民内部矛盾,绝大多数还是利益诉求的表达。公安机关应采取民主的、法律的、经济的、行政的、说服教育的、疏导缓解的方法来解决,解决好人民内部矛盾问题,不激化、引发矛盾,做到既有效维护群众的合法权益,又要坚决维护社会大局稳定。

(3)准确把握慎用警力、慎用武器警械、慎用强制措施的原则。在处置群体性事件工作中,公安机关坚持慎用警力、慎用武器警械、慎用强制措施的原则。但是,"慎用"不等于"不用"。要根据群体性事件的性质、起因、规模、危害程度和事态发展来决定是否使用、使用多少和如何使用警力,决定是否采取强制措施和采取何种强制措施。

(4)大力加强情报信息工作与基层基础工作。公安机关要注意收集情报信息,建立灵敏、高效的情报信息网络,建立、健全预警机制,做好预警工作。要大力加强基层基础工作,注重从源头上发现和消除各种不稳定因素。切实做到早发现、早报告、早解决。

(5)事态平息后认真进行善后工作。广大公安民警要深入群众做好思想教育工作、安抚工作,建立、健全矛盾纠纷排查调处机制。

知识巩固与能力提升训练

一、判断题

1.党委领导下的专门机关与广大群众相结合,是我国所有公安业务工作都必须遵循的共同指导原则。　　　　　　　　　　　　　　　　　　　　　　　　　　　　　(　　)

2.坚持专门机关与广大群众相结合是公安工作的基本方针。　　　　　　　(　　)

3.专门机关与广大群众相结合的方针,是指导公安机关和人民警察各项活动的基本方针,公安机关和广大群众结合得好不好,关键在公安机关和人民群众两方面。(　　)

4.公安机关应经常向广大群众宣传同违法犯罪作斗争的重大意义,激励他们积极参加维护社会治安的工作,讲清同刑事犯罪作斗争是法律赋予每个公民的权利和义务,是每个热爱社会主义祖国的公民义不容辞的政治责任和社会责任,鼓励群众见义勇为。(　　)

5. 各项公安专业工作应该结合自身工作特点开展群众工作,使公安专业工作成为群众工作的有机组成部分。 （　　）

6. 警民结合是人民群众在社会治安方面当家做主的体现,是人民群众广泛参与治安事务的一个必然趋势。 （　　）

7. 宽严相济的"宽",是指宽大、宽缓和宽待。 （　　）

8. 尊重保障人权政策,是在长期斗争中逐步形成的,是党中央在构建社会主义和谐社会新形势下重申的一项重要政策,是我国的基本刑事司法政策。 （　　）

9. 公安政策是党和国家的意志在公安工作中的体现,是党和国家为实现公安工作任务而规定的指导公安工作的政治原则。 （　　）

10. 公安机关与广大人民群众的良好结合关系建立在双方不自觉的基础上。 （　　）

11. 公安政策是由党和国家制定的。首先体现国家的意志,然后才体现党的意志。 （　　）

12. 严肃,就是执法必严,使应负刑事责任的犯罪分子不能逃避法律的制裁,特别是对于那些严重的刑事犯罪分子必须严厉打击,绝不手软。 （　　）

13. 严肃与谨慎相结合政策的总精神就是不枉不纵。其具体应用就是坚持"稳、准、狠"。 （　　）

14. 严肃与谨慎的关系是辩证统一、相辅相成的,是不可分割的整体。谨慎要以严肃为保证,严肃要服从谨慎的要求。 （　　）

15. "稳",就是要注意策略,讲究工作方法,不打无准备之仗,不打无把握之仗。要打得适时、有力,同时注意时间、地点、对象、节奏及宣传方法。 （　　）

16. "准",就是对打击对象一定要调查准确,不要出偏差,做到事实准、定性准、量刑准,既不重罪轻判,也不轻罪重判,真正做到不枉不纵,不错不漏。 （　　）

17. "狠",就是要依法给犯罪分子以严厉打击,使之受到应有的惩处。 （　　）

18. 所谓依法从重,是指依照《刑事诉讼法》的规定,在量刑幅度以内从重处刑。所谓依法从快,是指依照《刑法》的规定,在审理案件的时限以内迅速地审结案件。 （　　）

19. 从重从快不是不讲质量,而是要坚持做到事实清楚,证据确凿充分,定性准确,量刑适当,程序合法。 （　　）

20. 依法从重从快惩处严重刑事犯罪分子,对其他刑事犯罪分子可以从宽或不予处罚。 （　　）

21. 只有被告人供述,没有其他证据的也可以认定被告人有罪和处以刑罚;没有被告人供述,即使证据充分确实,也不可以认定被告人有罪和处以刑罚。 （　　）

22. 处罚是治安管理的基本手段,教育是治安管理的辅助手段。 （　　）

23. 对有违反治安管理行为者,我们坚持教育多数,处罚少数,并且要寓教育于处罚的全过程。 （　　）

24. 宽,不能宽大无边;严,要严厉无比。 （　　）

25. 对未成年人与在校学生犯罪案件,以惩处为基本原则。 （　　）

二、单项选择题

1. 公安工作的基本方针是（　　　）。

A. 坚持严肃与谨慎相结合

B. 坚持秘密斗争与公开工作相结合

C. 党委领导下的专门机关与广大群众相结合

D. 坚持惩办与宽大相结合

2. 关于我国所有公安业务工作都必须遵循的共同指导原则和指导方针,下列表述正确的是(　　)。

A. 打击与保护相结合

B. 党委领导下的专门机关与广大群众相结合

C. 惩办与宽大相结合

D. 严肃与谨慎相结合

3. 专门机关与广大群众相结合的方针,是指导公安机关和人民警察各项活动的基本方针,贯穿于公安工作的各个方面,被公安法规所确认,并体现在公安人员的(　　)中。

A. 工作　　　　　B. 行动　　　　　C. 纪律　　　　　D. 言行

4. 专门机关与广大群众的结合,是在双方目标一致基础上的结合,主导方面是(　　)。

A. 人民群众　　　　　　　　B. 公安机关

C. 基层群众组织　　　　　　D. 公安机关领导

5. 实现专门机关与广大群众相结合,是一项(　　)。

A. 系统工程　　　　B. 长久工程　　　　C. 社会工程　　　　D. 艰巨工程

6. (　　)是法律赋予每个公民的权利和义务,是每个热爱社会主义祖国的公民义不容辞的政治责任和社会责任。

A. 保障国家安全　　　　　　B. 维护社会治安

C. 同刑事犯罪作斗争　　　　D. 掌握法律和政策

7. 公安政策实际上是一种(　　),它与公安法制、公安专业对策、社会治安综合治理方针等,构成一个完整的公安对策体系。

A. 公安对策　　　　B. 公安法规　　　　C. 规章制度　　　　D. 公安方针

8. 公安政策是由党和国家制定的,是党关于公安工作的主张和要求,体现了(　　),具有很强的政治性、权威性和规范性。

A. 公安民警的意志　　　　　B. 人民的意志

C. 国家的意志　　　　　　　D. 党的意志

9. 公安政策是党和国家的意志在公安工作中的体现,是党和国家为实现公安工作任务而规定的指导公安工作的(　　)。

A. 理论指导　　　　B. 政治原则　　　　C. 思想原则　　　　D. 法规体系

10. (　　),是我们党根据对历史经验的深刻理解而提出的,是指导人民警察同刑事犯罪分子作斗争的一项重要政策。

A. 打击与保护相结合

B. 党委领导下的专门机关与广大群众相结合

C. 惩办与宽大相结合

D. 严肃与谨慎相结合

11.（　　）是我们党实事求是、光明磊落和对人民高度负责精神的体现。

　　A. 谨慎　　　　　　　B. 严肃　　　　　　　C. 宽大　　　　　　D. 认真

12. 严肃与谨慎相结合政策的总精神就是（　　），其具体应用就是坚持"稳、准、狠"。

　　A. 不偏不倚　　　　　B. 不枉不纵　　　　　C. 不姑息迁就　　　D. 不错不漏

13. 严肃，就是（　　），使应负刑事责任的犯罪分子不能逃避法律的制裁，特别是对于那些严重的刑事犯罪分子必须严厉打击，绝不手软。

　　A. 违法必究　　　　B. 执法必严　　　　　C. 文明执法　　　　D. 有法必依

14. 所谓依法从重，是指依照（　　）的规定，在量刑幅度以内从重处刑。

　　A.《刑事诉讼法》　　　　　　　　　B.《刑法》

　　C.《行政诉讼法》　　　　　　　　　D.《治安管理处罚法》

15. 所谓依法从快，是指依照（　　）的规定，在审理案件的时限以内迅速地审结案件。

　　A.《刑事诉讼法》　　　　　　　　　B.《刑法》

　　C.《行政诉讼法》　　　　　　　　　D.《治安管理处罚法》

16. 依法从重从快惩处的对象是（　　）。

　　A. 一般违法分子　　　　　　　　　B. 一般犯罪分子

　　C. 危害国家安全的犯罪分子　　　　D. 严重危害社会治安的犯罪分子

17. 从重从快惩处严重刑事犯罪分子的前提是（　　）。

　　A. 及时　　　　　　B. 依法　　　　　　　C. 效率　　　　　　D. 准确

18.（　　）是指导人民警察正确办案的一项重要刑事政策。

　　A. 重证据，重调查研究，严禁"逼供信"

　　B. 教育与处罚相结合

　　C. 依法从重从快惩处严重刑事犯罪分子

　　D. 惩办与宽大相结合

19.（　　）制度给冲突双方解决矛盾提供了机会，能够有效地减少和消除矛盾，尽可能地减少法院判决后的消极因素，有助于在全社会增进和谐与协调的社会关系。

　　A. 民事调解　　　　B. 刑事调解　　　　　C. 行政协调　　　　D. 刑事和解

20. 严肃与谨慎相结合政策具体应用就是坚持稳、准、狠。（　　）是关键。

　　A. 稳　　　　　　　B. 准　　　　　　　　C. 狠　　　　　　　D. 既稳又狠

21. 依法从重从快严厉惩处严重刑事犯罪和经济犯罪是打击的重点和关键，是搞好（　　）的一记"重拳"。

　　A. 严打整治　　　　　　　　　　　B. 群防群治

　　C. 打防并举　　　　　　　　　　　D. 社会治安综合治理

22. 处罚是治安管理的必要手段，但处罚的目的是（　　）。

　　A. 教育本人和他人　　　　　　　　B. 教育他人

　　C. 教育本人　　　　　　　　　　　D. 惩罚违法犯罪分子

23. 依法从快惩处严重刑事犯罪分子的法律依据是（　　）。

　　A.《宪法》　　　　　　　　　　　B.《刑法》

C.《刑事诉讼法》 D.《人民警察法》

24.(　　)是指导治安管理处罚的一项基本政策。

A. 惩办与宽大相结合 B. 教育与处罚相结合

C. 严肃与谨慎相结合 D. 重证据、重调查研究

25. 下列观点错误的有(　　)。

A. 处罚也是一种教育,其目的是通过处罚促使违法者幡然醒悟,自觉遵守国家的法律

B. 对有违反治安管理行为者,我们坚持教育多数,处罚少数,并且要寓教育于处罚的全过程

C. 处罚是治安管理的基本手段,教育是处罚的辅助手段

D. 要寓教育于处罚的全过程

三、多项选择题

1. 党委领导下的专门机关与广大群众相结合,是我国所有公安业务工作都必须遵循的共同指导原则。它完整地表述了公安工作中(　　)三者的关系,反映了我国公安工作的重要特色和优势。

A. 党的领导 B. 公安机关 C. 人民群众 D. 政策法规

2.“准”,就要对打击对象一定要调查准确,不要出偏差,做到(　　)。

A. 打击准 B. 事实准 C. 定性准 D. 量刑准

3. 下列选项中,属于建立专门机关与广大群众相结合的社会工程的具体内容的有(　　)。

A. 建立健全警民沟通的信息网络

B. 建立健全一体化的治安社会防控系统

C. 建立健全保安科技装备使用机制

D. 建立健全警察公共关系途径渠道

4. 关于坚持专门机关与广大群众相结合的公安工作基本方针,下列表述正确的是(　　)。

A. 专门机关与广大群众相结合,是在党委的领导下,把公安机关的职能作用与人民群众的积极主动精神结合起来

B. 专门机关与广大群众的结合,是在双方目标一致基础上的结合。主导方面是公安机关

C. 专门机关与广大群众相结合的方针,是指导公安机关和人民警察各项活动的基本方针,贯穿于公安工作的各个方面

D. 公安机关和广大群众结合得好不好,关键在公安机关和人民警察方面

5. 公安机关专门工作与依靠群众的结合是(　　)的全方位结合,贯穿于公安工作的各个方面。

A. 多层次 B. 多角度 C. 多形式 D. 多领域

6.“三懂四会”群众工作方法中,“四会”指的是(　　)。

A. 会化解矛盾 B. 会调处纠纷 C. 会主动服务 D. 会宣传发动

E. 会执法办案

7. 下列属于专门机关与广大群众相结合的创新途径有（　　　）。

A. 树立民意主导警务的群众工作理念

B. 建立开门评警群众工作长效机制

C. 掌握"三懂四会"群众工作方法

D. 完善开放型的公安工作社会监督大格局

8. 通过推行治安工作区域化、（　　　）等，使社会治安管理维护工作由公安机关和治保积极分子等少数部门和人员的事，转化为全体社会公民的责任。

A. 自治化　　　　B. 责任化　　　　C. 契约化　　　　D. 职业化

9. 政策是指政党或国家为实现一定历史时期的目标而确定的行动准则，具有强烈的（　　　）作用。

A. 指导　　　　B. 规范　　　　C. 约束　　　　D. 调整

10. "三懂四会"群众工作方法中，"三懂"指的是（　　　）。

A. 懂群众心理　　B. 懂群众语言　　C. 懂沟通技巧　　D. 懂法律法规

11. 党和国家的公安基本政策，分别被载入（　　　）的正式文件之中。

A. 党中央　　　　　　　　　　B. 全国人民代表大会

C. 全国人大常委会　　　　　　D. 国务院

12. 宽严相济的"济"，具有（　　　）三层含义。

A. 救济　　　　B. 协调　　　　C. 并行　　　　D. 济困

13. 党的公安政策指明公安机关及人民警察从事工作的（　　　）。

A. 基本理论　　B. 基本方向　　C. 基本要求　　D. 基本做法

14. 公安政策对调整有关国家安全和社会治安秩序的社会关系具有重要意义，它（　　　）。

A. 对人民群众有调动治安积极性的作用

B. 对违法犯罪分子有遏制、制裁及促使其转化的作用

C. 对公安机关有强化其职能的作用

D. 对人民警察有监督作用

15. 严肃与谨慎相结合政策的总精神就是不枉不纵。其具体应用就是坚持（　　　）。

A. 快　　　　B. 稳　　　　C. 准　　　　D. 狠

16. 突出"从严"，要根据公安部的部署，加大对（　　　）和毒品犯罪等五类犯罪的打击力度。

A. 严重暴力犯罪　　　　　　　B. 多发性侵财犯罪

C. 经济犯罪　　　　　　　　　D. 黑恶势力

E. 贪污犯罪

17. 正确贯彻执行宽严相济政策应注意的问题有（　　　）。

A. 把好案件源头

B. 推行刑事调解

C. 慎用羁押性强制措施

D. 对未成年人，在校学生触犯轻罪实行非刑事化处理

18. 依法从重从快惩处严重刑事犯罪分子,是( )。

 A. 维护稳定和巩固人民民主专政的社会主义制度的需要

 B. 建立社会主义市场经济,发展社会生产力的需要

 C. 团结教育广大人民群众,密切党与人民群众血肉联系,密切警民关系的需要

 D. 促进社会主义精神文明建设的需要

19. 重证据,重调查研究,严禁"逼供信"政策的基本要求是( )。

 A. 要忠于事实真相,整个办案过程都要坚持以事实为根据

 B. 严禁"逼供信",严禁以威胁、引诱、欺骗以及其他非法的方法收集证据

 C. 禁止侮辱犯罪嫌疑人的人格尊严,给犯罪嫌疑人以人道的待遇

 D. 凡有违反者,必须从纪律上或法律上追究责任

20. 重证据,重调查研究,严禁逼供信政策的意义有( )。

 A. 体现了公安民警对人民群众高度负责,对公民民主权利、人身权利高度重视

 B. 体现了公安机关文明办案,使办案工作真正建立在彻底唯物主义基础上,以事实为根据

 C. 有利于防止错案,做到不枉不纵

 D. 有利于正确发挥口供作用,促使公安民警提高办案水平

21. 贯彻依法从重从快惩处严重刑事犯罪分子政策应注意的问题有( )。

 A. 注意特定适用范围。依法从重从快惩处的对象是严重危害社会治安的犯罪分子

 B. 必须坚持以事实为根据,以法律为准绳

 C. 依法从重从快惩处严重刑事犯罪分子,并不意味着对其他刑事犯罪分子一律从宽或不予处罚

 D. 依法从重从快惩处严重刑事犯罪分子,意味着对其他刑事犯罪分子一律从宽或不予处罚

22. 教育与处罚相结合政策的基本要求是( )。

 A. 以教为主,寓教于罚   B. 教育多数,处罚少数

 C. 当罚则罚,罚如其分   D. 以罚为主,罚如其分

23. 对教育多数,处罚少数的表述正确的是( )。

 A. 违反治安管理行为多发生在一般法治观念不强的群众之中,这些人中的绝大多数是能够改正的,对于这些人要重在教育

 B. 对情节轻微,并能及时改正或者主动承认错误的,可以减轻或免予处罚

 C. 对情节较恶劣的,要给以必要的惩戒

 D. 惩戒的目的,也是教育,使其遵纪守法,树立公德

24. 《刑事诉讼法》第五十二条规定:"( )必须依照法定程序,收集能够证实犯罪嫌疑人、被告人有罪或者无罪、犯罪情节轻重的各种证据。严禁刑讯逼供和以威胁、引诱、欺骗以及其他非法方法收集证据,不得强迫任何人证实自己有罪。"

 A. 审判人员   B. 检察人员

 C. 侦查人员   D. 公安民警

25. 处罚是治安管理的必要手段,处罚的目的是(　　　)。

A. 教育本人　　　　　　　　　　　B. 教育他人

C. 维护治安秩序　　　　　　　　　D. 给以必要的惩戒

【参考答案】

一、判断题

1. √　　2. √　　3. ×　　4. √　　5. ×　　6. ×　　7. √　　8. ×

9. √　　10. ×　　11. ×　　12. √　　13. √　　14. ×　　15. √　　16. √

17. √　　18. ×　　19. √　　20. ×　　21. ×　　22. ×　　23. √　　24. ×

25. ×

二、单项选择题

1. C　　2. B　　3. C　　4. B　　5. C　　6. C　　7. A　　8. D

9. B　　10. D　　11. A　　12. B　　13. B　　14. B　　15. A　　16. D

17. B　　18. A　　19. D　　20. B　　21. D　　22. A　　23. C　　24. B

25. C

三、多项选择题

1. ABC　　2. BCD　　3. ABCD　　4. ABCD　　5. ABC　　6. ABCD

7. ABCD　　8. ABCD　　9. ABD　　10. ABC　　11. ABCD　　12. ABC

13. BCD　　14. ABC　　15. BCD　　16. ABCD　　17. ABCD　　18. ABCD

19. ABCD　　20. ABCD　　21. ABC　　22. ABC　　23. ABCD　　24. ABC

25. ABC

第三篇　公安执法

　　公安机关性质的反映、职能的发挥、宗旨的践行是通过公安机关及其民警完成任务、履行职责和从事具体的专业工作来实现的。在现代法治国家,任务的完成、职责的履行和专业工作的从事,最主要的方式就是通过执法活动来实现。公安机关作为国家重要的执法机关,参加国家的两大执法活动,即行政执法活动和刑事司法活动,是国家的治安行政管理机关和刑事司法机关。因此,公安民警必须深刻理解习近平法治思想核心要义和深入学习推进公安执法规范化建设要求,才能端正执法思想,确保正确的执法方向。在树立了正确的执法理念之后,就要从宏观上进一步把握公安刑事司法所涉及的主要环节和公安行政执法的主要内容,达到对公安执法的整体认识的目的,当然也要牢固地掌握两大执法所需要的最基本的执法知识,才能增强执法本领,保证执法水平。除了通过对执法理念和执法基本知识的学习外,还要学习公安执法监督制度的主要内容,清楚执法监督制度在保证公安执法目标实现中的地位和作用,达到规范和约束自身执法行为的目的。

第十章

新时代公安执法根本遵循和执法规范化建设

第一节 习近平法治思想

2014年，中国共产党召开了十八届四中全会，以依法治国为主题，确立了"建设中国特色社会主义法治体系，建设社会主义法治国家"的目标，对全面依法治国的基本原则、工作布局和重点任务进行了战略部署。全面依法治国成为"四个全面"战略布局的重要组成部分。党的十八大以来，中国社会主义法治建设在加强重点领域立法、法治政府建设、推进公正高效权威司法、加强全民普法、法治专门队伍建设、维护社会公平正义等方面都取得了重大进展。由此，中国法治建设从"中国特色社会主义法治"进入"新时代中国特色社会主义法治"。2020年11月16日至17日，中央全面依法治国工作会议在北京召开。这次会议的一个重要成果，就是首次提出习近平法治思想。会议强调，习近平法治思想内涵丰富、论述深刻、逻辑严密、系统完备，从历史和现实相贯通、国际和国内相关联、理论和实际相结合，深刻解答了新时代为什么实行全面依法治国、怎样实行全面依法治国等一系列重大问题。公安机关为完成新时代使命任务，必须以习近平法治思想为指导，必须坚持严格规范公正文明执法，提高公安工作法治化水平和执法公信力。

一、习近平法治思想的根本立场

以人民为中心是新时代坚持和发展中国特色社会主义的根本立场。习近平法治思想的根本立足点是坚持以人民为中心，坚持法治为人民服务。进入新时代之后，中国社会主要矛盾已经转化为人民日益增长的美好生活需要和不平衡不充分的发展之间的矛盾。人民群众对民主、法治、公平、正义、安全、环境等方面的要求日益增长。因此，法治建设要积极回应人民群众的新要求新期待，研究和解决法治领域人民群众反映强烈的突出问题，不断增强人民群众获得感、幸福感、安全感，用法治保障人民安居乐业。中国社会主义制度保证了人民当家作主的主体地位，也保证了人民在全面推进依法治国中的主体地位。这是中国的制度优势，也是中国特色社会主义法治区别资本主义法治的根本所在。

坚持以人民为中心，解答了在当代中国"法治为了谁、依靠谁、保障谁"的根本问题。在全面依法治国的实践当中，人民是依法治国的主体和力量源泉。法律的权威源自人民的内心拥护和真诚信仰。法治建设必须践行全心全意为人民服务的根本宗旨，以不断推进人民的美好生活作为法治改革与创新的逻辑起点。就依法治国的主要任务而言，就是要把体现人民利益、反映人民愿望、维护人民权益、增进人民福祉落实到科学立法、严格执法、公正司法和全民守法的各领域全过程，保证人民依法享有广泛权利和自由、承担应尽的义务。

二、习近平法治思想的核心要义

习近平法治思想内涵丰富、论述深刻、逻辑严密、系统完备。就其主要方面来讲，就是习近平总书记在这次会议重要讲话中精辟概括的"十一个坚持"。

（一）坚持党对全面依法治国的领导

党的领导是推进全面依法治国的根本保证。国际国内环境越是复杂，改革开放和社会主义现代化建设任务越是繁重，越要运用法治思维和法治手段巩固执政地位、改善执政方式、提高执政能力，保证党和国家长治久安。全面依法治国就是要加强和改善党的领导，健全党领导全面依法治国的制度和工作机制，推进党的领导制度化、法治化，通过法治保障党的路线方针政策有效实施。

（二）坚持以人民为中心

全面依法治国最广泛、最深厚的基础是人民，必须坚持为了人民、依靠人民。要把体现人民利益、反映人民愿望、维护人民权益、增进人民福祉落实到全面依法治国各领域全过程。推进全面依法治国，根本目的是依法保障人民权益。要积极回应人民群众新要求新期待，系统研究谋划和解决法治领域人民群众反映强烈的突出问题，不断增强人民群众获得感、幸福感、安全感，用法治保障人民安居乐业。

（三）坚持中国特色社会主义法治道路

中国特色社会主义法治道路本质上是中国特色社会主义道路在法治领域的具体体现。既要立足当前，运用法治思维和法治方式解决经济社会发展面临的深层次问题；又要着眼长远，筑法治之基、行法治之力、积法治之势，促进各方面制度更加成熟更加定型，为党和国家事业发展提供长期性的制度保障。要传承中华优秀传统法律文化，从中国革命、建设、改革的实践中探索适合自己的法治道路，同时借鉴国外法治有益成果，为全面建设社会主义现代化国家、实现中华民族伟大复兴夯实法治基础。

（四）坚持依宪治国、依宪执政

党领导人民制定宪法法律，领导人民实施宪法法律，党自身要在宪法法律范围内活动。全国各族人民、一切国家机关和武装力量、各政党和各社会团体、各企业事业组织，都必须以宪法为根本的活动准则，都负有维护宪法尊严、保证宪法实施的职责。坚持依宪治国、依宪执政，就包括坚持宪法确定的中国共产党领导地位不动摇，坚持宪法确定的人民民主专政的国体和人民代表大会制度的政体不动摇。

（五）坚持推进国家治理体系和治理能力现代化

法治是国家治理体系和治理能力的重要依托。只有全面依法治国才能有效保障国家治理体系的系统性、规范性、协调性，才能最大限度凝聚社会共识。在统筹推进伟大斗争、伟大工程、伟大事业、伟大梦想的实践中,在全面建设社会主义现代化国家新征程上,要更加重视法治、厉行法治,更好发挥法治固根本、稳预期、利长远的重要作用,坚持依法应对重大挑战、抵御重大风险、克服重大阻力、解决重大矛盾。

(六) 坚持建设中国特色社会主义法治体系

中国特色社会主义法治体系是推进全面依法治国的总抓手。要加快形成完备的法律规范体系、高效的法治实施体系、严密的法治监督体系、有力的法治保障体系,形成完善的党内法规体系。要坚持依法治国和以德治国相结合,实现法治和德治相辅相成、相得益彰。要积极推进国家安全、科技创新、公共卫生、生物安全、生态文明、防范风险、涉外法治等重要领域立法,健全国家治理急需的法律制度、满足人民日益增长的美好生活需要必备的法律制度,以良法善治保障新业态新模式健康发展。

(七) 坚持依法治国、依法执政、依法行政共同推进,法治国家、法治政府、法治社会一体建设

全面依法治国是一个系统工程,要整体谋划,更加注重系统性、整体性、协同性。法治政府建设是重点任务和主体工程,要率先突破,用法治给行政权力定规矩、划界限,规范行政决策程序,加快转变政府职能。要推进严格规范公正文明执法,提高司法公信力。普法工作要在针对性和实效性上下功夫,特别是要加强青少年法治教育,不断提升全体公民法治意识和法治素养。要完善预防性法律制度,坚持和发展新时代"枫桥经验",促进社会和谐稳定。

(八) 坚持全面推进科学立法、严格执法、公正司法、全民守法

要继续推进法治领域改革,解决好立法、执法、司法、守法等领域的突出矛盾和问题。公平正义是司法的灵魂和生命。要深化司法责任制综合配套改革,加强司法制约监督,健全社会公平正义法治保障制度,努力让人民群众在每一个司法案件中感受到公平正义。要加快构建规范高效的制约监督体系。要推动扫黑除恶常态化,坚决打击黑恶势力及其"保护伞",让城乡更安宁、群众更安乐。

(九) 坚持统筹推进国内法治和涉外法治

要加快涉外法治工作战略布局,协调推进国内治理和国际治理,更好地维护国家主权、安全、发展利益。要强化法治思维,运用法治方式,有效应对挑战、防范风险,综合利用立法、执法、司法等手段开展斗争,坚决维护国家主权、尊严和核心利益。要推动全球治理变革,推动构建人类命运共同体。

(十) 坚持建设德才兼备的高素质法治工作队伍

要加强理想信念教育,深入开展社会主义核心价值观和社会主义法治理念教育,推进法治专门队伍革命化、正规化、专业化、职业化,确保做到忠于党、忠于国家、忠于人民、忠于法律。要教育引导法律服务工作者坚持正确政治方向,依法依规诚信执业,认真履行社会责任。

(十一) 坚持抓住领导干部这个"关键少数"

各级领导干部要坚决贯彻落实党中央关于全面依法治国的重大决策部署,带头尊崇

法治、敬畏法律，了解法律、掌握法律，不断提高运用法治思维和法治方式深化改革、推动发展、化解矛盾、维护稳定、应对风险的能力，做尊法学法守法用法的模范。要力戒形式主义、官僚主义，确保全面依法治国各项任务真正落到实处。

习近平法治思想是把马克思主义法治理论同中国法治建设与具体实际相结合、同中华优秀传统文化相结合的重大理论创新成果。习近平法治思想以一系列具有原创性、时代性的新理念新思想新战略，在中国特色社会主义法治理论和实践上实现了重大突破、重大创新、重大发展，以具有解释力、穿透力的新视野新思维新方法，深化了对共产党依法执政规律、社会主义法治建设规律、人类社会法治发展规律的认识，充分彰显了科学理论的强大创新力、生命力、战斗力。公安机关肩负坚决捍卫政治安全、全力维护社会安定、切实保障人民安宁，为全面建设社会主义现代化国家，实现中华民族伟大复兴的中国梦创造安全稳定的政治社会环境的新时代使命任务，必须将习近平法治思想贯穿于全部执法工作之中，使公安执法成为践行习近平法治思想的主力军。

第二节　深化公安执法规范化建设

以习近平同志为核心的党中央高度重视公安机关执法规范化建设。2016 年 8 月，中共中央办公厅、国务院办公厅印发《关于深化公安执法规范化建设的意见》，为解决事关公安执法的体制性、机制性问题提供了基本遵循。2019 年 5 月，习近平总书记在全国公安工作会议上的重要讲话中，充分肯定了公安机关深入开展执法规范化建设取得的成绩，对推进严格规范公正文明执法提出了更高要求，为公安机关执法规范化建设指明了前进方向。

一、深化公安执法规范化建设的意义及现实迫切性

（一）意义

深化公安执法规范化建设，在整个公安工作中居于全局性、基础性地位，对全面推进依法治国具有十分重要的作用。公安机关作为国家重要的行政执法和刑事司法力量，是全面推进依法治国的践行者、推动者、保障者，公安工作法治化水平直接关系职责任务的依法履行和国家法律的有效实施，事关社会大局稳定和人民群众切身利益，事关宪法法律权威和社会公平正义，事关政府法治形象和执法公信力。深化执法规范化建设、全面建设法治公安的目的，就是要更好地发挥公安机关在全面推进依法治国中的生力军作用，切实履行好党和人民赋予的职责使命。

（二）现实迫切性

新形势新任务新要求迫切需要着力建设与之相适应的法治公安，不断增强公安机关依法履职能力。近年来，全国公安机关坚持不懈、持之以恒地狠抓执法规范化建设，无论是在法治观念、群众观念和执法理念、执法能力上，还是在权力运行、管理监督和执法质量、执法公信力上都有了明显提高，广大公安民警牢记使命、忠实履职，涌现出了以吴春忠、崔光日、汪勇、买买提江·托乎尼亚孜等为代表的一批执法为民先进典型，为维护国家安全和社会稳定、服务经济社会发展和人民群众作出了重大贡献。但也清醒看到，与协调

推进"四个全面"战略布局的新形势新任务相比,与党和人民的新要求新期待相比,当前公安执法工作还存在很多不适应、不符合的地方,一些民警法治观念不强、执法素养不高,运用法治思维、法治方式处理新情况新问题能力仍需进一步提升,执法标准、操作规程、管理监督等制度机制还不够完善、严密,执法不严格、不规范、不公正、不文明等问题还时有发生,群众反映强烈。为此,必须把深化公安执法规范化建设摆上更加突出的位置,拿出一系列硬招、实招,在抓根治本、解决问题、破解难题上下功夫求实效,在更高层次、更高水平上建设法治公安,不断提升公安机关的依法履职能力和执法公信力。

二、深化公安机关执法规范化建设的目标和基本原则

(一)目标

要以严格规范公正文明执法为总要求,以全面深化改革为推动力,以解决执法问题为导向,全面贯彻依法治国基本方略,忠实履行法定职责,不断提升运用法治思维、法治方式深化改革、推动发展、化解矛盾、维护稳定的能力。

(二)基本原则

深化公安执法规范化建设必须坚持党的领导,确保始终坚持正确的政治方向;坚持执法为民,遵循以人民为中心的执法理念;坚持依法推进,遵循社会主义法治原则;坚持改革创新,全面落实执法权力运行机制改革任务。

(三)当前和今后一个时期,公安机关执法规范化建设的基本思路

坚持以习近平新时代中国特色社会主义思想为指导,全面贯彻党的十九大和十九届二中、三中、四中全会精神,深入贯彻落实全国公安工作会议部署,牢牢把握推进国家治理体系和治理能力现代化总目标,积极适应深化全面依法治国实践新要求,以保障人民根本利益为出发点和落脚点,聚焦新时代法治公安建设,持续推进执法规范化,努力实现执法队伍专业化、执法行为标准化、执法管理系统化、执法流程信息化,不断提升公安工作法治化水平和执法公信力,为切实履行好党和人民赋予公安机关的新时代使命任务提供强有力的支撑。

三、深化公安执法规范化建设的主要内容

(一)践行为民理念

强调遵循以人民为中心的执法理念,要求每一名民警都要内植于心、外践于行,在每一项执法活动、每一起案件办理中,始终站在人民的立场,体现人民的意志,落实为民的要求,维护人民的利益。

(二)着力构建体系

着眼完善公安执法权力运行机制,构建完备的执法制度体系、规范的执法办案体系、系统的执法管理体系、实战的执法培训体系、有力的执法保障体系,实现执法队伍专业化、执法行为标准化、执法管理系统化、执法流程信息化。

(三)规范执法行为

围绕公安执法中的重点方面和关键环节,就规范执法依据、执法程序、执法行为和执

法决策、执法监督、责任追究机制等,提出一系列加强和改进的具体措施,保证执法工作始终在法治轨道内运行。

(四)强化能力建设

强调抓住领导干部"关键少数"和基层一线执法主体,建立健全常态化执法教育培训机制,实行法律要求与实战应用相结合执法培训模式,不断提升运用法治思维和法治方式维护稳定、治理社会的能力。

(五)营造法治环境

在严格要求内部的同时,针对影响和制约公安执法工作的一些外部因素,就加强执法保障、创造良好执法环境等提出明确要求,支持保障公安机关依法行使职权,为公安执法工作营造良好社会氛围。

四、为推动公安执法工作进一步发展进步的工作措施和建议

(一)进一步提升思想认识,锻造新时代高素质过硬公安队伍

队伍建设是规范执法的根本、基础和保障,必须坚持抓执法与抓队伍相结合,按照"四个铁一般"的标准,努力建设一支党和人民信得过、靠得住、能放心的公安铁军。在全国公安机关开展"坚持政治建警全面从严治警"教育整顿,向人民群众反映强烈的顽瘴痼疾开刀,深入整治执法突出问题,以整风的精神和自我革命的实际行动取信于民,确保公安队伍绝对忠诚、绝对纯洁、绝对可靠。继续强化警务辅助人员管理,健全完善招聘、待遇保障等制度,切实用好这支队伍。各级政府也将进一步加大对公安工作在政策、经费、人员等方面的保障力度,帮助解决工作中遇到的实际困难和问题,为公安机关依法履职创造条件。

(二)进一步健全完善执法制度,为执法工作提供规范实用的操作指引

全面贯彻执行刑法、刑事诉讼法、治安管理处罚法等法律,及时出台法规、规章,分门别类地规范执法流程,细化操作标准,切实解决制度执行"最后一公里"问题,为一线办案提供更具操作性的制度指引。同时,针对维护国家安全、公共安全和社会稳定等方面遇到的新情况新问题,积极推动检法等部门出台司法解释或者规范性文件,不断健全打击违法犯罪制度体系。提高科学建章立制水平,严格落实规范性文件法律审核和备案审查机制,切实保障公安执法决策和制度的合法性、科学性。

(三)强化组织督导,全面落实严格规范公正文明执法要求

全国公安机关将继续认真贯彻落实中办、国办《关于深化公安执法规范化建设的意见》的各项部署要求,深化执法权力运行机制改革,严格落实受案立案和"两统一"工作机制改革各项要求,大力推进市、县两级公安机关按计划完成执法办案管理中心建设任务,进一步深化执法信息化建设,加强执法大数据深度应用,借助办案环境改造和科技力量不断提升执法办案和监督管理的效能。要动员全警力量,全面压实责任,持续跟踪督导,下大力气攻坚克难,坚持不懈地推动执法规范化建设不断取得新成效,切实提升公安机关严格规范公正文明执法水平。

（四）进一步完善有关公安工作的立法

随着国家民主法治建设和经济社会发展，公安工作面临新的形势和任务，目前人民警察法中关于公安机关组织管理、职责任务、警务保障等方面的一些规定已不适应工作需要。建议全国人大常委会加快推进人民警察法的修订工作，合理界定警察职责权力，完善警务管理体制，固化执法规范化建设成果。此外，建议根据当前社会治理和打击违法犯罪活动需要，修改、制定治安管理处罚法、道路交通安全法、反有组织犯罪法、出境入境管理法、看守所法等法律，加强对警务辅助人员地方立法的调研和指导，为完善社会治理、打击防范违法犯罪活动提供更加有力的法律武器。

全国公安机关将继续深入贯彻习近平总书记全面依法治国新理念新思想新战略，持续深化公安机关执法规范化建设，建设更高水平的法治公安，为履行好新时代公安机关使命任务，维护社会持续安全稳定作出新的更大的贡献。

第十一章

公安刑事司法

第一节 公安机关在刑事诉讼中的地位、
任务和公安刑事司法基本原则

一、公安机关在刑事诉讼中的地位

公安机关是刑事诉讼中的侦查机关。在刑事诉讼中,负责对刑事案件的侦查、拘留、执行逮捕、预审和部分刑罚的执行。

公安机关是我国刑事司法体系的重要组成部分,是国家的刑事执法机关。根据我国《宪法》和《刑事诉讼法》的规定,公安机关在刑事诉讼中承担侦查和执行刑罚的职责,与人民检察院和人民法院分工负责、互相配合、互相制约,以保证准确有效地执行法律,共同完成惩罚犯罪的任务。

公安机关在刑事诉讼中的基本职权是依照法律对刑事案件立案、侦查、预审;决定、执行强制措施;对依法不追究刑事责任的不予立案,已经追究的撤销案件;对侦查终结应当起诉的案件,移送人民检察院审查决定;对不够刑事处罚的犯罪嫌疑人需要行政处理的,依法给予处理;对被判处有期徒刑的罪犯,在被交付执行刑罚前,剩余刑期在三个月以下的,代为执行刑罚;执行拘役、剥夺政治权利、驱逐出境。

二、公安机关在刑事诉讼中的任务

公安机关在刑事诉讼中的任务,是保证准确、及时地查明犯罪事实,正确应用法律,惩罚犯罪分子,保障无罪的人不受刑事追究,教育公民自觉遵守法律,积极同犯罪行为作斗争,以维护社会主义法治,尊重和保障人权,保护公民的人身权利、财产权利、民主权利和其他权利,保障社会主义现代化建设的顺利进行。

三、公安刑事司法的基本原则

公安刑事执法的基本原则是公安机关进行刑事执法工作所必须遵循的基本行为准则。根据《刑事诉讼法》和《公安机关办理刑事案件程序规定》,公安刑事执法的基本原则主要有以下几点。

（一）尊重和保障人权

尊重和保障人权是我国宪法确立的一项重要原则，它是社会主义法治的本质要求之一。公安机关在办理刑事案件过程中，应当尊重和保障人权，严格执行《刑事诉讼法》以及《公安机关办理刑事案件程序规定》，保障犯罪嫌疑人以及其他诉讼参与人的诉讼权利和其他合法权利，处理好惩治犯罪与保障人权的关系。只有这样才能保证准确、及时地查明犯罪事实，正确适用法律惩罚犯罪分子，同时又能保障无罪的人不受刑事追究。

（二）依靠群众

公安机关进行刑事诉讼，必须依靠群众。该原则是党的群众路线在刑事诉讼中的反映。公安机关在办理刑事案件时，第一，依靠群众提供证据或者协助调查；第二，依靠群众实施扭送；第三，依靠群众参与部分刑罚的执行。

（三）以事实为根据，以法律为准绳

依照《宪法》《刑事诉讼法》《人民警察法》及相关法律的规定，法律授权的机关、公民和社会组织对公安机关及其人民警察履行职责、行使职权的活动有权进行监督，公安机关及其人民警察在刑事执法活动中应当接受监督。对侦查活动中出现的不适当或错误的情形，应当及时认真地查处纠正，并将查改情况及时报告人民检察院等相关部门。同时，公安机关应当建立、完善和严格执行办案责任制度、执法过错责任追究制度等内部执法监督制度，以全面提高公安机关的执法水平和效能。

（四）对一切公民在适用法律上一律平等

一方面，公安机关在办理刑事案件时，对任何涉嫌犯罪的行为都应一律平等地适用法律予以追究，不因其社会地位、经济状况、职业、受教育程度等方面的不同而有所不同；另一方面，公安机关办理刑事案件时，对包括犯罪嫌疑人在内的诉讼参与人依法享有的诉讼权利和合法权益都应给予平等的重视和保护。

（五）与人民检察院、人民法院分工负责，互相配合、互相制约

分工负责是指公、检、法三机关在刑事诉讼中有明确的职权分工。法院行使审判权，检察院行使检察权，公安机关行使侦查权。互相配合是指公、检、法三机关相互支持、通力合作，使案件处理能前后衔接，协调一致。互相制约是指公、检、法三机关应按照职能分工和程序设置，相互约束、相互制衡，防止和纠正可能出现的错误和偏差。

（六）应当接受监督

公安机关的侦查活动要依法接受人民检察院的法律监督，在接到纠正违法通知后，应当认真查处纠正，并将情况及时报告人民检察院。另外，公安机关也应建立办案责任制度、执法质量考评制度、错案责任追究制度等内部监督制度，以便对公安机关的执法活动自行进行检查和纠正。

（七）重证据，重调查研究，不轻信口供，严禁刑讯逼供

公安机关在办理刑事案件时，必须重视收集各种证据，要把主要精力放在证据调查与审查判断上，依照法定程序和要求收集证据。严禁刑讯逼供，禁止以威胁、引诱、欺骗以及其他非法方法收集证据。不能不经核实，不经与其他证据相互印证，就轻易相信口供，只

有经过查证属实的口供才可作为证据使用。

（八）不得强迫任何人证实自己有罪

公安机关在刑事案件的侦查中，不得以任何强迫手段，使任何人认罪和提供证明自己有罪的证据。这里的强迫包括精神上和肉体上两个方面。该原则突出了控诉方的举证责任，要求侦查人员加强口供以外的其他证据的收集工作，从而大大减弱了警方对口供的依赖，改变了警方凭口供破案的侦查模式，使禁止刑讯逼供落到实处，并促进人民警察队伍的自身建设。

（九）尊重各民族公民使用本民族语言文字进行诉讼的权利

公安机关在办理刑事案件中，要尊重各民族公民用本民族语言文字进行诉讼的权利。对于不通晓当地通用的语言文字的诉讼参与人，要配备翻译人员，为他们翻译。在少数民族聚居或者多民族杂居的地区，应当使用当地通用的语言进行讯问。对外公布的诉讼文书，应当使用当地通用的文字。

（十）各地区公安机关之间应加强协作和配合

为了提高公安机关办理刑事案件的质量和效率，各地区公安机关之间应互相协作和配合，严格履行协查、协办职责。在收到异地公安机关提出的协查、协办请求后，应当按照异地公安机关的要求，将有关的材料、情况迅速反馈回去，对于需要协助抓捕犯罪嫌疑人的，要积极配合。上级公安机关应当加强监督、协调和指导。

第二节　公安机关的侦查手段和强制措施

一、公安机关的侦查手段

（一）讯问犯罪嫌疑人

讯问犯罪嫌疑人是侦查人员为了查明案件事实和其他情况，依照法定程序，就案件事实，以言词方式对犯罪嫌疑人查问案件事实和其他与案件有关情况的一种侦查行为。讯问犯罪嫌疑人，一方面有利于查明犯罪事实，扩大收集证据的线索，发现新的犯罪和其他应当追究刑事责任的犯罪分子；另一方面有利于犯罪嫌疑人行使辩护权，通过听取犯罪嫌疑人的申辩，保证无罪的人和其他依法不应追究刑事责任的人不受刑事追究。

（二）询问证人、被害人

询问证人、被害人是侦查人员依照法定程序，以言词方式向其了解案件情况的一种侦查活动。询问证人、被害人的目的在于取得能够证明案件事实真相的证言，通过证言发现案件的相关线索，查找犯罪嫌疑人，查明案情。询问证人、被害人对于发现和收集证据、侦破案件、证实犯罪具有重要意义。

（三）勘验、检查

勘验、检查是侦查人员对与犯罪有关的场所、物品、人身、尸体进行实地查看、检验，以发现和收集犯罪活动所遗留的痕迹和物品、生物样本等证据材料的一种侦查活动。主要包括现场勘验、物证检验、尸体检验、人身检查、辨认和侦查实验。

（四）搜查

搜查是为了收集犯罪证据，查获犯罪人，侦查人员对犯罪嫌疑人以及可能隐藏罪犯或者犯罪证据的人的身体、物品、住处和其他有关的地方进行搜索、检查的一种侦查行为。搜查是一种强制性的侦查措施，是侦查机关同犯罪作斗争的重要手段。它对于及时收集犯罪证据，揭露和证实犯罪，查获犯罪嫌疑人，打击和制止犯罪，保证侦查和审判的顺利进行，有着十分重要的意义。

（五）查封、扣押物证、书证

查封、扣押物证、书证是侦查机关在侦查活动中，发现能够证明犯罪嫌疑人有罪或者无罪的财物和文件，依法予以提取、封存的一种侦查行为。目的是收集和保全证据，防止证据被毁损或被隐匿。因此，必须依照法定程序及时主动地进行，以多方面获取能够证实犯罪嫌疑人有罪或无罪以及犯罪情节轻重的一切事实。

（六）查询、冻结

公安机关根据侦查犯罪的需要，可以依照规定查询、冻结犯罪嫌疑人的存款、汇款、债券、股票、基金份额等财产。有关单位和个人应当配合。犯罪嫌疑人的存款、汇款、债券、基金份额等财产已被冻结的，不得重复冻结。经查明确实与案件无关的，应当在三日以内解除冻结，予以退还。

（七）鉴定

鉴定是侦查机关为了查明案情，指派或聘请有专门知识的人对案件中的专门性问题进行鉴别、判断的一种侦查行为。需要聘请有专门知识的人进行鉴定，应当经县级以上公安机关负责人批准后，制作鉴定聘请书。

（八）技术侦查措施

技术侦查措施是公安机关对危害国家安全犯罪、恐怖活动犯罪、黑社会性质的组织犯罪、重大毒品犯罪或者其他严重危害社会的犯罪案件，经过严格批准手续，依法借助现代技术和设备，对犯罪嫌疑人、被告人以及与犯罪活动直接关联的人员，实施记录监控、行踪监控、通信监控、场所监控等措施的一种侦查手段。

（九）通缉

通缉是公安机关在侦查过程中，对应当逮捕而在逃的犯罪嫌疑人、越狱逃跑的犯罪嫌疑人、被告人或罪犯，通令缉拿归案的一种侦查方法。通缉对公安机关通力合作、动员和依靠广大群众捕获犯罪嫌疑人、打击和制止犯罪、保障侦查和审判的顺利进行都具有重要意义。

二、公安机关的刑事强制措施

刑事强制措施是指公安机关、人民检察院和人民法院为保证刑事诉讼的顺利进行，依法对犯罪嫌疑人、被告人或现行犯的人身自由加以临时限制或剥夺的各种强制方法。刑事强制措施包括拘传、取保候审、监视居住、拘留、逮捕。

(一)拘传

拘传是公安机关、人民检察院和人民法院强制犯罪嫌疑人、被告人到案接受讯问的一种强制措施。

对未被羁押的犯罪嫌疑人,根据案件情况应予拘传的,或者经过传唤没有正当理由不到案的,公安机关可以拘传到其所在市、县内的指定地点进行讯问。

拘传必须经县级以上公安机关负责人批准。执行拘传的时候,执行人员不得少于两人,要向被拘传人出示拘传证。犯罪嫌疑人到案后,应当责令其在拘传证上填写到案时间;拘传结束后,应当由其在拘传证上填写拘传结束时间。犯罪嫌疑人拒绝填写的,侦查人员应当在拘传证上注明。拘传持续的时间不得超过十二小时,案情特别重大、复杂,需要采取拘留、逮捕措施的,经县级以上公安机关负责人批准,拘传持续的时间不得超过二十四小时。不得以连续拘传的形式变相拘禁犯罪嫌疑人。拘传期限届满,未作出采取其他强制措施决定的,应当立即结束拘传。

(二)取保候审

取保候审是公安机关、人民检察院和人民法院,依法责令符合一定条件的犯罪嫌疑人、被告人提出保证人或交纳保证金,保证其不逃避侦查、起诉和审判,并随传随到的一种强制措施。取保候审由公安机关执行。

公安机关对有下列情形之一的犯罪嫌疑人,可以取保候审。

(1)可能判处管制、拘役或者独立适用附加刑的。

(2)可能判处有期徒刑以上刑罚,采取取保候审不致发生社会危险性的。

(3)患有严重疾病、生活不能自理,怀孕或者正在哺乳自己婴儿的妇女,采取取保候审不致发生社会危险性的。

(4)羁押期限届满,案件尚未办结,需要继续侦查的。

对拘留的犯罪人,证据不符合逮捕条件,以及提请逮捕后,人民检察院不批准逮捕,需要继续侦查,且符合取保候审条件的,可以依法取保候审。被羁押的犯罪嫌疑人、被告人及其法定代理人、近亲属或者辩护人有权申请取保候审。

(三)监视居住

监视居住是公安机关、人民检察院和人民法院依法责令犯罪嫌疑人、被告人不得离开住处或指定的居所,并对其进行监视和控制的一种强制措施。

公安机关对符合逮捕条件,有下列情形之一的犯罪嫌疑人,可以监视居住。

(1)患有严重疾病、生活不能自理的。

(2)怀孕或者正在哺乳自己婴儿的妇女。

(3)系生活不能自理的人的唯一扶养人。

(4)因为案件的特殊情况或者办理案件的需要,采取监视居住措施更为适宜的。

(5)羁押期限届满,案件尚未办结,需要采取监视居住措施的。

对符合取保候审条件,但犯罪嫌疑人不能提出保证人,也不交纳保证金的,可以监视居住。

监视居住由公安机关执行。

（四）拘留

拘留是公安机关、人民检察院对现行犯或重大嫌疑分子，在法定紧急情况下，依法采取的暂时剥夺其人身自由的一种强制措施。

公安机关对于现行犯或者重大嫌疑分子，有下列情形之一的，可以先行拘留。

（1）正在预备犯罪、实行犯罪或者在犯罪后即时被发觉的。

（2）被害人或者在场亲眼看见的人指认他犯罪的。

（3）在身边或者住处发现有犯罪证据的。

（4）犯罪后企图自杀、逃跑或者在逃的。

（5）有毁灭、伪造证据或者串供可能的。

（6）不讲真实姓名、住址，身份不明的。

（7）有流窜作案、多次作案、结伙作案重大嫌疑的。

（五）逮捕

逮捕是公安机关、人民检察院和人民法院为了防止犯罪嫌疑人、被告人逃避或妨碍侦查起诉和审判，或继续犯罪，依法采取的暂时剥夺其人身自由，予以羁押的一种强制措施。

逮捕犯罪嫌疑人、被告人，必须经过人民检察院批准或者人民法院决定，由公安机关执行。

公安机关对有证据证明有犯罪事实，可能判处徒刑以上刑罚的犯罪嫌疑人，采取取保候审尚不足以防止发生下列社会危险性的，应当提请批准逮捕。

（1）可能实施新的犯罪的。

（2）有危害国家安全、公共安全或者社会秩序的现实危险的。

（3）可能毁灭、伪造证据，干扰证人作证或者串供的。

（4）可能对被害人、举报人、控告人实施打击报复的。

（5）企图自杀或者逃跑的。

对有证据证明有犯罪事实，可能判处十年有期徒刑以上刑罚的，或者有证据证明有犯罪事实，可能判处徒刑以上刑罚，曾经故意犯罪或者身份不明的，应当提请批准逮捕。

被取保候审、监视居住的犯罪嫌疑人、被告人违反取保候审、监视居住规定，情节严重的，可以提请批准逮捕。

三、公民扭送

对于有下列情形的人，任何公民都可以立即将其扭送公安机关、人民检察院或者人民法院处理。

（1）正在实行犯罪或者犯罪后即时被发觉的。

（2）通缉在案的。

（3）越狱逃跑的。

（4）正在被追捕的。

知识巩固与能力提升训练

一、判断题

1. 如果被搜查人或者其家属不在场，公安机关则不能进行搜查。　　（　　）

2. 公安机关是刑事诉讼中的审查机关。　　（　　）

3. 公安机关在刑事诉讼中的基本职权是执行刑罚。　　（　　）

4. 尊重和保障人权是公安刑事执法的基本原则。　　（　　）

5. 讯问犯罪嫌疑人只能由公安机关侦查人员进行，并且讯问时侦查人员不得少于两人。　　（　　）

6. 取保候审由司法机关执行。　　（　　）

7. 检查妇女的身体，只能由女侦查人员进行。　　（　　）

8. 刑事强制权的权力形式有拘传、取保候审、监视居住、拘留等。　　（　　）

9. 公安机关的侦查活动合法依据是《刑事诉讼法》，它是行使侦查权力的主要依据。　　（　　）

10. 由于拘传是强制程度最轻的一种强制措施，因此该措施的采用只需由公安机关刑侦中队、派出所的负责人批准。　　（　　）

11. 侦查人员需要扣押犯罪嫌疑人的邮件、电子邮件、电报时，需经县级以上公安机关负责人批准。　　（　　）

12. 采取技术侦查时获得与案件无关的材料应当及时交给材料的所有人。　　（　　）

13. 侦查人员在采取技术侦查时，对知悉的商业秘密，应当保密。　　（　　）

14. 根据《刑事诉讼法》的规定，如果被害人、犯罪嫌疑人拒绝人身检查，而侦查人员又认为有必要检查时，可以强制检查。　　（　　）

15. 查封、扣押的对象是能够证明犯罪嫌疑人有罪或无罪的财物或文件。　　（　　）

16. 刑事强制措施是对犯罪嫌疑人、被告人或现行犯的人身自由和财产权的限制和剥夺。　　（　　）

17. 在取保候审期间，应当中断对案件的侦察、起诉和审理。　　（　　）

18. 对于流窜作案、多次作案、结伙作案的重大嫌疑分子，提请审查批准逮捕的时间可以延长至15日。　　（　　）

19. 王某因涉嫌伤害犯罪被依法逮捕，他有权委托律师为其申请取保候审。　　（　　）

20. 监视居住最长不得超过12个月。　　（　　）

二、单项选择题

1. 某伤害案件中，犯罪嫌疑人认为办案机关委托作出的鉴定意见有错误，可以（　　）。

　　A. 申请复议　　　　B. 申请重新鉴定　　　C. 申诉　　　　　　D. 提起上诉

2. 为了收集犯罪证据、查获犯罪人，对犯罪嫌疑人以及可能隐藏罪犯或者犯罪证据的人的身体、物品、住处和其他有关的搜索、检查，称为（　　）。

　　A. 勘验　　　　　　B. 搜查　　　　　　　C. 检查　　　　　　D. 盘查

3. 按照《刑事诉讼法》规定,公、检、法三机关在办理刑事案件中,应当分工负责、互相配合与( )。

    A. 互相制约   B. 互相协调   C. 互相通气   D. 互相帮助

4. 为了查明或确定与案件有关的某一事实或情节在某种条件下能否发生或如何发生,而在同等条件下,将该事实或情节人为地加以重演的侦查方法是( )。

    A. 侦查实验   B. 现场勘验   C. 人身检查   D. 物证检验

5. 尊重和保障人权是我国( )确定的一项重要原则。

    A.《中华人民共和国刑法》   B.《中华人民共和国刑事诉讼法》

    C.《中华人民共和国民法典》   D.《中华人民共和国宪法》

6. 公安机关对人民检察院不批准逮捕的决定认为有错误的时候,可以( )。

    A. 上诉   B. 申诉   C. 起诉   D. 要求复议

7. 询问证人只能由( )进行。

    A. 治保主任   B. 居委会主任   C. 单位保卫科长   D. 侦查人员

8. 取保候审最长不得超过( )个月。

    A. 6   B. 8   C. 10   D. 12

9. 根据《刑事诉讼法》的规定,公安机关对于不讲真实姓名、住址,身份不明的现行犯或重大嫌疑分子,可以先行( )。

    A. 监视居住   B. 拘留   C. 逮捕   D. 拘传

10. 公安机关对人民检察院不批准逮捕的决定,认为有错误的时候,可以要求复议,如果意见不被接受,可以向( )提请复核。

    A. 上一级公安机关   B. 本级人民政府

    C. 上一级人民检察院   D. 人民法院

11. 公安机关办理刑事案件,( )收集证据。

    A. 应依照法定程序

    B. 可采取必要措施

    C. 真实的证据可使用必要的非法手段

    D. 可诱导犯罪嫌疑人的供述

12. 对于( ),经过严格批准公安机关可以采取技术侦查措施。

    A. 妨害社会管理案件   B. 扰乱社会秩序案件

    C. 危害社会的案件   D. 严重危害社会的犯罪案件

13. 公安机关实施拘留后,除有碍侦查或者无法通知的情形以外,应当在( )小时以内把拘留的原因和羁押的处所通知被拘留人的家属或其所在单位。

    A. 12   B. 24   C. 48   D. 36

14. 拘传持续的时间最长不得超过( )小时,不得以连续拘传的形式变相拘禁犯罪嫌疑人。

    A. 24   B. 18   C. 12   D. 48

15. 对于流窜作案、多次作案、结伙作案的重大嫌疑分子,提请审查批准逮捕的时间可以延长至( )天。

A. 15　　　　　　　B. 30　　　　　　　C. 45　　　　　　　D. 60

16. 取保候审是指公安机关、人民检察院和人民法院依法责令符合一定条件的犯罪嫌疑人、被告人提出保证人或交纳保证金,保证其(　　)的强制措施。

  A. 不离开住处

  B. 不离开指定的居所

  C. 不会见他人

  D. 不逃避侦查、起诉和审判,并随传随到

17. 物证检验应由侦查机关的侦查人员进行,必要时可以指派或者聘请具有专门知识的人,在(　　)的主持下进行。

  A. 侦查人员　　　　　　　　　　　B. 办案部门负责人

  C. 鉴定人员　　　　　　　　　　　D. 县级以上公安机关负责人

18. 对犯罪嫌疑人进行辨认,应当经(　　)批准。

  A. 侦查人员　　　　　　　　　　　B. 办案人员

  C. 办案部门负责人　　　　　　　　D. 县级以上公安机关负责人

19. 对决定查封、扣押的财物、文件,应当会同在场证人和被查封、扣押财物、文件持有人查点清楚,当场开列清单(　　)。

  A. 一式一份　　　B. 一式两份　　　C. 一式三份　　　D. 一式四份

20. 多人参加鉴定,鉴定人有不同意见的,(　　)。

  A. 不予考虑　　　B. 意见无效　　　C. 重新鉴定　　　D. 应当注明

三、多项选择题

1. 根据《刑事诉讼法》的规定,人民检察院依法对公安机关侦查终结移送起诉的案件进行审查,审查的主要内容包括(　　)等。

  A. 犯罪性质、罪名认定是否正确　　　B. 有无漏罪

  C. 有无附带民事诉讼　　　　　　　　D. 侦查活动是否合法

2. 符合下列条件(　　)时,可以将传唤犯罪嫌疑人的时间延长到 24 小时。

  A. 案件特别重大、复杂　　　　　　　B. 需要采取拘留、逮捕措施

  C. 经办案部门负责人批准　　　　　　D. 经县级以上公安机关负责人批准

3. 被监视居住的犯罪嫌疑人,应遵守以下规定(　　)。

  A. 不可毁灭、伪造证据或串供

  B. 在传讯时及时到案

  C. 将护照等出入境证件、身份证件、驾驶证件交执行机关保存

  D. 未经执行机关批准不得会见他人或以任何方式通信

4. 某县发生重大抢劫案件,县公安局经侦查确定胡某为犯罪嫌疑人,但胡某已经逃匿,在对胡某实施通缉问题上,下列说法正确的是(　　)。

  A. 该县公安局有权发布通缉令

  B. 该县公安局只有权在本县范围内发布通缉令

  C. 如果要在全国范围内通缉胡某应由省公安厅发布通缉令

  D. 其他公安机关发现被通缉的胡某应立即通知该县公安局派人前往抓获

5. 下列各项中属于公安机关侦查权的有(　　　)。

    A. 讯问　　　　　　　B. 勘验检查　　　　　C. 鉴定　　　　　　　D. 起诉

6. 询问证人,应当告知他(　　　)。

    A. 要如实地提供证据　　　　　　　　　B. 要如实地提供证言

    C. 有意作伪证要承担的法律责任　　　　D. 隐匿罪证要承担的法律责任

7. 重证据,重调查研究,严禁"逼供信"政策的基本要求包括(　　　)。

    A. 要忠于事实真相,整个办案过程都要坚持以事实为依据

    B. 严禁刑讯逼供,严禁以威胁、引诱、欺骗以及其他非法方法收集证据

    C. 禁止侮辱犯罪嫌疑人的人格尊严,给犯罪嫌疑人以人道的待遇

    D. 凡有违反者,必须从纪律上、法律上追究责任

8. 公安机关对于现行犯或者重大嫌疑分子,如果有下列情形之一的,可以先行拘留。
(　　　)。

    A. 犯罪后企图自杀、逃跑或者在逃的

    B. 有毁灭、伪造证据或者串供可能的

    C. 不讲真实姓名、住址,身份可以查清的

    D. 有流窜作案、多次作案、结伙作案嫌疑的

9. 公安刑事司法的基本原则有(　　　)。

    A. 对一切公民在适用法律上一律平等的原则

    B. 以事实为根据,以法律为准绳的原则

    C. 公安机关进行刑事诉讼应当接受监督的原则

    D. 不得强迫任何人证实自己有罪的原则

10. 侦查人员进行搜查时,应当有(　　　)之一在场。

    A. 被搜查人　　　　　　　　　　　B. 被搜查人的家属

    C. 邻居　　　　　　　　　　　　　D. 其他见证人

11. 人民法院、人民检察院和公安机关对于具有(　　　)的犯罪嫌疑人、被告人可以取
保候审。

    A. 可能判处管制、拘役或者独立适用附加刑的

    B. 可能判处无期徒刑以上刑罚的

    C. 对拘留的犯罪嫌疑人证据不符合逮捕条件的

    D. 应当逮捕的犯罪嫌疑人患有严重疾病的或者是正在怀孕、哺乳自己未满1周
      岁的婴儿的妇女

12. 适用取保候审时,保证人必须符合的条件有(　　　)。

    A. 与本案无牵连

    B. 有能力履行保证义务

    C. 享有政治权利,人身自由未受到限制

    D. 有固定的住处和收入

13. 取保候审保证人应当履行的义务主要有(　　　)。

    A. 监督被保证人遵守取保候审期间应遵守的规定

B. 取保候审期限届满前通知执行机关

C. 发现被保证人可能发生违反规定的行为的,应当及时向执行机关报告

D. 发现被保证人已经发生违反规定的行为的,应当及时向执行机关报告

14. 下列情形,可以采取监视居住的是(　　)。

A. 可能判处管制、拘役的

B. 应当逮捕,但患有严重疾病的

C. 应当逮捕,但正在怀孕或哺乳自己未满一周岁的婴儿的妇女

D. 可能判处徒刑以上刑罚,采取监视居住不致发生社会危险性的

15. 被取保候审的犯罪嫌疑人如果违反规定,则(　　)。

A. 需要予以逮捕的,可以对其先行拘留

B. 已交纳保证金的,没收部分或者全部保证金

C. 区别情形,责令犯罪嫌疑人具结悔过

D. 重新交纳保证金、提出保证人

16. 我国刑事诉讼中的强制措施包括(　　)。

A. 拘传　　　　　B. 取保候审　　　　　C. 传唤　　　　　D. 拘留

17. 公安机关在发现不应当逮捕的情况时,应(　　)。

A. 可变更为拘留　　B. 必须立即道歉　　C. 必须立即释放　　D. 发给释放证明

18. 下列关于讯问犯罪嫌疑人的说法正确的是(　　)。

A. 可以由一名侦查人员进行

B. 只让其陈述有罪的情况而不必让其陈述无罪的辩解

C. 讯问不满 18 周岁的未成年人犯罪嫌疑人时,除有碍侦查或无法通知的情形外,应当通知其法定代理人或者教师到场。

D. 应制作讯问笔录

19. 刑事侦查工作的主要任务是(　　)。

A. 阻止和打击国际恐怖活动和国外、境外犯罪组织、犯罪分子以及黑社会组织的渗透活动

B. 预防、制止和减少刑事犯罪的发生

C. 及时发现犯罪、揭露犯罪、证实犯罪、打击犯罪

D. 加强治安行政管理

20. 对于有下列情形的人,任何公民都可以立即将其扭送公安机关、人民检察院或者人民法院处理(　　)。

A. 正在实行犯罪或者在犯罪后即时被发觉的

B. 通缉在案的

C. 越狱逃跑的

D. 正在追捕的

【参考答案】

一、判断题

1. ×　　2. ×　　3. ×　　4. √　　5. √　　6. ×　　7. ×　　8. √

9. √ 　　10. × 　　11. √ 　　12. × 　　13. √ 　　14. × 　　15. √ 　　16. ×
17. × 　　18. × 　　19. √ 　　20. ×

二、单项选择题
1. B 　　2. B 　　3. A 　　4. A 　　5. D 　　6. D 　　7. D 　　8. D
9. B 　　10. C 　　11. A 　　12. D 　　13. B 　　14. C 　　15. B 　　16. D
17. A 　　18. C 　　19. C 　　20. D

三、多项选择题
1. ABCD 　　2. ABC 　　3. ABCD 　　4. AB 　　5. ABC 　　6. ABCD
7. ABCD 　　8. AB 　　9. ABCD 　　10. ABCD 　11. ACD 　12. ABCD
13. ACD 　　14. ABCD 　15. ABCD 　16. ABD 　　17. CD 　　18. CD
19. ABC 　　20. ABCD

第十二章

公安行政执法

第一节 公安行政执法概述

公安机关的执法活动十分广泛和普遍,它涉及国家政治生活和社会生活的方方面面,与人民群众有着极为直接和密切的联系。而公安机关作为国家重要的行政机关,其基本职能之一就是行政执法。行政执法始终是公安机关行政管理活动的主要内容。

一、公安行政执法的概念与特点

(一)公安行政执法的概念

公安行政执法是公安机关为了实现公安行政管理职责,依照法律、法规和规章,对公安行政管理相对人实施的直接影响其权利、义务的具体行政行为。

公安行政执法行为是公安机关依照国家的行政法律规范对社会实施管理的活动,具体体现为公安机关运用公安行政管理职权维护社会治安秩序,保护公民人身安全、人身自由和保护公私财产,预防、制止和惩治违法活动的行为。公安行政执法工作,既有公权的行政权,也涉及私权的公民权,同时涉及行政执法者、行政相对人与关系人三方之间产生的大量法律关系。因此,公安行政执法是当前我国行政执法体系中非常重要的组成部分。

从行政的角度理解,公安行政执法行为是一种行政行为,是一种行政权力;从行政法的角度理解,执法是指国家机关执行、适用法律的活动,公安行政执法是公安机关执行、适用法律的活动。公安行政执法的内容、形式、程序都应当依照法律的规定和要求进行。

(二)公安行政执法的特点

从以上对公安行政执法的概念分析可见,公安行政执法具有以下几个特点。

(1)执行性。公安行政执法权是执行法律、执行权力机关意志的一种权力。因此,与其他行政权力一样,首先表现为执行性。

(2)合法性。行政执法权为法律所设定,是法定权力,同时行使行政执法权时要受到法律的制约,要在法律规定的范围内行使。

(3)强制性。行政执法权的实施以国家强制力为保障,只要行政执法权是依法、正确实施,相对人必须接受,否则要承担相应的法律责任。值得一提的是,公安行政执法的强制性指的是一种可以使用而非必须使用的权力。如果可以通过其他有效、合法的方式来达到行政执法目的时,也可以不必使用过于强制的手段,如治安调解。

（4）不可处分性。公安行政执法主体不得自由转让其行政执法职权,除非符合法定条件并经过法律程序,同时公安行政执法主体也不得自由放弃行政执法职权。一般情况下,公安行政执法权由"公安机关及其人民警察行使";特殊情况下,由法律规定授权非公安机关人民警察行使。因此,非公安机关人民警察行使一定的执法职权时必须有法律规定,行政执法主体不能自由放弃或者转让其职权。

（三）公安行政执法与公安行政管理的联系与区别

公安机关是国家行政机关。作为国家行政机关,它依法维护的社会治安是符合统治阶级的意志和利益的社会安宁秩序,保障社会生活正常进行,表现为国家事务,也是社会事务,是运用国家赋予的职权,依法对国家事务即社会治安所进行的管理活动,是国家的一种管理活动。所以,公安行政管理是一种行政管理行为,是一种行政管理权,公安机关承担着国家重要的维护社会治安秩序的管理职能,其"依法管理",或说"依法行政"尤为重要。因此,从某种意义上讲,公安行政管理行为就是公安行政执法行为。

公安行政管理与公安行政执法是从不同角度阐释公安机关维护社会治安秩序的行政管理内涵。公安行政管理丰富着公安行政执法的内容,而法律提供着维护公安行政管理合法权威的规范和加强公安行政管理的效能。

二、公安行政执法的主要范围

从公安行政管理角度看,公安行政执法的范围包括一些专门的行政管理活动,如治安管理、公共危机管理、户政管理、出入境管理、消防管理、道路交通管理、网络安全监管等,公安行政管理活动中包含着公安行政处罚、强制、许可等管理手段。

从法的角度看,公安行政执法的范围包括公安行政处罚（以治安管理处罚为主）、公安行政强制、公安行政许可等。

第二节　治安管理处罚

一、治安管理处罚的概念和特点

治安管理处罚是公安机关代表国家依据治安管理处罚法和其他治安管理法律规范的规定,对违反治安管理,尚不够刑事处罚的行为人实施的依法剥夺其人身自由、财产或其他权利的强制性行政制裁措施。在现实工作实践中,也将治安管理处罚简称为治安处罚。

治安管理处罚有如下特点。

（1）治安管理处罚的性质是行政处罚。

（2）实施治安管理处罚的主体是公安机关。

（3）治安管理处罚的对象是违反治安管理行为人,既包括违反治安管理的自然人,也包括违反治安管理的法人。

（4）治安管理处罚的内容是剥夺违反治安管理行为人的一定权利。

二、治安管理处罚的原则

《治安管理处罚法》第五条规定："治安管理处罚必须以事实为依据，与违反治安管理行为的性质、情节以及社会危害程度相当。实施治安管理处罚，应当公开、公正，尊重和保障人权，保护公民的人格尊严。办理治安案件应当坚持教育与处罚相结合的原则。"从上述内容可见，治安管理处罚包括以下原则。

（一）主体合法原则

主体合法原则即实施治安管理处罚的主体必须是法定的行政主体。《治安管理处罚法》规定，国务院公安部门负责全国的治安管理工作，县级以上地方各级人民政府公安机关负责本行政区域内的治安管理工作。由此可见，只有公安机关享有治安管理处罚权，其他任何组织和个人无权进行治安管理处罚。

（二）处罚法定原则

处罚法定原则是我国行政处罚的基本原则之一，是指某种行为是否构成违法，构成什么样的违法，以及作出什么处罚，均须有法律规定，即所谓"法无明文规定者不处罚"。治安管理处罚是我国行政处罚的一种，涉及公民、法人和其他组织的合法权益，从法理和法律规范上讲，也应当采取法定原则。

（三）过罚相当原则

过罚相当原则是指根据过错大小决定处罚的轻重。过错包括违法的事实、性质、情节和社会危害程度。过罚相当原则既是设定处罚的原则，又是实施处罚的原则。比如，《治安管理处罚法》第七十二条对毒品违法行为的处罚中，明确规定了不同档次和幅度的处罚："有下列行为之一的，处十日以上十五日以下拘留，可以并处二千元以下罚款；情节较轻的，处五日以下拘留或者五百元以下罚款……"公安机关在实施治安管理处罚时，应当按照过罚相当原则，根据行为人违法行为的情节和社会危害程度，决定应给予何种处罚。

（四）公开、公正原则

公开原则是指对违反治安管理行为处罚的法律规定要公开，对违反治安管理行为实施处罚要公开进行。其具体要求包括两个方面：一是保障管理相对人的知情权。比如，公安机关在传唤违反治安管理行为人时，要告知其传唤的原因和依据。公安机关在作出处罚决定之前应当告知被处罚人对其作出处罚的事实、理由及依据，告知被处罚人依法享有的权利。二是作出处罚决定必须公开进行。《治安管理处罚法》第九十七条规定，处罚决定书要当场交付被处罚人。有被侵害人的，还应当将决定书副本抄送被侵害人。

公正原则是过罚相当原则的延伸。它包括两层含义：一是要求执法者必须对管理相对人公正对待，一视同仁，对相同性质和情节的违法行为，不论违法人的地位、名望有何不同，都应当给予同样的处理；二是要求执法机关正确行使自由裁量权，在法律规定的处罚有一定幅度时，作出的处罚决定要合理。为了保证执法的公正性，《治安管理处罚法》还规定了回避制度，人民警察在办理治安案件过程中，如果是本案的当事人、当事人的近亲属或者本人或其近亲属与本案有利害关系的，或者与本案的当事人有其他关系，可能影响案件公正处理的，该人民警察应当回避。

（五）尊重和保障人权原则

2004 年 3 月 14 日第十届全国人民代表大会第二次会议通过的宪法修正案将"国家尊重和保障人权"写入宪法。确立这一宪法原则，是我国社会主义制度本质的体现。《治安管理处罚法》将尊重和保障人权作为治安管理处罚的一个重要原则加以规定，正是宪法原则的具体体现。保障人权就是要求司法机关、行政机关在依法履行职责的同时，必须保障公民的合法权益不受侵害。实施治安管理处罚，涉及的相对人绝大多数都是普通公民，特别是行政拘留是一种限制人身自由的行政处罚，因此公安机关在行使处罚权力的时候，强调尊重和保障人权至关重要。例如，《治安管理处罚法》第二十一条规定，对四种人不执行行政拘留：一是已满十四周岁不满十六周岁的；二是已满十六周岁不满十八周岁，初次违反治安管理的；三是七十周岁以上的；四是怀孕或者哺乳自己不满一周岁婴儿的。这些规定体现了以人为本、保障人权的思想。

（六）教育与处罚相结合原则

处罚不是目的，而是一种手段，处罚的目的是纠正违法行为及其后果，对违法行为人和广大人民群众进行教育，使大家自觉遵守法律，维护法律尊严。坚持教育与处罚相结合，一是要通过各种方式让广大人民群众了解法律的规定，知道什么应该做，什么不应该做，使每个公民能够自觉地遵守法律；二是对于违反治安管理的行为，处罚也不是唯一手段，在处罚的同时仍然应当对他们进行教育，通过教育和处罚的结合使违反治安管理的行为人纠正违法行为。因此，对待具体案件，应当准确把握应予处罚、免予处罚、不予处罚和从重、从轻、减轻等情节。

三、治安管理处罚的种类

规范和明确治安管理处罚的种类，是规范和保障公安机关及其人民警察依法履行治安管理职责，充分保护公民、法人或者其他组织合法权益的必然要求。依据《治安管理处罚法》第十条的规定，治安管理处罚的种类分为警告、罚款、行政拘留、吊销公安机关发放的许可证，以及对违反治安管理的外国人可以附加适用限期出境或驱逐出境等。

（一）警告

警告是指公安机关对违反治安管理行为人以书面形式提出谴责和告诫，指出其行为已经违法，并责令行为人改正或者警告行为人不得再犯。警告是公安机关对违反治安管理行为人的一种否定性评价，具有谴责和训诫作用。其特点在于它并不剥夺违反治安管理行为人的实体权利，而是通过对行为人实施名誉方面的惩戒，教育行为人今后要警惕、检点自身行为，避免再次违法。在治安管理实践中，警告适用于初犯、偶犯或情节轻微、认错态度好的违反治安管理行为人或者违反治安管理行为人具有法定从轻、减轻处罚情节的情况。这种处罚手段适用于自然人或单位。警告由县级以上公安机关决定，也可以由公安派出所决定。

（二）罚款

罚款是指公安机关责令违反治安管理行为人在一定期限内向国家缴纳一定数额金钱的治安管理处罚。这种处罚主要是通过给予违反治安管理行为人经济上的制裁，迫使其受到财产上的损失,从而实现惩戒、教育违反治安管理行为人的目的。这种方法适用范围较广,是治安管理处罚中最常见的制裁方法。在具体实践中,公安机关及人民警察应当以事实为依据,根据违反治安管理行为的性质、情节以及社会危害程度,严格依法把握罚款的幅度,避免人为的轻罚或重罚。

根据《治安管理处罚法》的规定,罚款一般由县级以上人民政府公安机关决定,但是对于 500 元以下的罚款,可以由公安派出所决定。

(三)行政拘留

治安管理处罚中的行政拘留又称治安拘留,是指公安机关对违反治安管理行为人,在短期内依法剥夺其人身自由的行政处罚,是治安管理处罚体系中最严厉的一种,主要适用于违反治安管理行为情节较为严重的人。它属于在短期内限制人身自由的一种行政处罚。

(四)吊销公安机关发放的许可证

吊销公安机关发放的许可证是指公安机关依法对从事公安机关许可行业的行为人因其严重违反治安管理,收回其许可证,在一定时间内或者永久性取消或者剥夺违反治安管理行为人从事某种职业或活动的权利和资格。在治安管理领域,对一些直接关系社会治安的行业或业务,依照国家规定需由公安机关颁发许可证。因此,取得公安机关许可的经营者严重违反治安管理时,公安机关可以通过限制或剥夺违反治安管理行为人从事某种特许行业的权利和资格,以达到教育和惩戒违法行为人、保障公共秩序和安全的目的。

(五)对违反治安管理的外国人附加适用的特殊治安管理处罚

《治安管理处罚法》第十条规定,对违反治安管理的外国人附加适用的特殊治安管理处罚。公安机关对违反治安管理的外国人,除依法给予治安管理处罚外,还可以根据情况,附加限期出境或者驱逐出境的处罚。由承办案件的公安机关逐级上报公安部或者公安部授权的省级人民政府公安机关决定,由承办案件的公安机关执行。对外国人依法决定警告、罚款或者行政拘留,并附加适用限期出境、驱逐出境处罚的,应当在其他处罚措施执行完毕后,再执行限期出境、驱逐出境。

四、违反治安管理行为的种类和构成

(一)违反治安管理行为的概念与特征

违反治安管理行为是指扰乱公共秩序,妨害公共安全,侵犯人身权利、财产权利,妨害社会管理,具有社会危害性,尚不够刑事处罚,应当给予治安管理处罚的行为。治安管理处罚的核心内容就是认定违反治安管理行为,对实施违反治安管理行为的主体实施治安管理处罚。

违反治安管理行为有以下特征。

(1)具有一定的社会危害性。违反治安管理行为,必须是对我国社会主义社会关系产生有害影响的行为。这种关系包括公共秩序,公共安全,公民的人身权利,公民、法人和其他组织的财产权利以及社会管理秩序。这是违反治安管理行为最本质的特征。

(2)具有违反治安管理法律规范的治安违法性。违反治安管理行为,必须是违反了

《治安管理处罚法》及有关法律规定的行为,否则不能被认定为违反治安管理行为。

(3) 应受治安管理处罚性。行为具有社会危害性,又被治安管理法律规范所规定具有治安违法性,就应当对其实施处罚。因此,应受治安管理处罚性,是行为的社会危害性和违反治安管理法律规范的必然法律后果。这一特征具有两层含义:首先,治安管理处罚是违反治安管理行为的必然的法律后果;其次,治安管理处罚只能加诸违反治安管理行为,不是违反治安管理行为,不能对其实施治安管理处罚。

(二) 违反治安管理行为的构成要件

违反治安管理行为的概念回答了什么是违反治安管理行为。但是要认定某一具体行为是否构成违反治安管理行为,违反治安管理行为的概念还是很抽象,需要把握认定违反治安管理行为的内部结构及其成立要件,这就是违反治安管理行为的构成要件。

违反治安管理行为的构成要件,是指《治安管理处罚法》所规定的、决定某一行为的社会危害性及其行为的危害程度,而为该行为构成违反治安管理行为所必需的一切主客观要件的总和。违反治安管理行为需要具备的要件,概括地讲包括四个方面:行为客体、行为客观方面、行为主体、行为主观方面。

1. 违反治安管理的行为客体

违反治安管理行为的客体是指我国治安管理法律规范所保护的,而为违反治安管理行为所侵害的社会关系。

根据违反治安管理行为客体所侵犯的社会关系的范围的不同,可分为三个层次,即一般客体、同类客体和直接客体。其中,同类客体是指某一类违反治安管理行为所共同侵害的客体。具体分为以下几种。

(1) 扰乱公共秩序行为,同类客体是社会的公共秩序。

(2) 妨害公共安全行为,同类客体是社会的公共安全。

(3) 侵犯他人人身权利行为,同类客体是公民的人身权利。

(4) 侵犯公私财产行为,同类客体是合法的公私财产权利。

(5) 妨害社会管理秩序行为,同类客体是社会的管理秩序。

2. 违反治安管理的行为客观方面

违反治安管理行为总是以客观外在的形式表现出来,这种形式就是违反治安管理行为构成在客观方面的基本要件。其中,危害行为在违反治安管理行为的构成中居于核心地位,如果没有危害行为,就不可能存在违反治安管理的问题;同时,违反治安管理的危害行为具有特定的内容和形式,都是在一定的时间、地点以一定的方式实施的,有些行为的实施还造成了实际的损害后果。因此,违反治安管理行为的客观方面的要素包括危害行为、危害结果,危害行为与危害结果之间的因果关系,实施违反治安管理行为的时间、地点、手段、方法以及特定条件。

3. 违反治安管理的行为主体

在一般情况下,违反治安管理行为的主体是指达到法定年龄、具有责任能力、实施了违反治安管理行为的自然人。单位只在法律有明文规定的情况下,可以成为某些违反治安管理行为的主体而受处罚。

自然人作为违反治安管理行为的主体承担法律责任,应当具备以下条件。

（1）达到法定责任年龄。责任年龄是指《治安管理处罚法》中规定的行为人对自己的违反治安管理行为承担责任所必须达到的年龄。《治安管理处罚法》第十二条规定："已满十四周岁不满十八周岁的人违反治安管理的，从轻或者减轻处罚；不满十四周岁的人违反治安管理的，不予处罚，但是应当责令其监护人严加管教。"这将违反治安管理行为的责任年龄作了明确划分。

① 负完全责任的年龄阶段，已满 18 周岁的人违反治安管理的，承担全部责任。

② 负不完全责任的年龄阶段，已满 14 周岁不满 18 周岁的人违反治安管理的，承担法律责任，但应从轻处罚，这是减轻法律责任的年龄阶段。

③ 完全不负责任的年龄阶段，不满 14 周岁的人违反治安管理的，不承担法律责任，这是免除法律责任的年龄阶段。

（2）具有责任能力。责任能力，是指能够辨认和控制自己的行为，从而应当对自己实施违反治安管理行为承担法律责任的能力和资格。《治安管理处罚法》规定了责任能力的三种特殊情况。

① 精神病人的责任能力。按照治安管理处罚法的规定，精神病人在不能辨认或者不能控制自己行为的时候违反治安管理的，不予处罚，但是应当责令其监护人严加看管和治疗。间歇性的精神病人在精神正常的时候违反治安管理的，应当给予处罚。根据上述规定，违反治安管理的精神病人必须具备以下条件才不予处罚。

其一，必须是处在精神病正在发作时。

其二，患病的程度是不能辨认或者不能控制自己的行为。值得注意的是，间歇性的精神病人，在精神正常时违反治安管理的，应予处罚；在精神不正常时，即不能辨认或者不能控制自己行为时违反治安管理的，才不予处罚。

② 盲人、又聋又哑的人的责任能力。《治安管理处罚法》规定："盲人或者又聋又哑的人违反治安管理的，可以从轻、减轻或者不予处罚。"据此，又聋又哑的人、盲人违反治安管理的，可以从轻、减轻或者不予处罚。这不但是尊重和保障人权的体现，也是整个社会对这类人员充满人文关怀的体现。这里需要注意的是，"又聋又哑的人"是指既聋又哑的聋哑人。

③ 醉酒人的责任能力。《治安管理处罚法》规定："醉酒的人违反治安管理的，应当给予处罚。"这里所指醉酒的人，是指生理性醉酒的人。因此，醉酒的人应对自己的行为承担法律责任。

单位违反治安管理行为是指国家机关、企事业单位等组织因不履行职责而违反治安管理，或者单位的法定代表人、代理人、业务人员代表本单位而实施了违反治安管理行为。

4. 违反治安管理的行为主观方面

违反治安管理行为的主观方面是指行为人对自己的行为引起的危害社会的后果所持有的故意或者过失的心理态度，即主观过错。如果没有过错，不承担治安管理法律责任。过错包括故意和过失以及目的和动机。故意是指违反治安管理行为的主体明知自己的行为会构成违反治安管理的事实，并且希望或者放任这种事实发生的心理态度；而过失是指违反治安管理行为的主体应当预见自己的行为会构成违反治安管理的事实，由于疏忽大意而没有预见，或者已经预见而轻信能够避免的心理态度。根据《治安管理处罚法》的规定，违反治安管理的行为主要由故意构成。

（三）违反治安管理行为的各种表现形式

上述违反治安管理行为的构成要件说明了某一违反治安管理行为的基本内部结构，但在实践中违反治安管理行为则具有各种各样的表现形式。具体有以下方面。

1. 共同违反治安管理行为的认定与处罚

共同违反治安管理行为是指二人以上共同违反治安管理的行为。据此，构成共同违反治安管理行为，必须具备三个条件：其一，主体必须是两人或两人以上，且都达到责任年龄，具有责任能力；其二，客观上共同实施了同一个违反治安管理行为；其三，各个共同行为人主观上必须有共同的过错，即对所实施的违反治安管理行为具有共同的故意。共同违反治安管理的，根据违反治安管理行为人在违反治安管理行为中所起的作用，分别处罚。共同违反治安管理行为包括教唆行为、胁迫行为和诱骗行为。对共同违反治安管理行为，应根据"在违反治安管理行为中所起的作用分别处罚"。《治安管理处罚法》第二十条规定，教唆、胁迫、诱骗他人违反治安管理的，从重处罚。

2. 数种违反治安管理行为的认定与处罚

数种违反治安管理行为是指一人有两种以上违反治安管理行为。对数种违反治安管理行为的处罚，《治安管理处罚法》规定，有两种以上违反治安管理行为的，分别决定，合并执行。行政拘留处罚合并执行的，最长不超过二十日。

3. 行为数不典型行为的认定与处罚

行为数不典型是指违反治安管理行为构成要件组合数的不标准形态。一般来讲，具备一违反治安管理行为构成要件的，是一行为，具备数违反治安管理行为构成要件的是数行为，但有许多行为因为其行为延展性或整合性而使行为的构成要件数不典型，从而只按一个行为处罚，主要包括连续行为、继续行为、牵连行为、吸收行为等类型。

五、治安管理处罚的程序

治安管理处罚程序包括几个主要阶段，即受案、调查、决定、执行、治安调解。

（一）受案

治安案件的受案是指公安机关对报案、控告、举报或者违反治安管理行为人主动投案，以及其他机关移送的违反治安管理案件，表示受理、登记并予以审查、确认的法律活动。

（二）调查

治安案件的调查是指公安机关为了查明治安案件事实情况，依法对治安案件事实的有关情况进行的调查活动。调查包括多种方法，如传唤，勘验、检查，扣押，登记，鉴定等。

（1）传唤。传唤是指公安机关为了查明案情，依法命令违反治安管理嫌疑人于指定时间到达指定地点接受询问调查的法律措施。根据实施传唤的形式不同，可分为书面传唤和口头传唤。

公安机关对违反治安管理的嫌疑人实施口头传唤或书面传唤后，被传唤人必须到案接受询问；如果被传唤人无正当理由，不接受传唤或逃避传唤的，公安机关可以对其实施强制传唤。公安机关不得以连续传唤变相拘禁违法嫌疑人。

（2）勘验、检查。勘验是指对违法行为的发案现场进行勘验和检验，以收集案件证据的法律活动。《治安管理处罚法》和《公安机关办理行政案件程序规定》规定,公安机关对与违反治安管理行为有关的场所、物品、人身可以进行检查。检查时,人民警察不得少于两人,并应当出示工作证件和县级以上公安机关开具的检查证明文件。检查妇女的身体,应当由女性工作人员进行。

人民警察对查获或者到案的违法嫌疑人应当进行安全检查,发现违禁品或者管制器具、武器、易燃易爆等危险品以及与案件有关的需要作为证据的物品的,应当立即扣押。安全检查不需要开具检查证。

对确有必要立即实行检查的,人民警察经出示工作证件,可以当场检查。

检查公民住所必须持有县级以上人民政府公安机关开具的检查证。但是,有证据表明或者有群众报警公民住所内正在发生危害公共安全或者公民人身安全的案(事)件,或者违法存放危险物质,不立即检查可能对公共安全或者公民人身、财产安全造成重大危害的,人民警察经出示工作证件,可以当场检查。

(3) 扣押、登记。根据《治安管理处罚法》的规定,公安机关在办理治安案件时,可以扣押与案件有关的需要作为证据的物品。与案件有关的需要作为证据的物品通常包括违法所得财物、违法行为人使用的工具和物品、行为人持有的违禁品等。但是,对被侵害人或者善意第三人合法占有的财产,不得扣押,应当予以登记。对与案件无关的物品,不得扣押。

(4) 鉴定。鉴定是指公安机关指派或者聘请依法具有鉴定资格的专业人员,运用专门知识、专业技能或专业设备和材料,依照法定程序,对治安案件中涉及的专门性技术问题进行鉴别,并作出结论的法律活动。对涉嫌吸毒的人员,应当进行吸毒检测。

此外,调查方法还有检测、辨认、抽样取证、证据保全等,在此不作详述。

(三) 决定

1. 告知

告知是指公安机关在作出治安管理处罚决定之前,将作出治安管理处罚决定的事实、理由和依据,以及当事人依法享有的权利,以书面方式通知当事人的法律活动。

2. 听证

听证是指公安机关就法律规定的某些治安案件作出治安管理处罚决定前,依法由非本案人员主持,召开听证会,听取当事人对治安管理处罚决定的事实、理由、依据及结果的申辩、质证的法律程序。

公安机关作出吊销许可证以及二千元以上罚款的治安管理处罚决定前,应当告知违反治安管理行为人有权要求举行听证。听证程序是普通程序中的一个选择性程序,不是每一个案件的必经程序,也不是独立的处罚程序。

3. 处理决定

处理决定是指治安案件调查结束后的处理决定,是指公安机关对受理的治安案件调查取证之后,根据案件事实情况,对案件中的行为人作出不同处理的法律活动。根据《治安管理处罚法》的规定,治安案件调查结束后,公安机关依法作出以下处理。

(1) 确有依法应当给予治安管理处罚违法行为的,根据情节轻重及具体情况作出处罚决定。治安管理处罚由县级以上人民政府公安机关决定;其中警告、五百元以下罚款可以由公安派出所决定;当场作出治安管理处罚决定的,是警告或者二百元以下罚款。作出处罚的,制作《公安行政处罚决定书》;当场处罚的,制作《当场处罚决定书》。

(2) 依法不予处罚的,或者违法事实不能成立的,作出不予处罚决定。根据《治安管理处罚法》及《行政处罚法》等的有关规定,不予处罚的法定情形有以下几种。

① 不满十四周岁的人违反治安管理的,应当不予处罚。

② 精神病人在不能辨认或者控制自己行为的时候违反治安管理的,应当不予处罚。

③ 盲人或者又聋又哑的人违反治安管理的,可以从轻、减轻或者不予处罚。

④ 违反治安管理有下列情形之一的,应当减轻处罚或者不予处罚:情节特别轻微的;主动消除或者减轻违法后果,并取得被害人谅解的;出于他人胁迫或者诱骗的;主动投案,向公安机关如实陈述自己的违法行为的;有立功表现的。

⑤ 违反治安管理行为在六个月内没有被公安机关发现的,不再处罚。

4. 简易程序

简易程序是指依法执行职务的公安民警对当场发现的违反治安管理事实清楚,情节简单,因果关系明确,处罚较轻的治安案件,不需要经过书面的受案,即可当场作出处理决定的法律活动。简易程序的特点如下。

(1) 适用简易程序必须符合一定的条件。

(2) 简易程序的程序简单,当场即作出处罚。

案件情形符合下列条件时,可适用简易程序处罚。

(1) 情节轻微的违反治安管理行为。

(2) 情节简单、因果关系明确的违反治安管理行为。

(3) 属于符合当场处罚权限的违反治安管理行为。法律规定,当场处罚的权限对个人是警告、200 元以下罚款。

(4) 属于符合当场处罚的案件性质。《公安机关办理行政案件程序规定》规定,卖淫、嫖娼,引诱、容留、介绍卖淫,拉客招嫖和赌博案件,不适用当场处罚。

(四) 执行

1. 罚款的执行

(1) 自行履行。受到罚款处罚的人应当自收到处罚决定书之日起十五日内,到指定的银行缴纳罚款。

(2) 当场收缴。《治安管理处罚法》规定,有下列情形之一的,人民警察可以当场收缴罚款:被处五十元以下罚款,被处罚人对罚款无异议的;在边远、水上、交通不便地区,公安机关及其人民警察依照本法的规定作出罚款决定后,被处罚人向指定的银行缴纳罚款确有困难,经被处罚人提出的;被处罚人在当地没有固定住所,不当场收缴事后难以执行的。

2. 拘留的执行

(1) 送达执行。对被决定给予行政拘留处罚的人,由作出决定的公安机关送达拘留所执行。

(2) 暂缓执行。行政拘留暂缓执行必须同时具备以下条件:被处罚人不服行政拘留处罚决定,并申请行政复议或提起行政诉讼;被处罚人向公安机关提出暂缓执行行政拘留的申请;公安机关认为暂缓执行行政拘留不致发生社会危险,即被拘留人不会逃跑、干扰和阻碍证人作证、串供、毁灭证据、伪造证据、再次实施违法犯罪等情形;被处罚人或者其近亲属提出符合法律规定条件的担保人,或者按每日行政拘留二百元的标准交纳保证金。

(3)不执行。被决定给予行政拘留处罚的人符合以下情形之一的,不执行行政拘留处罚。

① 已满十四周岁不满十六周岁的。

② 已满十六周岁不满十八周岁,初次违反治安管理的。

③ 七十周岁以上的。

④ 怀孕或者哺乳自己不满一周岁婴儿的。

(五)治安调解

治安调解是指对于因民间纠纷引起的打架斗殴或者损毁他人财物等违反治安管理、情节较轻的治安案件,在公安机关的主持下,以国家法律、法规和规章为依据,在查清事实、分清责任的基础上,劝说、教育并促使双方交换意见,达成协议,对治安案件作出处理的活动。治安调解是双方当事人协商达成协议,不再予以治安管理处罚的一种处理治安案件的法律活动。治安调解对于及时消除人民内部矛盾,维护社会安定团结,促进社会和谐具有重要意义。

对于因民间纠纷引起的殴打他人、故意伤害、侮辱、诽谤、诬告陷害、故意损毁财物、干扰他人正常生活、侵犯隐私、非法侵入住宅等违反治安管理行为,情节较轻,且具有下列情形之一的,可以调解处理。

(1)亲友、邻里、同事、在校学生之间因琐事发生纠纷引起的。

(2)行为人的侵害行为系由被侵害人事前的过错引起的。

(3)其他适用调解处理更易化解矛盾的。

对情节轻微、事实清楚、因果关系明确,不涉及医疗费用、物品损失或者双方当事人对医疗费用和物品损失的赔付无争议,符合治安调解条件,双方当事人同意当场调解并当场履行的治安案件,可以当场调解,并制作调解协议书。

具有下列情形之一的,不适用调解处理。

(1)雇凶伤害他人的。

(2)结伙斗殴或者其他寻衅滋事的。

(3)多次实施违反治安管理行为的。

(4)当事人明确表示不愿意调解处理的。

(5)当事人在治安调解过程中又针对对方实施违反治安管理行为的。

(6)调解过程中违法嫌疑人逃跑的。

(7)其他不宜调解处理的。

治安调解的法律后果有以下两种。

(1)经过公安机关的调解,各方当事人达成协议,制作调解协议书,双方当事人在调解协议书上签名并各执一份,即生效。双方当事人按照协议书中的内容履行权利和义务。履行调解协议书的,对违反治安管理行为不予处罚。

(2)经过公安机关的调解,各方当事人没有达成协议的,或者虽然达成了协议,但是一方或者数方当事人不履行或者不完全履行协议,经对方提出并经公安机关调查核实的,由公安机关撤销调解协议,并依照法律的规定对违反治安管理行为给予处罚。同时,对于违法行为造成的损害赔偿纠纷,公安机关及其人民警察应当告知当事人可以依法向人民法院提起民事诉讼。

第三节　公安行政强制

根据《行政强制法》的规定,行政强制包括行政强制措施和行政强制执行。因此,公安行政强制包括公安行政强制措施和公安行政强制执行。

一、公安行政强制措施

公安行政强制措施是指公安机关在公安行政管理过程中,为制止违法行为、防止证据损毁、避免危害发生、控制危险扩大等情形,依法对公民的人身自由实施暂时性限制,或者对公民、法人或者其他组织的财物实施暂时性控制的行为。

根据《行政强制法》的规定,公安行政强制措施的种类主要包括对人身自由的强制措施、对物的强制措施、对证件的强制措施以及对行为、场所的强制措施等。

(一)对人身自由的强制措施

对人身自由的强制措施主要有盘查,约束,强行驱散、强行带离现场、立即拘留,强制隔离戒毒等。

1. 盘查

盘查是指公安机关为维护社会治安秩序,依法对有违法犯罪嫌疑的人员进行盘问、检查的法律活动。《人民警察法》规定,为维护社会治安秩序,公安机关的人民警察对有违法犯罪嫌疑的人员,经出示相应证件,可以当场盘问、检查;经盘问、检查,有下列情形之一的,可以将其带至公安机关,经该公安机关批准,对其继续盘问。

盘查包括当场盘问、检查和继续盘问。

根据《人民警察法》的规定,为维护社会治安秩序,公安机关的人民警察对有违法犯罪嫌疑的人员,经出示相应证件,可以当场盘问、检查;经盘问、检查,有下列情形之一的,可以将其带至公安机关,经该公安机关批准,对其继续盘问。

(1)被指控有犯罪行为的。

(2)有现场作案嫌疑的。

(3)有作案嫌疑身份不明的。

(4)携带的物品有可能是赃物的。

对被盘问人的留置时间自带至公安机关之时起不超过二十四小时,在特殊情况下,经县级以上公安机关批准,可以延长至四十八小时,并应当留有盘问记录。对于批准继续盘问的,应当立即通知其家属或者其所在单位。对于不批准继续盘问的,应当立即释放被盘问人。

经继续盘问,公安机关认为对被盘问人需要依法采取拘留或者其他强制措施的,应当在上述规定期间作出决定;在规定期间不能作出上述决定的,应当立即释放被盘问人。

2. 约束

约束是指公安机关限制特定行为人人身自由的一种保护性和预防性强制措施。《人民警察法》和《治安管理处罚法》分别规定了相应的约束措施。

《人民警察法》规定，公安机关的人民警察对严重危害公共安全或者他人人身安全的精神病人，可以采取保护性约束措施。需要送往指定的单位、场所加以监护的，应当报请县级以上人民政府公安机关批准，并及时通知其监护人。《治安管理处罚法》规定，醉酒的人在醉酒状态中，对本人有危险或者对他人的人身、财产或者公共安全有威胁的，应当对其采取保护性措施约束至酒醒。由此可见，约束的对象是有严重危害公共安全、他人人身安全和自身安全的精神病人和醉酒的人。

对醉酒的人实施约束可以依法使用约束带或者警绳等进行约束，但是不得使用手铐、脚镣等警械。公安机关在约束过程中应当以不伤害被约束人为原则，应当对被约束人加强监护，一旦约束的条件消失，应当立即解除约束。

3. 强行驱散、强行带离现场、立即拘留

强行驱散、强行带离现场、立即拘留是指人民警察依法将严重危害社会治安秩序或者有可能威胁公共安全的人员予以强行驱散，或者带离案（事）件发生的现场、立即予以拘留等，以作进一步审查、处理的一种强制措施。

强行驱散、强行带离现场、立即拘留的法律依据主要有：《人民警察法》《戒严法》《集会游行示威法》《治安管理处罚法》等法律，其中都规定了强行驱散、强行带离现场、立即拘留的强制措施。

《人民警察法》规定，公安机关的人民警察对严重危害社会治安秩序或者威胁公共安全的人员，可以强行带离现场、依法予以拘留或者采取法律规定的其他措施。县级以上人民政府公安机关，经上级公安机关和同级人民政府批准，对严重危害社会治安秩序的突发事件，可以根据情况实行现场管制。公安机关的人民警察依照前款规定，可以采取必要手段强行驱散，并对拒不服从的人员强行带离现场或者立即予以拘留。

《集会游行示威法》规定，举行集会、游行、示威，有下列情形之一的，人民警察应当予以制止。

（1）未依照本法规申请或者申请未获许可的。

（2）未按照主管机关许可的目的、方式、标语、口号、起止时间、地点、路线进行的。

（3）在进行中出现危害公共安全或者严重破坏社会秩序情况的。

有上述所列情形之一，不听制止的，人民警察现场负责人有权命令解散；拒不解散的，人民警察现场负责人有权依照国家有关规定决定采取必要手段强行驱散，并对拒不服从的人员强行带离现场或者立即予以拘留。参加集会、游行、示威的人员越过依法设置的临时警戒线、进入不得举行集会、游行、示威的特定场所周边一定范围或者有其他违法犯罪行为的，人民警察可以将其强行带离现场或者立即予以拘留。

《治安管理处罚法》规定，因扰乱体育比赛秩序被处以拘留处罚的，可以同时责令其十二个月内不得进入体育场馆观看同类比赛；违反规定进入体育场馆的，强行带离现场。

综合上述规定可见，强行驱散、强行带离现场、立即拘留的适用对象是：严重危害社会治安秩序或者威胁公共安全的人员；非法集会、游行、示威经命令解散拒不离开现场的人员；参加集会、游行、示威的人员越过公安机关依法设置的临时警戒线或者进入法律明确规定不得举行集会、游行、示威的特定场所周边一定范围，或者有其他违法犯罪行为的；因扰乱体育比赛秩序被处以拘留处罚的人员，在十二个月内不得进入体育场馆观看同类比赛，违反规定进入体育场馆的，强行带离现场；其他严重危害社会治安秩序或者有可能威胁公共安全的人员。

强行驱散、强行带离现场、立即拘留是即时性公安强制措施，在适用时无须一定的程序和形式，只要法定的情形出现即可，但一般情况下，人民警察要先进行劝告、警告，经劝告、警告无效，可以采取必要手段强行驱散，并对拒不服从的人员强行带离现场或者立即予以拘留。另外，对于扰乱体育比赛秩序被处以拘留处罚的，在十二个月内不得进入体育场馆观看同类比赛，违反规定进入体育场馆的，强行带离现场。

4. 强制隔离戒毒

强制隔离戒毒是指公安机关对吸食、注射毒品成瘾人员，在一定时间内通过行政措施对其强制进行治疗、心理治疗和法律教育、道德教育，使其戒除毒瘾的一种行政强制措施。

《禁毒法》规定了强制隔离戒毒的强制措施。根据《行政强制法》第九条第（五）项、第十条和第十七条第二款规定，强制隔离戒毒属于公安行政强制措施。

吸毒成瘾人员有下列情形之一的，应当强制隔离戒毒：①拒绝接受社区戒毒的；②在社区戒毒期间吸食、注射毒品的；③严重违反社区戒毒协议的；④经社区戒毒、强制隔离戒毒后再次吸食、注射毒品的；⑤对于吸毒成瘾严重，通过社区戒毒难以戒除毒瘾的人员，公安机关可以直接作出强制隔离戒毒的决定；⑥吸毒成瘾人员自愿接受强制隔离戒毒的，经公安机关同意，可以进入强制隔离戒毒场所戒毒。

根据《吸毒成瘾认定办法》的规定，吸毒成瘾是指吸毒人员因反复使用毒品而导致的慢性复发性脑病，表现为不顾不良后果、强迫性寻求及使用毒品的行为，同时伴有不同程度的个人健康及社会功能损害。

公安机关在执法活动中发现吸毒人员，应当进行吸毒成瘾认定；公安机关认定吸毒成瘾，应当由两名以上人民警察进行，并在作出人体生物样本检测结论的二十四小时内提出认定意见，由认定人员签名，经所在单位负责人审核，加盖所在单位印章。戒毒医疗机构认定吸毒成瘾，应当由两名承担吸毒成瘾认定工作的医师进行。

认定吸毒成瘾人员并符合法律规定情形，应当适用强制隔离戒毒。

（二）对物的强制

对财物的强制措施主要有收缴、追缴等。

1. 收缴

收缴是指公安机关在办理治安案件过程中，依法接收缴获涉及违反治安管理财物的强制措施。

根据《治安管理处罚法》《公安机关办理行政案件程序规定》的规定，公安机关在办理行政案件中查获的下列物品应当依法予以收缴。

（1）毒品、淫秽物品等违禁品。

（2）赌具和赌资。

（3）吸食、注射毒品的用具。

（4）伪造、变造的公文、证件、证明文件、票证、印章等。

（5）倒卖的车船票、文艺演出票、体育比赛入场券等有价票证。

（6）主要用于实施违法行为的本人所有的工具以及直接用于实施毒品违法行为的资金。

（7）法律、法规规定可以收缴的其他非法财物。

2. 追缴

追缴是指公安机关在办理治安案件过程中,依法追回缴获违反治安管理所得财物的法律措施。根据《治安管理处罚法》的规定,追缴分为两种情况:一是对违反治安管理所得的财物,追缴退还被侵害人;二是对违反治安管理所得的财物,没有被侵害人的,登记造册,公开拍卖或者按照国家有关规定处理,所得款项上缴国库。

收缴和追缴的区别在于针对的对象不同,收缴的财物是涉案的财物,即非法财物;追缴的财物更明确地是违反治安管理所得的财物,即非法所得。

（三）对证件的强制措施

对证件的强制措施是指公安机关的人民警察依法对有关人员的居民身份证件进行检查、核对的一种强制措施。

1. 查验居民身份证

根据《居民身份证法》的规定,人民警察依法执行职务,遇有下列情形之一的,经出示执法证件,可以查验居民身份证。

（1）对有违法犯罪嫌疑的人员,需要查明身份的;

（2）依法实施现场管制时,需要查明有关人员身份的;

（3）发生严重危害社会治安突发事件时,需要查明现场有关人员身份的;

（4）法律规定需要查明身份的其他情形。

有上述所列情形之一,拒绝人民警察查验居民身份证的,可以依照有关法律规定,区分不同情形,采取措施予以处理。任何组织或者个人不得扣押居民身份证。但是,公安机关依照《中华人民共和国刑事诉讼法》执行监视居住强制措施的情形除外。

2. 扣留居民身份证

扣留居民身份证是指对被拘传、取保候审、监视居住的人的居民身份证,由执行上述强制措施的有关机关予以扣留,待解除该项强制措施后再予以发还的一种强制措施。

3. 收缴居民身份证

收缴居民身份证是指将被决定逮捕、刑事拘留、被判处有期徒刑、无期徒刑的人员的居民身份证,由有关执行机关收回扣留,待被释放时再予以发还所采取的一种强制措施。

（四）对行为、场所的强制措施

对行为、场所的强制措施主要是责令不得进入体育场馆观看同类比赛和责令停业整顿等。

（1）责令不得进入体育场馆观看同类比赛，是指公安机关在办理治安案件过程中，依法责成扰乱体育比赛秩序而被处以拘留的行为人，在法定期限内不得进入体育场馆观看同类比赛的强制措施。《治安管理处罚法》规定，因扰乱体育比赛秩序被处以拘留处罚的，可以同时责令其十二个月内不得进入体育场馆观看同类比赛。

（2）责令停业整顿，是指治安管理主体针对特定场所实施违法犯罪活动，或者不按规定设置相应设备、设施等，令其在一定时间内停止营业予以整改的强制措施。

根据《娱乐场所管理条例》的规定，娱乐场所实施违法犯罪行为、不按规定设置包厢、包间、安装闭路电视监控设备等，由县级公安部门责令停业整顿。

二、公安行政强制执行

公安行政强制执行是指公安机关或者公安机关申请人民法院，对不履行公安行政决定的公民、法人或者其他组织，依法强制履行义务的行为。可见，公安行政强制执行以公民、法人或其他组织不履行公安行政决定义务为前提。公安行政强制执行的目的，在于强迫公民、法人或者其他组织履行公安行政决定义务。

公安行政强制执行，一般分为间接强制和直接强制。

（一）间接强制

间接强制是指通过间接办法，公安行政执法主体强制法定义务人履行义务的行政行为。间接强制可分为代履行和执行罚两种。

1. 代履行

代履行又称代执行，是指义务人逾期不履行治安义务，由他人代为履行可以达到相同目的的，行政机关可以自己代为履行或者委托第三人代为履行，向义务人征收代履行费用的强制执行制度。

《行政强制法》规定，行政机关依法作出要求当事人履行排除妨碍、恢复原状等义务的行政决定，当事人逾期不履行，经催告仍不履行，其后果已经或者将危害交通安全、造成环境污染或者破坏自然资源的，行政机关可以代履行，或者委托没有利害关系的第三人代履行。

因此，代履行主要适用于该治安义务属于可以由他人代替履行的作为义务，例如排除障碍、恢复原状、强制拆除等。对于不能够由他人替代的义务和不作为义务，特别是与人身有关的义务，不能适用代履行。需要立即清除道路、河道、航道或者公共场所的遗洒物、障碍物或者污染物，当事人不能清除的，行政机关可以决定立即实施代履行；当事人不在场的，行政机关应当在事后立即通知当事人，并依法作出处理。

代履行是一种比较缓和的执行方式，因而有很大的实用价值，但仅限于可以代履行的作为义务，因而在范围上又受到一定限制。代履行不得采用暴力、胁迫以及其他非法方式。

2. 执行罚

执行罚是指法定义务人不履行法定义务，而该义务又不能由他人代为履行，公安行政管理主体可通过使不履行义务的法定义务人承担新的持续不断的给付义务，促使其履行义务的行政措施。例如，《行政处罚法》规定，到期不缴纳罚款的，每日按罚款数额的百分之三加处罚款。

执行罚主要适用于当事人不履行不作为义务、不可由他人替代的义务,例如特定物的给付义务或者与人身有关的义务等。执行罚不同于行政处罚中的罚款。虽然它们都是使当事人向行政机关交纳金钱,但是两者的目的、功能和法律后果不同。行政罚款是对过去已经发生的行政违法行为的制裁和惩罚,执行罚是促使当事人履行应当履行尚未履行的行政法义务的手段。

执行罚是行政强制执行机关对拒不履行不作为义务或不可为他人代履行的作为义务的义务主体,课以新的金钱给付义务,以迫使其履行的强制执行。

（二）直接强制

直接强制是指法定义务人逾期拒不履行其应履行的义务时,公安行政执法主体对其人身或财物施以强制力,以达到法定义务人履行义务相同状态的行政行为。

在适用间接强制没有达到目的,或无法采用代执行、执行罚等间接强制手段,或因情况紧急,来不及运用间接强制的办法,有执行权的机关也可依法对法定义务人实施直接强制,迫使其履行义务或实现与履行义务相同的状态。

直接强制是迫使法定义务人履行义务或实现与履行义务相同的状态之最有效的方法,也是行政行为中最严厉的手段。它在利于直接、有效地实现行政目的同时,也易于造成对公民合法权益的损害或冲击,因此,采取直接强制执行必须十分慎重,行政机关实施直接强制执行的权力必须由法律明确授权。凡是法律没有明确授权的,就必须申请人民法院强制执行。采取直接强制执行手段,必须是在穷尽其他间接强制执行手段之后。直接强制执行中必须严格贯彻适度原则,又称比例原则,以实现义务人应承担的义务为限,不能扩大,不能给义务人的人身和财产造成超过其应承担义务的范围。

按强制执行的内容,直接强制一般分为对人身的直接强制和对财物的直接强制两种。

（1）对人身的直接强制执行。对人身的直接强制执行,主要是强制传唤、行政拘留的执行。《治安管理处罚法》规定,对被决定行政拘留处罚的人,由作出决定的公安机关送达拘留所执行。这里的行政拘留由公安机关直接送达拘留所执行,就是对人身的直接强制。

（2）对财物的直接强制执行。根据《公安机关办理行政案件程序规定》规定,对财物的直接强制执行是指将依法查封、扣押的被处罚人的财物拍卖或者变卖抵缴罚款。

（三）公安行政强制执行协议实施行政强制执行

公安机关可以在不损害公共利益和他人合法权益的情况下,与当事人达成执行协议。执行协议可以约定分阶段履行;当事人采取补救措施的,可以减免加处的罚款。执行协议应当履行;被处罚人不履行执行协议的,公安机关应当恢复强制执行。

第四节　公安行政许可

一、公安行政许可的概念与特征

公安行政许可是指公安行政执法主体应行政相对人的申请,经依法审查,通过颁布许可证或其他证件等形式,依法赋予特定的行政相对人从事某种活动或实施某种行为的权利或资格的行政执法行为。公安行政许可是国家行政许可的重要组成部分。作为一种调控公共安全和社会治安秩序的重要形式和手段,公安行政许可具有以下显著特征。

(1) 公安行政许可存在的前提是公安管理法律、法规的一般禁止。公安行政许可的内容是关于国家一般禁止的活动,为适应社会生活、生产和公共安全的需要,对符合一定条件者解除禁止,允许其从事某项特定活动,享有特定的权利和资格。

(2) 公安行政许可的目的在于抑制公共危险或影响社会秩序的因素,在于维护社会公共利益,保障公共安全和保护行政相对人的合法权益。

(3) 公安行政许可是依申请的行政行为。无申请则无许可。公安行政许可必须以相对人申请为前提,这一点和公安行政处罚有着很大的不同。当然,相对人的申请仅仅具有一种启动作用,只有相对人提出了申请,公安机关才可以启动行政许可程序,公安机关不能主动地去审查并给予相对人许可。

二、公安行政许可的种类

公安行政许可依许可的目的和治安管理的具体内容为标准,主要有以下六类。

(1) 公共治安秩序管理工作中的许可。其主要包括特种行为许可,群众性文化体育活动安全许可,集会、游行、示威许可等。

(2) 枪支管理工作中的许可。

(3) 民用爆炸物品管理工作中的许可。

(4) 化学及放射性物品管理工作中的许可。

(5) 道路交通管理工作中的许可。

(6) 社会公共安全产品生产中的许可等。

三、公安行政许可的程序

公安行政许可的程序即公安行政执法主体实施公安行政许可的步骤、方式、顺序和时限,是公安行政许可制度中不可缺少的重要组成部分。

公安行政许可程序主要包括受理申请、审查(核定)、决定(批准或拒绝申请)三个步骤。

(1) 受理申请。接收行政相对人提交的申请,是公安行政管理主体实施公安行政许可的前提程序。

(2) 审查(核定)。公安行政管理主体收到相对人的行政许可申请后,应在法律、法规、规章规定的期限内,对申请人的申请及所附材料进行审查,确定其是否具备取得相应公安行政许可证明的法定条件。

(3) 决定(批准或拒绝申请)。决定,即作出是否颁发有关许可证照的决定。公安行政管理主体经过对行政许可申请人的申请及有关材料进行审查后,若确认其符合法定条件,即应在规定期限内作出向申请人颁发有关许可证照的决定。若经审查认为不符合法定条件,则应作出不许可的决定,并向申请人说明理由;申请人不服的,可依法申请复议或提起行政诉讼。

知识巩固与能力提升训练

一、判断题

1. 对精神病人应当采取约束。　　　　　　　　　　　　　　　　　　　　（　　）

2. 受案是治安处罚程序的主要阶段。　　　　　　　　　　　　　　　　　（　　）

3. 公安机关对违反治安管理的外国人,除给予警告、罚款、行政拘留处罚外,还可以附加处以限期出境和驱逐出境。　　　　　　　　　　　　　　　　　　（　　）

4. 共同违反治安管理的,根据违反治安管理行为人在违反治安管理行为中所起的作用,分别处罚。　　　　　　　　　　　　　　　　　　　　　　　　　（　　）

5. 公安行政强制不属于公安行政执法的范围。　　　　　　　　　　　　　（　　）

6. 治安管理处罚是依法强制剥夺违反治安管理行为人的权利。　　　　　（　　）

7. 结伙斗殴的,不适用调解处理。　　　　　　　　　　　　　　　　　　　（　　）

8. 特种行业许可是公安行政许可的一种。　　　　　　　　　　　　　　　（　　）

9. 违反治安管理行为中的妨害公共安全行为是指危害不特定多数人的人身和财产安全,尚不够刑事处罚的行为。　　　　　　　　　　　　　　　　　　（　　）

10. 教唆他人违反治安管理的,应当从重处罚。　　　　　　　　　　　　　（　　）

11. 醉酒的人违反治安管理的,不予处罚。　　　　　　　　　　　　　　　（　　）

12. 公安行政执法的强制性指的是一种必须使用的权力。　　　　　　　　（　　）

13. 公安派出所可以决定警告、1000 元以下的罚款。　　　　　　　　　　（　　）

14. 违反治安管理的行为在 6 个月内公安机关没有发现的,不再处罚。　（　　）

15. 已满 14 周岁不满 18 周岁的人实施违反治安管理的行为,可不予处罚。（　　）

16. 公安机关在执法活动中发现吸毒人员,应当进行吸毒成瘾认定。　　（　　）

17. 吸毒成瘾人员自愿接受强制隔离戒毒的,经公安机关同意,可以进入强制隔离戒毒场所戒毒。　　　　　　　　　　　　　　　　　　　　　　　　　（　　）

18. 公安行政许可存在的前提是公安管理法律、法规的所有禁止。　　　（　　）

19. 检查公民住所必须持有派出所负责人开具的检查证。　　　　　　　　（　　）

20. 公安机关作出吊销许可证及处一千元以上罚款的治安管理处罚决定前,应当告知违反治安管理行为人有权要求举行听证。　　　　　　　　　　　　　（　　）

二、单项选择题

1. 被决定给予行政拘留处罚的人,(　　)周岁以上不执行行政拘留处罚。

 A. 50   B. 60   C. 70   D. 80

2. 有两种以上违反治安管理行为的(　　)。

 A. 分别执行   B. 分别决定

 C. 合并执行   D. 分别决定,合并执行

3. 根据《治安管理处罚法》的规定,(　　)的人违反治安管理的,应当从轻或者减轻处罚。

 A. 不满 14 周岁   B. 已满 16 周岁,不满 18 周岁

C. 已满 14 周岁,不满 18 周岁   D. 不满 18 周岁

4. 在违反治安管理行为构成要件中,( )处于核心地位。

     A. 危害行为   B. 主观要件   C. 危害结果   D. 主体要件

5. 在治安管理中说服教育不是万能的,对依法当罚的违法者,要依法分别给予( )。

     A. 警告、罚款或行政拘留等处罚   B. 警告、罚款或收容遣送等处罚

     C. 警告、罚款或刑事拘留等处罚   D. 警告、罚款或逮捕等处罚

6. 对连续或继续状态的违反治安管理行为的追究时效期限,应当从( )起算。

     A. 最早一次行为或行为开始的那一天   B. 最早一次行为或行为终了的那一天

     C. 最后一次行为或行为开始的那一天   D. 最后一次行为或行为终了的那一天

7. 警告、500 元以下的罚款可以由( )决定。

     A. 县公安局   B. 市公安局

     C. 县、市公安分局   D. 派出所

8. 数种违反治安管理行为是指( )违反治安管理行为。

     A. 一人有一种以上   B. 两人有一种以上

     C. 一人有两种以上   D. 两人有两种以上

9. 许多违反治安管理的行为因其行为延展性或整合性而使行为的构成要件数不典型,从而按( )处罚。

     A. 一个行为   B. 两个行为   C. 不确定   D. 多个行为

10. 下列属于妨害社会管理的行为是( )。

     A. 扰乱单位秩序   B. 盗窃、损毁公共设施

     C. 特种行业违法   D. 殴打他人

11. ( )的人违反治安管理的,不予处罚。

     A. 不满 14 周岁   B. 已满 14 周岁不满 16 周岁

     C. 已满 14 周岁不满 18 周岁   D. 已满 16 周岁不满 18 周岁

12. 行政拘留时间以天计算,期限为( )。

     A. 1 日以上 7 日以下   B. 1 日以上 10 日以下

     C. 1 日以上 15 日以下   D. 5 日以上 20 日以下

13. 强行驱散、强行带离现场、立即拘留的适用对象是( )。

     A. 吸毒成瘾的人员

     B. 盗窃他人财物的人员

     C. 越狱逃跑的人员

     D. 严重危害社会治安秩序或者威胁公共安全的人员

14. 公安机关认定吸毒成瘾,应当由( )来进行。

     A. 侦查人员   B. 办案部门

     C. 两名以上人民警察   D. 值班人员

15. 收缴和追缴的区别在于的( )不同。

     A. 财物价值大小   B. 针对的对象

     C. 违反治安管理行为主体   D. 违反治安管理行为的持续性

16. 受到罚款处罚的人应当自收到处罚决定书之日起（　　）日以内，到指定的银行缴纳罚款。

  A. 5　　　　　　 B. 10　　　　　　 C. 15　　　　　　 D. 20

17. 告知是指公安机关在作出治安管理处罚决定之前，将作出治安管理处罚决定的事实、理由和依据，以及（　　），以书面方式通知当事人的法律活动。

  A. 当事人的法定义务   B. 当事人依法享有的权利

  C. 当事人的法定责任   D. 当事人家属的权利

18. 公安机关对卖淫、嫖娼行为人可并处（　　）元以下罚款。

  A. 1000　　　　 B. 2000　　　　 C. 3000　　　　 D. 5000

19. 公安机关认定吸毒成瘾应在作出人体生物样本检测结论的（　　）小时以内提出认定意见。

  A. 12　　　　　　 B. 24　　　　　　 C. 36　　　　　　 D. 48

20. 认定吸毒成瘾人员并符合法律规定情形，应当（　　）。

  A. 监视居住 B. 拘留 C. 强制隔离戒毒 D. 罚款

三、多项选择题

1. 治安管理处罚的种类包括（　　）。

  A. 警告　　　　 B. 罚款　　　　 C. 责令停业　　　　D. 行政拘留

2. 违反治安管理有（　　）情形之一的，减轻处罚或者不予以处罚。

  A. 情节特别轻微的   B. 未造成严重损害的

  C. 有立功表现的   D. 由于他人的胁迫或者诱骗的

3. 有（　　）情形之一的，人民警察可以当场收缴罚款。

  A. 被处以二百元以下罚款的

  B. 被处罚人向指定的银行缴纳确有困难，经被处罚人提出

  C. 被处罚人在当地没有固定住所

  D. 被处罚人的自愿选择

4. 行政拘留暂缓执行必须同时具备的条件是（　　）。

  A. 被处罚人不服行政拘留处罚决定，并申请行政复议或提起行政诉讼

  B. 被处罚人向公安机关提出暂缓执行行政拘留的申请

  C. 公安机关认为暂缓执行行政拘留不致发生社会危险

  D. 被处罚人或者其近亲属提出符合法律规定条件的担保人，或者交纳保证金。

5. 对于（　　），情节较轻的治安案件，可以适用治安调解。

  A. 因民间纠纷引起的打架斗殴 B. 因财产纠纷引起的犯罪案件

  C. 因民间纠纷引起的损毁他人财物 D. 赌博案件

6. 违反治安管理行为具有的特征是（　　）。

  A. 社会危害性   B. 治安违法性

  C. 情节严重性   D. 应受刑事处罚性

7. 根据违反治安管理行为客体所侵犯的社会关系的范围的不同，可分为三个层次，即（　　）。

A. 特殊客体　　　　B. 一般客体　　　　C. 同类客体　　　　D. 直接客体

8. 行为数不典型的违反治安管理行为主要包括( )。

A. 连续行为　　　B. 牵连行为　　　C. 继续行为　　　D. 吸收行为

9. 治安案件的调查方法包括( )等。

A. 传唤　　　　B. 勘验、检查　　　C. 扣押、登记　　　D. 抽样取证

10. 公安行政执法的特征包括( )。

A. 执行性　　　B. 合法性　　　C. 行政性　　　D. 不可处分性

11. 从法的角度看,公安行政执法的范围包括( )。

A. 公安行政处罚　　　　　　　　　B. 公安行政立法

C. 公安行政许可　　　　　　　　　D. 公安行政强制

12. 从公安行政管理角度看,公安行政执法的范围包括( )。

A. 治安管理　　　B. 户政管理　　　C. 消防管理　　　D. 网络安全监管

13. 下列关于治安管理处罚的特征描述正确的是( )。

A. 治安管理处罚的性质是刑事处罚

B. 实施治安管理处罚的主体是检察机关

C. 治安管理处罚的对象是违反治安管理行为人

D. 治安管理处罚的内容是剥夺违反治安管理行为人的一定权利

14. 《治安管理处罚法》规定了如下罚款幅度( )。

A. 200 元以下　　　　　　　　　B. 200 元以上 400 元以下

C. 500 元以上 3000 元以下　　　　D. 1000 元以上 3000 元以下

15. 自然人作为违反治安管理行为的主体承担法律责任,应当具备的条件包括( )。

A. 年满 18 周岁　　　　　　　　　B. 达到法定责任年龄

C. 中国公民　　　　　　　　　　　D. 具有责任能力

16. 与案件有关的需要作为证据的物品通常包括( )。

A. 违法所得　　　　　　　　　　　B. 违法行为人使用的工具和物品

C. 行为人持有的违禁品　　　　　　D. 违法行为人所有的合法财产

17. 根据《治安管理处罚法》及《行政处罚法》等的有关规定,不予处罚的法定情形包括( )。

A. 不满 16 周岁的人违反治安管理的

B. 精神病人违反治安管理的

C. 盲人或者又聋又哑的人违反治安管理的

D. 情节特别轻微的

18. 《治安管理处罚法》规定,有( )情形之一的,人民警察可以当场收缴罚款。

A. 被处以二百元以下罚款,被处罚人对罚款无异议的

B. 被处以五十元以下罚款,被处罚人对罚款无异议的

C. 在边远、水上、交通不便地区,公安机关及其人民警察依法作出罚款决定后,被处罚人向指定的银行缴纳罚款确有困难,经被处罚人提出的

D. 被处罚人在当地没有固定住所,不当场收缴事后难以执行的

19. 行政拘留暂缓执行必须同时具备的条件包括(   )。

   A. 被处罚人不服行政拘留处罚决定,并申请行政复议或提起行政诉讼

   B. 被处罚人向公安机关提出暂缓执行行政拘留的申请

   C. 公安机关认为暂缓执行行政拘留不致发生社会危险

   D. 被处罚人或者其近亲属提出符合法律规定条件的担保人或者交纳保证金

20. 具有下列情形的,不适用调解处理(   )。

   A. 雇凶伤害他人的

   B. 调解过程中违法嫌疑人逃跑的

   C. 多次实施违反治安管理行为的

   D. 亲友、邻里、同事、在校学生之间因琐事发生纠纷的

【参考答案】

一、判断题

1. ×   2. √   3. √   4. √   5. ×   6. √   7. √   8. √

9. √   10. √   11. ×   12. ×   13. ×   14. √   15. ×   16. √

17. √   18. ×   19. ×   20. ×

二、单项选择题

1. C   2. D   3. C   4. A   5. A   6. D   7. D   8. C

9. A   10. C   11. A   12. A   13. D   14. C   15. B   16. C

17. B   18. D   19. C   20. B

三、多项选择题

1. ABD   2. ACD   3. BC   4. ABCD   5. AC   6. AB

7. BCD   8. ABCD   9. ABCD   10. ABD   11. ACD   12. ABCD

13. CD   14. ACD   15. BD   16. ABC   17. CD   18. BCD

19. ABCD   20. ABC

第十三章

公安执法监督

第一节　公安执法监督概述

一、公安执法监督的概念与特点

（一）公安执法监督的概念

公安执法监督是指法律授权的机关、公民和社会组织对公安机关及其人民警察履行职责、行使职权和遵守法纪的情况所实施的监察和督促。公安执法监督，是公安内、外部相互监督联系并组成协调运行的监督系统，对公安机关的所有执法活动、对公安机关履行各种职责行为是否符合法律而进行监察、检查和督促。

（二）公安执法监督的特点

1. 监督对象的特定性

公安执法监督的对象是公安机关及其人民警察。公安执法监督是对公安机关及其人民警察执行职务行为的监督，监督的内容是公安机关及其人民警察在执行职务活动中是否依法履行职责、行使职权，是否严格遵守和执行人民警察的义务和纪律。

2. 监督主体的广泛性

根据有关法律、法规的规定，公安执法监督的主体十分广泛，既有国家权力机关的监督，又有监察机关、检察机关和审判机关的监督，还有社会组织和公民个人的监督；既有来自公安机关外部的监督，又有公安机关内部的监督。这些来自不同方面的监督，形成了完整的公安执法监督体系。

3. 监督形式的多样性

公安执法监督是通过多种途径以多种形式进行的。监督主体的性质、地位不同，监督的形式也有所不同。权力机关、人民政府以及上级公安机关，可以通过检查、审查、调查等形式进行监督；检察机关可以通过法定程序对侦查、执行刑罚等活动进行监督；监察机关可以通过检查、调查等监察程序进行监督；督察机构则依照专门的督察程序进行监督；其他社会监督主体可以通过批评、建议、申诉、检举和控告等形式进行监督。

4. 监督过程的程序性

公安执法监督是国家的一种法律制度，其形式通常表现为依法进行的可以产生某种法律效力和法律后果的法律行为。因此，不论何种主体、出于何种理由进行的监督，都必须符合法律的要求，遵循法定的程序。监督主体的性质、地位不同，以及监督内容的不同，法定的监督程序也各异。合法的程序，是使监督活动顺利进行、充分发挥监督作用和实现监督目的的重要保证。

二、公安执法监督的分类

依据不同的标准，对公安执法监督可以作不同的划分。

（一）按监督主体分类

根据监督主体的不同，公安执法监督可以分为国家权力机关的监督、检察机关的监督、审判机关的监督、监察机关的监督、公安机关内部的监督、社会监督等。其中，社会监督的主体包括各民主党派、社会团体、群众组织、新闻媒体、公民个人等，这些主体的监督都是从权利出发的监督，实施监督的方式是提出批评意见、建议、检举、控告等，不具有直接处理权力，不能直接产生某种法律后果，但往往引发其他权力监督程序的启动，具有间接性特征。而其他主体监督形式则是有关国家机关行使监督的职权，是从权力出发的监督，往往直接引起某种法定程序或导致某种法律后果。实践中只有不断建立与完善监督系统，坚持多元主体、互相补充，才能形成严密的公安执法监督网络。

（二）按监督主体与监督对象的隶属关系分类

根据监督主体与监督对象的隶属关系不同，公安执法监督可以分为外部监督和内部监督。外部监督是指监督主体与监督对象之间不具有直接的行政隶属关系，这种监督主体是公安机关以外的其他机关、组织和公民个人，主要有国家权力机关的监督、监察监督、检察监督、行政诉讼监督、社会监督等。内部监督是指监督主体与监督对象之间有着直接的行政隶属关系，这种监督主体是公安机关自身，主要有督察监督、法制部门监督以及行政复议和国家赔偿制度等。

（三）按实施监督的时间分类

根据实施监督的时间不同，公安执法监督可以分为事前监督、事中监督和事后监督。事前监督是指监督主体在公安机关及其人民警察实施执法行为之前依法进行的监督，如上级公安机关对下级公安机关执法工作方案事前的审核、检察机关对公安机关提请逮捕犯罪嫌疑人的审查批准等。事前监督可以提前预防和避免违法现象的发生。事中监督是指监督主体在公安机关及其人民警察执法过程中进行的监督，如检察机关对公安机关侦查过程中存在的违法行为发出纠正违法通知书、督察机构对人民警察的执法活动进行现场督察等。事中监督具有控制作用，以便及时发现问题并及时纠正。事后监督是指监督主体在公安机关及其人民警察执法行为终结之后进行的监督，如行政复议、行政诉讼、行政赔偿等。事后监督是对执法行为的后果进行的监督，对于违法行使职权侵犯公民、法人和其他组织合法权益的，予以纠正和赔偿，具有救济作用。

三、公安执法监督的意义

加强公安执法监督，对于人民警察的建设、维护社会治安的稳定、保障社会主义现代化建设的顺利进行具有重要意义。

（一）公安执法监督是实现公安机关职能的重要条件

公安机关是具有武装性质的国家治安行政机关和刑事司法机关，担负着维护国家安全、社会治安秩序和公民人身财产安全的重要职能，其活动的效能，直接关系着国家的安全和社会的稳定，关系到人民群众的切身利益。1949 年 10 月 30 日，周恩来在接见参加第一次全国公安会议的公安干部时说："军队与保卫部门是政权的两个主要支柱。你们是国家安危，系于一半。国家安危你们担负了一半的责任，军队是备而不用的，你们是天天要用的。"公安机关在国家生活中的重要作用，决定了公安机关必须依法履行职责、行使职权。为此，必须建立完善的执法监督机制，使公安机关及其人民警察履行职责、行使职权的活动置于国家有效的监督和控制之下，这是实现公安机关职能的必要条件。

（二）公安执法监督是保障公安机关及其人民警察依法履行职责、行使职权的重要手段

公安执法监督的核心是对公安机关及其人民警察履行职责、行使职权活动的合法性进行监督。公安机关及其人民警察必须以宪法、法律为活动准则，履行法律规定的职责，严格执法，执行国家和人民的意志，维护国家和人民的利益，这是由公安机关的性质、地位所决定的。公安机关及其人民警察在行使权力的同时，承担着依法履行职责的义务，负有接受国家和人民监督的义务。对公安机关及其人民警察的执法活动实施监督，对于保障其依法履行职责、依法行使职权具有重要作用。

（三）公安执法监督是维护公民合法权益的重要保障

公安机关的性质、职责和权力的特殊性，决定了他们的执法活动直接涉及公民的人身权利和财产权利。为了防止滥用权力，发生侵犯公民合法权益的行为，保证公安机关及其人民警察正确履行职责、行使职权，就必须对其权力加以制约。通过采取相应的监督制约措施，建立和完善执法监督制度，从而达到保护公民合法权益的目的。

（四）公安执法监督是加强公安队伍建设的重要措施和途径

公安执法监督是加强公安队伍建设，落实"从严治警、依法治警"方针的重要措施和途径，是严格公安队伍管理的内在要求，应当贯穿于公安队伍管理的全过程。通过执法监督，可以增强人民警察的责任感，促使其依法履行职责、行使职权。在新的历史条件下，如何使公安队伍保持公正廉洁是亟待解决的问题。应当看到，在少数民警中存在的不正之风和腐败现象还相当严重，一些违法违纪问题还相当突出，严重损害了公安机关的声誉和形象，破坏了警民关系，干扰了公安工作的正常开展。因此，迫切需要完善公安执法监督机制，强化对权力的制约，加强廉政建设。

第二节　公安机关内部执法监督

为充分地实现对公安机关人民警察的执法监督，公安机关内部设置了多重监督制度体系，主要包括督察机构的监督制度、法制部门的监督制度、公安行政复议制度和公安赔偿制度。这些来自公安机关内部的监督制度，在对公安机关人民警察执法执勤活动的监督制约方面发挥了不可替代的作用。

一、督察制度

督察制度是指公安机关督察机构依法对公安机关及其人民警察履行职责、行使职权和遵守纪律的情况进行监督、检查的制度。督察制度是为完善公安机关自我约束机制而依法建立的一种公安内部监督制度。《人民警察法》第四十七条关于"公安机关建立督察制度"的规定,是建立督察制度的法律依据。

国务院于1997年6月20日发布《公安机关督察条例》,其中对督察机构的设置、职责、权限以及督察的方式、程序等问题都作出了明确的规定。2011年8月24日,国务院第一百六十九次常务会议通过了修订后的《公安机关督察条例》(以下简称《条例》),并于2011年10月1日起施行。新《条例》对公安机关的督察体制、督察机构工作范围、现场督察程序、督察措施期限及其救济程序等进行了必要的调整、充实和规范,进一步对督察工作的职能作用作出了科学定位,督察制度体系得以更加健全和完善。

新《条例》的颁布和实施,对不断提升督察工作的科学化水平,为公安工作和公安队伍建设全面、健康、可持续发展提供了坚强的纪律保证。对于各级公安机关深入贯彻依法治国方略和依法从严治警方针,从源头上预防、治理公安执法工作和队伍建设中的突出问题,推进公安执法规范化和队伍正规化建设;对于促进督察工作科学化、规范化、制度化,健全公安执法权力运行监督机制,加强公安系统领导指挥,保证公安战线政令警令畅通作用明显,具有重要的现实意义。

(一)督察机构的设置

公安部和县级以上地方各级人民政府公安机关均设立督察机构。

公安部督察委员会领导全国公安机关的督察工作,负责对公安部所属单位和下级公安机关及其人民警察依法履行职责、行使职权和遵守纪律的情况进行监督,对公安部部长负责。公安部督察机构承担公安部督察委员会办事机构的职能。

县级以上地方各级人民政府公安机关督察机构,负责对本级公安机关所属单位和下级公安机关及其人民警察依法履行职责、行使职权和遵守纪律的情况进行监督,对上一级公安机关督察机构和本级公安机关行政首长负责。

县级以上地方各级人民政府公安机关的督察机构为执法勤务机构,由专职人员组成,实行队建制。公安部设督察长,由公安部一名副职领导成员担任。县级以上地方各级人民政府公安机关设督察长,由公安机关行政首长兼任。

督察人员应当具备下列条件。

(1)坚持原则,忠于职守,清正廉洁,不徇私情,严守纪律。

(2)具有大学专科以上学历和法律专业知识、公安业务知识。

(3)具有三年以上公安工作经历和一定的组织管理能力。

(4)经过专门培训合格。

(二)督察机构的职责

督察机构对公安机关及其人民警察依法履行职责、行使职权和遵守纪律的下列事项,进行现场督察。

（1）重要的警务部署、措施、活动的组织实施情况。

（2）重大社会活动的秩序维护和重点地区、场所治安管理的组织实施情况。

（3）治安突发事件的处置情况。

（4）刑事案件、治安案件的受理、立案、侦查、调查、处罚和强制措施的实施情况。

（5）治安、交通、户政、出入境、边防、消防、警卫等公安行政管理法律、法规的执行情况。

（6）使用武器、警用器械以及警用车辆、警用标志的情况。

（7）处置公民报警、请求救助和控告申诉的情况。

（8）文明执勤、文明执法和遵守警容风纪规定的情况。

（9）组织管理和警务保障的情况。

（10）公安机关及其人民警察依法履行职责、行使职权和遵守纪律的其他情况。

（三）督察机构的权限

根据《公安机关督察条例》的规定,督察机构在督察工作中可以行使下列权力。

（1）派出督察权和指令督察权。督察机构可以向本级公安机关所属单位和下级公安机关派出督察人员进行督察,也可以指令下级公安机关督察机构对专门事项进行督察。县级以上地方各级人民政府公安机关督察机构查处违法违纪行为,应当向上一级公安机关督察机构报告查处情况;下级公安机关督察机构查处不力的,上级公安机关督察机构可以直接进行督察。

（2）警务参与权。督察机构可以派出督察人员参加本级公安机关或者下级公安机关的警务工作会议和重大警务活动的部署,这是履行督察职责的需要。

（3）责令执行权。督察机构对本级公安机关所属单位和下级公安机关拒不执行法律、法规和上级决定、命令的,可以责令执行。

（4）决定撤销或者变更权。督察机构对本级公安机关所属单位和下级公安机关作出的错误决定、命令,可以决定撤销或者变更,报本级公安机关行政首长批准后执行。

（5）违法违纪行为查处权。县级以上地方各级人民政府公安机关督察机构依法查处民警违法违纪行为,并向上一级公安机关督察机构报告查处情况;下级公安机关督察机构查处不力的,上级公安机关督察机构可以直接进行督察。

（6）当场处置权。督察人员在现场督察中发现公安机关人民警察违法违纪的,可以采取下列措施,当场处置:对违反警容风纪规定的,可以当场予以纠正;对违反规定使用武器、警用器械以及警用车辆、警用标志的,可以扣留其武器、警用器械、警用车辆、警用标志;对违法违纪情节严重、影响恶劣的,以及拒绝、阻碍督察人员执行现场督察工作任务的,必要时可以带离现场。

（7）实施停止执行职务和禁闭权。督察机构认为公安机关人民警察违反纪律需要采取停止执行职务、禁闭措施的,由督察机构作出决定,报本级公安机关督察长批准后执行。停止执行职务的期限为 10 日以上 60 日以下;禁闭的期限为 1 日以上 7 日以下。

公安机关人民警察对停止执行职务和禁闭决定不服的,可以在被停止执行职务或者被禁闭期间向作出决定的公安机关的上一级公安机关提出申诉。由公安部督察机构作出的停止执行职务、禁闭的决定,受理申诉的机关是公安部督察委员会。受理申诉的公安机关对不服停止执行职务的申诉,应当自收到申诉之日起5日内作出是否撤销停止执行职务的决定;对不服禁闭的申诉,应当在收到申诉之时起24小时内作出是否撤销禁闭的决定。申诉期间,停止执行职务、禁闭决定不停止执行。受理申诉的公安机关认为停止执行职务、禁闭决定确有错误的,应当予以撤销,并在适当范围内为当事人消除影响,恢复名誉。

（8）移送处理权。督察机构认为公安机关人民警察需要给予处分或者降低警衔、取消警衔的,应当提出建议,移送有关部门依法处理。在督察工作中发现公安机关人民警察涉嫌犯罪的,移送司法机关依法处理。

（四）督察监督的主要方式

（1）现场督察。现场督察是指督察机构对公安机关及其人民警察执法执勤活动进行的同步动态监督。

（2）专项督察。督察机构紧紧围绕公安中心工作、重大警务部署,特别是针对普遍存在的突出问题集中时间、集中力量开展专门性、治理性督察活动。

（3）核查投诉。督察机构通过网络、电话、信件等各类渠道,受理群众投诉,及时查处公安民警违法违纪行为。

（4）警务评议。督察机构采取走访、回访、座谈、问卷调查等方式,广泛听取国家机关、社会团体、企业事业组织和人民群众对公安机关及其人民警察的意见建议,进行分析研判,服务领导决策,改进公安工作。

（5）网上督察。督察机构依托公安信息网络,通过查听查看视频监控、调取执法办案数据信息、卫星定位等方式,对公安民警执法执勤活动进行实时监督。

二、法制部门监督制度

法制部门监督制度是指公安机关的法制部门对下级公安机关、本级公安机关所属业务部门、派出机构及其人民警察的执法活动实施监督、检查的制度。它对于保障公安机关及其人民警察依法正确履行职责,防止和纠正违法和不当的执法行为,保护公民、法人和其他组织的合法权益,维护国家法制的尊严和统一,具有重要的意义。公安部2006年12月18日发布的《公安机关法制部门工作规范》,对公安机关法制部门的职责、权限及执法监督工作机制,作出了明确的规定。

（一）法制部门的地位和机构设置

各级公安机关法制部门是公安机关法制工作和内部执法监督工作的主管部门。县级以上公安机关设立专门法制机构,并配备与法制工作任务相适应的工作人员。对案件审核任务较重的法制部门,适当增加案件审核专职人员。法制部门负责人由政治素质好、法制业务能力强的人担任,并具有大专以上学历和法律专业知识,以及较强的执法办案能力。新录用或者调入的法制民警应当具有大专以上法律专业学历,或者具有大专以上学历、三年以上执法办案经历。公安机关基层执法单位设立专职或者兼职法制员,承担所在基层执法单位的执法咨询服务、法律学习培训等职责。

县级以上公安机关设立的行政复议办公室的职责由公安法制部门承担。

（二）法制部门的职责范围

根据《公安机关法制部门工作规范》的规定,公安部法制部门领导全国公安法制工作,组织、规划、协调、推动全国公安法制建设;县级以上公安机关法制部门领导本辖区的公安法制工作,组织、规划、协调、推动本辖区公安法制建设。具体而言,公安机关法制部门的主要职责范围如下。

（1）综合研究公安执法问题。

（2）公安法制建设与规划。

（3）法律、法规解释与咨询:公安部法制部门办理重大执法问题的请求和答复,对公安法律、法规、规章作应用性解释。省级公安机关法制部门办理执法问题的请求和答复,对地方性公安法规、规章作应用性解释。

（4）办理收容教养案件。公安部法制部门指导、监督收容教养案件审批工作;省、地级公安机关按照规定办理收容教养案件审批;县级公安机关法制部门审核、呈报收容教养案件。

（5）办理听证、行政复议、国家赔偿案件,代理行政诉讼案件。

（6）内部执法监督工作。组织、指导、开展执法质量考核评议、执法检查、个案调查、执法过错责任认定,依照规定对本辖区内有关案件进行法律审核,参与研究、处理重大、疑难案(事)件,提出法律意见和建议。

（7）管理公安法律文书。

（8）法制服务、培训、调研和宣传工作。

（9）处理涉港澳台、涉外法律事务。公安部法制部门参与内地与港澳台警务合作协议的起草、磋商和重大案件处置等涉港澳台法律事务;参与引渡条约、刑事司法协助条约、国际警务合作协议的起草、谈判和重大涉外案件处置等涉外法律事务。

（10）办理领导交办的其他法律事务。

（三）法制部门执法监督的主要方式

（1）法律审核。公安法制部门按照规定及时对本级公安机关制发的规范性文件及有关部门会签的文件进行法律审核,提出法律审核意见;按照规定对下级公安机关备案的规范性文件进行备案审查,提出审查意见。在职权范围内做好有关法律、法规、规章具体应用问题的请示与答复工作,严格执行法规、规章和规范性文件的清理、汇编、备案制度。

（2）案件审核。公安法制部门在规定的范围内进行案件审核,重点对立案、管辖是否合法,事实是否清楚,证据是否确实、充分、合法,定性是否准确,处理意见是否适当,适用法律是否正确,程序是否合法,法律文书是否规范、完备以及其他与案件质量有关的事项进行审核,提出审核意见,报本级公安机关领导决定。审核案件主要通过审查案卷的方式进行,必要时可以要求办案部门就有关问题作出说明。对重大、疑难、复杂案件建立集体审议制度,落实工作责任,确保办案质量,有针对性地解决案件审核中发现的问题。审核案件后,根据不同情况,分别作出如下处理。

① 案件事实清楚、证据确凿充分、定性准确、处理意见适当、适用法律正确、程序合法、法律文书完备的,签署审核意见,报本级公安机关主管领导审核。

② 案件事实不清、证据不足或者需要查清其他违法犯罪问题的,提出补充调查取证意见,报本级公安机关主管领导批准后退回办案部门补充调查。

③ 案件定性不准、处理意见不适当、违反法定程序或者相关法律手续、法律文书不完备的,提出处理意见,报经本级公安机关主管领导批准后退回办案部门依法处理。

(3) 组织执法检查和专项、专案调查。公安法制部门通过查阅已办结的刑事、治安等案件案卷组织执法检查。对上级公安机关及其法制部门或者本级公安机关领导交办的复查案件,人民群众反映强烈的普遍性、倾向性的公安执法问题等,进行专案调查或专项调查,及时组织调查、核实情况,依法提出处理意见,并及时报告复查。发现本级或者下级公安机关的执法行为有错误的,应当按照规定进行查询、调阅案卷或者派员调查。

(4) 组织执法质量考核和评议。公安法制部门根据《公安机关执法质量考核评议规定》,组织开展执法质量考核评议工作。通过向公安机关纪检、监察、信访、人事等有关部门和人民检察院、人民法院等相关单位了解被考评对象的执法情况,作为执法质量考核评议的依据之一。对执法质量考核评议工作情况和结果,及时向本级公安机关领导和上级公安机关法制部门报告,并向本级公安机关执法部门和下级公安机关通报。

(5) 依照法律、法规组织进行听证、复议、复核,办理公安赔偿,审核、审批收容教养案件。

(6) 代理行政诉讼案件。公安法制部门代理或者协助出庭应诉、提起上诉和申诉,督促有关部门正确履行人民法院的生效判决及裁定,指导下级公安机关做好行政应诉工作。

(7) 进行执法过错责任追究。公安法制部门对本级或者下级公安机关确有错误或者不适当的执法行为,依法提出撤销、变更或者责令限期纠正的处理意见,报本级公安机关负责人批准后,制发《纠正违法决定》,由本级公安机关有关部门或者下级公安机关执行。对存在过错的执法行为和案件,公安法制部门应当及时认定执法过错责任,并制作《执法过错责任认定书》和《执法过错责任追究意见书》,报本级公安机关主管领导批准后,移送纪检监察部门处理。

(8) 各级公安机关决定采取的其他执法监督方式。

三、公安行政复议制度

公安行政复议制度是指公民、法人或者其他组织认为公安机关的具体行政行为侵犯其合法权益,依法向上一级公安机关提出申请,由上一级公安机关对该具体行政行为依法进行审查并作出处理决定的法律制度。

公安行政复议制度是公安机关解决公安行政争议的重要手段,是沟通公安机关同人民群众联系的纽带,也是公安机关内部进行自我监督的有效途径。实行这一制度,对于监督、促进公安机关及其人民警察依法行使权力,保证公安机关依法行政,维护公民、法人和其他组织的合法权益,具有重要的意义。

根据《中华人民共和国行政复议法》的规定,公民、法人或者其他组织对公安机关的下列具体行政行为不服的,可以提起行政复议。

(1) 对公安机关作出警告、罚款、没收违法所得、没收非法财物、责令停产停业、暂扣或者吊销许可证、执照以及行政拘留等行政处罚不服的。

（2）对公安机关作出的限制人身自由或者查封、扣押、冻结财产等行政强制措施决定不服的。

（3）对公安机关作出的有关许可证、执照、资质证、资格证等证书变更、中止、撤销的决定不服的。

（4）认为公安机关侵犯其合法经营自主权的。

（5）认为公安机关违法集资、征收财物、摊派费用或者违法要求履行其他义务的。

（6）认为符合法定条件,申请公安机关颁发许可证、执照、资质证、资格证等证书,或者申请公安机关审批、登记有关事项,公安机关没有依法办理的。

（7）申请公安机关履行保护人身权利、财产权利的法定职责,公安机关没有依法履行的。

（8）认为公安机关的其他具体行政行为侵犯其合法权益的。

但对公安机关作出的行政处分或者其他人事处理决定,不能提起行政复议;对公安机关作出的民事纠纷调解或者参与的其他民事活动纠纷,也不能提起行政复议。

四、公安赔偿制度

公安赔偿制度是国家赔偿制度的组成部分,是指公安机关及其人民警察行使职权侵犯公民、法人和其他组织的合法权益造成损害时,由国家承担赔偿的法律制度。

根据《国家赔偿法》的规定,公安赔偿包括公安行政赔偿和公安刑事赔偿两类,其赔偿的责任主体是国家,即由国家承担赔偿责任,而赔偿的义务主体则是具体实施侵权行为的公安机关。实行公安赔偿制度,对于保障公民、法人和其他组织的合法权益,督促公安机关及其人民警察依法行使职权,维护社会稳定,具有重要的意义。

（一）公安赔偿的构成要件

公安赔偿的构成要件是指公安机关及其人民警察行使职权的行为造成损害后果时,由国家承担赔偿责任所必须具备的条件。明确公安赔偿的构成要件,有利于准确地判定公安赔偿是否成立,是否需由国家承担赔偿责任,从而正确地解决国家赔偿问题。根据《国家赔偿法》的规定,构成公安赔偿,必须同时具备以下四个要件,缺一不可。

（1）主体要件。构成公安赔偿的行为主体必须符合法律的要求,即必须是公安机关及其人民警察,非公安机关和人民警察的职务行为不能引起公安赔偿。

（2）行为要件。《国家赔偿法》确立了国家赔偿的归责原则主要是违法原则,同时兼有结果归责、过错归责。公安机关及其人民警察有行使职权的行为,是构成公安赔偿的必要要件。合法行使职权的行为即使造成损害,也不会产生国家赔偿责任。

（3）后果要件。公安赔偿以行使职权的行为造成公民、法人和其他组织合法权益的客观损害后果为必要条件。仅有职权行为,但并未造成对合法权益的损害后果时,不能构成公安赔偿。损害后果包括对人身权的损害和对财产权的损害,而且必须是客观上已经发生的实际损害,不包括仅仅可能造成损害或者仅仅造成危险状态的情形。

（4）因果关系要件。构成公安赔偿,还要求公安机关及其人民警察行使职权的行为与损害后果之间必须存在因果关系。也就是说,只有由于公安机关及其人民警察行使职权的行为引起的损害后果,才能构成公安赔偿。

（二）公安行政赔偿

公安行政赔偿是指公安机关及其人民警察违法行使行政职权，侵犯公民、法人和其他组织合法权益造成损害时，由国家承担的赔偿。

根据《国家赔偿法》的规定，公安机关及其人民警察在行使行政职权过程中，有下列侵犯人身权情形之一的，受害人有取得赔偿的权利。

（1）违法拘留或者违法采取限制公民人身自由的行政强制措施的。

（2）非法拘禁或以其他方法非法剥夺公民人身自由的。

（3）以殴打、虐待等行为或者唆使、放纵他人以殴打、虐待等行为造成公民身体伤害或者死亡的。

（4）违法使用武器、警用器械造成公民身体伤害或者死亡的。

（5）造成公民身体伤害或者死亡的其他违法行为。

公安机关及其人民警察在行使行政职权过程中，有下列侵犯财产权情形之一的，受害人有取得赔偿的权利。

（1）违法实施罚款、吊销许可证和执照、责令停产停业、没收财物等行政处罚的。

（2）违法对财产采取查封、扣押、冻结等行政强制措施的。

（3）违法征收、征用财产的。

（4）造成财产损害的其他违法行为。

根据《国家赔偿法》第五条规定，属下列情形之一的，国家不承担赔偿责任。

（1）公安机关人民警察与行使职权无关的个人行为。

（2）因公民、法人和其他组织自己的行为致使损害发生的。

（3）法律规定的其他情况。

（三）公安刑事赔偿

公安刑事赔偿是指公安机关及其人民警察行使刑事侦查职权时，侵犯公民、法人和其他组织合法权益造成损害，而由国家承担的赔偿。

根据《国家赔偿法》规定，公安机关及其人民警察在行使刑事侦查职权过程中，有下列侵犯人身权情形之一的，受害人有取得赔偿的权利。

（1）违反刑事诉讼法的规定对公民采取拘留措施的，或者依照刑事诉讼法规定的条件和程序对公民采取拘留措施，但是拘留时间超过刑事诉讼法规定的时限，其后决定撤销案件、不起诉或者判决宣告无罪终止追究刑事责任的。

（2）刑讯逼供或者以殴打、虐待等行为或者唆使、放纵他人以殴打、虐待等行为造成公民身体伤害或者死亡的。

（3）违法使用武器、警械造成公民身体伤害或者死亡的。

另外，公安机关及其人民警察在行使刑事侦查职权过程中，违法对财产采取查封、扣押、冻结、追缴等措施的，受害人有取得赔偿的权利。

根据《国家赔偿法》的规定，属于下列情形之一的，国家不承担赔偿责任。

（1）因公民自己故意作虚伪供述，或者伪造其他有罪证据被羁押或者被判处刑罚的。

（2）依照《刑法》的规定，不负刑事责任的人被羁押的。

（3）依照《刑事诉讼法》第十六条、第一百七十七条第二款、第二百八十三条第三款、第二百九十条的规定,不追究刑事责任的人被羁押的。

（4）公安机关人民警察与行使职权无关的个人行为。

（5）因公民自伤、自残等故意行为致使损害发生的。

（6）法律规定的其他情形。

（四）公安赔偿的方式和标准

1. 公安赔偿的方式

公安赔偿的方式即公安赔偿的义务机关承担赔偿责任所采用的形式。《国家赔偿法》规定,国家赔偿以支付赔偿金为主要方式。能够返还财产或者恢复原状的,予以返还财产或者恢复原状。由此确立了国家赔偿的方式是以支付赔偿金为主,以返还财产和恢复原状为辅。这样规定既有利于保护受害公民、法人和其他组织的合法权益,又简便易行,利于操作,比较适合我国国情。这三种方式可以单独适用,也可以在某些情况下并用。

此外,根据《国家赔偿法》的规定：公安机关及其人民警察在行使行政职权或在行使刑事侦查职权过程中,有侵犯公民人身权利的情形,致人精神损害的,应当在侵权行为影响的范围内,为受害人消除影响,恢复名誉,赔礼道歉;造成严重后果的,应当支付相应的精神损害抚慰金。

2. 公安赔偿的标准

《国家赔偿法》根据既要使受害人所受损失能够得到适当补偿,又要考虑国家经济发展状况和财政负担能力的原则,分别规定了赔偿的内容和计算标准,这是公安赔偿具体实施的依据。

（1）侵犯人身自由权的赔偿计算标准

每日的赔偿金按照国家上年度职工日平均工资计算,计算方法如下。

$$赔偿金额 = 受害人被限制人身自由的天数 \times 上年度职工日平均工资$$

$$上年度职工日平均工资 = \frac{年平均工资}{12 \times 平均每月法定工作天数}$$

（2）侵犯生命健康权的赔偿标准

① 造成身体伤害的,赔偿医疗费、误工减少的收入、护理费等。赔偿标准按国家上年度职工日平均工资计算,最高额为上年度职工年平均工资的5倍。

② 造成部分或全部丧失劳动能力的,赔偿医疗费、残疾赔偿金、护理费、残疾生活辅助费、康复费等因残疾而增加的必要支出和继续治疗所必需的费用。部分丧失劳动能力的最高额为国家上年度职工年平均工资的10倍;全部丧失劳动能力的最高额为国家上年度职工年平均工资的20倍。

③ 侵犯公民生命权致人死亡的,应当支付死亡赔偿金、丧葬费。赔偿标准总额为国家上年度职工年平均工资的20倍。另外,对全部丧失劳动能力者或死者所扶养的无劳动能力人,还应当支付生活费,发放标准参照当地最低生活保障标准执行。

（3）侵犯财产权的赔偿计算标准

① 处以罚款或者追缴、没收财产或者违反国家规定征收、征用财产的,返还财产。

② 查封、扣押、冻结财产的,解除对财产的查封、扣押、冻结。

③ 应当返还的财产损坏的,能够恢复原状的恢复原状,不能恢复原状的按照损害程度给付相应的赔偿金。

④ 应当返还的财产灭失的,给付相应的赔偿金。

⑤ 财产已经拍卖或者变卖的,给付拍卖或者变卖所得的价款;变卖的价款明显低于财产价值的,应当支付相应的赔偿金。

⑥ 吊销许可证和执照、责令停产停业的,赔偿停产停业期间必要的经常性费用开支。

⑦ 返还执行的罚款或者罚金、追缴或者没收的金钱,解除冻结的存款或者汇款的,应当支付银行同期利息。

⑧ 对财产权造成其他损害的,按照直接损失给予赔偿。

（五）责任人的追偿

《国家赔偿法》还对责任人的追偿作了相应的规定。赔偿义务机关赔偿后,应当向有下列情形之一的工作人员追偿部分或者全部赔偿费用。

（1）刑讯逼供或者以殴打、虐待等行为或者唆使、放纵他人以殴打、虐待等行为造成公民身体伤害或者死亡的。

（2）违法使用武器、警用器械造成公民身体伤害或者死亡的。

（3）在处理案件中有贪污受贿、徇私舞弊、枉法裁判行为的。

第三节　公安机关外部执法监督

任何监督都应该是主观和客观、主体和客体、内部和外部的综合,唯其如此才能真正达到监督的根本目的和基本目标。对公安执法监督来说,除了设置在公安机关内部的各种执法监督制度外,国家还通过多种形式确立了对公安机关人民警察执法活动的来自公安机关以外的监督制约制度,主要包括国家权力机关监督制度、国家行政监察机关监督制度、国家检察机关监督制度、行政诉讼制度和社会监督制度。

一、国家权力机关监督制度

国家权力机关监督制度是指各级人民代表大会及其常务委员会依法对公安机关及其人民警察的执法活动进行监督、检查的制度。

根据《宪法》的规定,全国人民代表大会是国家最高权力机关和立法机关,国家的行政机关、审判机关和检察机关均由它产生、对它负责、受它监督。它的常设机关是全国人民代表大会常务委员会。地方各级人民代表大会是地方国家权力机关,产生本级地方国家行政机关、审判机关和检察机关。各级人民代表大会及其常务委员会对公安机关及其人民警察执法活动的监督权属于国家监督权,以宪法和法律为依据,代表人民的意志,能够引起广大人民群众和社会舆论的广泛支持,因而具有极大的权威性。

国家权力机关对公安机关及其人民警察的监督,主要通过以下途径实现。

（1）制定相应法律、法规对公安机关及其人民警察行使职权的活动进行制约。

（2）对各级政府制定的有关公安工作经费的预算、决算进行审查,作出批准与否的决定。

（3）依法改变、撤销受监督机关制定或批准的不适当的法律、法规、决定和命令。

（4）听取公安机关关于法律实施情况的报告，对法律实施的情况进行检查，有权要求公安机关进行汇报，提出批评、意见、建议或者作出决定。

（5）对公安工作中的违法违纪行为提出议案，要求公安机关报告有关情况，改正错误的、不适当的行为。

（6）县级以上各级人大常委会，享有受理人民群众对公安机关及其人民警察提出的申诉和意见的监督权。

二、国家监察机关监督制度

国家监察机关监督是指监察委员会依法对所有行使公权力的公职人员所进行的监督。它必将推动反腐败斗争深入发展，进一步增强人民群众对党的信心和信赖，厚植党执政的政治基础。

2018年3月20日，第十三届全国人民代表大会第一次会议通过《中华人民共和国监察法》（以下简称《监察法》），确立国家监察委员会是最高监察机关，实现了监察全覆盖、监督无死角。《监察法》是深化国家监察体制改革的关键环节，通过国家立法把党对反腐败工作的集中统一领导体制机制固化和长效化，必将为反腐败工作开创新局面、夺取反腐败斗争压倒性胜利提供有力政治保障和法治保障。

根据《监察法》的规定，监察监督的主体是与党的纪律检察机关合署办公的各级国家监察委员会。

监察委员会的工作原则如下。

（1）监察委员会依照法律规定独立行使监察权，不受行政机关、社会团体和个人的干涉。

（2）监察机关办理职务违法和职务犯罪案件，应当与审判机关、检察机关、执法部门互相配合，互相制约。

（3）监察机关在工作中需要协助的，有关机关和单位应当根据监察机关的要求依法予以协助。

（4）国家监察工作严格遵照宪法和法律，以事实为根据，以法律为准绳；在适用法律上一律平等，保障当事人的合法权益；权责对等，严格监督；惩戒与教育相结合，宽严相济。

监察委员会的职能如下。

（1）对所有行使公权力的公职人员进行监察。

（2）调查职务违法和职务犯罪。

（3）开展廉政建设和反腐败工作，维护宪法和法律的尊严。

监察委员会的主要职责如下。

监察委员会依照《监察法》和有关法律规定履行监督、调查、处置职责。

（1）对公职人员开展廉政教育，对其依法履职、秉公用权、廉洁从政从业以及道德操守情况进行监督检查。

（2）对涉嫌贪污贿赂、滥用职权、玩忽职守、权力寻租、利益输送、徇私舞弊以及浪费国家资财等职务违法和职务犯罪进行调查。

（3）对违法的公职人员依法作出政务处分决定；对履行职责不力、失职失责的领导人员进行问责；对涉嫌职务犯罪的，将调查结果移送人民检察院依法审查、提起公诉；向监察对象所在单位提出监察建议。

三、国家检察机关监督制度

国家检察机关监督制度是指人民检察院通过行使检察权依法对公安机关及其人民警察遵守和执行法律的情况进行监督、检查的法律制度。

根据我国《宪法》规定，人民检察院是国家的法律监督机关，它独立行使检察权，对国家法律实施的情况负有检察监督之责。人民检察院对公安机关及其人民警察的监督，主要是在刑事诉讼活动中通过法定的程序实现的。它对于督促公安机关及其人民警察依法履行职责和行使职权，保障公民的合法权益不受非法侵犯，维护国家法制的统一，具有十分重要的意义。

人民检察院对公安机关及其人民警察实施法律监督的主要内容及形式有以下几个方面。

（一）立案监督

立案监督即人民检察院对公安机关的刑事立案活动依法进行的监督。根据《刑事诉讼法》的规定，人民检察院可以主动行使监督职权，或者接受被害人请求而行使监督权，对公安机关的刑事立案活动进行监督。监督的主要内容是公安机关作出的不立案决定，形式是要求公安机关说明不立案的理由和通知公安机关立案。人民检察院认为公安机关应当立案而不立案侦查的案件，或者被害人认为公安机关应当立案而不立案侦查的案件向人民检察院提出的，人民检察院有权要求公安机关说明不立案的理由。人民检察院认为公安机关不立案理由不能成立的，应当通知公安机关立案，公安机关接到通知后应当立案。

（二）审查批捕

逮捕是一项严厉的刑事强制措施，直接涉及公民的人身自由。为保证这一措施的正确适用，《刑事诉讼法》在规定了严格的条件的同时，也规定了严格的审查批准和执行程序。《刑事诉讼法》规定，逮捕犯罪嫌疑人、被告人，必须经过人民检察院批准或者人民法院决定，由公安机关执行。人民检察院通过行使审查批准逮捕权，依法审查公安机关提请批准逮捕的案件是否符合法定的条件，并作出批准或者不批准逮捕的决定，从而对公安机关的侦查活动实施法律监督。

（三）审查起诉

审查起诉即人民检察院依法对公安机关侦查终结移送起诉的案件进行审查，作出提起公诉或者不起诉决定的活动。根据《刑事诉讼法》的规定，人民检察院对公安机关要求起诉的案件审查的主要内容是：犯罪事实、情节是否清楚；证据是否确实、充分；犯罪性质和罪名的认定是否正确；有无遗漏罪行和其他应当追究刑事责任的人；是否属于不应追究刑事责任；有无附带民事诉讼；侦查活动是否合法。人民检察院应当按照法定程序和期限审查起诉，并根据起诉的条件分别作出提起公诉或者不起诉的决定。对于主要犯罪事实不清、证据不足的案件，有权退回公安机关要求补充侦查。

（四）侦查活动的合法性监督

人民检察院依法对公安机关的侦查活动是否合法实行监督，主要内容是发现和纠正下列违法行为：对犯罪嫌疑人刑讯逼供、诱供的；对被害人、证人以体罚、威胁、诱骗等非法手段收集证据的；伪造、隐匿、销毁、偷换或者私自涂改证据的；徇私舞弊，放纵、包庇犯罪分子的；故意制造冤、假、错案的；在侦查活动中利用职务之便谋取非法利益的；在侦查活动中不应当撤案而撤案的；贪污、挪用、调换所扣押、冻结的款物及其孳息的；违反《刑事诉讼法》关于决定、执行、变更、撤销强制措施规定的；违反羁押和办案期限规定的；在侦查中有其他违反《刑事诉讼法》有关规定的行为的。

对公安机关侦查活动中的违法行为，人民检察院有权根据情节和后果，分别采用口头或书面形式提出纠正意见。接到人民检察院纠正违法的口头或书面通知，公安机关应当及时纠正，并将纠正情况及时通知人民检察院。

（五）执行监督

执行监督即人民检察院依法对公安机关负责执行的刑事判决、裁定活动实行监督，以保障刑事判决、裁定的正确执行。其主要内容如下。

（1）对看守所收押、监管、释放犯罪嫌疑人、被告人的活动实行监督。

（2）对拘役所收押罪犯的活动实行监督。

（3）对看守所、拘役所暂予监外执行的执法活动实行监督。

（4）对判处管制、剥夺政治权利罪犯的监督管理活动实行监督。

人民检察院在上述监督活动中，发现公安机关有违法情形的，应当依法提出纠正意见。

此外，人民检察院还通过参与行政诉讼对公安机关行使行政职权的活动是否合法进行监督，通过受理公民和社会组织对人民警察违法违纪行为的控告、举报，追究违法、违纪人民警察的法律责任，对公安机关及其人民警察的执法活动实施监督。

四、行政诉讼制度

行政诉讼制度是指人民法院通过依法行使行政审判权对行政机关（包括公安机关）行政行为的合法性进行审查并作出裁决，以促使行政机关依法行政，保护公民、法人和其他组织合法权益的法律制度。

根据我国《行政诉讼法》的规定，人民法院主管审理行政案件，对行政行为的合法性进行审查。所以，行政诉讼实际上是人民法院对行政机关行政行为的司法审查，是对行政机关执法活动的司法监督。建立行政诉讼制度，保障公民、法人和其他组织最终能够通过诉讼的途径来维护自己的合法权益，对于保障人民民主，实现社会主义民主制度化、法治化，促进行政机关依法行政和加强廉政建设，提高行政效能和政府威信，从而实现依法治国和建设社会主义法治国家的目标，具有重要的意义。

行政诉讼是与民事诉讼、刑事诉讼并列的三大诉讼之一，作为一种独立的诉讼制度，它具有以下特征。

（1）行政诉讼的主要目的是防止行政机关违法、越权和滥用权力，保护行政管理相对人的合法权益。

(2) 行政诉讼的内容是解决行政争议,即解决行政机关在进行行政管理活动中与管理相对人之间出现纠纷,管理相对人因不服行政行为(包括作为和不作为)而引起的争议。

(3) 行政诉讼的双方当事人是特定的,具有平等的法律地位。原告只能是行政管理相对人,被告只能是行政机关,它们的诉讼地位不能互换。因此,行政诉讼制度又通俗地称为"民告官制度"。

(4) 主管审理行政诉讼的机关是人民法院,提起和审理行政诉讼必须符合法定的受案条件和程序。

(5) 行政诉讼的结果是对行政行为的合法性作出裁判。对于合法的行政行为,判决予以维持;对于违法的行政行为,判决予以撤销;对于显失公正的不当行政行为,判决予以变更。

(6) 行政诉讼期间不停止该行政行为的执行,不适用调解和反诉。

根据我国《行政诉讼法》的规定,人民法院受理公民、法人和其他组织对行政机关下列行政行为不服而提起的诉讼。

(1) 对行政拘留、暂扣或者吊销许可证和执照、责令停产停业、没收违法所得、没收非法财物、罚款、警告等行政处罚不服的。

(2) 对限制人身自由或者对财产的查封、扣押、冻结等行政强制措施和行政强制执行不服的。

(3) 申请行政许可,行政机关拒绝或者在法定期限内不予答复,或者对行政机关作出的有关行政许可的其他决定不服的。

(4) 对行政机关作出的关于确认土地、矿藏、水流、森林、山岭、草原、荒地、滩涂、海域等自然资源的所有权或者使用权的决定不服的。

(5) 对征收、征用决定及其补偿决定不服的。

(6) 申请行政机关履行保护人身权、财产权等合法权益的法定职责,行政机关拒绝履行或者不予答复的。

(7) 认为行政机关侵犯其经营自主权或者农村土地承包经营权、农村土地经营权的。

(8) 认为行政机关滥用行政权力排除或者限制竞争的。

(9) 认为行政机关违法集资、摊派费用或者违法要求履行其他义务的。

(10) 认为行政机关没有依法支付抚恤金、最低生活保障待遇或者社会保险待遇的。

(11) 认为行政机关不依法履行、未按照约定履行或者违法变更、解除政府特许经营协议、土地房屋征收补偿协议等协议的。

(12) 认为行政机关侵犯其他人身权、财产权等合法权益的。

除前面规定之外,人民法院受理法律、法规规定可以提起诉讼的其他行政案件。

根据我国《行政诉讼法》的规定,人民法院不受理公民、法人或者其他组织对下列事项提起的行政诉讼。

(1) 国防、外交等国家行为。

(2) 行政法规、规章或者行政机关制定、发布的具有普遍约束力的决定、命令。

(3) 行政机关对行政机关工作人员的奖惩、任免等决定。

（4）法律规定由行政机关最终裁决的行政行为。

五、社会监督制度

（一）社会监督制度的概念

社会监督制度是指来自国家机关以外的社会组织、团体和公民个人等，依法对公安机关及其人民警察的执法活动进行监督的制度。

《人民警察法》规定，人民警察执行职务，必须自觉地接受社会和公民的监督。这体现了《人民警察法》的立法宗旨和原则。完善社会监督机制，使公安机关及其人民警察自觉、有效地接受人民群众和社会各界的监督，对于改善和加强公安执法工作，切实保障公安机关及其人民警察依法履行职责、行使职权，及时发现和纠正公安队伍中的问题，树立人民警察的良好形象，密切警民关系等，具有十分重要的作用。

社会监督是一种非国家性质的监督，是根据我国《宪法》和有关法律、法规的规定，通过对公安机关及其人民警察提出批评、建议和意见，进行申诉、控告和检举等形式来实施。与国家机关的监督相比，社会监督一般不具有法律上的强制性，不产生直接的法律后果。但这种监督具有道义上、舆论上的压力，它是国家机关监督的重要来源和重要补充，因而也是公安执法监督体系中十分重要的监督形式，对于保障人民群众直接参加国家管理和行使当家作主的权利，使公安机关的工作建立于广泛的群众基础之上，具有重要意义。

（二）社会监督的内容和形式

1. 人民政协的监督

人民政协的监督是指人民政协的各党派、团体和各界人士依法对公安机关及其人民警察、公安机关任用的其他人员履行职责、行使职权和遵守纪律的情况进行的监察、督促。

公安机关作为政府领导下的一个职能部门，应当主动、真诚地接受人民政协的监督，其方式主要有：①认真办理人民政协有关公安工作的提案；②接受人民政协委员视察公安工作和公安队伍建设；③主动向人民政协汇报公安工作情况；④建立联系制度，及时听取意见和建议。

2. 社会组织和公民的监督

社会组织的监督即各种社会组织、企事业单位、舆论机构等对公安机关及其人民警察、公安机关任用的其他人员履行职责、行使职权和遵守纪律的情况进行的监督，主要通过提出批评、意见和建议，进行申诉、检举和控告等方式实施。

公民的监督即公民个人对公安机关及其人民警察、公安机关任用的其他人员履行职责、行使职权和遵守纪律的情况进行的监督。我国《宪法》规定，"中华人民共和国的一切权力属于人民。""公民对于任何国家机关和国家机关工作人员，有提出批评和建议的权利，对于任何国家机关和国家机关工作人员的违法失职行为，有向有关国家机关提出申诉、控告或者检举的权利，但是不得捏造或者歪曲事实进行诬告陷害。对于公民的申诉、控告或者检举，有关国家机关必须查清事实，负责处理。任何人不得压制和打击报复。由于国家机关和国家机关人员侵犯公民权利而受到损失的人，有依照法律规定取得赔偿的权利。"这些规定，体现了我国人民当家做主的原则和要求。所以，公民个人对于公安机关及其人民警察、公安机关任用的其他人员的执法等活动有权提出批评、建议；对于违法或不当行为有权进行检举、控告，要求对责任人进行惩处；对于自己受到的不公正处理有权提出申诉、申请复议、提起诉讼，要求恢复自己的权利，补偿自己的损失。

3. 媒体舆论的监督

媒体舆论的监督是指监督主体借助于各种新闻媒体、各种舆论工具，通过对公安机关及其人民警察、公安机关任用的其他人员履行职责、行使职权和遵守纪律的情况进行公开报道和评论而实施的监督。

媒体舆论监督的主要形式是新闻报道、公开披露和表达民意。它具有包含信息量大、传播速度快、覆盖面广的特点，能够形成广泛的影响和巨大的社会冲击效应。特别是在网络信息技术快速发展的今天，其传播速度快和影响范围广的特点更为突出，能够使各种违法违纪和腐败行为得以快速地公开和曝光，充分反映广大民众的意愿和要求，从而引起社会、相关部门的注意和迅速介入处理。所以，媒体舆论的监督可以收到意想不到的广泛效果，已经成为现代社会中越来越重要的监督形式。在整个公安监督体系中，媒体舆论的监督同样居于重要地位，发挥着重要的作用。

随着信息化和网络技术的发展，媒体舆论监督日益成为一种新的发展趋势。广大民众可以通过互联网了解国家和社会公共事务，评价国家政治、经济、文化和社会生活，监督国家机关的各项活动，揭露公职人员的腐败行为，由此形成了一种新的媒体舆论监督形式，即网络舆论监督。它是现代信息技术与我国社会主义民主相结合的产物，并已成为社会主义民主和人民当家的重要途径之一，得到了越来越多的关注。

网络舆论监督的优点如下。

（1）范围更广。它跨越了地域和时空的限制，延伸了传播范围，使得民众对事件的关注与评论更加广泛。

（2）效率更高。它以互联网作为公共论坛，不同思想和观点的人可以在这里方便地直抒己见，相互交流，既扩大了舆论参与的主体，也成为政府了解民意真实声音的有效途径，从而增强了舆论监督的有效性。

（3）内容更生动，方式更灵活。网络技术的发展引领了传播内容、方式的飞跃，使得传播内容能够十分生动、形象，方式愈加灵活，以至于形式多样的舆论监督报道更为形象、直观、立体化，增强了感染力和影响力。

（4）信息交互更充分。网络媒体的信息传播极具交互性，网民在网络上不仅可以自行选择新闻传播的内容，而且可以通过网络媒体开设的电子论坛、电子邮件、网上民意调查、讨论等平台进行交流、评论，直接参与新闻报道，自由方便地发表自己的意见和观点，实现沟通与交流。

（三）新时期公安机关接受社会监督的新举措

《人民警察法》规定，人民警察执行职务，必须自觉地接受社会和公民的监督。这体现了《人民警察法》的立法宗旨和原则。完善社会监督机制，使公安机关及其人民警察自觉、有效地接受人民群众和社会各界的监督，对于改善和加强公安执法工作，切实保障公安机关及其人民警察依法履行职责、行使职权，及时发现和纠正公安队伍中的问题，树立人民警察的良好形象，密切警民关系等，具有十分重要的作用。在新的历史时期，公安机关及其人民警察接受社会监督的途径和形式主要有以下几个方面。

1. 警务公开制度

为了更好地接受社会监督,加强公安队伍建设,公安部于 1999 年 6 月 10 日发出了《关于在全国公安机关普遍实行警务公开制度的通知》,决定在全国公安机关普遍建立警务公开制度。警务公开,是指依法公开警务活动的依据、过程和结果,把各项警务活动置于广泛的社会监督之下,以促进和保障公安机关依法办事,严格、公正地执法。按照警务公开的要求,公安机关的执法办案和行政管理工作,除法律、法规规定不能公开的事项外,都要予以公开,这主要包括执法依据、制度和程序、刑事执法、行政执法、警务工作纪律等。

警务公开的形式和办法如下。

(1) 通过报刊、电台、电视台等新闻媒介和其他现代化信息传播手段公布。

(2) 在公共场所和对外办公的场所设置公示栏、牌匾,或印发"警务公开手册"等形式公布警务公开的内容,向社会各界广泛宣传公安机关的性质、任务和职权,宣传有关公安工作和队伍建设的法律、法规和规章、制度。

(3) 公安机关基层单位要将群众常办事项所需手续、程序、时限等印成"警民联系卡""便民卡"或"明白卡",还可以通过邮电部门设立电话查询服务,有条件的地方可在对外办公的场所设立计算机触摸屏,方便群众查询和办事。

(4) 看守所、收容教育所、治安拘留所、强制戒毒所等监管场所要将被监管对象依法享有的权利和义务以及生活卫生管理制度等张榜公布。

(5) 通过口头告知的办法,使到公安机关办事的社会各界群众及时了解办事程序和要求,使被传唤对象或犯罪嫌疑人知道依法享有的权利。

2. "110"接受群众投诉制度

公安机关的"110"电话,本是接受群众报警、求助的电话,但为了便于社会各界和人民群众更加快捷、有效地监督公安工作。2000 年 2 月 23 日,在公安部发布的《关于加强公安队伍建设的十二项措施》中,赋予了"110"报警服务台受理人民群众投诉公安机关和民警违法违纪问题的新职能。公安部于 2000 年 2 月 26 日发布的《关于认真做好"110"报警服务台受理人民群众电话投诉工作的通知》规范和完善了这项制度。按照规定,凡群众发现公安机关、公安民警有违法违纪或失职行为的,可以直接拨打"110"进行投诉。各级公安机关"110"报警服务台接到群众投诉后,应当区别情况迅速进行调查、处理。具体承办群众投诉的公安机关应当在三日内将查处情况告知投诉人,同时抄送"110"报警服务台备查。三日内难以办结的,应当告诉投诉人办理进展情况。对上级公安机关交办的投诉,要将查处情况及时上报,上级公安机关对上报的处理情况要认真审查,如果发现在认定事实、办理程序上确有错误,应限期予以纠正。公安机关及其工作人员对投诉内容及投诉人的情况应严格保密,严禁泄露给被投诉对象,严禁对投诉人进行打击报复,违者将依照法律和有关规定追究法律和纪律责任。

3. 特邀监督员制度

为了进一步强化监督,提高广大民警遵纪守法的自觉性,确保公安机关及其人民警察依法履行职责,密切警民关系,公安部根据《人民警察法》的有关规定,决定建立聘请特邀监督员制度,并于 1998 年 7 月 22 日颁布了《公安部聘请特邀监督员办法》,要求各地公安机关要把聘请特邀监督员工作作为健全公安外部监督制约机制的一件大事来抓,切实抓出成效。各级公安机关通过聘请特邀监督员,进一步强化了监督制约机制,对加强公安队伍党风廉政建设和纪律作风建设,增强广大民警的法律意识发挥了重要的作用。2003年4月27日,公安部颁布了《公安部特邀监督员工作规定》,并同时宣布《公安部聘请特邀监督员办法》废止。

根据新的规定,特邀监督员的职责主要有四项:一是对各级公安机关和公安民警履行职责、执法执勤和遵纪守法等情况实施监督;二是反映、转递人民群众对公安机关和公安民警违法违纪行为的检举、控告;三是反映人民群众对公安工作和队伍建设的建议、意见和要求;四是对公安工作和队伍建设情况进行调查研究和评议。

与其职责相适应,特邀监督员有下列五项职权:一是根据工作需要可以向公安机关了解公安工作及队伍建设的有关规定;二是可以参加公安机关召开的队伍建设的有关会议,听取情况通报;三是可以向公安机关和公安民警了解所反映和转递的检举、控告和建议、意见等事项的办理情况;四是参加公安部组织的对地方公安机关工作和队伍建设情况的视察活动;五是在履行监督职责过程中,有权要求有关公安机关和公安民警予以协助、配合。

特邀监督员在履行职责、行使监督职权过程中,各级公安机关和公安民警应予以积极的协助、配合和支持,对特邀监督员提出的批评和建议,要虚心诚恳地接受,认真纠正和改进,并将情况及时向特邀监督员反馈;对特邀监督员反映、转递的人民群众对公安机关和公安民警违法违纪行为的检举、控告要认真进行查处,并在规定时间内予以反馈;对特邀监督员就公安工作和公安队伍建设的有关具体问题提出的质询,要认真负责地作出答复或解释。对阻挠特邀监督员履行职责、行使监督职权,拒不接受监督或打击报复特邀监督员的,要依照有关法律和纪律予以严肃处理。

知识巩固与能力提升训练

一、判断题

1. 公安赔偿是一种刑事赔偿。　　　　　　　　　　　　　　　　　　　　　　（　　）

2. 国家赔偿以支付赔偿金为唯一方式。　　　　　　　　　　　　　　　　　　（　　）

3. 公安执法监督是实现公安职能的重要条件。　　　　　　　　　　　　　　　（　　）

4. 公安执法监督的核心是对公安机关及其人民警察履行职责、行使职权活动的效率进行监督。　　　　　　　　　　　　　　　　　　　　　　　　　　　　　　　　　　（　　）

5. 监督制度是指公安机关督察机构对公安机关及其人民警察依法履行职责、行使职权和遵守纪律的情况进行监督检查的制度。　　　　　　　　　　　　　　　　　　　（　　）

6. 公安部督察委员会领导全国公安机关的督察工作。　　　　　　　　　　　　（　　）

7. 县级以上地方各级人民政府公安机关督察机构查处违法违纪行为,应当向上一级人民政府报告查处情况。　　　　　　　　　　　　　　　　　　　　　　　　　　　（　　）

8. 下级公安机关督察机构查处不力的,上级公安机关督察机构可以直接进行督察。　　　　　　　　　　　　　　　　　　　　　　　　　　　　　　　　　　　　　（　　）

9. 停止执行职务的期限为10日以上15日以下。　　　　　　　　　　　　　　（　　）

10. 公安执法监督的对象是公安机关。 （   ）

11. 公安部和县级以上地方各级人民政府公安机关均设立督察机构。 （   ）

12. 公安机关人民警察对停止执行职务和禁闭决定不服的,可以在被停止执行职务或者被禁闭期间向作出决定的公安机关的同级人民政府提出申诉。 （   ）

13. 根据《中华人民共和国行政复议法》的规定,公民、法人或者其他组织对公安机关作出的限制人身自由或者查封、扣押、冻结财产等行政强制措施决定不服的,可以提起行政复议。 （   ）

14. 侵犯公民人身自由的,支付赔偿金,每日赔偿金按照国家本年度职工日平均工资计算。 （   ）

15. 应当返还的财产灭失的,给付相应的赔偿金。 （   ）

16. 主管审理行政诉讼的机关是人民法院。 （   ）

17. 督察机关可以通过查看音视频监控或者卫星定位的方式,对公安民警执法执勤活动进行实时监督。 （   ）

18. 治安突发事件的处置情况不属于公安机关督察机构现场督察的职责范围。 （   ）

19. 公安法制部门有权按照规定及时对上级公安机关和本级公安机关有关部门会签的文件进行法律审核。 （   ）

20. 合法行使职权的行为即使造成损害,也不会产生国家赔偿责任。 （   ）

二、单项选择题

1. 禁闭的期限为（   ）。

    A. 1 日以上 5 日以下   B. 1 日以上 7 日以下

    C. 1 日以上 10 日以下   D. 1 日以上 15 日以下

2. 国家赔偿法确定的国家赔偿的归责原则是（   ）。

    A. 单一的结果归责

    B. 过错归责为主,兼有违法归责、结果归责

    C. 单一的违法归责原则

    D. 违法归责为主,兼有结果归责、过错归责

3. 根据《公安机关督察条例》的规定,督察机构对下级公安机关和本级公安机关所属各单位作出的错误决定命令有权（   ）。

    A. 当场予以纠正   B. 提出批评建议

    C. 提起行政复议   D. 决定撤销或者变更

4. 由于公安机关及其人民警察违法行使（   ）并造成损害结果而引起的公安赔偿,称为公安行政赔偿。

    A. 强制权   B. 侦查权   C. 行政职权   D. 处罚权

5. 某公安机关在侦查一起盗窃案件中刑讯逼供,将犯罪嫌疑人殴打致残。该犯罪嫌疑人有权依法（   ）。

    A. 提起行政复议   B. 提起刑事诉讼

    C. 取得国家赔偿   D. 取得民事赔偿

6. 人民政协对公安机关及其人民警察的执法活动进行监督所采用的主要形式是(　　)。

    A. 提出批评、建议　　　　　　　　　　B. 进行调查、审查

    C. 审查、批准、决定、命令　　　　　　D. 受理人民群众举报、申诉

7. 下列属于人民检察院执行监督的是(　　)。

    A. 对立案进行监督

    B. 对看守所收押、监管、释放犯罪嫌疑人活动进行监督

    C. 对取保候审、监视居住活动进行监督

    D. 对侦查活动合法性进行监督

8. 根据《行政监察法》的规定,监察机关有权根据检查、调查的结果给予有违法违纪行为的监察对象(　　)。

    A. 纪律处分　　　　B. 行政处分　　　　C. 行政处罚　　　　D. 刑事处罚

9. 国家权力机关可以通过(　　)对公安机关及其人民警察行使职权的活动进行制约。

    A. 立案调查　　　　　　　　　　　　　B. 受理申诉、控告

    C. 制定相应法律、法规　　　　　　　　D. 立案侦查

10. 各级人民代表大会及其常务委员会对公安机关及其人民警察的执法活动的监督权属于(　　),以宪法和法律为依据,具有极大的权威性。

    A. 国家监督权　　　　　　　　　　　　B. 司法监督权

    C. 行政监督权　　　　　　　　　　　　D. 人民民主监督权

11. 公安机关对人民检察院不批准逮捕的决定认为有错误的时候,可以(　　)。

    A. 上诉　　　　　　B. 申诉　　　　　　C. 起诉　　　　　　D. 要求复议

12. 人民检察院作出的批准或不批准逮捕的决定,属于公安执法的(　　)。

    A. 内部监督　　　　B. 事后监督　　　　C. 直接监督　　　　D. 间接监督

13. 公安机关督察机构设督察长,由(　　)担任。

    A. 本级人民政府主管领导　　　　　　　B. 上级公安机关副职领导

    C. 本级公安机关政委　　　　　　　　　D. 本级公安机关行政首长

14. 根据《行政诉讼法》的规定,下列各项属于可以提起行政诉讼的事由是(　　)。

    A. 对行政处分不服的

    B. 对公安机关的行政处罚不服的

    C. 认为符合立案条件公安机关不立案侦查的

    D. 认为公安机关发布的决定、命令不适当的

15. 根据《行政诉讼法》的规定,人民法院不受理的行政诉讼事项是(　　)。

    A. 行政机关对行政机关工作人员的奖惩、任免等决定

    B. 对行政强制措施不服的

    C. 认为行政机关没有依法发给抚恤金的

    D. 认为行政机关违法要求履行义务的

16. 残疾赔偿金根据丧失劳动能力的程度确定,最高不超过(　　)。

    A. 国家上年度职工年平均工资的 10 倍

B. 国家本年度职工年平均工资的 20 倍

C. 国家上年度职工年平均工资的 20 倍

D. 国家本年度职工年平均工资的 10 倍

17. 构成公安赔偿的行为主体是（　　）。

A. 公安机关及其人民警察　　　　　　B. 国家

C. 人民政府　　　　　　　　　　　　D. 受侵害的公民、法人或其他组织

18. 某公安局督察机构在督察过程中发现一名民警有涉嫌职务犯罪的行为。该督察机构对其应当（　　）。

A. 立案侦查　　　　　　　　　　　　B. 依法提起刑事诉讼

C. 检举、控告　　　　　　　　　　　D. 移交司法机关处理

19. 公安部要求各地公安机关要把（　　）作为健全公安执法外部监督制约机制的一件大事来抓，切实抓出成效。

A. 行政复议制度　　　　　　　　　　B. 聘请特邀监督员制度

C. 督察制度　　　　　　　　　　　　D. 国家赔偿制度

20. 根据《国家赔偿法》的规定，下列可以构成公安刑事赔偿的事由是（　　）。

A. 刑讯逼供造成损害结果的　　　　　B. 违法采取行政强制措施

C. 违法适用行政处罚的　　　　　　　D. 使用武器、警械造成损害结果的

三、多项选择题

1. 公安执法监督的基本特征包括（　　）。

A. 监督对象的特定性　　　　　　　　B. 监督主体的广泛性

C. 监督形式的多样性　　　　　　　　D. 监督过程的程序性

2. 根据监督主体的不同，公安执法监督可以分为（　　）。

A. 国家权力机关的监督　　　　　　　B. 检察机关的监督

C. 审判机关的监督　　　　　　　　　D. 行政监察机关的监督

3. 社会监督的主体包括（　　）。

A. 各民主党派　　　　　　　　　　　B. 大型企业

C. 新闻媒体　　　　　　　　　　　　D. 公民个人

4. 县级以上地方各级人民政府公安机关督察机构负责对（　　）依法履行职责、行使职权和遵守纪律的情况进行监督。

A. 上级公安机关及其人民警察

B. 本级公安机关所属单位及其人民警察

C. 下级公安机关及其人民警察

D. 公安部及其所属单位

5. 根据《公安机关督察条例》的规定，督察机构有权进行现场督察的事项包括（　　）。

A. 治安突发事件处置的情况

B. 重要的警务部署、措施、活动的组织实施情况

C. 公安机关领导的任免情况

D. 使用武器、警械以及警用车辆、警用标志的情况

6. 督察监督的主要方式包括( )。

A. 核查投诉　　　　B. 网上督察　　　　C. 警务评议　　　　D. 现场督察

7. 侵犯公民健康权造成身体伤害的,应当支付( )。

A. 医疗费　　　　　　　　　　　　B. 护理费

C. 咨询费　　　　　　　　　　　　D. 因误工减少的收入

8. 网络舆论监督的优点是( )。

A. 内容更生动　　　　　　　　　　B. 方式更灵活

C. 信息交互更充分　　　　　　　　D. 范围更广泛

9. 以下监督形式属于公安执法外部监督的是( )。

A. 司法机关的监督　　　　　　　　B. 公民、法人及其他社会组织的监督

C. 监察机关的监督　　　　　　　　D. 行政诉讼制度

10. 根据《刑诉法》的规定,人民检察院依法对公安机关侦查终结移送起诉的案件进行审查,审查的主要内容包括( )等。

A. 犯罪性质、罪名认定是否正确　　B. 有无漏罪

C. 有无附带民事诉讼　　　　　　　D. 侦查活动是否合法

11. 以下关于特邀监督员制度说法正确的是( )。

A. 对公安工作和队伍建设情况进行调查研究和评议,是特邀监督员的职责之一

B. 聘请特邀监督员工作是健全公安内部监督制约机制的一件大事

C. 特邀监督员有权参加公安部组织的对地方公安机关和队伍建设情况的视察活动

D. 特邀监督员在履行职责过程中,有权要求公安机关和公安民警予以协助配合

12. 下列需要公安法制部门开展专案调查或者专项调查的情形是( )。

A. 上级公安机关交办的复查案件

B. 办案部门已办结的刑事、治安案件

C. 人民群众反映强烈的普遍性、倾向性的公安执法问题

D. 下级公安机关备案的规范性文件

13. 根据《行政复议法》的规定,公民、法人或者其他组织对公安机关作出的( )等行政处罚不服的,可以行政复议。

A. 警告、罚款　　　　　　　　　　B. 没收违法所得,没收非法财物

C. 责令停产、停业　　　　　　　　D. 传唤

14. 媒体舆论监督的主要形式是( )。

A. 表达民意　　　B. 公开披露　　　C. 新闻报道　　　　D. 检查批评建议

15. 国家权力机关可以通过( )等途径,对公安机关及其人民警察的执法活动进行监督。

A. 制定相应法律、法规制约职权活动

B. 对各级政府制定的有关公安工作经费的预算、决算进行审查

C. 依法撤销受监督机关制定或批准的不适当的法律、法规、决定和命令

D. 对公安工作中的违法违纪行为提出议案

16. 监察机关在监察活动中依法拥有以下职权(　　)。

　　A. 检查权　　　　　B. 调查权　　　　　C. 侦察权　　　　　D. 监察建议权

17. 下述关于行政诉讼的特征表述正确的是(　　)。

　　A. 双方当事人是不特定的,具有不平等的法律地位

　　B. 目的是防止行政机关违法、越权和滥用权力

　　C. 内容是解决行政争议

　　D. 结果是对具体行政行为的合法性作出裁判

18. 除法律、法规规定不能公开的事项外,警务公开的内容主要包括(　　)。

　　A. 警务工作纪律　　　　　　　　　B. 执法依据

　　C. 执法程序　　　　　　　　　　　D. 刑事执法

19. 公安赔偿必须具备(　　)要件。

　　A. 主体　　　　　B. 行为　　　　　C. 后果　　　　　D. 因果关系

20. 根据《国家赔偿法》的规定,下列各项中可以构成公安刑事赔偿的情形是(　　)。

　　A. 错误适用行政处罚造成损害结果的

　　B. 使用武器、警械造成损害结果的

　　C. 刑讯逼供造成损害结果的

　　D. 错误适用刑事强制措施造成损害结果的

【参考答案】

一、判断题

1. ×　　2. ×　　3. √　　4. ×　　5. √　　6. √　　7. ×　　8. √

9. ×　　10. ×　　11. √　　12. ×　　13. √　　14. ×　　15. √　　16. √

17. √　　18. ×　　19. ×　　20. √

二、单项选择题

1. B　　2. D　　3. D　　4. C　　5. C　　6. A　　7. B　　8. B

9. C　　10. A　　11. D　　12. C　　13. D　　14. B　　15. A　　16. C

17. A　　18. D　　19. B　　20. A

三、多项选择题

1. ABCD　　2. ABCD　　3. ACD　　4. BC　　5. ABD　　6. ABCD

7. ABD　　8. ABCD　　9. ABCD　　10. ABCD　　11. ACD　　12. AC

13. ABC　　14. ABC　　15. ABCD　　16. ABD　　17. BCD　　18. ABCD

19. ABCD　　20. CD

第四篇　公安队伍建设

公安机关在维护国家安全和社会治安秩序,维护社会主义市场经济秩序,保障人民群众人身权利、财产权利、民主权利和其他权利,推进社会主义现代化建设进程中发挥着不可或缺的重要作用。习近平总书记在对公安工作的重要批示中指出:"加强公安队伍建设,是新形势下做好公安工作的根本保证。"因此,努力建设一支政治坚定、业务精通、作风优良,执法公正的公安队伍,是公安机关完成党和人民赋予的重要政治和社会责任的关键所在。建设一支什么样的队伍,怎样建设这支队伍,一直是党中央、国务院以及公安部党委高度重视的问题。新世纪新阶段,党中央确立了新时代公安队伍建设的总体方略,公安部为深入推进公安队伍正规化作出了部署。广大的公安民警不仅要努力学习这些制度,还要切实地遵守这些制度,只有如此才能保障公安机关高效地履行职责,顺利地完成任务,才能够自觉地将党和国家的各项公安工作的路线、方针、政策落实到实际工作之中,才能够在执法工作中不折不扣地按照法律的要求去执法。

第十四章

公安队伍建设概述

第一节　新时代公安队伍建设的总方略

习近平总书记在对公安工作的重要批示中指出："加强公安队伍建设,是新形势下做好公安工作的根本保证。"公安队伍建设在全部公安工作中发挥着生命线的重要作用,是根本中的根本、保证中的保证,是助推公安事业发展的强大动力。加强公安队伍建设事关巩固党的执政地位,事关国家安全和社会稳定,必须深刻认识到新时期加强公安队伍建设的重要性。按照政治过硬、业务过硬、责任过硬、纪律过硬、作风过硬的总要求,努力打造一支对党忠诚、服务人民、执法公正、纪律严明的公安队伍。

2017 年 5 月 19 日,全国公安系统英雄模范立功集体表彰大会在北京人民大会堂隆重召开。习近平总书记亲切接见大会代表并发表了重要讲话,在准确把握公安工作和公安队伍建设规律特点的基础上,从政治全局的战略高度,明确提出了对党忠诚、服务人民、执法公正、纪律严明的"四句话、十六字"总要求。

2019 年 1 月召开的中央政法工作会议和 5 月召开的全国公安工作会议对新时代公安队伍建设提出了新的要求,指明了新的方向。新时代公安队伍建设应坚持革命化、正规化、专业化、职业化发展方向,坚持政治建警、改革强警、科技兴警、从严治警、从优待警,以铸牢忠诚警魂为根本,以强化科学管理为核心,以增强能力素质为重点,以培育优良警风为保障,着力锻造一支有铁一般的理想信念、铁一般的责任担当、铁一般的过硬本领、铁一般的纪律作风的公安铁军。

2020 年 8 月 26 日,在中国人民警察警旗授旗仪式上,习近平总书记向中国人民警察队伍授旗并致训词。习总书记训词的核心就是要求人民警察队伍必须对党忠诚、服务人民、执法公正、纪律严明。

（一）对党忠诚

对党忠诚是政治灵魂,决定着公安机关的政治站位,体现着政治建警的根本方针,是公安队伍第一位的政治要求。

（1）要毫不动摇地坚持党对公安工作的绝对领导,坚持政治建警方针。

（2）增强"四个意识"、坚定"四个自信"、做到"两个维护"。

（3）始终以党的旗帜为旗帜、以党的方向为方向、以党的意志为意志。

(4)坚决听从党中央命令、服从党中央指挥。

(5)确保绝对忠诚、绝对纯洁、绝对可靠。

(二)服务人民

服务人民是公安机关的根本宗旨,体现着公安机关的性质本色和公安队伍的立警原则。

(1)坚持以人民为中心,坚定贯彻执行党的群众路线,做到一切为了人民、一切依靠人民。

(2)坚持总体国家安全观,在共建共治共享中推进平安中国建设,维护人民利益。

(3)全心全意为增强人民群众获得感、幸福感、安全感而努力工作。

(三)执法公正

执法公正决定着公安机关的履职方向,体现着法治公安的本质要求,是公安队伍必须坚守的职业追求。

(1)坚持维护社会公平正义,加强教育培训,严格监督管理,规范权力运行,把严格规范公正文明执法落到实处。

(2)不断提高执法司法公信力,努力让人民群众在每一起案件办理、每一件事情处理中都能感受到公平正义。

(四)纪律严明

纪律严明是重要保证,决定着公安机关的治警方针,体现着纪律部队的管理特点,是打造过硬队伍的根本路径。

(1)坚持严管厚爱结合、激励约束并重。

(2)严格落实全面从严管党治警要求,严明警纪、纯洁队伍。

(3)聚焦实战、强化训练,着力锤炼人民警察队伍具有铁一般的理想信念、铁一般的责任担当、铁一般的过硬本领、铁一般的纪律作风。

(4)充分展现党领导的社会主义国家人民警察克己奉公、无私奉献的良好形象。

这"四句话、十六字"总要求,是党在新形势下加强公安工作和公安队伍建设的总纲领,是公安机关建警治警的总方略、人民警察立警从警的座右铭,为推动公安事业发展进步指明了前进方向,提供了根本遵循。

第二节　新时代公安队伍建设的目标

习近平总书记在中央政法工作会议上强调,要加快推进政法队伍革命化、正规化、专业化、职业化建设。公安队伍建设是一项有组织、有目的、有计划的系统工程,必须确立一定的目标。

(一)革命化

要把坚持政治建设、坚持党的领导放在首位。新时代公安队伍肩负着重大责任和使命,要按照对党忠诚、服务人民、执法公正、纪律严明的总要求,锻造一支让党中央放心、人民群众满意的高素质过硬公安铁军,首先要政治过硬。习近平总书记在全国公安会议上强调,要从政治上建设和掌握公安机关,引导全警增强"四个意识"、坚定"四个自信"、做到"两个维护",始终在思想上政治上行动上同党中央保持高度一致。要毫不动摇地坚持政治建警方针,着力铸牢对党忠诚的政治灵魂,切实做到忠诚核心、拥戴核心、维护核心、捍卫核心,始终确保公安队伍的绝对忠诚、绝对纯洁、绝对可靠。

(二)正规化

公安队伍正规化建设是指在政治上、思想上、纪律上、作风上、工作能力上提高公安队伍的素质,按照新时代公安队伍建设方针,坚持严格教育、严格训练、严格管理、严格纪律,把公安队伍建设成为一支政治坚定、业务精通、作风优良、执法公正,能够圆满完成维护国家安全和社会治安任务的有坚强战斗力的队伍。

(三)专业化

专业化一般是指一个普通的职业群体在一定时期内,逐渐符合专业标准、成为专门性职业并获得一定权威和社会地位的过程。简单地说,就是从业者达到应具备的知识、能力及态度,并且成为行家里手的过程。

公安队伍专业化建设,就是以提升能力、素质、职业精神为核心,以建立独立、高效、公正的专业化队伍为目标,不断推进专业水平和社会满意度提升的一项系统工程。具体内容包括:专业理念、专业知识、专业能力、专业素质、专业分类。

(四)职业化

职业化一般是指对从事的某种职业所要求的工作状态、工作程序、工作标准的规范化。一般来说,职业化的基础是专业化,专业化是职业化的前提,职业化是专业化的必然结果。

公安机关应根据新时代的新要求,在培育职业精神、提升职业能力、完善职业管理、强化职业保障、塑造职业形象等开展工作,加快公安队伍职业化建设。

第三节　新时代公安队伍建设的方针

习近平总书记在 2019 年 5 月 7—8 日全国公安工作会议发表重要讲话,对新时代公安工作提出明确要求、作出具体部署,为推进公安工作现代化和公安队伍革命化正规化专业化职业化建设,提供了基本遵循的方针,指明了前进方向。

(一)政治建警

政治建警是指要把思想政治建设放在公安队伍建设的首位。要从政治上建设和掌握公安机关,引导全警增强"四个意识"、坚定"四个自信"、做到"两个维护",始终在思想上政治上行动上同以习近平同志为核心的党中央保持高度一致。要教育全警牢固树立正确的世界观、人生观、价值观,坚持党管干部原则,完善督促检查、问效问责机制,确保党的路线方针政策和各项重大决策部署得到不折不扣贯彻落实。

(二)改革强警

改革强警是指把新时代公安改革向纵深推进。要推行扁平化管理,加快构建职能科学、事权清晰、指挥顺畅、运行高效的公安机关机构职能体系。要推动重心下移、警力下沉、保障下倾，增强基层实力、激发基层活力、提升基层战斗力。要以改革为抓手，优化职能配置、机构设置、力量资源配置，加强机构人员职能整合、业务工作融合、机制流程衔接。要坚持科技兴警，把大数据作为推动公安工作创新发展的大引擎、培育战斗力生成新的增长点，全面助推公安工作质量变革、效率变革，动力变革，切实提升依法履职、服务人民的能力。

（三）科技兴警

科技兴警是指要大力发展和应用公安科学技术，大力改革和完善公安教育训练，坚定不移地向科技与教育要警力、要战斗力，以提高公安装备手段的科技含量和公安民警队伍的文化业务素质。大力推进科技信息化建设、深度实施公安大数据发展战略，着力建设数据警务、智慧公安。进一步强化应用大数据、机器学习、人工智能等新技术，实现对各类风险隐患的敏锐感知、精确预警；深度实施大数据战略，提升对各类违法犯罪活动的精确打击能力；综合运用各种技术手段，构建立体化信息化社会治安防控体系建设，努力实现更精准的管控和更精细的治理。

（四）从严治警

从严治警是指要坚持政治建警、全面从严治警，着力锻造一支有铁一般的理想信念、铁一般的责任担当、铁一般的过硬本领、铁一般的纪律作风的公安铁军。要把理想信念教育作为育警铸魂、固本培元的战略工程常抓不懈，坚持严在平时、管在日常，使全警真正养成知敬畏、存戒惧、守底线的高度自觉。对违纪违法问题，要始终保持"零容忍"，不管是"老虎"还是"苍蝇"，无论是黑恶势力等违法犯罪的"保护伞"还是群众身边的"微腐败"，都要依纪依法严肃查处。

（五）从优待警

从优待警是指要随着国家经济的发展和综合国力的不断增强，逐步提高公安机关人民警察的工资待遇、保险福利和经费保障、财政预算，保护其工作的积极性和身心健康，增强战斗力和决胜能力。要给予这支队伍特殊的关爱，政治上关心、工作上支持、待遇上保障。要完善人民警察荣誉制度，加大先进典型培育和宣传力度，增强公安民警的职业荣誉感、自豪感、归属感。

第四节　新时代公安队伍正规化建设

公安队伍正规化建设是公安队伍建设的重要方面，对整个公安队伍建设具有决定性和引领性的作用和意义。

一、"二十公"以来公安队伍正规化建设的基本内容

按照第二十次全国公安会议的要求，公安队伍正规化建设的基本内容是"四统一""五规范"，即统一考录制度、统一训练标准、统一纪律要求、统一外观标识和规范机构设置、规范职务序列、规范编制管理、规范执法执勤、规范行为举止。

（一）统一考录制度

统一考录制度，是指新招录公安民警，一律实行省级公安机关和人事部门统一考试，

公安部派人督考,切实严把"入口关",从源头上保证队伍的基本素质。同时,研究制定警务辅助人员管理办法,明确规定其职责权限和工作范围,严禁参与执法办案。

（二）统一训练标准

统一训练标准,是指严格贯彻落实《公安机关人民警察训练条令》,全面实施公安民警上岗和首任必训、职务和警衔晋升必训、基层和一线民警每年实战必训的"三个必训"制度。科学制定分级分类的教育训练内容,研究确定科学合理的公安民警能力素质标准和警官的任职、晋升训练标准,用标准建设队伍。

（三）统一纪律要求

统一纪律要求,是指严格执行《公安机关人民警察纪律条令》,对公安民警在政治纪律、组织纪律、执法执勤纪律、内务纪律等方面实行严格统一的纪律要求。

（四）统一外观标识

统一外观标识,是指抓紧制定并组织实施公安机关特别是派出所等"窗口"单位的统一外观标识,方便人民群众报警、求助。

（五）规范机构设置

规范机构设置,是指有效整合警力资源,调整机构设置,切实解决分工过细、职责交叉、警力分散和各地机构设置不规范、名称规格不统一的问题。

（六）规范职务序列

规范职务序列,是指从警察职业的性质、特点和工作任务出发,根据《公安机关组织管理条例》第十条的规定,公安机关人民警察职务分为警官职务、警员职务和警务技术职务。根据警官、警员的不同特点,分别设置警官职务序列、警员职务、警务技术职务序列,以体现公安机关不同于一般公务员的特点,充分调动公安民警工作的积极性。

（七）规范编制管理

规范编制管理,是指加强公安编制管理,规范公安编制审批使用程序。《公安机关组织管理条例》第十九条规定,公安机关人民警察使用的国家行政编制,实行专项管理。《公安机关组织管理条例》第二十条规定,公安部根据工作需要,向国务院机构编制管理机关提出公安机关编制的规划和调整编制的意见,由国务院机构编制管理机关审核,按照规定的权限和程序审批。地方根据实际情况增加公安编制,由省级政府提出意见,经中央编办征求公安部意见后,进行审核,报中央编委批准下达,所需经费统一列入地方财政预算。

（八）规范执法执勤

规范执法执勤,是指进一步建立健全各警种的执法执勤工作规范,明确民警在执法活动中应该怎么做,不应该怎么做,从执法办案、值班备勤等各个环节入手,规范民警的执法执勤活动,做到严格依法办事,提高执法水平。

（九）规范行为举止

规范行为举止,是指完善规范公安民警行为的各类规定,从公安民警的着装、仪容、举止、行为、礼节等最基本的行为准则抓起,加强养成教育,使公安民警举止端正、行为规范,形成公安队伍良好的职业风范。

二、新时代深入推进公安队伍正规化

为贯彻落实中央关于全面深化公安改革的重大决策,大力推进"四项建设"(基础信息化、警务实战化、执法规范化、队伍正规化),公安部党委2015年制定印发了《关于深入推进公安队伍正规化建设的意见》,对深入推进公安队伍正规化建设作出部署。

(一)总体目标

各级公安机关要认真贯彻党的十八大、十八届三中全会和四中全会以及习近平总书记系列重要讲话精神,紧紧围绕"四个全面"战略布局,牢牢把握全面深化公安改革的总要求,以铸造忠诚警魂为根本,以科学管理队伍为核心,以增强素质能力为重点,以培育优良警风为保障,深入推进公安队伍正规化建设,努力打造一支信念坚定、执法为民、敢于担当、清正廉洁的高素质公安队伍,为切实履行好维护社会大局稳定、促进社会公平正义、保障人民安居乐业的职责使命提供坚强保证。要根据公安机关的性质、任务和工作特点,依据法律法规和规章制度,严格、统一、规范公安队伍的组织管理、机构编制、职务序列、训练标准、纪律要求、职业保障,大力提升公安队伍正规化建设水平,确保公安队伍政治过硬、业务过硬、责任过硬、纪律过硬、作风过硬。

(二)主要任务

各级公安机关要突出重点,细化措施,切实抓好正规化建设各项任务。

(1)强化思想政治教育,创新思想政治工作机制,加强公安机关党建工作,坚持不懈地用中国特色社会主义理论体系和习近平总书记系列重要讲话精神武装公安民警头脑,切实打牢高举旗帜、听党指挥、忠诚使命的思想根基。

(2)规范组织管理,完善干部管理制度,理顺领导管理体制,优化机构编制,规范职务序列,完善招录培养机制,建立形成以《中华人民共和国人民警察法》为基础、以条例条令为主体、以规范性文件为补充的队伍管理制度体系。

(3)强化教育训练,健全公安院校人才培养机制,完善公安院校与实战部门协作共建、协同育人机制;统一公安民警训练教材和训练基地建设标准;大力加强实战训练,定期组织比武竞赛;建立训练激励约束机制,健全教官聘任和资格认证制度,完善经费保障机制,促进训练工作不断深入。

(4)完善内务管理制度,规范公安机关办公区、办案区、接待区、生活区设置,统一警车、警徽、警用标志、基础设施外观标志,规范公安民警着装、警容风纪和行为举止,培育优良警风。严格落实从严治党、从严治警各项纪律要求,严格落实党委主要领导第一责任和班子成员"一岗双责",加强监督检查,强化问责,确保"两个责任"落到实处;加强领导干部经济责任审计、领导班子巡视;深入落实中央八项规定精神,坚决纠正"四风"问题,集中整治损害群众利益行为,坚决查处违纪违法案件。

(5)完善职业保障,建立符合人民警察职业特点的工资待遇和伤亡抚恤制度,完善职业健康保护制度,加强执法权益保护,完善公安机关经费保障体制,加强公安民警单警装备配备和公安机关基本业务装备配备,满足基层一线执法办案需要。

知识巩固与能力提升训练

一、判断题

1. 要依据《刑事诉讼法》等法律法规,加强公安队伍的正规化建设。　　　（　　）

2. 按照第二十次全国公安会议的要求,当前公安队伍正规化建设的重点是执法为民。　　　（　　）

3. 统一考录制度是指新招录公安民警和调任、转任到公安机关的民警。　　　（　　）

4. 必要时警务辅助人员可以参与执法办案。　　　（　　）

5. 规范机构设置,是指有效整合警力资源,调整机构设置,切实解决分工过细、职责交叉、警力分散和各地机构设置不规范、名称规格不统一的问题。　　　（　　）

6. 公安机关人民警察使用国家行政编制。　　　（　　）

7. 统一外观标识是指抓紧制定并组织实施公安机关特别是派出所等"窗口"单位的统一外观标识。　　　（　　）

8. 统一外观标识是为便于组织管理。　　　（　　）

9. 增加公安编制所需经费统一列入中央财政预算。　　　（　　）

10. 规范行为举止是从公安民警最基本的行为准则抓起,加强养成教育,形成公安队伍良好的职业风范。　　　（　　）

二、单项选择题

1. 统一考录制度是指新招录公安民警一律实行（　　）统一考试。
   A. 国家公安机关和人事部门　　　　　　B. 省级公安机关和人事部门
   C. 地市公安机关和人事部门　　　　　　D. 县级公安机关和人事部门

2. 统一考录新招录公安民警由（　　）派人督考。
   A. 国务院　　　　B. 省级人民政府　　　　C. 全国人大　　　　D. 公安部

3. 公安机关编制的规划和调整编制的意见由（　　）负责审核。
   A. 党中央　　　　　　　　　　　　　　B. 全国人民代表大会
   C. 国务院机构编制管理机关　　　　　　D. 公务员主管机关

4. 公安机关编制的规划意见由（　　）提出。
   A. 国务院　　　　B. 党中央　　　　C. 省公安厅　　　　D. 公安部

5. 地方根据实际情况需要增加公安编制的,由（　　）提出意见。
   A. 省级人民政府　　　B. 国务院　　　C. 县级人民政府　　　D. 派出所

6. 增加公安编制的意见,需经中央编办征求（　　）的意见后进行审核。
   A. 政法委　　　　B. 公安部　　　　C. 党中央　　　　D. 国务院

三、多项选择题

1. 公安队伍正规化建设的根据是（　　）。
   A. 公安机关的性质　　　　　　　　　　B. 公安机关的任务
   C. 公安机关的权力　　　　　　　　　　D. 公安机关的工作特点

2. 要严格执行《公安机关人民警察纪律条令》，对公安民警在（　　）等方面实行严格的统一的纪律要求。

    A. 生活纪律   B. 政治纪律   C. 执法执勤纪律   D. 组织纪律

3. "三个必训"是指全面实施公安民警（　　）。

    A. 领导职务任命必训   B. 上岗和首任必训

    C. 职务和警衔晋升必训   D. 基层和一线民警每年实战必训

4. 根据《公安机关组织管理条例》的规定，公安机关人民警察的职务分为（　　）。

    A. 警官职务   B. 警务辅助职务

    C. 警员职务   D. 警务技术职务

5. 公安队伍正规化建设主要体现在（　　）等方面。

    A. 组织机构   B. 勤务机制   C. 管理方式   D. 教育训练

6. 通过公安队伍正规化建设可以使公安机关（　　）。

    A. 指挥畅通   B. 内务规范   C. 工作高效   D. 廉洁自律

【参考答案】

一、判断题

1. ×　　2. ×　　3. ×　　4. ×　　5. √　　6. √　　7. √　　8. ×

9. ×　　10. √

二、单项选择题

1. B　　2. D　　3. C　　4. D　　5. A　　6. B

三、多项选择题

1. ABD　　2. BCD　　3. BCD　　4. ACD　　5. ABCD　　6. ABC

第十五章

公安机关人民警察的素质、职业道德和核心价值观

第一节 公安机关人民警察的素质

一、人民警察应具备的素质

人民警察的素质是指人民警察应具备的政治思想、业务能力、文化水平、心理特征、身体状况等诸方面条件的总和。人民警察应具备的职业素质主要应包括以下几个方面。

（一）政治素质

人民警察政治素质，是指人民警察应具备的政治理想、政治信念、政治态度和政治立场等综合品质。政治素质是人民警察必备的首要素质，是人民警察素质的核心。主要包括政治忠诚、政治立场、政治敏锐性和政治鉴别力等方面。

（1）政治忠诚是人民警察对党、国家、人民和法律的忠诚。政治忠诚是一种政治信念、政治追求，是最高层次的忠诚，是人民警察忠诚的最高原则和最根本尺度。对党忠诚是公安队伍的政治灵魂。公安机关要毫不动摇地坚持党对公安工作的绝对领导，要坚决服从党的命令、听从党的指挥，坚决贯彻党对公安工作的全方位领导，切实加强党的政治领导、思想领导和组织领导，确保绝对忠诚、绝对纯洁、绝对可靠。要从政治上、思想上、组织上、行动上进一步健全完善各项制度机制，切实把党对公安工作的绝对领导落实到公安工作和公安队伍建设的各方面全过程，确保党的路线方针政策和各项重大决策部署得到不折不扣贯彻落实。

（2）政治立场是人民警察在进行各项管理和执法活动中，观察、分析和处理各种问题的根本立足点和出发点，也就是听谁指挥、为谁谋利益。站稳政治立场是讲政治的核心。人民警察站稳政治立场，就是站在党的立场和人民的立场上。

（3）政治敏锐性是指人民警察善于从政治上判断形势、分析问题，在政治问题上保持头脑清醒，而不是感觉迟钝、糊涂麻木。

（4）政治鉴别力是指人民警察在各种警务活动中，坚持马克思主义的基本立场观点，贯彻执行党的路线、方针、政策，明辨是非善恶，坚持执法为民，维护公平正义，保持廉洁自律的理性判断。它是人民警察思想观念、理论知识、政治经验、政治立场、政治观点的综合

运用。

（二）业务素质

业务素质是人民警察依法履行职务,完成各项任务的实际本领,是公安专业知识和专业技能的综合体现。

公安工作是包罗万象的综合性工作,它所涉及的领域之广,与社会发展的关系之紧密,是其他职业所难比拟的。一般而言,警察的专业素质主要包括有刑侦学、治安管理学、法律学、犯罪学、心理学以及医学、生物学、物理学、化学等各学科知识。作为基层警察,其专业素质则更强调具体、实用、灵活。这些专业学科知识的综合运用和实践,有助于提高警察自身的思维能力、操作能力和应变能力,这些能力也是警察业务素质的综合反映。警察专业素质既是警察职业区别于其他职业的标志,也是警察正确履行其职责的基本保证,更是警察素质构成要素中的技术性基础。

人民警察除必须牢固掌握本职工作所涉及的专业基本理论和操作技能,同时还要具备以下基本能力。

（1）岗位专业能力。人民警察必须熟悉和掌握做好本岗位工作应知应会的知识和操作方法,胜任本职工作。

（2）分析综合能力。人民警察必须学会运用马克思主义的立场、观点和方法,把握事物发展的规律性,善于分析事物本质及其联系,因势利导,解决问题。

（3）应变决断能力。人民警察必须具有在复杂情况下临危不惧、处变不惊的胆略,并善于审时度势、准确判断,利用有利条件处理问题,保护国家和人民的利益不受损害或少受损害。

（4）群众工作能力。人民警察必须善于宣传群众、动员群众和组织群众,依靠人民群众的力量打击犯罪活动,维护社会治安,开展综合治理。

（5）表达能力。人民警察必须具备一定的口头与文字表达能力,善于宣传国家法律和党的政策,能较好地进行一般常用公安应用公文写作。

在 2019 年召开的中央政法工作会议上,习近平强调,政法系统要把专业化建设摆到更加重要的位置来抓。专业化建设要突出实战、实用、实效导向,全面提升政法干警的法律政策运用能力、防控风险能力、群众工作能力、科技应用能力、舆论引导能力。

（三）法律素质

法律素质是人民警察依法履行职责、行使职权所应具备的法律意识、法律觉悟、法律品质和法律行为的综合体现。公安机关是行政执法和刑事司法机关,人民警察是代表公安机关履行职责、行使职权的执法人员。人民警察只有具备了较高的法律素质,才能保证公安执法活动反映广大人民群众的意志和利益,符合依法治国基本方略的要求,才能使国家的法律得到准确有效地执行。

人民警察的法律素质主要包括人民警察所应具有的社会主义法律意识、法律觉悟、法律品质和法律行为等几个方面的素质。

（1）对法律负责的法律意识。对法律负责应成为人民警察的理智和共识。对法律负责,首先要奉法为尊。因为依法治国意味着法律要得到普遍的遵守,法律必须享有至高至尊的地位和权威,任何人、任何组织,都应以接受法律的最高统治为义务;其次要忠于法律。法律是人民意志和利益的最高体现,依法治国要求不折不扣地按照法律来治理国家。因此,忠于人民、忠于党和国家就必须要忠于法律。最后要维护法律。维护法律的严肃和权威是人民警察的最大价值,是人民警察的安身立命之本,是人民警察的生命线。

（2）依法治警的法律觉悟。人民警察在行使权力时,必须自觉接受法律的约束,并承担相应的法律责任。人民警察在执法的过程中,行使着许多特殊的权力,如果缺乏法律的有效制约、控制和监督,就会导致滥用权力、徇私枉法、职务犯罪等消极腐败现象的发生,就会损害公民的权益。因此,每一名人民警察必须具备依法治警的觉悟和素质,做到知法、懂法、守法、护法,并严格依法执法。

（3）刚正不阿的法律品质。人民警察在权力、金钱、人情面前必须具有刚直、正义、廉洁的品质,不徇私情,不贪钱财,不阿权贵。应该看到,人民警察的执法环境是十分复杂的,在商品经济大潮之中,权钱交易等非法交易已屡见不鲜。人民警察如果经不住诱惑,就会迷失方向,从而损害法律的尊严。因此,刚正不阿是人民警察必须具备的法律素质。

（4）严肃执法的法律行为。人民警察切实做到“有法可依,有法必依,执法必严,违法必究”,这不仅是实现社会主义法治的重要条件,而且应成为人民警察的法律行为。尤其在法律的实施过程中,“执法必严”是其中的关键环节。没有严格的执法,就没有严格的守法,没有强制性和严格性,法律就失去了应有的刚性。因此,人民警察在执法中必须坚决执行上级公安机关的决定和命令,严格遵守各项规章制度,遵守错案追究制度,防止执法腐败,保证法律的正确实施。

（四）文化素质

文化素质不仅是指人民警察必须具有相应的文化程度,而且要求人民警察具有良好的文化修养。

文化程度为学习和掌握现代科学技术提供了知识基础,文化修养使人讲文明、懂礼貌、注重礼仪。提高人民警察的文化层次和修养程度,有利于提高人民警察的业务素质和队伍的整体作战能力,有利于提高公安机关“窗口”单位的威信,有利于提高公安队伍文明执勤的水平。

现代科学技术的发展和更新不断加快,对于发展公安事业是一个难得的机遇,同时也使公安机关面临严峻的挑战。境外敌对势力利用现代高精尖技术进行情报活动;境内外犯罪分子利用现代交通、通信工具进行走私、贩毒、杀人越货、抢劫、爆炸及诈骗等犯罪活动;经过充分、细致、周密策划进行的智能化、团伙化犯罪以及黑社会犯罪日益突出。利用现代科技知识作案犯罪和运用现代化科技知识预防、打击犯罪的双重问题日益明显地摆在公安机关面前。公安机关要战胜邪恶,就必须敌变我变,以高超的科学文化素质克敌制胜。

对于现阶段的人民警察来说,文化修养同样非常重要。所谓“修”,乃吸取、学习,是打下知识体系的基础。所谓“养”,是在“修”得的知识基础之上的提炼、批判、反思乃至升华。文化修养总的来说,则是对人文文化、科技文化中的部分学科有所了解、研究、分析、掌握,可以独立思考、剖析、总结并得出自己的世界观、价值观的一种能力。具有较全面的知识体系,在学习中思辨,不断完善自己的世界观,应该是作为一名人民警察对自身文化修养的理解与追求。文化修养的提升需要实践的锤炼，是在人们认识、改造自然和社会的过程中逐步产生和发展起来的。文化修养的提升需要依托物质载体。只有在意识到知识储备匮乏的同时，借助于参加文体活动，增加阅读的广度和深度，才能逐渐提高文化修养。作为人民警察，必须在实践中不断增加阅历，勤于思考，以适应现代经济社会飞速发展的警务工作需要。

（五）心理素质

心理素质是人的身体、心理和社会素质之一，是先天因素与后天因素的综合。简单地说，心理素质是以生理素质为基础，在实践活动中通过主体与客体的相互作用，而逐步发展和形成的心理潜能、能量、特点、品质与行为的综合。从心理学角度来讲，心理素质包括心理潜能、心理能量、心理特点、心理品质和心理行为等方面。

人民警察的心理素质是指人民警察在特定职务活动中心理活动的综合体现。公安机关的许多业务工作，往往都与艰苦、紧张、困难、危险等紧密相连。人民警察在完成工作任务时，往往要承受很大的心理负荷，付出很多的心理能量，需要具有抵御各种错误思想、思潮和诱惑的健康心理，能够经受得起各种考验。为此，人民警察应当具有充分的适应力；能充分地了解自己，并对自己的能力作出适度的评价；善于从经验中学习；能保持良好的人际关系，具有良好的观察、记忆、注意、思维能力；具有稳定的情感和顽强的意志，能够抵御各种干扰和各种诱惑，能慎独与自我净化；具有宽广的胸怀、合作的气度和对事物发展变化较强的心理承受能力。概言之，人民警察应具有勇敢、坚定、大胆、果断、顽强、乐于奉献等心理素质特点。

为增强心理素质，人民警察应不断地通过自我肯定、抛弃自卑、增强自信、心理调节和情绪调节等方法提升心理素质水平。日常实践中具体通过自我意识、智力训练、情感调控、意志培养、个性塑造、学习指导和交往指导等方面进行心理素质训练。

（六）身体素质

身体素质通常指的是人体肌肉活动的基本能力，是人体各器官系统的机能在肌体工作中的综合反映。身体素质一般包括力量、速度、耐力、灵敏、柔韧等。身体素质经常潜在地表现在人们的生活、学习和劳动中，自然也表现在体育锻炼方面。一个人身体素质的好坏与遗传有关，但与后天的营养和体育锻炼的关系更为密切，通过正确的方法和适当的锻炼，可以从各个方面提高身体素质水平。

人民警察的身体素质即人民警察的体质，包括速度素质、力量素质、耐力素质、灵敏素质和柔韧素质等，这是人民警察各种才能得以正常发挥乃至超常发挥的物质基础。良好的身体素质是完成各项公安保卫任务、保存自己、克敌制胜的基本保证。人民警察为了能够艰苦奋斗、连续作战，必须具有良好的身体条件。

二、牢固树立人民警察意识

人民警察意识的内容主要包括以下几个方面。

（一）大局意识

经济建设是全党全国工作的大局，公安机关必须自觉服从、服务于这个大局，积极促进全面、协调、可持续发展,努力为现代化建设创造和谐的社会环境。当前,全党全国的大局就是认真学习贯彻党的十八大精神,坚定不移地沿着中国特色社会主义道路前进,为全面建成小康社会而奋斗。公安机关必须把握这个大局,做中国特色社会主义事业和全面建成社会的保卫者、参与者和建设者。

（二）政治意识

"国家安危,公安系于一半。"维护国家安全和社会稳定,是公安机关新时期的总任务。各级公安机关和民警必须切实增强政治意识,充分认识新形势下对敌斗争的极端复杂性,维护社会稳定的极端艰巨性和巩固党的执政地位的极端重要性。要善于从政治上考虑问题,判断形势,增强政治敏锐性和政治鉴别力,在事关全局、事关政治方向、事关根本原则等重大问题上始终保持清醒和坚定,始终保持公安队伍忠于党、忠于祖国、忠于人民、忠于法律的政治本色,确保在任何时候、任何情况下都要在思想上、政治上、行动上与以习近平同志为总书记的党中央保持高度一致。任何时候、任何情况下都要坚决维护社会政治稳定,维护国家统一和民族团结,维护宪法确定的基本政治原则。

（三）忧患意识

当前维护社会政治稳定的任务十分复杂艰巨。一是隐蔽战线反渗透、反破坏的任务十分繁重;二是反暴力、反恐怖形势更加严峻;三是"法轮功"等邪教组织的非法活动变本加厉;四是因各种社会矛盾引发的群体性事件继续呈上升趋势。面对新形势、新任务、新挑战,各级公安机关和广大公安民警务必保持清醒头脑,切实增强居安思危、未雨绸缪的忧患意识,强化时不我待、不进则退的机遇意识和服务大局、率先发展的责任意识,既要正视前进中的困难,更要看到有利因素,始终保持蓬勃朝气、浩然正气和昂扬锐气,高起点、高标准、高质量地开展工作,努力推动公安工作实现新的跨越。

（四）群众意识

全心全意为人民服务是公安机关及其人民警察的宗旨,维护最广大人民群众的根本利益是公安工作的出发点和落脚点。深入开展宗旨意识和群众观念的教育,逐步实现从严管、严控的传统型管理思维模式向开放、优质、文明服务的现代思维模式的转变。要与时俱进,牢固树立"社会治安也是投资环境"等现代理念。坚持以人为本,切实把服务最广大人民的利益放在公安工作的首位,做到"权为民所用,情为民所系,利为民所谋"。把执法为民的思想根植于每一个警种、每一个民警,落实到每一个执法环节中,为民、利民、惠民,争取群众的满意和支持。要着力在简化手续、方便群众、提高效率、转变态度、办事公正上下功夫,牢固树立"立警为公、执法为民"的思想,树立新型的警民关系。牢固树立"人民公安为人民"理念,坚持打击、管理、服务的一致性,认真检查服务发展的意识牢不牢,服务发展的能力强不强,服务发展的措施实不实,增强主动服务、平等服务、公开服务、高效服务的观念,不断提高服务质量和水平。

（五）法治意识

公安机关的性质、任务决定了公安机关在依法治国进程中必将发挥十分重要的作用。因此,公安民警要确立和坚定法律信仰,增强法律至上观念,严格公正文明执法,自觉接受法律的约束。要增强人权保障观念,切实提高依法行政水平,在履行人民警察职责时切实做到有法必依、执法必严、违法必究,严格依法办事,并自觉地把自身行为置于国家法律的监督之下。

第二节 公安机关人民警察的职业道德

人民警察是一种特殊的职业。人民警察是我国人民民主专政的重要工具之一,是武装性质的国家治安行政力量和刑事司法力量。全心全意为人民服务是人民警察的宗旨。人民警察是国家利益和人民利益的维护者,在人民警察的观念中,国家的利益和人民的利益是高于一切的。深刻理解这一职业精神实质,是自觉坚持人民警察职业道德的基础。

一、人民警察职业道德的含义

人民警察的职业道德是指人民警察在依法履行职务活动中所遵循的道德原则和道德规范。鲜明的阶级性、广泛的人民性和行为的表率性,是人民警察职业道德的三个最显著的特征。

人民警察的职业道德是根据社会主义道德的基本原则、传统的社会公德及人民警察自身的职业规范建立起来的。它从属于社会主义道德规范,是社会主义道德的普遍原则在人民警察职业活动中的具体体现。人民警察的职业道德强调"忠诚、服务、公正、奉献、廉洁、协作",突出了人民警察职业道德的政治性要求,体现了高于一般社会公德和职业道德的要求。

警察作为一个特殊的职业,代表国家执行公共权力,其身份是执法者。警察职业是以依靠国家公共权力为基础,进行治安管理、预防、侦查和打击犯罪为主要任务的职业。公安机关是我国人民民主专政的重要力量,担负着保护国家和人民群众的利益,维护社会正常秩序的重任。警察职业一经形成,就产生了相应的职业道德要求。

警察职业道德是警察职业特征的价值反映,是警察职业责任、职业义务的价值表达。因此,人民警察职业道德如何,能否秉公执法,不仅关系着警察自身的形象,而且直接关系到公安机关和国家法制的权威,关系到党和政府的威望。在中国特色社会主义建设的过程中,加强人民警察职业道德建设即警德建设,对于人民警察素质的全面提高,更好地履行自己的职责,增强队伍的战斗力,密切警民关系,维护社会主义法制权威,提高法制水平,促进社会主义精神文明建设,建设和谐社会,具有重大的现实意义和深远的历史意义。

二、人民警察职业道德规范

公安机关历来高度重视人民警察职业道德建设。早在20世纪50年代,就制定了《公安人员八大纪律十项注意》;1994年1月,公安部正式印发《公安机关人民警察职业道德规范》。为进一步加强公安民警职业道德建设、提高广大民警的职业素质,公安部于2011年9月修订了新的《公安机关人民警察职业道德规范》(以下简称《道德规范》)。此次印发的新《道德规范》是对1994年版的修订与完善。新《道德规范》既继承和发扬了公安机关的优良传统,又彰显了鲜明的时代特色,其内容包含了警察这个职业所应具备的政治要求、职业品质、纪律作风三大方面。具体内容包括以下方面。

（一）对党忠诚

对党忠诚的要点是：听党指挥，热爱人民，忠于法律。

人民警察是党的忠诚卫士，必须以实现共产主义作为自己的崇高理想，坚持四项基本原则，坚定社会主义信念，并以自己的实际行动在建设有中国特色社会主义的伟大实践中建功立业。

人民警察必须牢固树立党的领导的观念，不折不扣地执行党的路线、方针、政策，从思想上、政治上和行动上与党中央保持高度一致，坚决反对所谓警察"非政治化""非党派化"的错误观点。

人民警察必须以高度责任感捍卫国家的根本大法，坚决与一切违反宪法的行为作斗争，维护宪法的尊严，保证宪法的实施，并以宪法作为自己根本的活动准则。

人民警察必须以自己的生命和鲜血捍卫国家主权和领土不受侵犯，机智勇敢地与一切敌对势力、敌对分子及危害国家安全的犯罪分子作不懈的斗争，挫败他们企图颠覆、分裂祖国和破坏社会主义建设的阴谋，捍卫国家的统一和长治久安。

（二）秉公执法

秉公执法的要点是：事实为据，秉持公正，惩恶扬善。

人民警察必须严格依法办案，依法管理，不办"人情案""关系案"，不为私情、私利而做不合法的事，坚持法律面前人人平等的原则。

人民警察必须做到执法不阿，无私无畏、理直气壮、铁面无私地维护法律的尊严。有法必依、执法必严、违法必究，不惧强权，坚决抵制"以言代法""以权压法"的违法行为。

人民警察必须坚持正确的审讯原则和方法，以事实为根据，以法律为准绳，防止主观片面，讲究斗争策略，绝不偏听偏信，不搞逼供、指供、诱供。

人民警察必须坚持调查研究，实事求是，绝不放走一个坏人，也不冤枉一个好人，坚持严肃与谨慎相结合的方针，公正执法。

（三）英勇善战

英勇善战的要点是：坚忍不拔，机智果敢，崇尚荣誉。

当前警察的工作环境越来越复杂，履行着保证国家安全、维护社会稳定、保护人民群众生命财产的神圣职责，工作任务艰巨而繁重。面对繁重的任务，要求人民警察必须做到积极贡献、顽强拼搏、甘于吃苦、勇于奉献。

现代警务工作的开展，突出地体现在其复杂多变的工作对象和工作环境上。违法犯罪，尤其是跨地区、跨国性质的，有组织性质的犯罪活动不断出现，并呈上升的趋势。为严厉打击各种违法犯罪活动，需要各级公安机关及其人民警察果断地判断犯罪情势，及时主动出击，以警察的智谋对付多变的犯罪。

在社会转型期，人们的价值观、利益观、荣辱观正发生着巨大变化。作为人民警察，更应该努力树立正确的、积极的取向观，发展健康向上的世界观、人生观。要以马列主义毛泽东思想和邓小平理论及党中央关于公安工作的一系列方针政策为指引，树立科学的社会主义荣辱观，以热爱祖国、服务人民为荣；以崇尚科学、团结互助为荣；以遵纪守法、艰苦奋斗为荣，以榜样的力量带动整个队伍精神风貌的提升。

（四）热诚服务

热诚服务的要点是：情系民生，服务社会，热情周到。

全心全意为人民服务，是我们党的根本宗旨和优良传统，我党和国家的性质决定了人民警察一切工作的出发点和立足点就是全心全意为人民服务。离开了为人民服务这个根本目的，人民警察也就失去了存在的意义，所以这是每个人民警察必须始终坚持的原则。社会主义市场经济体制的建立尽管使人民警察所处的环境和肩负的任务产生了变化，但是党的工人阶级先锋队的性质没有变，国家的社会制度没有变，人民警察的性质没有变，全心全意为人民服务的宗旨就不可能改变。所以，人民警察必须牢牢把握全心全意为人民服务的根本宗旨，牢固树立全心全意为人民服务的公仆意识，与人民群众风雨同舟，休戚与共，热忱为人民服务，紧紧依靠人民群众，自觉接受人民群众监督，密切警民关系，竭尽全力维护广大人民群众的根本利益。人民警察不论职务高低，都是人民的勤务员。在实际工作中，要坚持把人民满意作为人民警察工作的根本标准，从解决人民群众关心的热点、难点问题入手，要以人民支持不支持、答应不答应、满意不满意作为出发点和落脚点。要有强烈的事业心和责任感，脚踏实地，殚精竭虑，高质量高效率地做好公安工作，造福于民。

（五）文明理性

文明理性的要点是：理性平和，文明礼貌，诚信友善。

人民警察必须保持谦虚谨慎、不骄不躁的优良作风。在履行职责时，对群众态度谦和热情，言辞简明亲切，举止端庄得体，作风严谨正派。敬老爱幼，尊重妇女，尊重群众的风俗习惯。

人民警察必须牢固树立公仆意识，坚决抵制和克服特权思想，模范遵守社会公德和公共秩序，讲究公共卫生。绝不利用职权侵占群众的利益，绝不蛮横无理，以势压人，搞特殊化。在任何情况下自觉做到不酗酒，持枪不饮酒。

人民警察必须做到文明办事，礼貌待人，执勤中照章处理问题，不卡压，不刁难，礼貌用语，对群众不挖苦，不恶语伤人，不冷嘲热讽，不讲粗话、脏话，文明接待群众，热情耐心，不敷衍了事。对犯罪分子实行文明管理，不打骂，不体罚虐待。

人民警察必须始终保持良好的外部形象，体现出国威、警威，严格遵守警容风纪，做到警容严整，着装规范，衣冠整洁，仪表端庄，举止不卑不亢，养成守纪律、讲礼节、有风度的良好作风。

（六）严守纪律

严守纪律的要点是：遵章守纪，保守秘密，令行禁止。

人民警察必须牢固树立组织纪律观念，自觉维护并遵守"个人服从组织，少数服从多数，下级服从上级，全党服从中央"的民主集中制原则，尊重和维护领导权威。

人民警察必须无条件地执行上级命令和指示，保证公安机关的政令畅通，快速反应和协同动作，提高整体作战能力，绝不能各行其是，各自为政，影响队伍整体的协调统一。

人民警察必须严格遵守各项规章制度，做到凡是制度要求的，一定不折不扣落实，凡是制度明令禁止的，对个人再有利也绝对不做。同时，也要抵制"上有政策，下有对策"，歪曲政策规定精神,搞断章取义、为我所用的不正之风等行为。

人民警察必须严格执行国家公务人员的保密守则,提高警惕性,克服麻痹思想,切实做到对国家秘密和公安工作的秘密严加保守,绝不能把了解情况作为炫耀自己的资本,不分场合、对象随意乱说。

(七)爱岗敬业

爱岗敬业的要点是:恪尽职守,勤学善思,精益求精。

爱岗敬业自古以来就是行业的要求,是职业道德的核心。南宋思想家朱熹说:"敬业者,专心致志以事其业也。"[①]讲的就是对待自己的职业要专心致志,尽心尽责。同样,爱岗敬业也是人民警察职业道德的核心。爱岗敬业主要是倡导一种敬业精神,它包括奋发向上的进取意识,立足本职的踏实作风、热爱岗位的奉献精神等。作为人民警察,自入警之日起,就要作好为公安事业奉献自己毕生精力甚至生命的思想准备。缺乏对职业的专注和忠诚,必将一事无成。

恪尽职守,要求作为一名警察必须具有坚忍不拔的意志品质,必须认清肩负的责任,同时要常怀律己之心。

勤学善思,要求作为一名警察必须掌握扎实的理论知识与高超的专业技能,这些都要以平时的勤学、苦学、勤思、善思为基础,唯其如此才能以高水准的专业素质,适应复杂现代警务工作的需要。

精益求精,要求作为一名警察,对自身的思想意识、业务水平、服务理念、执法能力等综合素质,要不断提高衡量的标准和基点。要以发展的视角、广阔的域度不断提升自身各项素质和能力。

(八)甘于奉献

甘于奉献的要点是:任劳任怨,顾全大局,献身使命。

人民警察必须树立忠于本职,安于本分,献身公安的职业理想和信念,兢兢业业,任劳任怨,以苦为荣,以苦为乐,勇于改革创新,敢于抢挑重担,善于开拓进取,创造一流的工作业绩。

人民警察必须具备良好的业务素质,精通本职业务知识;熟练掌握业务技能,刻苦钻研,精益求精,对敌斗争本领过硬,使犯罪分子闻之丧胆。

人民警察必须具有大无畏的革命英雄主义精神,文武兼备,智勇双全。在对敌斗争中,沉着机警,足智多谋,勇敢顽强,善于运用党的政策和国家法律、法规及有关规定,应付各种突发情况,妥善处理各种疑难问题。

人民警察必须具有压倒一切敌人的英雄气概,不怕艰难困苦,不怕流血牺牲,为了捍卫祖国和人民的利益,做到遇苦不避,临危不惧,舍生忘死,勇于献身。

(九)清正廉洁

清正廉洁的要点是:艰苦朴素,情趣健康,克己奉公。

人民警察必须永远保持艰苦奋斗的优良传统和政治本色,发扬勤俭朴素、埋头苦干的

---

① 朱熹. 朱子文集[M]. 北京:商务印书馆,1937.

敬业精神,做到在困难面前不动摇,坚持高尚情操,为党的事业而安于清贫。

人民警察必须严于律己,洁身自爱,大公无私,自愿献身于公安事业。要努力克服特权思想影响,勤勤恳恳地在公安岗位上做好自己的本职工作。

人民警察必须保持廉洁作风,抵制不正之风的侵蚀和干扰,绝不利用职务之便收受贿赂,谋取私利。要通过有力措施,向群众公开政策规定,公开办事制度,解除群众疑虑,堵塞各种不正之风。

人民警察必须做到抵制腐蚀,在金钱、名誉等各种诱惑面前不动摇,"富贵不能淫,贫贱不能移,威武不能屈",满腔忠诚,两袖清风。

(十)团结协作

团结协作的要点是:精诚合作,勇于担当,积极向上。

人民警察必须树立一盘棋的思想,识大体、顾大局,以小道理服从大道理,以局部服从整体。为了全局的长远利益,必要时无条件地牺牲局部的暂时利益,绝不能置整体利益和长远利益于不顾,片面强调局部和眼前的利益。

人民警察必须克服本位主义思想,树立协同作战的观念。要服从统一领导和统一指挥,保持各地区、各部门、各警种的协调一致,增强合力,提高对犯罪的打击能力,绝不能搞"以邻为壑"。

人民警察必须加强上下级之间、部门之间、地区之间的沟通与理解,尊重彼此在调查研究基础上提出的意见和建议,绝不在非原则性问题上斤斤计较,以致影响整体战斗力的发挥。人民警察必须彼此支持,尽量为兄弟单位、兄弟部门的同志提供援助,提供情报信息,强调信息共享,反对抢功拆台的恶劣思想作风,反对彼此封锁消息,互设障碍,互相掣肘,影响破案质量,削弱打击力度等不良现象。

第三节　公安机关人民警察的核心价值观

人民警察核心价值观,是为实现党和人民赋予公安机关的职责和使命而提炼出来的,是被全体民警共同认可、普遍遵循、自觉践行的主导价值观念和价值追求。它既体现社会主义核心价值体系的共性要求,又反映人民警察的特殊使命和职业特点;既体现公安机关的优良传统,又着眼新形势、新任务赋予公安机关的时代要求。

在警察价值观体系中居于统率、核心与主导地位的是警察核心价值观。人民警察是我国警察的独特称谓,彰显了其阶级性和人民性。人民警察核心价值观是特殊的警察价值观念,不同于警察职业道德规范。警察职业道德规范只是警察核心价值观的一部分。不能够把人民警察核心价值观片面地等同于警察职业道德规范。警察职业道德规范仅是对警察行为进行规范与约束的规章制度,人民警察核心价值观则是在更加宽广的范围中深入分析这些规范赖以确立的思想基础和现实基础,即论证、证明这些规范的合理性的根据。这种价值意识是警察群体在理智与观念层面的价值判断、价值选择与价值追求,是一种非常理性化的系统性的价值评判体系。2011 年 10 月,公安部党委扩大会议明确人民警察核心价值观为"忠诚、为民、公正、廉洁"。2019 年召开的全国公安工作会议上,习近平总书记指出,在实践中,我们深化对公安工作的规律性认识,积累了许多宝贵经验,必须总结好、运用好成功经验,确保公安工作坚定正确政治方向,坚持改革创新,坚持全面从严管党治警,按照对党忠诚、服务人民、执法公正、纪律严明的总要求,锻造一支让党中央放心、人民群众满意的高素质过硬公安队伍。习近平总书记的讲话也是对公安机关人民警察核心价值观的高度概括和总结。

一、忠诚——核心价值观的根本要求

忠诚是人民警察精神的核心,是公安队伍不倒的旗帜、不灭的灵魂。人民警察要永葆忠于党、忠于祖国、忠于人民、忠于法律的政治本色和价值取向。忠诚是旗帜引领下的奋勇前行,是服务大局中的责任担当。作为融入血脉的人民警察之魂,忠诚,是公安队伍代代相传的政治基因,是新航程中引领前行的定向舵盘。习近平总书记指出,培育造就一支忠于党、忠于国家、忠于人民、忠于法律的政法队伍,确保"刀把子"牢牢掌握在党和人民手中。

(一)忠于中国共产党

人民警察是具有武装性质的国家治安行政和刑事司法力量,这决定了忠于中国共产党是人民警察首要的政治义务。人民警察必须毫不动摇地坚持党对公安工作的绝对领导,始终把加强思想政治建设、坚定理念信念摆在公安队伍建设的第一位,确保绝对忠诚、绝对纯洁、绝对可靠。要切实增强政治意识、大局意识、核心意识、看齐意识,坚定自觉地在思想上、政治上、行动上同以习近平同志为核心的党中央保持高度一致。

(二)忠于祖国

警察与国家密不可分,警察伴随着国家的产生而产生。任何国家的警察都与其国体保持一致,是国家统治阶级意志的忠实执行者,是国家机器的重要组成部分,执行着国家政治统治职能和社会管理的基本职能。人民警察忠于自己的国家是人民警察忠诚观的基本内容。人民警察忠于祖国,首先,要忠诚地履行人民民主专政的政治使命,对危害国家安全和社会稳定的敌对势力、敌对分子、犯罪分子坚决镇压制裁,同时尊重和依靠广大人民,做人民的公仆和卫士,处理好人民内部矛盾。其次,要忠诚地维护国家利益,坚决捍卫国家的主权、统一、安全、尊严和荣誉,始终把国家利益放在首位。

(三)忠于人民

人民警察忠于人民是忠于中国共产党与忠于祖国的最终落脚点。人民警察忠于人民,首先,要忠诚于人民的利益。人民的利益高于一切,人民警察要将人民的利益放在高于一切的位置,要将人民是否需要、是否受益、是否满意,作为自己一切工作的出发点。其次,要忠诚于人民赋予的权力,自觉接受人民的监督。最后,要忠诚于全心全意为人民服务的根本宗旨。在实际执法工作中,人民警察的执法目的、执法标准、执法方式都要做到为民用权、为民谋利、为民动情,这是人民警察忠于人民的生动表现。

(四)忠于法律

人民警察忠诚于党、国家与人民,体现在执法活动中就是忠诚于法律。人民警察忠诚于法律,就是要求人民警察忠诚于宪法及其他法律。首先,要忠诚于国家的根本大法宪法。人民警察要自觉维护宪法权威,捍卫宪法尊严,保证宪法实施。其次,要忠诚于其他法律。其他法律包括人民警察执法所依据的公安法律体系。

二、为民——核心价值观的根本出发点和落脚点

为民,就是以民为本,就是以人的尊严、自由、需要、目的、幸福和发展为根本,实现人的价值,达到人类存在和发展的终极目标。人民警察的为民观是中国共产党为民观在警察队伍中的特殊体现,具体包括全心全意为人民服务、执法为民和人民利益高于一切三个基本内容。

(一)全心全意为人民服务

全心全意为人民服务的宗旨,是由公安机关的性质所决定的。这是人民警察为民观的核心内容,是党和国家对人民警察的必然要求,是人民警察的"人民"属性之所在。人民警察是中国共产党领导的队伍。中国共产党区别于其他政党的显著标志,就是能够和最广大的人民群众保持密切联系,就是一刻都不脱离群众,就是能够全心全意为人民服务。

(二)执法为民

执法为民,体现了人民警察的执法理念。人民警察应当树立"为民"用权的意识,明确手中的权力是人民赋予的,做到以人为本、尊重和保障人权、执法公正、一心为民。要为人民掌好执法权,用好执法权,戒除一切特权思想。要自觉主动接受人民群众的监督。

(三)人民利益高于一切

这是人民警察警务实践活动的价值判断标准。第一,人民警察没有自己的特殊利益,一切工作都是为了最大多数人的利益。第二,以符合最广大人民群众是否拥护、是否赞成、是否高兴作为评判我们工作的最重要的标准。第三,"群众利益无小事"。人民警察,特别是基层民警在处理每一个具体细小琐碎的案件时,需要把每一个个体群众的利益、心声、冷暖放在心上,做到"细微之处见真情"。

三、公正——决定核心价值观的法律精神

人民警察公正观是人民警察对警察权力、警察制度、警察执法行为、警察个体道德应有公正性的基本态度与观点。其中执法公正是其核心内容,决定着其他内容的公正属性,公平正义是衡量人民警察执法效果的根本标准。

(一)公正地适用法律

人民警察执法应做到法律面前人人平等。具体包括:一切公民在人民警察执法所依据的法律法规面前,其法律地位和权利义务一律平等;一切公民在人民警察执法行为面前一律平等;一切公民在具体适用法律法规时一律平等。

(二)公正地行使执法权力

人民警察公正执法体现在兼顾实质正义与程序正义、兼顾公正与效率、兼顾公正与民意。人民警察执法时应当公正地行使自由裁量权。

(三)确保执法结果公正

人民警察在适用法律、行使执法权力时,不仅应当重视执法的总体正义,同时也应当重视执法的具体正义。将实质正义与程序正义充分结合,以实现执法结果的真正公正。

四、廉洁——核心价值观的内在要求

人民警察的廉洁观,是人民警察核心价值观中的道德要求,人民警察核心价值观中的忠诚观、为民观、公正观是廉洁观的道德归属,廉洁观是前三者的必然体现。基于廉洁的基本含义与本质属性,廉洁观应当包括三个基本内容。

(一)克己奉公

克制"私",奉行"公",不偏私利,以公为重。这明确地为人民警察提出了价值判断与价值选择的准则。

(二)一心为民

人民警察要深入群众,深入实际,透彻了解人民群众的思想、情绪、困难、意见,切切实实疏导群众的不满情绪,解决群众的实际困难。

(三)刚正不阿

刚正不阿包括公正与清廉两重含义。第一,确立公平正义的意识。人民警察是社会正义的化身,其使命与职责就是捍卫社会正义,维护社会公平。第二,人民警察应当为人正直、正派、刚正,处事公正、公平、公道。第三,人民警察应当拒腐防贿,廉洁自律。人民警察在面对形形色色的诱惑之时,要做到不为名利所动摇,不为金钱所收买,坚守节操,珍爱荣誉,慎言慎行,清清白白。

人民警察核心价值观凝练为"忠诚、为民、公正、廉洁"。这四者是相辅相成、不可割裂的。其中,忠诚是基石,忠诚是人民警察核心价值观的根本要求;为民是本质,立警为公、执法为民是人民警察使命和责任的根本归宿,也是人民警察核心价值观的根本出发点和落脚点;公正是职责,秉公执法办事、维护公平正义是人民警察的基本行为准则和执法思想核心,也是决定人民警察核心价值观的法律精神;廉洁是本色,人民警察必须时刻注意拒腐防变,在工作和生活中做到廉洁、清明,这是从警的基本要求,也是人民警察核心价值观的内在要求。

知识巩固与能力提升训练

一、判断题

1. 每一个志愿献身于公安事业的人民警察,都应该自觉加强素质修养。 (　　)
2. 掌握过硬的业务素质和水平,是人民警察首要的政治品质。 (　　)
3. 公安机关是政府的一个职能部门,与一般的行政机关没有区别。 (　　)
4. 公安工作的成败,公安队伍战斗力的强弱,取决于法律法规的健全。 (　　)
5. 每个公安民警都应具有抵制资产阶级和一切剥削阶级思想侵蚀的能力。 (　　)
6. 业务素质是指人民警察依法履行职务,完成各项任务的实际本领。 (　　)
7. 文化素质仅指人民警察必须具有相应的文化程度。 (　　)
8. 人民警察应当具有稳定的情感和顽强的意志。 (　　)
9. 公安机关必须自觉服从服务于维护中国共产党的执政地位这个大局。 (　　)

10. 严厉打击刑事违法犯罪,是公安机关在新时期的总任务。   (   )

二、单项选择题

1. 各级公安机关和民警要善于从(   )上考虑问题,判断形势、增加政治敏锐性和政治鉴别力。

  A. 组织   B. 思想   C. 政治   D. 业务

2. 公安工作的出发点和落脚点是(   )。

  A. 严厉打击严重刑事犯罪活动   B. 维护最广大人民群众的根本利益

  C. 加强队伍管理   D. 加强公安民警的教育训练

3. 下列关于法治意识的表述正确的是(   )。

  A. 公安民警牢固树立"立警为公、执法为民"的思想

  B. 公安民警要维护宪法确定的基本政治原则

  C. 公安民警务必保持清醒的头脑

  D. 公安民警要增强法律至上的观念

4. 人民警察的职业道德是指人民警察在依法履行职务活动中所遵循的道德原则和(   )。

  A. 道德规范   B. 道德意识   C. 道德自律   D. 道德素质

5. 为进一步加强公安民警职业道德建设,公安部于(   )年 9 月修订印发了新的《公安机关人民警察职业道德规范》。

  A. 2009   B. 2010   C. 2011   D. 2012

6. 新道德规范内容包含了警察这个职业所应具备的政治要求、职业品质和(   )三大方面。

  A. 业务素质   B. 纪律作风   C. 执法水平   D. 思想水平

7. 公安工作的成败,公安队伍战斗力的强弱,取决于(   )。

  A. 公安法制的健全   B. 公安领导者的素质

  C. 民警素质的高低   D. 组织机构的健全

8. 人民警察依法履行职务,完成各项任务的实际本领是(   )。

  A. 业务素质   B. 政治素质   C. 文化素质   D. 身体素质

9. 人民警察的职业道德强调"忠诚、服务、公正、奉献、廉洁、协作",突出了人民警察职业道德的(   )要求。

  A. 法制性   B. 业务性   C. 思想性   D. 政治性

10. 公安机关历来高度重视人民警察职业道德建设。早在(   )就制定了《公安人员八大纪律十项注意》。

  A. 20 世纪 20 年代   B. 20 世纪 50 年代

  C. 20 世纪 60 年代   D. 20 世纪 80 年代

11.《公安机关人民警察职业道德规范》中"热诚服务"要求民警情系民生、服务社会、(   )。

  A. 积极向上   B. 精益求精   C. 诚信友善   D. 热情周到

三、多项选择题

1. 人民警察的素质主要包括(   )等方面。

A. 政治思想　　　　B. 业务能力　　　　C. 宗教信仰　　　　D. 心理特征

2. 政治素质是指人民警察应具有( )的综合体现。

A. 政治觉悟　　　　B. 理想信念　　　　C. 道德品质　　　　D. 业务素质

3. 公安民警都要做到( )。

A. 忠于事实　　　　B. 严格执法　　　　C. 廉洁奉公　　　　D. 遵守纪律

4. 人民警察必须具备的基本能力包括( )。

A. 体能素质　　　　B. 应变决断能力　　C. 群众工作能力　　D. 科研能力

5. 人民警察必须善于( )，依靠人民群众的力量打击犯罪活动。

A. 宣传群众　　　　B. 教育群众　　　　C. 动员群众　　　　D. 组织群众

6. 当前维护社会政治稳定的任务十分复杂艰巨，( )。

A. 人民群众自我防护的意识和能力不强

B. 隐蔽战线反渗透、反破坏的任务十分繁重

C. 反暴力、反恐怖更加严峻

D. 因各种社会矛盾引发的群体性事件继续呈上升趋势

7. 人民警察职业道德的特征具体体现在( )。

A. 鲜明的阶级性　　　　　　　　　　B. 广泛的人民性

C. 行为的表率性　　　　　　　　　　D. 组织的严密性

8. 新道德规范的内容包括( )。

A. 甘于奉献　　　　B. 清正廉洁　　　　C. 秉公执法　　　　D. 忠诚可靠

9. 提高人民警察的文化层次和修养程度，( )。

A. 有利于提高人民警察的业务素质和队伍的整体战斗力

B. 有利于提高执法办案的效率

C. 有利于提高公安机关"窗口"单位的威信

D. 有利于提高公安队伍文明执勤的水平

10. 人民警察应当具有良好的( )能力。

A. 观察　　　　　　B. 记忆　　　　　　C. 注意　　　　　　D. 思维

11.《公安机关人民警察职业道德规范》中"秉公执法"的含义包括( )。

A. 事实为据　　　　B. 秉持公正　　　　C. 惩恶扬善　　　　D. 忠于法律

【参考答案】

一、判断题

1. √　　2. ×　　3. ×　　4. ×　　5. √　　6. √　　7. ×　　8. √

9. ×　　10. ×

二、单项选择题

1. C　　2. B　　3. D　　4. A　　5. C　　6. B　　7. C　　8. A

9. D　　10. B　　11. D

三、多项选择题

1. ABD　　2. ABC　　3. ABCD　　4. BC　　5. ACD　　6. BCD

7. ABC　　8. ABCD　　9. ACD　　10. ABCD　　11. ABC

第十六章

公安机关人民警察的义务、纪律和权益保障

第一节　公安机关人民警察的义务

一、公安机关人民警察义务的概念和特点

（一）人民警察义务的概念

人民警察义务有广义、中义与狭义之别。广义的人民警察义务是指人民警察作出一定行为或不作为一定行为的责任。包括作为的义务和不作为的义务两个方面。作为的义务包括必须为的行为和应该为的行为。必须为的行为是指法定职责（见公安机关职责部分）；应该为的行为是指倡议性的行为。不作为义务是指禁止为的行为，通常称为纪律。中义的人民警察义务是指人民警察在行使权力、履行职责过程中必须作出或不得作出一定行为的约束，也包括作为的义务和不作为的义务两个方面，但这里的作为义务是指应该为的行为。狭义的人民警察义务是指这一倡议性的行为。此处人民警察义务是指此狭义上的人民警察义务。

人民警察的义务和纪律既有联系又有区别。两者的联系在于：人民警察的义务和纪律都是保证人民警察正确履行职责和行使权力的重要行为规范，均具有一定的强制性。

两者的区别在于：首先，义务强调的是人民警察应有的行为，即应该做什么；纪律强调的是人民警察不应为的行为，即禁止做什么。其次，人民警察的义务多是一种倡导性行为规范；人民警察的纪律多是一种禁止性行为规范。

（二）人民警察义务的特点

人民警察的义务具有以下特点。

（1）人民警察义务的主体特定性。人民警察的义务是基于人民警察的职务关系而产生的，因而承担和履行义务的主体具有特定性。只有人民警察才是这些义务的承受主体。

（2）人民警察义务具有平等性。人民警察作为国家公务员，受国家委任而执行公务，在法律上的义务是平等的。这种平等性表现在两个方面：第一，无论职务高低，资历深浅，警种是否相同，都要履行法律所设定的人民警察义务；第二，国家公安机关、监察机关、司法机关及其他机关对人民警察的公务行为实行监督，对任何警务人员的违法行为都要

追究法律责任。

（3）人民警察义务直接决定于国家的任用行为。人民警察担任职务，执行公务，反映了国家对人民警察的任用关系。因此，人民警察的权力、义务均来源于国家的任用行为，只有国家选任其为人民警察时，才必须遵守人民警察义务，如果脱离了与国家的任用关系，则其作为人民警察而担负的义务也就终止了。

二、公安机关人民警察义务的主要内容

《人民警察法》第二十条规定："人民警察必须做到：（一）秉公执法，办事公道；（二）模范遵守社会公德；（三）礼貌待人，文明执勤；（四）尊重人民群众的风俗习惯。"这是对人民警察在履行职务过程中的行为要求，是人民警察职业道德方面的义务。

（一）秉公执法，办事公道

秉公执法，办事公道，其核心就是一个"公"字，即要做到出以公心，不为权势、金钱、私情和其他私利所动，刚正不阿，公正无私，不偏不倚，不枉不纵。

（二）模范遵守社会公德

人民警察是社会公共利益的捍卫者，是社会秩序的维护者，是正义、公正的象征，这就决定了模范遵守社会公德是人民警察义不容辞的义务。人民警察模范遵守社会公德有利于其履行维护社会秩序的职能，增强其执法的权威性；有利于推动和促进良好社会风气和社会秩序的形成；有利于提高人民警察的自身素质，在人民群众心目中树立起人民警察的良好形象，赢得人民群众的尊敬、信任和支持。

（三）礼貌待人，文明执勤

礼貌待人和文明执勤是相辅相成、不可分割的。礼貌待人是文明执勤的基础，文明执勤是礼貌待人的表现。人民警察必须做到文明服务，礼貌待人。接待群众热情耐心，态度和蔼，坚决杜绝"冷、硬、横、推"的现象。执勤中依法办事，不卡压，不刁难，不恶语伤人，不冷嘲热讽，不讲粗话、脏话，对犯罪嫌疑人、罪犯实行文明管理，不打骂，不体罚虐待，实行人道主义。

（四）尊重人民群众的风俗习惯

人民警察必须全面深入地贯彻执行党和国家的民族宗教政策，尊重各地区、各民族的习俗，成为维护民族团结的模范。

第二节　公安机关人民警察的纪律

一、公安机关人民警察纪律的概念和特点

（一）人民警察纪律的概念

人民警察纪律是指人民警察为正确履行国家法律赋予的职责和权力，保证各项任务的完成，在人民警察职务活动过程中必须遵守的行为准则。

（二）人民警察纪律的特点

人民警察是一支纪律部队,其纪律不同于其他组织的纪律,也不是一般的组织纪律,而是具有法律属性的纪律,因而人民警察的纪律具有更明确、更强烈的强制性和约束作用。由于人民警察在职权上和工作上的特殊性,纪律对人民警察具有特别重要的意义。人民警察在履行职务时,必须具有铁一般的纪律,绝不允许各行其是、有令不行、有禁不止。因此,具有严明的组织纪律,是公安机关和人民警察的一个显著特点。

二、《纪律条令》的内容

2010 年 3 月 10 日经国务院批准,监察部、人力资源和社会保障部、公安部联合公布的《公安机关人民警察纪律条令》(以下简称《纪律条令》),于 2010 年 6 月 1 日起施行。这是中国第一部系统规范公安机关及其人民警察纪律,以及对违反纪律行为给予处分的部门规章。《纪律条令》共三章三十一条,设定了七十六种具体违法违纪行为及其适用的处分,涉及政治纪律、组织纪律、执法执勤纪律、内务纪律和群众纪律等。

（一）政治纪律

政治纪律是有关人民警察政治觉悟、政治行为和政治言论方面的规范。

人民警察的性质和任务决定了其必须保持忠于党、忠于国家、忠于人民、忠于法律的政治本色。人民警察必须坚定共产主义信念,坚持党的领导,坚持以马列主义、毛泽东思想、邓小平理论、"三个代表"重要思想、科学发展观和习近平新时代中国特色社会主义思想为指导,捍卫人民民主专政的制度,维护宪法和法律的尊严,忠于社会主义祖国。

人民警察一定要把国家利益、人民利益放在首位。基于人民警察的性质,对人民警察有关政治方面的纪律主要有:不得散布有损于国家声誉、形象和威信的口头或书面言论;不得参加国家明令取缔、禁止以及未依法得到批准的社会团体或其他组织;不得参加旨在反对国家的集会、游行、示威等活动;不得参加罢工。

（二）组织纪律

组织纪律是对人民警察行动上的要求。

一切行动听指挥,是警察职业的一个特点。服从领导,才能达到步调一致,行动统一;执行命令,上级的决定才能得到贯彻。因此,服从领导、执行命令是每个人民警察必须具备的素质,是调整公安队伍内部下级与上级、个人与集体、局部与整体之间关系的准则,是完成各项任务的重要保证。

（三）执法执勤纪律

执法执勤纪律就是人民警察的工作纪律,是指人民警察在执法执勤时所应遵守的行为准则,主要包括积极履行职责、秉公执法等方面。积极履行职责就是严格按照法律的规定尽职尽责、恪尽职守,完成党和国家交给的各项任务。秉公执法就是公平、公开、公正地执行法律,做到不枉不纵。

秉公执法,一是严格公正执法;二是廉洁执法。公安机关是执法机关,它的职业活动必须以宪法、法律为准则,坚持公民在法律面前一律平等,真正做到不徇私情,不畏权势,严禁逼供,不枉不纵。在权与法面前要维护法律尊严,依法办事,坚持原则。

（四）内务纪律

内务纪律主要是指人民警察的内部管理方面的纪律，不仅涉及人民警察人事管理，如录用、考核、任免、奖惩、调任、转任等，也涉及车辆、财物等物的管理内容，还包括日常行为举止规范。要求人民警察在人事管理各个环节公开、公正、公平，保证唯才是举，任人唯贤；在物的管理方面严格遵守各项规定；在行为举止方面保持警容严整、仪表端庄。

（五）群众纪律

群众纪律主要指人民警察在服务、发动、依靠群众开展群众工作和服务工作过程中的纪律，要求人民警察文明礼貌、热情耐心，不敷衍了事、不吃拿卡要。

三、"五条禁令"

为严明纪律，树立公安队伍良好形象，2003 年 1 月 22 日，公安部发布了加强公安机关内部管理的"五条禁令"，包括以下内容。

（1）严禁违反枪支管理使用规定，违者予以纪律处分；造成严重后果的，予以辞退或者开除。

（2）严禁携带枪支饮酒，违者予以辞退；造成严重后果的，予以开除。

（3）严禁酒后驾驶机动车，违者予以辞退；造成严重后果的，予以开除。

（4）严禁在工作时间饮酒，违者予以纪律处分；造成严重后果的，予以辞退或者开除。

（5）严禁参与赌博，违者予以辞退；情节严重的，予以开除。

民警违反上述禁令的，对所在单位直接领导、主要领导予以纪律处分。民警违反规定使用枪支致人死亡，或者持枪犯罪的，对所在单位直接领导、主要领导予以撤职；情节恶劣、后果严重的，上一级单位分管领导、主要领导引咎辞职或者予以撤职。

对违反上述禁令的行为，隐瞒不报、压案不查、包庇袒护的，一经发现，从严追究有关领导责任。

四、"三项纪律"

2013 年 9 月，公安部在深入开展党的群众路线教育实践活动中，为进一步加强公安队伍纪律作风建设，出台了"三项纪律"，即：公安民警决不允许面对群众危难不勇为；决不允许酗酒滋事；决不允许进夜总会娱乐。公安民警违反上述规定的一律先予以禁闭，并视情给予纪律处分。造成严重后果或者恶劣影响的，一律给予开除处分，并视情追究有关领导责任。隐瞒不报、包庇袒护的，从严处理；构成犯罪的，依法追究刑事责任。

第三节　公安机关人民警察的权益保障

人民警察作为和平年代的高危职业，身处打击犯罪、保护人民的第一线，面对日趋严峻的执法形势和日趋复杂的执法环境，执法风险和工作压力不断加大。维护公安民警的合法权益就是维护公安机关的执法权威，就是维护法律的神圣尊严，就是维护社会的公平正义。2019 年召开的全国公安工作会议上，习近平总书记指出，和平时期公安队伍是牺牲最多、奉献最大的一支队伍。对这支特殊的队伍，要给予特殊的关爱，政治上关心、工作上支持、待遇上保障，全面落实从优待警措施。要完善人民警察荣誉制度，加大先进典型培育和宣传力度，增强公安机关人民警察的职业荣誉感、自豪感、归属感。因此，切实保障人民警察的权益，增强人民警察执法公信力，维护法律的尊严已成为当前迫切需要解决的问题之一。

一、人民警察权益含义

人民警察权益是依照法律规定的人民警察在执行公务时依法所享有的与职务相关的权利和利益。人民警察所享有的权益，是国家机关公权益与个人私权益所结合而产生的一种综合权益。人民警察权益既包括其作为公务员和人民警察的特殊身份应依法享有的权益，也包括其作为普通公民的一般身份所依法享有的权益，但均限于执行职务之时。

（1）人民警察作为普通公民，拥有宪法和法律赋予的同一切公民相同的基本权利，这些权利于执行公务时，主要表现为生命健康权、隐私权和名誉权。

（2）人民警察作为国家公务员，依法享有国家公务员的一切合法权利。根据《公务员法》关于公务员权利义务的规定，人民警察作为公务员享有的法定权利有：获得相应工作报酬，获得应得的工作条件，不得非法被处分或免降职；有权获得福利和保险；有权参与职业培训；有权对上级同级提出批评建议；有权主动申请辞职等。

（3）人民警察作为一种特定的职业，同样具有特定的执业权益，如接受专门业务培训的权利；因公致残、因公牺牲或者病故的，享受特殊抚恤和优待的权利，等等。

二、人民警察权益的主要内容

（一）生命健康权

生命健康权是生命权和健康权的统称，是公民最基本、最重要的权利，是公民享受其他权利的基础，是最基本的人权。警察是一个特殊的职业，警务工作危险性大，任务繁重。相对于普通人民群众，警察面临着更大的危险。人民警察是和平时期牺牲最大的一支队伍。我国法律明确规定"在职务上、业务上负有特定职责的人不能紧急避险"，为了保护人民警察在依法履行职责时的生命健康权，《治安管理处罚法》和《刑法》对于侵害人民警察生命健康权的治安违法和犯罪行为，对行为人均作出了从重处罚的规定，《刑法修正案（十一）》专门设置了袭警罪。

（二）隐私权

人民警察的隐私权长期以来没有受到重视，实践中过多关注的是人民警察执法对公民隐私权的侵犯，然而，人民警察自身的隐私权也应当予以充分的保障。保障人民警察的隐私权不仅体现为对人民警察个人生活的保障，更深层次的还体现为对人民警察生命健康权、财产权以及人民警察的配偶、子女、父母及其他近亲属权益的保障，防止人民警察及其家人遭受报复。《公安机关维护民警执法权威工作规定》第八条规定，对"本人及其近亲属个人隐私被侵犯的"，公安机关应当积极维护民警执法权威。

（三）名誉权

人民警察的名誉权是指人民警察享有的就其自身特性所表现出来的社会价值而获得社会公正评价的权利,是保护并维护人民警察名誉的权利,它是人格权的一种。人民警察的名誉权直接关系到人民警察的人格尊严,是其进行民事活动,甚至是其他社会活动的基本条件。人民警察的名誉权不能让与也不得放弃,人民警察的名誉权一旦完全丧失,其将丧失作为人的基本条件,因为此时人民警察的社会属性就丧失了。长期以来,人民警察在承担繁重警务工作的同时还遭受来自方方面面的侵犯其名誉权的行为的侵害,这极大地挫伤了人民警察的自尊心和工作积极性,给公安工作造成了难以挽回的负面影响和损失,因此,加大人民警察名誉权的保护应当引起社会各界特别是公安部门的高度重视。

（四）荣誉权

人民警察的荣誉权是指人民警察所享有的因自己的突出贡献、特殊劳动成果或特殊工作性质而获得的光荣称号或其他荣誉的权利。包括职业发展节点仪式权和表彰权。职业发展节点仪式权是指公安民警有权在入警、(晋升)警衔、从警特定年限、退休等职业生涯重要节点获得由公安机关举行荣誉仪式以增强其职业荣誉感和归属感的权利。表彰权是指公安民警因工作突出有权获得国家规定的各种荣誉称号的权利。

（五）退休权

人民警察的退休权是指人民警察达到规定的退休年龄,为国家服务到一定的工作年限,或因病残丧失了工作能力,离开工作岗位,依法办理退休手续,由国家给予生活保障,并给予妥善安置和管理。依法退休是人民警察的重要权益之一,也是保证人民警察队伍战斗力和延续性的重要保证,因人民警察及其工作的特殊性,其退休权也具有特殊性,如提前退休。

（六）工资报酬权

《人民警察法》第四十条规定,人民警察实行国家公务员的工资制度,并享受国家规定的警衔津贴和其他津贴以及保险福利待遇。可见,我国人民警察的工资包括作为公务员的工资待遇及警衔补贴两部分。

（七）福利待遇权

人民警察福利是指国家和人民警察所在单位为满足人民警察生活方面的共同需要和特殊需要,在工资之外给予工作和生活上的待遇。我国《公务员法》第八十二条规定,公务员按照国家规定享受福利待遇。国家根据经济社会发展水平提高公务员的福利待遇。公务员执行国家规定的工时制度,按照国家规定享受休假。公务员在法定工作日之外加班的,应当给予相应的补休,不能补休的按照国家规定给予补助。《人民警察法》第四十条规定,人民警察实行国家公务员的工资制度,并享受国家规定的警衔津贴和其他津贴、补贴以及保险福利待遇。整体上看,我国人民警察按照有关规定可享受的福利待遇有:工时制度、福利费、节假日及公休日、带薪休假、婚丧假、事假、病假、生育假、探亲假等。

（八）抚恤待遇权

抚恤是指对因战或因公致伤、致残和牺牲以及病故人员的家属给予物质上的帮助和精神上的安抚。抚恤是司法救济之外，以国家的名义给予特定对象的法定补偿，其目的在于体现国家对公务、国防、见义勇为等行为的鼓励与抚慰，保障上述人员家庭与亲属的基本生活需要。根据《人民警察法》第四十一条规定，人民警察因公致残的，与因公致残的现役军人享受国家同样的抚恤和优待。人民警察因公牺牲或者病故的，其家属与因公牺牲或者病故的现役军人家属享受国家同样的抚恤和优待。2014年4月30日，民政部、最高人民法院等九部门以民发〔2014〕101号印发《人民警察抚恤优待办法》。

（九）保险待遇权

人民警察的保险待遇权是指人民警察依法获得的国家对暂时或永久丧失劳动能力的人民警察给予物质帮助的待遇。人民警察在执行任务中经常会面临各种意外事件，甚至受到犯罪嫌疑人的袭击、殴打，从而导致人民警察在执行职务时生命健康权面临极大的威胁。针对人民警察职业高危性的特点，人民警察除了享有普通的养老保险、人身保险外还应享受"特殊保险"。这是由人民警察职业危险性、复杂性和高强度性的特点所决定的。《公务员法》第八十三条规定，公务员依法参加社会保险，按照国家规定享受保险待遇。《人民警察法》第四十条规定，人民警察实行国家公务员的工资制度，并享受国家规定的警衔津贴和其他津贴以及保险福利待遇。《公安机关组织管理条例》第三十六条规定，公安机关人民警察实行国家规定的保险制度，保障其在退休、患病、工伤、生育、失业等情况下获得帮助和补偿。

（十）拒绝执行越权指令权

人民警察的拒绝执行越权指令权是指人民警察拒绝执行超越法定职责范围指令的权利。《人民警察法》第三十三条规定，人民警察对超越法律、法规规定的人民警察职责范围的指令，有权拒绝执行，并同时向上级机关报告。

（十一）心理健康权

人民警察承担保卫国家安全和维护社会稳定的重要任务，确保其心理健康十分必要。为了维护人民警察的心理健康权益，公安部政治部《基层公安机关思想政治工作规范》（公政治〔2011〕68号）要求，要运用科学方法开展各类心理训练活动，加强心理疏导，提高人民警察的自控能力、适应能力、耐挫能力和抗压能力。

（十二）正当防卫权

人民警察的正当防卫权是指人民警察为保卫国家利益、公共利益和公民合法利益以及自身合法权益，有效制止不法侵害，维护社会治安秩序，保障法律实施，保障自身安全而享有的正当防卫的权利。由于人民警察承担着特殊的使命，处于同违法犯罪行为作斗争的最前沿，相对于普通的民众随时可能面对不法侵害，因此人民警察的正当防卫又有其独特性。相对于普通群众，人民警察的正当防卫权具有手段特殊性（使用警械、武器）、经常性等特点。正当防卫权的行使是人民警察执行职务的重要方式，也是人民警察得以制止犯罪、保护自身安全、震慑犯罪分子的重要保障。最高人民法院、最高人民检察院、公安部、国家安全部、司法部《关于人民警察执行职务中实行正当防卫的具体规定》指出，对不法侵害采取正当防卫行为，适用于全体公民，人民警察执行职务中也可以实行正当防卫。

三、民警的执法权威保障

人民警察权益受到侵害,基本由执法所引起,表现为执法权威受到严重挑战,所以,为了更好地保障人民警察权益,就必须保障人民警察的执法权威。为保障公安民警依法履行职责、行使职权,维护国家法律尊严和民警执法权威,公安部于 2018 年制定了《公安机关维护民警执法权威工作规定》,为树立公安民警执法权威提供了有力的保障。

(一)受保护主体范围

公安民警依法履行职责、行使职权受法律保护,不受妨害、阻碍,民警及其近亲属的人身财产安全不因民警依法履行职责、行使职权行为受到威胁、侵犯,民警及其近亲属的人格尊严不因民警依法履行职责、行使职权行为受到侮辱、贬损。民警认为因依法履行职责、行使职权受到侵害的,民警及其近亲属或者民警所在单位可以向所属公安机关警务督察部门提出维护执法权威申请,一般情况下应当通过书面形式提出,紧急情况下可以口头提出。警务辅助人员在协助民警依法履行职责、行使职权过程中受到不法侵害的,参照本规定开展相关工作。

(二)保障执法权威的组织机构

县级以上人民政府公安机关应当成立由督察长为主任,警务督察和法制、警令指挥、警务保障、政工人事、教育训练、新闻宣传及执法办案等部门为成员的维护民警执法权威工作委员会。维护民警执法权威工作委员会办公室设在警务督察部门,具体负责协调督办侵犯民警执法权威案件,受理调查相关民警的申请申诉,为受到侵犯的民警提供救济、恢复名誉、挽回损失。

(三)维护民警执法权威的情形

民警在依法履行职责、行使职权过程中或者因依法履行职责、行使职权遇到以下情形的,公安机关应当积极维护民警执法权威。

(1)受到暴力袭击的。

(2)被车辆冲撞、碾轧、拖拽、剐蹭的。

(3)被聚众哄闹、围堵拦截、冲击、阻碍的。

(4)受到扣押、撕咬、拉扯、推搡等侵害的。

(5)本人及其近亲属受到威胁、恐吓、侮辱、诽谤、骚扰的。

(6)本人及其近亲属受到诬告陷害、打击报复的。

(7)被恶意投诉、炒作的。

(8)本人及其近亲属个人隐私被侵犯的。

(9)被错误追究责任或者受到不公正处分、处理的。

(10)执法权威受到侵犯的其他情形。

(四)追究侵权人责任的途径

行为人实施侵犯民警执法权威的行为,构成犯罪的,依法追究刑事责任;尚不构成犯罪,构成违反治安管理行为的,依法给予治安管理处罚。

民警由于行为人的行为遭受人身或者财产损失的,公安机关应当支持民警通过提起刑事附带民事诉讼或者民事诉讼等法律途径，维护自身合法权益。

（五）具体举措

1. 采取保护措施

民警因依法履行职责、行使职权，本人或者其近亲属遭遇恐吓威胁、滋事骚扰、尾随跟踪，或者人身、财产受到侵害的，民警所在公安机关和有管辖权的公安机关应当及时采取保护措施，依法追究行为人的法律责任。

2. 部门责任

民警在执法执勤现场受到不法侵害的，民警及其所在部门应当依法采取措施制止侵害并立即向所属公安机关指挥部门报告。公安机关指挥部门应当迅速组织力量进行处置，同时通报警务督察部门。

警务督察部门视情派员赴现场初步查明情况，协助控制事态，督促依法处置。警务督察部门在工作中发现民警执法权威受到侵犯的情形、线索，应当主动启动相关工作程序。警务督察部门在办理维护民警执法权威事项过程中，认为应当由上一级公安机关警务督察部门协调处理的，可以提请上一级公安机关警务督察部门协调处理。上一级公安机关警务督察部门可以指令下一级公安机关警务督察部门对专门事项进行调查，必要时可以直接开展调查。民警因依法履行职责、行使职权行为受到公安机关内部不公正处分、处理，经核查属实的，警务督察部门应当督促相关部门限期纠正。民警因履行职责、行使职权行为受到不实投诉、诬告诽谤、侮辱、恶意炒作，以及被错误审查调查、追究责任后，相关部门予以纠正的，警务督察部门应当通过公开的形式，在一定范围内澄清事实，消除影响。受到公安机关内部处分、处理的，公安机关应当及时撤销相关决定并恢复民警公职身份和原职务、职级。

公安机关办理侵犯民警执法权威的刑事案件、治安案件时，法制部门应当根据情况的复杂程度、造成后果的严重程度，视情提前介入，加强审核把关，对案件定性、取证、处理等进行指导，确保案件办理事实清楚、证据确凿、程序合法、法律适用准确。民警因履行职责、行使职权行为受到检察机关调查时或者其他必要情形下，公安法制部门和公安机关聘请的法律顾问、专职律师应当在职责范围内为事件的调查处理提供必要的法律配合。

民警按照法定条件和程序履行职责、行使职权，对公民、法人或者其他组织合法权益造成损害的，民警个人不承担法律责任，由其所属公安机关按照国家有关规定对造成的损害给予补偿。

3. 有效救治

公安机关应当协调医疗卫生机构建立民警因公负伤紧急救治畅通机制，为负伤民警提供及时、有效的医疗救治。

4. 出面抚慰

公安机关应当建立维护民警执法权威抚慰金制度，规范审批和管理使用。民警所属公安机关及其政工人事部门、警务督察部门负责人应当出面抚慰因依法履行职责、行使职权受到侵害的民警。

5. 心理干预和治疗

公安机关应当聘请专业人员，在必要时对因依法履行职责、行使职权受到侵害的民警及其近亲属开展心理干预和治疗,缓解和疏导心理压力、负担。

6. 开展常用法律法规培训和安全防护理念教育

公安机关应当经常开展常用法律法规培训和安全防护理念教育,加强民警基础体能、基本技能、常见警情处置、现场警务指挥等警务技战术训练,规范现场执法执勤行为,提升安全防护能力和现场处置水平。

7. 建立评估执法风险机制

公安机关应当加强对侵犯民警执法权威行为规律特点的分析研究,评估执法风险,加强安全指引和预警防范。

(六)追究民警执法过错时应遵守的规定

1. 依法采取警纪措施和处分、处理决定

公安机关应当严格依法依规开展执法过错责任追究工作。非因法定事由、非经法定程序,不得对民警采取停止执行职务、禁闭等措施,不得作出处分或者免职、降职、辞退等处理。公安机关不应当受舆论炒作、信访投诉等人为因素影响,不当或者变相追究民警责任,加重对民警的处分、处理。

2. 准确认定民警责任

公安机关应当根据行为事实、情节、后果,综合考虑主客观因素,客观评价民警行为性质,区分执法过错、瑕疵、意外,依法依规作出责任认定。

对于民警依法履职尽责,受主观认知、客观条件、外来因素影响造成一定损失和负面影响的行为或者出现的失误,以及民警非因故意违法违规履职,及时发现并主动纠正错误,积极采取措施避免或者减轻危害后果与影响的,公安机关应当从轻、减轻或免于追究民警的责任,或者向检察机关、审判机关提出从轻、减轻或者免于追究民警刑事责任的建议。

3. 争议处理

对于民警行为是否属于依法履行职责、行使职权行为,以及执法是否存在过错等问题存在较大争议的,公安机关维护民警执法权威工作委员会应当组织相关专业人员成立专家组进行审查,出具书面论证意见,作为公安机关内部责任认定的重要参考依据。纪检监察机关、检察机关介入调查的,公安机关应当及时提供论证意见,加强沟通。

4. 民警对受处分、处理决定的救济权

民警对因履行职责、行使职权行为受到记大过以上处分、辞退有异议并提出申诉的,民警所在公安机关维护民警执法权威工作委员会应当听取当事民警的陈述、申辩,对事实、理由、依据和程序进行全面复核,认为处分、处理决定不当的,应当向作出决定部门提供复核意见。不得因民警提出申诉而对其加重处分、处理,或者变相打击报复。

(七)对民警执法权威保障不力的责任追究

有下列行为之一的,依照有关规定追究相关领导和责任人的责任。

(1)因制度不落实、保障不到位、指挥错误导致民警执法权威受到侵犯的。

(2)不按要求向上级公安机关报告有关情况的。

(3)不及时采取善后救助措施的。

（4）阻碍、干扰侵犯民警执法权威案件办理的。

（5）因工作不力、推诿拖延对侵犯民警执法权威案件办理造成严重影响的。

（6）违法违规不处理、降格处理侵犯民警执法权威行为人的。

知识巩固与能力提升训练

一、判断题

1. 积极履行公务,秉公执法,文明执勤是人民警察必须遵守的组织纪律。（　　）

2. 人民警察必须执行党和国家的民族宗教政策,尊重各地区、各民族的习俗,成为维护民族团结的模范。（　　）

3. "五条禁令"规定:严禁违反枪支管理使用规定,违者予纪律处分;造成严重后果的,予以辞退或者开除。（　　）

4. 人民警察的义务是指人民警察在行使权力、履行职责过程中必须作出或不得作出一定行为的约束。（　　）

5.《公安机关人民警察纪律条令》于 2010 年 6 月 1 日起施行,这是中国第一部系统规范公安机关及其人民警察纪律,以及对违反纪律行为给予处分的部门规章。（　　）

6. 对任何警务人员的违法行为都要追究法律责任。（　　）

7. 公安部于 2003 年 1 月 22 日发布的加强公安机关内部管理的"五条禁令"规定:严禁参与赌博,违者予以纪律处分;情节严重的,予以辞退或者开除。（　　）

8. 公安部于 2003 年 1 月 22 日发布的加强公安机关内部管理的"五条禁令"规定:严禁酒后驾驶机动车,违者予以纪律处分;造成严重后果的,予以辞退或者开除。（　　）

9. 人民警察义务基于人民警察职务而产生,具有不平等性。（　　）

10. 具有严明的组织纪律,是公安机关和人民警察的一个显著特点。（　　）

11. 人民警察的纪律是人民警察必须遵守的义务性行为规范的总称。（　　）

12. 民警违反规定使用枪支致人死亡,或者持枪犯罪的,对所在单位直接领导、主要领导予以纪律处分。（　　）

13.《公安机关人民警察职业道德规范》中"严守纪律"要求公安民警做到遵章守纪,保守秘密,克己奉公。（　　）

14. 服从领导、执行命令是每个人民警察必须具备的素质。（　　）

15. 内务纪律要求人民警察对待人民群众要文明礼貌,热情耐心。（　　）

二、单项选择题

1. 人民警察无论职务高低,资历深浅,警种是否相同,(　　)。

　　A. 都要严格按照警种分工履行义务

　　B. 特定情况下可以不履行某些义务

　　C. 都要履行法律所设定的人民警察义务

　　D. 为完成任务可以不考虑义务

2. 人民警察的纪律具有更明确、更强烈的(　　)。

　　A. 组织性　　　　　B. 强制性　　　　　C. 政策性　　　　　D. 随意性

3. 人民警察必须遵守的组织纪律要求(　　),执行命令。

　　A. 积极履行公务　　B. 服从领导　　　　C. 自觉接受监督　　D. 保守秘密

4. 人民警察的执法执勤纪律要求人民警察在工作中务必积极履行职责,做到尽职尽责,恪尽职守,(　　),执法不阿。

　　A. 严格执法　　　　B. 廉洁执法　　　　C. 公正执法　　　　D. 正确行使权力

5. 公安部于2003年1月22日发布的加强公安机关内部管理的"五条禁令"规定:严禁违反枪支管理使用规定,(　　)。

　　A. 违者予以纪律处分;造成严重后果的予以辞退或者开除

　　B. 违者予以辞退;造成严重后果的予以开除

　　C. 违者予以辞退或者开除

　　D. 违者引咎辞职或者撤职

6. 民警违反"五条禁令"的,对所在单位直接领导、主要领导予以(　　)。

　　A. 警告　　　　　　B. 行政处分　　　　C. 党纪处分　　　　D. 纪律处分

7. 民警违反"五条禁令"情节恶劣、后果严重的,上一级单位分管领导、主要领导(　　)。

　　A. 纪律处分　　　　　　　　　　　　　B. 开除

　　C. 引咎辞职或者撤职　　　　　　　　　D. 警告

8. "五条禁令"规定:"严禁在工作时间饮酒,违者(　　)。"

　　A. 予以纪律处分;造成严重后果的,予以开除

　　B. 引咎辞职或撤职

　　C. 予以行政处分

　　D. 开除

9. 调整公安队伍内部下级与上级、个人与集体、局部与整体之间关系的准则是(　　)。

　　A. 步调一致、行动统一　　　　　　　　B. 服从领导、执行命令

　　C. 公正执法、廉洁执法　　　　　　　　D. 忠于国家、忠于法律

10. 内务纪律要求公安机关及其人民警察(　　)。

　　A. 不敷衍了事　　　　　　　　　　　　B. 秉公执法

　　C. 一切行动听指挥　　　　　　　　　　D. 忠于国家

三、多项选择题

1. 人民警察义务具有以下特点(　　)。

　　A. 法定性　　　　　　　　　　　　　　B. 主体的特定性

　　C. 平等性　　　　　　　　　　　　　　D. 直接决定于国家的任用行为

2. 政治纪律是有关人民警察(　　)方面的规范。

　　A. 政治觉悟　　　　B. 政治行为　　　　C. 政治信仰　　　　D. 政治言论

3. 《公安机关人民警察纪律条令》规定的内容主要涉及(　　)。

　　A. 政治纪律　　　　B. 组织纪律　　　　C. 执法执勤纪律　　D. 内务纪律

4. 对民警违反"五条禁令"的行为(　　),一经发现,从严追究有关领导责任。

　　A. 隐瞒不报　　　　B. 积极查处　　　　C. 压案不查　　　　D. 包庇袒护

5. "礼貌待人,文明执勤"要求公安民警必须做到(　　)。

　　A. 文明办事,礼貌待人　　　　　　　　B. 依法办事,不卡压,不刁难

　　C. 特殊情况下可以放弃原则　　　　　　D. 对犯罪嫌疑人、罪犯不体罚虐待

6. 《人民警察法》第二十条规定人民警察义务的主要内容有(　　)。

　　A. 秉公执法,办事公道　　　　　　　　B. 模范遵守社会公德

　　C. 礼貌待人,文明执勤　　　　　　　　D. 尊重人民群众的风俗习惯

7. 做到"秉公执法,办事公道"需要公安民警(　　)。

　　A. 模范遵守社会公德　　　　　　　　　B. 具备较高的业务水平和政策水平

　　C. 有较强的法律意识和法治观念　　　　D. 文明办事,礼貌待人

8. 人民警察的政治纪律要求民警必须(　　)。

　　A. 坚定共产主义信念　　　　　　　　　B. 坚持党的领导

　　C. 维护宪法和法律的尊严　　　　　　　D. 忠于社会主义祖国

9. "积极履行职责"要求公安民警(　　)。

　　A. 行动统一　　　　B. 恪尽职守　　　　C. 不以权谋私　　　　D. 执法不阿

10. 对"人民警察义务直接决定于国家的任用行为"的理解正确的是(　　)。

　　A. 只有国家选任时,民警才必须遵守人民警察义务

　　B. 人民警察的权力来源于公安机关

　　C. 如脱离了与国家的任用关系则民警的义务也就终止了

　　D. 人民警察只需对单位领导负责

【参考答案】

一、判断题

1. ×　　2. √　　3. √　　4. √　　5. √　　6. √　　7. ×　　8. ×

9. ×　　10. √　　11. √　　12. ×　　13. ×　　14. √　　15. √

二、单项选择题

1. C　　2. B　　3. B　　4. D　　5. A　　6. D　　7. C　　8. A

9. B　　10. A

三、多项选择题

1. BCD　　2. ABD　　3. ABCD　　4. ACD　　5. ABD　　6. ABCD

7. BC　　8. ABCD　　9. BCD　　10. AC

第十七章

公安机关人民警察的人事管理

公安机关人民警察的人事管理是公安管理活动的重要组成部分,是一切公安行政管理的核心和关键所在,是党的干部工作的重要内容。加强对公安机关人民警察的人事管理,就是要坚持党的领导,坚持公安人事工作的方针和原则,在公安机关人民警察的录用、辞退、职务、警衔、训练、奖惩等方面实行科学的管理。

第一节　公安机关人民警察的录用和辞退

人是组织管理中最为核心的要素,公安工作的主体力量是人民警察,要保证公安机关职能作用的充分发挥,必须重视对人的管理。一名合格的人民警察,必须有良好的政治素质、文化素质、心理素质和身体素质。录用人民警察是保证公安队伍质量的第一关,它直接关系到公安工作水平和公安队伍发展的前景,因此,必须严把录用关,从源头上保证公安机关人民警察的基本素质。

一、公安机关人民警察的录用

(一)录用的含义

公安机关人民警察的录用即公安人事管理工作的"入口",是指公安机关通过法定程序,采取公开考试、严格考察和按照德才兼备的标准,选拔优秀人才担任人民警察的人事制度,具有公开性、平等性和竞争性三大特点。

(二)人民警察录用的条件

《人民警察法》第二十六条明确规定了担任人民警察应当具备的条件。

(1)年满十八岁的公民。年满十八岁,是我国宪法规定的公民享有选举权和被选举权的年龄。到了这个年龄,才具有完整的权利能力和行为能力,政治信仰、心理意志、生理发育才逐渐成熟。

(2)拥护《中华人民共和国宪法》。宪法是我国的根本大法,是所有国家机关、国家工作人员、全体公民的最高行为准则。我国宪法坚持社会主义道路、人民民主专政、中国共产党领导、马列主义毛泽东思想这四项基本原则,规定了国家一系列基本制度,既体现了党的路线、方针和政策,又反映了人民的意志、利益和愿望。做一名人民警察,必须拥护宪法,捍卫宪法。

(3) 有良好的政治、业务素质和良好的品行。良好的政治素质,就是忠于党、忠于祖国、忠于人民、忠于法律,坚持四项基本原则,在政治上同党中央保持一致,为保卫国家安全、维护社会治安、保卫社会主义现代化建设而英勇奋斗。良好的业务素质,就是熟悉人民警察工作的路线、方针、政策和各项业务工作的基础知识,掌握一定的专门业务技能,熟悉有关法律法规,严格依法办事,讲究工作方法,热爱和做好本职工作。良好的品行,就是全心全意为人民服务,遵纪守法,遵守人民警察的职业道德,秉公执法,实事求是,联系群众,艰苦朴素,清正廉洁。因此,有错误的政治倾向,缺乏基本的法律知识和公安常识,有流氓、盗窃等不良行为,道德品行不好的,不得被吸收为人民警察。

(4) 身体健康。健康的体魄,充沛的精力,是适应人民警察繁重、艰苦的工作,掌握警务技能的基本条件。否则,难以完成任务,难以适应人民警察工作的特殊需要。录用人民警察,必须经过体检,合格者方能录用。

(5) 具有高中以上文化程度。一定的科学文化知识水平,是做好人民警察工作的必要条件,也是全面提高人民警察素质的基础。随着社会的发展全民文化素质有了较大的提高,法治观念普遍增强,同时社会治安也日益复杂化,犯罪趋向智能化,这些都要求人民警察只有具备较强的协调、组织、判断、处置能力,才能胜任所担任的工作。高中毕业是对人民警察文化程度的最低要求,部分经济较发达的地区对国家公务员(含人民警察)文化程度的要求则为大学专科以上。

(6) 自愿从事人民警察工作。人民警察工作要求严格,工作条件艰苦,往往需要夜以继日,连续作战,有些工作有战斗性、危险性,甚至会有牺牲。人民警察必须服从上级的指挥领导,严格遵守人民警察的职业道德、职业纪律,不畏艰难困苦,不怕流血牺牲,敢于和违法犯罪行为作斗争。没有为人民公安事业献身的精神志愿的人,是不能成为一名合格的人民警察的。

此外,人力资源和社会保障部、公安部依据《公务员法》和《人民警察法》等有关法规和规定,对人民警察的录用条件作了更为具体的规定。

(三) 录用人民警察的程序和原则

为保证公安机关录用人民警察的质量,在录用人民警察时,必须按照规定的程序进行。《人民警察法》第二十七条规定:"录用人民警察,必须按照国家规定,公开考试,严格考核,择优选用。"

公安机关人民警察属于国家公务员,其录用也应该按照国家公务员的录用程序进行。《公务员法》第二十五条至第三十二条对国家公务员的录用程序作了明确规定。第二十次全国公安会议提出,要进一步完善省级考录制度,新招录公安机关人民警察,一律实行省级公安机关和人事部门统一考试,公安部派员督考。

1. 录用人民警察的程序

人民警察的录用方法一般采取公开考试,严格考核的方法。

(1) 发布报考公告。报考公告的内容应包括:拟录用人员职位、数量、报考的资格条件;报名的日期、地点和报名手续;报考的科目、程序和考试时间、地点等。报考公告应在考试前一定时间,通过报纸、电视、网络或其他新闻媒介向社会发布,以便广大公民了解情况,并让报考者有所准备。网络媒体的广泛应用,可以极大地保证公务员考试录用的公开性。

(2) 进行资格审查。这是保证录用人民警察素质的第一道程序,主要是审查报考者是否具备人民警察的条件,符合条件者方可发给准考证,参加考试。资格审查工作由公安政工部门负责。

(3) 考试。考试的目的是测试报考者的基础知识和专业知识水平,以及适应职位要求的业务素质。目前采取的方法主要有笔试和面试两项,笔试是测试报考者的文化基础、专业知识、写作能力和思维能力等。笔试合格者可参加面试,面试是面对面地直接观察和测评报考者的素质,包括语言表达能力、应变能力、仪表等,主要有口试、职能测验等。考试工作由省级公安机关统一组织实施。

(4) 考核。考核是在考试的基础上进行的,其对象是参加考试的合格者,内容主要包括:政治素质、工作表现、工作能力和是否需要回避等。一般由公安政工部门组织实施。在考核中,要依靠报考者所在单位的组织和群众,做到全面、客观、公正。

(5) 审批。考核工作完毕后,由用人单位根据拟任职位的要求,综合评定报考者的考试考核结果,确定录取人员名单,报设区的市以上政府公务员部门审批。审批后,用人单位还要张榜公布录取名单,然后为被录取者办理录用手续。

对新录用的人民警察实行试用期制度,试用期为一年;在试用期内,应当接受人民警察院校教育培训和进行工作见习;合格者,正式入职;不合格者,取消录用资格。

2. 录用人民警察的原则

人民警察的录用与国家公务员的录用一样,贯彻公开、平等、竞争、择优的原则。

(1) 公开原则。人民警察录用的标准、条件、方法、程序、结果都向社会公开,并接受社会监督。

(2) 平等原则。凡中华人民共和国公民,只要符合规定的条件,均有平等的机会和权利报名参加考试。

(3) 竞争原则。报考者能否被录用,取决于本人的政治、业务素质和考试成绩。

(4) 择优原则。经过考试、考核,合格者取得录用资格,由公安机关择优选拔,量才录用。

二、公安机关人民警察的辞退

(一) 人民警察辞退的概念

人民警察的辞退是指公安机关对已不具备人民警察条件,不适合在公安机关继续工作的人员,解除其与公安机关任用关系的一种人事行政管理措施。《公安机关组织管理条例》第三十条和《公安机关人民警察纪律条令》第二十六条针对人民警察违法违纪行为,且已不符合人民警察条件、不适合继续在公安机关工作的,明确可以依照有关规定予以辞退或者限期调离。

(二) 人民警察辞退制度的特点

(1) 辞退公安民警是公安机关的法定权力,只要符合法定条件,即可按照法定程序辞退公安民警,无须征得被辞退人员的同意。

(2) 辞退公安民警必须有一定的法定事实,无法定事实,公安民警不得被辞退。

（3）辞退公安民警必须遵循必要的法定程序，不符合法定程序的辞退没有法律效力。

（4）被辞退的公安民警享有法定待遇，即可享受待业保险。

（三）人民警察辞退的条件

辞退公安民警是公安机关的一项行政权力。但公安机关辞退人民警察，必须遵循法定条件。

公安机关人民警察有下列情形之一的，应当予以辞退。

（1）在年度考核中，连续两年被确定为不称职的。

（2）不胜任现职工作，又不接受其他安排的。

（3）因所在公安机关调整、撤销、合并或者缩减编制员额需要调整工作，本人拒绝合理安排的。

（4）不履行人民警察义务，不遵守人民警察纪律，经教育仍无转变，不适合继续在公安机关工作，又不宜给予开除处分的。

（5）旷工或者因公外出、请假期满无正当理由逾期不归连续超过15天，或者1年内累计超过30天的。

（四）人民警察不得辞退的条件

公安机关人民警察有下列情形之一的，不得辞退。

（1）因公致残，被确认丧失或者部分丧失工作能力的。

（2）患病或者负伤，在规定的医疗期内的。

（3）女性人民警察在孕期、产假、哺乳期内的。

（4）法律、行政法规规定的其他不得辞退的情形。

辞退人民警察，必须严格按照法定程序办理，这样既可保证公安机关顺利行使辞退权，又可保证公安民警的合法权益不受侵犯。

（五）辞退的法律后果

1. 职务关系的消失与警察身份的丧失

公安民警被辞退后，不再负有执行国家公务的责任，也不再享有警察的各项权利，无须履行警察义务。

2. 被辞退后的待遇

被辞退人员，自批准之月的下月起停发工资，按国家的有关规定享受失业保险或领取辞退费。

3. 被辞退后的其他相关事宜

（1）对被辞退人员，5年内不得再录用为人民警察。

（2）被辞退人员的人事档案，由任免机关人事部门按规定转至有关机构。

（3）被辞退人员在接到《辞退国家公务员通知书》或者接到维持原辞退决定的《国家公务员复核（申诉）决定通知书》的15日内办理公务交接手续和辞退手续，必要时，应当接受财务审计。对拒不办理公务交接手续、辞退手续和拒绝接受财务审计的，给予开除处分。

（4）被辞退人员的所在单位应当及时收回其使用的枪支、警械、警用标志、工作证件和其他警用物品。

（5）同级人民政府人事部门和上一级公安机关对公安机关执行辞退制度的情况有权进行监督。

（6）被辞退人员无理取闹，扰乱机关工作秩序，殴打、侮辱、诽谤有关人员，属于违反治安管理行为的，按照《治安管理处罚法》予以处罚；构成犯罪的，依法追究刑事责任。

第二节　公安机关人民警察的职务、警衔和训练

一、公安机关人民警察的职务

根据《公安机关组织管理条例》的规定，公安机关人民警察职务分为警官职务、警员职务和警务技术职务。

公安机关履行警务指挥职责的人民警察实行警官职务序列。

公安机关领导成员和内设综合管理机构警官职务由高至低为：省部级正职、省部级副职、厅局级正职、厅局级副职、县处级正职、县处级副职、乡科级正职、乡科级副职。

公安机关内设执法勤务机构警官职务由高至低为：总队长、副总队长、支队长、副支队长、大队长、副大队长、中队长、副中队长。

县级以上地方人民政府公安机关派出机构、内设执法勤务机构和不设区的市、县、自治县公安局根据工作需要，可以设置主管政治工作的政治委员、教导员、指导员等警官职务。

公安机关履行警务执行职责的人民警察实行警员职务序列。

公安机关人民警察任职，应当符合国家规定的任职资格条件。

县级以上地方人民政府公安机关正职领导职务的提名，应当事先征得上一级公安机关的同意。县级以上地方人民政府公安机关副职领导职务的任免，应当事先征求上一级公安机关的意见。公安机关内设机构警官职务、警员职务的任免，由本公安机关按照干部管理权限决定或者报批。公安分局领导成员职务以及公安派出所警官职务、警员职务的任免，由派出公安分局、公安派出所的公安机关决定。

二、公安机关人民警察的警衔

警衔是区分人民警察等级、表明人民警察身份的称号、标志和国家给予人民警察的荣誉。

1992年7月1日全国人大常委会第二十六次会议通过并公布了《中华人民共和国人民警察警衔条例》。1992年9月，国务院批转公安部《评定授予人民警察警衔实施办法》，发布了《人民警察警衔标志式样和佩戴办法》。

（一）实行警衔制度的意义

实行警衔制度是适应人民警察性质、任务的要求，加强人民警察队伍组织管理的重大举措，也是国家政权建设的一件大事，具有十分重要的现实意义和历史意义。

（1）实行警衔制度是完善人民警察队伍管理制度的重大措施。人民警察的性质和任

务要求这支队伍有高度的组织纪律性,能够统一指挥,快速反应,整体作战,连续作战。人民警察的这些特征与一般行政机关有明显的不同。实行警衔制度,能够简明地显示人民警察的隶属关系,有利于人民警察队伍的管理和指挥,并能激发人民警察的进取献身精神,有利于树立人民警察的形象和执法权威,使依法治警、从严治警得到有力的保证。

(2) 实行警衔制度有利于人民警察队伍正规化建设。人民警察的性质和任务决定了这支队伍必须按照正规化建设的要求,严格教育,严格训练,严格管理,严格纪律,严格监督,使队伍管理制度化、规范化。实行警衔制度,正是加强人民警察队伍正规化建设的重大步骤。警衔制度按照人民警察职务等级编制警衔,并对各个衔级的人民警察规定了不同的条件,确定了不同的审批权限,明确了领导关系。这就使人民警察队伍上下左右形成一体,大大促进了人民警察队伍的集中统一管理和正规化建设。警衔制度规定从警司晋升为警督,从警督晋升为警监,都要经过相应的警察院校培训,经考核合格方可晋升。这些制度例人民警察教育培训制度化、规范化,是提高人民警察素质的重要保障。

(3) 实行警衔制度有利于人民警察队伍的集中统一指挥。人民警察的性质、任务和工作特点决定了这支队伍必须实行等级管理,坚决服从命令,听从指挥,有高度的组织纪律性。实行警衔制度,可以弥补职务等级制度在实战指挥中的缺陷。由于人民警察职务有了明显的表明身份的等级标志,等级容易识别,不仅在正常情况下能协调人民警察的等级秩序,而且在处置暴力犯罪、群体性事件、火车颠覆、民航空难、森林大火、洪涝灾害等各种突发事件和灾害事故中,在隶属关系不清的情况下,可以按照警衔发挥统一指挥、协同作战的作用。

(4) 实行警衔制度有利于增强人民警察的责任感、荣誉感。警衔是党和国家授予人民警察的荣誉,是人民警察地位、荣誉、权力的象征。它能激励人民警察增强责任心和组织纪律性,促使人民警察更加珍惜荣誉,明确自己所肩负的责任,时时处处以人民警察的标准严格要求自己,规范自己的言行,奋发向上,更加自觉地为国家的长治久安建功立业。同时,人民警察佩戴的等级符号、标志,带有公开性的特点,便于人民群众和社会各界的监督。这有利于增强人民警察的自尊心和组织纪律观念,严格警容风纪,树立人民警察的良好形象。

(二) 警衔制度的主要内容

1. 授予警衔的范围

评定授予警衔的人员必须是属于人民警察建制的在编在职的人民警察。

(1) 公安机关(含设在铁道、交通、民航、林业、海关部门的公安机构)的人民警察。

(2) 国家安全机关和监狱、劳动教养管理机关的人民警察。

(3) 人民法院、人民检察院的司法警察。

(4) 警察专业技术单位、院校、报社、医院中担任人民警察职务的人员。

2. 警衔等级的设置

警衔等级的设置是警衔制度的核心。警衔设五等十三级。

(1) 总警监、副总警监。

(2) 警监:一级、二级、三级。

(3) 警督:一级、二级、三级。

（4）警司：一级、二级、三级。

（5）警员：一级、二级。

其中警监以上的是高级警官，警督是中级警官，警司、警员是初级警官。

我国警衔的等级设置，充分体现了我国人民警察的特色，既有别于国家公务员的等级制度，又不同于人民解放军的军衔制度，有利于形成领导指挥人员与基层实战人员的合理结构，发挥警衔制度的激励作用，进一步调动人民警察的积极性和献身精神。

3．授予警衔的标准

根据《人民警察警衔条例》第八条和第九条的规定，担任行政职务的人民警察实行下列职务等级编制警衔。

（1）部级正职：总警监。

（2）部级副职：副总警监。

（3）厅（局）级正职：一级警监至二级警监。

（4）厅（局）级副职：二级警监至三级警监。

（5）处（局）级正职：三级警监至二级警督。

（6）处（局）级副职：一级警督至三级警督。

（7）科（局）级正职：一级警督至一级警司。

（8）科（局）级副职：二级警督至二级警司。

（9）科员（警长）职：三级警督至三级警司。

（10）办事员（警员）职：一级警司至二级警员。

担任专业技术职务的人民警察实行下列职务等级编制警衔。

（1）高级专业技术职务：一级警监至二级警督。

（2）中级专业技术职务：一级警督至二级警司。

（3）初级专业技术职务：三级警督至一级警员。

每职设两个或几个衔级，这是符合我国国情和警情的。采取一职多衔、职衔交叉的办法，以现任职务、德才表现、担任现职时间和工作年限为依据授予警衔，可以更好地体现差别，合理评定警衔。由于实行一职多衔、职衔交叉，将会出现少数职务高者在警衔上低于职务低者的现象。对此《人民警察警衔条例》明确规定："当警衔高的人民警察在职务上隶属于警衔低的人民警察时，职务高的为上级。"

4．警衔的晋升、保留、降级、取消

（1）警衔的晋升。晋级期限届满或由于职务提升而警衔低于新任职务等级编制警衔的最低警衔，经考核合格方能逐级晋升。

（2）警衔的保留。人民警察离休、退休的，其警衔予以保留，但不得佩戴。

（3）警衔的降级。人民警察违犯警纪的，可以给予警衔降级的处分。

（4）警衔的取消。人民警察被开除公职的，其警衔相应取消；人民警察犯罪（包括离休、退休的人民警察），被判处剥夺政治权利或有期徒刑以上刑罚的，其警衔相应取消。

三、公安机关人民警察的训练

公安机关人民警察训练是提高队伍战斗力的根本途径，在队伍建设中居于先导性、基础性和战略性地位。各级公安机关应当加强人民警察训练工作科学化、规范化、信息化、实战化建设,向训练要素质、要警力、要战斗力。

(一)公安机关人民警察训练的概念

公安机关人民警察的训练是指公安机关为提高民警的政治、业务素质,根据形势发展与岗位能力的要求开展的教育活动。

(二)公安机关人民警察训练的规章依据

依据近年来中央和部党委的相关政策规定,结合训练工作实际,参照借鉴国外警方和相关部门行业的成熟经验,2014年公安部对2001年制定的《公安机关人民警察训练条令》(以下简称《训练条令》)进行了修订,于2015年1月1日开始实施。新修订的《训练条令》以党的十八大和党的十八届三中全会、四中全会、中央政法工作会议、全国干部教育培训工作会议和习近平总书记系列重要讲话精神为指导,以《公务员法》《人民警察法》为根据,主要依据近年来中央和部党委的相关政策规定,按照"四项建设"(基础信息化、警务实战化、执法规范化、队伍正规化建设)的部署要求,结合训练工作实际进行修订。新《训练条令》中有关机构、职务的表述与《公安机关组织管理条例》相一致,在结构体例上参考了《中国人民解放军军事训练条例》。

(三)公安机关人民警察训练的原则

公安机关人民警察训练坚持贯彻党和国家的干部教育培训方针、政策,坚持从公安工作和队伍建设实际需要出发,坚持为公安中心工作服务,坚持为公安实战服务。公安机关人民警察有接受训练的权利和义务。各级公安机关应当保证人民警察定期接受训练,引导和帮助人民警察自学自练。人民警察应当遵守训练规章制度,完成规定的训练任务。公安机关人民警察训练应当发扬理论联系实际的优良学风,坚持厉行节约,反对铺张浪费。

(四)公安机关人民警察训练的目的

公安机关人民警察训练的目的是提高队伍的整体素质和执法水平,增强履行职责的能力,努力打造一支信念坚定、执法为民、敢于担当、清正廉洁的公安队伍。

(五)公安机关人民警察训练的种类

公安机关人民警察训练包括入警训练、晋升训练、专业训练和发展训练。

(1)入警训练。入警训练是对新录用、调入的人员进行的训练。入警训练时间不少于90天。其中,新录用的非公安院校毕业生,新录用、调入任县处级副职职务以下人员的入警训练时间为180天。实践教学时间不少于总训练时间的30%。入警训练内容主要包括理想信念教育、警察职业养成教育、基础公安理论、基础法律法规、基础公安业务和基础警务实战技能、体能、心理行为训练等,重点培育人民警察核心价值观和基本职业素养,提高适应公安工作能力。其中,基础警务实战技能和体能训练课程不少于集中训练课程的30%。

(2)晋升训练。晋升训练是对晋升职务、晋升警衔的人民警察进行的训练。晋升训练时间不少于15天。其中,新任市、县级公安机关正职领导职务的训练时间不少于

30 天。职务晋升训练内容主要包括党性党风教育、国际国内形势、经济社会发展、公安发展战略、公安法制与执法、科学决策指挥、突发事件应对等,重点培养战略思维和管理素养,提高胜任领导工作能力。警衔晋升训练内容根据训练对象和工作需要,参照职务晋升训练设定,重点培养专业精神,增强职业荣誉感,提高综合素质和履职能力。凡已经参加同级或者上级公安机关组织的职务晋升训练或者警衔晋升训练并且训练合格的人民警察,1 年内可不再重复参加晋升训练。

（3）专业训练。专业训练是警种、部门根据人民警察岗位职责要求进行的训练。专业训练时间由政工部门和警种、部门根据实际确定,保证人民警察每年至少参加一次专业训练,三年累计不少于 30 天。基层和一线民警每年的实战训练时间累计不少于 15 天。专业训练内容主要包括岗位政策法规、业务知识、专业技能和专项警务实战技能、体能、心理行为训练等,重点培养专业素养,强化知识更新,提高工作能力。其中,单警装备使用、枪支基本操作、枪支实弹射击、徒手攻防技能、体能达标训练等课程不少于专业训练课程的 30%。

（4）发展训练。发展训练是公安机关应对新形势、新任务,按照国家关于干部教育培训的有关要求,着眼公安工作长远发展和人民警察健康成长组织的训练。发展训练主要包括在职领导干部专题训练、后备干部培养训练、专家和业务骨干研修、教官业务提高训练、民警职业拓展训练等。发展训练的时间、内容根据实际需要和有关规定确定。

第三节　公安机关人民警察的奖惩

奖惩是奖励和惩处的总称。奖励是指公安机关依照有关规定,对下级公安机关和人民警察实施的精神和物质上的嘉勉和表彰。惩处是指公安机关为了维护整体利益并保证组织的正常运转,对违反组织纪律并造成损失的人民警察依照有关规定给予的处罚措施。

一、公安机关人民警察的奖励

注重开展奖励工作是公安机关的优良传统,可以说,从建立公安队伍开始,就有了公安机关的奖励工作。

公安机关奖励工作是公安人事管理工作的重要组成部分,是促进公安工作和队伍建设的有效手段,在加强公安人事管理、促进公安工作和队伍建设方面起着重要的作用。早在中华人民共和国成立初期,公安部就制定施行了《人民公安机关立功创模运动试行办法》等规章制度。1984 年公安部制定施行了《人民警察奖惩条例（试行）》。随着形势的不断发展,公安机关奖励工作也面临着诸多的新情况、新问题。为加强公安机关奖励工作,促进公安工作和队伍建设,公安部制定了《公安机关人民警察奖励条令》（以下简称《奖励条令》）并于 2003 年 9 月 1 日起施行。

《奖励条令》颁布施行 12 年来,有力地保障了各项表彰奖励活动的顺利进行,使广大基层公安民警体会到了来自组织的温暖与关怀,为促进公安工作和公安队伍建设发挥了重要作用。但近年来随着形势、任务的发展变化,《奖励条令》也面临着许多新情况、新问题。2015 年 3 月 18 日公安部第 3 次部长办公会议、2015 年 8 月 26 日人力资源社会保障部第 71 次部务会议审议通过修订后的《公安机关人民警察奖励条令》,予以发布,自 2016 年 1 月 1 日起施行。

(一) 奖励工作的原则

《奖励条令》第三条规定,公安机关奖励工作坚持以下原则。

(1) 实事求是,按绩施奖。

(2) 发扬民主,贯彻群众路线。

(3) 公开、公平、公正。

(4) 以基层一线为重点,领导机关、领导干部从严。

(5) 精神鼓励与物质奖励相结合,以精神鼓励为主。

(二) 奖励的类别、对象和等级

奖励分为集体奖励和个人奖励。集体奖励的对象是各级公安机关建制单位和为完成专项工作临时成立的非建制单位。个人奖励的对象是各级公安机关在职在编人民警察。

因公牺牲或者病故的人民警察,生前有重大贡献或者突出事迹,符合奖励条件的,可以追授奖励。

集体奖励由低至高依次为:嘉奖,记三等功、二等功、一等功,授予荣誉称号。

个人奖励由低至高依次为:嘉奖,记三等功、二等功、一等功,授予荣誉称号,个人荣誉称号是指全国公安系统二级英雄模范、一级英雄模范。

(三) 奖励的条件和标准

1. 奖励的条件

《奖励条令》第九条规定,符合下列条件之一的集体和个人,应当给予奖励。

(1) 依法打击危害国家安全和公共安全、颠覆国家政权、破坏社会秩序和经济秩序、侵犯公私财产和公民人身权利等违法犯罪活动,维护国家安全和社会稳定,成绩突出的。

(2) 加强社会治安管理,依法查处和制止扰乱公共秩序、侵犯人身权利、妨害社会管理等违法行为,维护治安稳定和公共安全,成绩突出的。

(3) 依法妥善处置重大突发事件,积极参加抢险救灾,圆满完成重大活动安全保卫任务,成绩突出的。

(4) 加强公安基层基础建设,落实各项管理防范措施,有效预防和制止违法犯罪活动,成绩突出的。

(5) 依法履行行政管理职能,科学、文明、规范管理,提高工作质量和效率,成绩突出的。

(6) 加强科技强警工作,有发明创造、科技创新成果或者创造典型经验,成绩突出的。

(7) 密切联系群众,热情为群众服务,成绩突出的。

(8) 加强思想政治工作,强化教育、管理和监督,推动队伍正规化建设,成绩突出的。

(9) 加强执法监督管理,推动执法规范化建设,成绩突出的。

(10) 认真完成综合管理、警务保障和国际警务合作等工作任务,成绩突出的。

(11) 秉公执法,清正廉洁,勇于与社会不良风气做斗争,成绩突出的。

(12) 在其他方面成绩突出的。

2. 奖励的标准

《奖励条令》第十条规定,对符合奖励条件的集体和个人,根据其事迹及作用、影响,按照以下标准确定奖励等级。

(1) 对成绩突出的,给予嘉奖。

(2) 对成绩突出,有较大贡献的,记三等功。

(3) 对成绩显著,有重要贡献的,记二等功。

(4) 对成绩显著,有重大贡献和影响的,记一等功。

(5) 对成绩卓著,有特殊贡献和重大影响,堪称典范的,可以授予荣誉称号。

对集体或者个人的同一事迹只能给予一次奖励。对同一集体或者个人一年内原则上不重复给予同等级及以下等级奖励。集体或者个人因涉嫌违法违纪等问题正在接受组织调查的,应当暂停实施奖励。集体发生严重违法违纪或者重大失职、失误问题的,原则上一年内不予奖励;情节特别严重、影响特别恶劣的,原则上两年内不予奖励。个人受党纪、政纪处分期间,原则上不予奖励。有重大或特殊贡献的集体或者个人,可以不受上述时限限制。

(四)获奖的标志和待遇

奖励批准机关对获得奖励的集体颁发奖匾或者奖状;对获得记三等功以上奖励的个人颁发奖章和证书;对获得嘉奖奖励的个人颁发证书。奖匾、奖状、奖章、证书按照公安部统一规定的式样、质地和规格制作。属于公安部批准权限的由公安部负责制作,属于省级以下公安机关批准权限的由省级公安机关负责制作。奖匾、奖状、奖章、证书由获得奖励的集体和个人妥善保存。获得奖励的个人在参加重要会议或者重大活动时可以将奖章佩戴在左胸前。奖匾、奖状、奖章、证书丢失或者毁损的,应当向所在公安机关政工部门报告,并由政工部门核实后按照程序报奖励批准机关予以补发或者更换。

奖励批准机关对获得奖励的集体和个人统一按照下列标准颁发奖金:集体嘉奖五千元,集体三等功一万元,集体二等功两万元,集体一等功三万元,集体荣誉称号五万元。个人嘉奖两千元,个人三等功五千元,个人二等功一万元,个人一等功两万元,全国公安系统二级英雄模范五万元,全国公安系统一级英雄模范八万元。集体奖励的奖金一般作为工作经费由集体使用,原则上不得向个人发放。

获得授予或者追授全国公安系统一级英雄模范、二级英雄模范荣誉称号奖励的个人的子女,符合条件的,可以保送进入普通公安高等院校学习。获得记一等功以上奖励的个人,可以按照有关规定提前晋升警衔。获得记三等功以上奖励(含追记、追授的)的个人死亡后,按照国家有关规定增发一次性抚恤金。获得全国公安系统一级英雄模范、二级英雄模范称号的个人死亡后,按照有关规定进行吊唁。获得奖励的个人,根据国家有关规定享受其他待遇。

二、公安机关人民警察的惩处

人民警察出于故意或过失,实施了违纪行为,尚未构成犯罪的,应该按照纪律规定承担相应的违纪责任和后果,接受政务处分和警纪处分;构成犯罪的应当追究刑事责任。

（一）政务处分

政务处分是国家监察机关或公安机关根据《公职人员政务处分法》的有关规定,给予有违纪行为的人民警察的惩罚。政务处分的种类有：警告、记过、记大过、降级、撤职、开除。人民警察受处分期间,不能享受正常的晋升职务、级别,其中受警告以上政务处分的,不得晋升工资档次。

（二）警纪处分

《人民警察法》规定,对受行政处分的人民警察,按照国家有关规定,可以降低警衔、取消警衔。对违反纪律的人民警察,必要时可以对其采取停止执行职务、禁闭的措施。

人民警察有下列行为之一的,可以对其采取停止执行职务的措施。

（1）拒不执行上级公安机关和领导的决定、命令或者违抗命令不服从指挥,可能造成严重后果的。

（2）涉嫌泄露国家秘密、警务工作秘密的。

（3）弄虚作假、隐瞒案情,包庇、纵容违法犯罪活动的。

（4）刑讯逼供或者体罚、虐待犯罪嫌疑人、被告人和罪犯,情节比较严重的。

（5）涉嫌敲诈勒索或者索取、收受贿赂的。

（6）违反规定使用武器、警械,造成严重后果的。

（7）违法实施处罚或者收取费用,造成恶劣影响的。

（8）接受当事人及其亲属或者代理人请客送礼,数额较大,造成恶劣影响的。

（9）从事营利性的经营活动或者应聘、受雇于任何个人、组织搞营利性经营活动,不听制止的。

（10）玩忽职守,不履行法定义务,造成严重后果的。

（11）其他违反纪律的行为有必要采取停止执行职务措施的。

人民警察有下列行为之一并不听制止,可能造成恶劣影响的,可以对其采取禁闭的措施。

（1）违抗命令,不服从指挥,可能造成严重危害的。

（2）涉嫌泄露公安工作秘密或者为犯罪嫌疑人通风报信的。

（3）威胁、恐吓、蓄意报复他人的。

（4）殴打他人或者唆使他人打人的。

（5）酗酒滋事,扰乱工作秩序和公共秩序的。

（6）其他有必要采取禁闭措施的。

（三）刑事处罚

对违反纪律构成犯罪的人民警察,按照《刑法》规定,依法给予刑事处罚。

第四节　公安机关人民警察的考核

人民警察的考核是指公安机关人事管理部门依照管理权限,依据考核内容、标准、程序和方法,对人民警察进行考察和评价,以此作为奖惩、培训、辞退以及调整职务、级别和工资的依据的制度。考核制度是人事管理中一项十分重要的制度,它有利于发现和选拔优秀人才,合理使用人才,调动工作积极性,从而提高工作效能。

(一)人民警察考核的内容

对人民警察考核的内容主要包括:德、能、勤、绩、廉五个方面,其中以工作实绩为重点。

(1)"德"是指人民警察在政治上是否能坚持四项基本原则,能否遵守国家的法律与法规、能否认真贯彻执行国家的方针政策,对国家是否忠诚以及思想作风、遵守职业道德与社会公德等情况。它还包括遵纪守法,坚持原则、实事求是,合作、协作的精神。

(2)"能"是指业务知识和工作能力。主要考核人民警察能否具有胜任本职工作的能力,包括专业知识、业务技术、文字水平、语言能力、管理水平等方面。对不同警种、岗位的人民警察,考核项目及其科目有所区别。

(3)"勤"主要是指人民警察的出勤情况和工作态度。出勤情况是指人民警察是否按时上下班,是否有迟到、早退、缺勤,病、事假是否按规定办理,认真负责、积极肯干、任劳任怨、热心踏实、精益求精。

(4)"绩"是指人民警察的工作实绩。它主要包括人民警察的工作质量、数量、效率及工作适应能力等方面的内容。工作数量包括一个考核周期内所完成的工作份数,尽职的程度,所达到的工作期限,努力的效果以及其他涉及时效的因素;工作质量包括完成工作的准确性,工作的表现性或可接受性,工作的美观程度,是否合乎工作的质量要求,在完成工作过程中所表现的技巧与能力,决定或判断的健全性和预见性以及其他有关工作质量的情况;工作效率包括完成工作的速度,为完成工作而耗费的时间、精力及其他支出是否具有经济性;工作适应能力包括在工作过程中表现出的上下级及同事的合作性,对新工作的学习能力及意愿,运用法规的能力以及其他适应工作环境的能力等。对人民警察工作实绩的考核,构成人民警察考核的主要内容。

(5)"廉"是指为人处世的廉洁,不贪污,不受贿,不侵占、挪动国家、集体的财产,不滥用职权,不以权谋私。

人民警察考核的五大内容是一个有机的整体。以"工作实绩"为考核重点,一方面是鼓励人民警察干实事、求实效,为国家和社会多作贡献;另一方面是业绩可以量化,标准比较明确统一,可以防止根据个人好恶或主管印象进行评价。注重实绩,就是防止在人民警察考核中搞"大锅饭",实行"平均主义"。但是人民警察考核不能只看"绩",而忽视对"德、能、勤、廉"的考核。

(二)人民警察考核的等次以及结果

1. 人民警察考核的等次

人民警察考核的等次分为优秀、称职、基本称职和不称职四个等次。

(1)优秀是指正确贯彻执行党和国家的路线、方针、政策,模范遵守各项规章制度,熟悉业务,工作勤奋,有改革创新精神,成绩突出。

(2)称职是指正确贯彻执行党和国家的路线、方针、政策,自觉遵守各项规章制度,熟悉业务或比较熟悉业务,工作积极,能够完成工作任务。

（3）基本称职是指思想政治素质和业务素质一般,能基本完成本职工作,但工作作风方面存在明显不足,工作积极性、主动性不够,完成工作的质量和效率不高,或在工作中有某些失误。

（4）不称职是指政治、业务素质较差,难以适应工作要求,或工作责任心不强,不能完成工作任务,或在工作中造成严重失误。

2. 人民警察考核的结果

《公安机关组织管理条例》第二十八条规定,公安机关按照管理权限对人民警察进行考核。考核结果作为调整公安机关人民警察职务、级别、工资以及辞退、奖励、培训的依据。《公安机关组织管理条例》第三十条第一款规定,公安机关人民警察在年度考核中,连续两年被确定为不称职,应当予以辞退。

知识巩固与能力提升训练

一、判断题

1. 担任人民警察,应具有本科毕业以上文化程度。　　　　　　　　　　　　（　　）

2. 被辞退人员,自批准之月起停发工资。　　　　　　　　　　　　　　　　（　　）

3. 警督是高级警官。　　　　　　　　　　　　　　　　　　　　　　　　　（　　）

4. 警衔等级的设置是警衔制度的核心。　　　　　　　　　　　　　　　　　（　　）

5. 要特权、态度恶劣、刁难辱骂群众,侵犯公民合法权益的人民警察应予辞退。（　　）

6. 人民警察辞退是指公安机关对不具备人民警察条件的人员,不适合在公安机关继续工作的人员,解除其与公安机关任用关系的一种人事行政管理措施。　　　　　（　　）

7. 根据录用人民警察的公开原则,人民警察录用的标准、条件、方法、程序、结果都向社会公开,并接受社会监督。　　　　　　　　　　　　　　　　　　　　　（　　）

8.《人民警察法》中规定的录用人民警察应具备的学历条件是大学专科以上学历。
　　　　　　　　　　　　　　　　　　　　　　　　　　　　　　　　　　　（　　）

9. 根据录用人民警察的平等原则,凡中华人民共和国公民,均有平等的机会和权利报名参加考试。　　　　　　　　　　　　　　　　　　　　　　　　　　　　（　　）

10.《人民警察法》规定,录用人民警察,必须按照国家规定,公开考试,严格考核,择优录用。　　　　　　　　　　　　　　　　　　　　　　　　　　　　　　　　（　　）

11. 辞退公安民警是公安机关的一项行政权力,对被辞退人员三年内不得再录用为人民警察。　　　　　　　　　　　　　　　　　　　　　　　　　　　　　　　（　　）

12. 人民警察的考核是指公安机关人事管理部门依照管理权限,依据考核的内容、标准、程序和方法,对人民警察进行考察和评价,以此作为奖惩、培训、辞退以及调整职务、级和工资的依据的制度。　　　　　　　　　　　　　　　　　　　　　　　　（　　）

13. 在公安队伍建设当中,教育训练工作居于先导性、基础性和战略性地位。（　　）

14. 人民警察有拒不执行上级公安机关和领导的决定、命令或违抗命令不服从指挥,可能造成严重后果的可以对其采取停止执行职务的措施。　　　　　　　　　　（　　）

15. 业务教育训练是指适用于新录用的人民警察,主要开设政治理论、法律知识、公

安业务和警务技能训练。　　　　　　　　　　　　　　　　　　　　（　　　）

16. 公安机关人民警察在年度考核中,连续三年被确定为不称职的,应当予以辞退。

（　　　）

17. 对人民警察考核的内容包括:德、能、勤、绩、廉,其中以工作能力为重点。（　　　）

18. 录用人民警察的原则是公开、平等、竞争、择优。　　　　　　　　　（　　　）

19.《人民警察法》规定,对受行政处分的人民警察,按照国家有关规定,可以降低警衔、取消警衔。　　　　　　　　　　　　　　　　　　　　　　　　　　（　　　）

20. 人民警察被开除公职,其警衔相应取消。　　　　　　　　　　　　　（　　　）

二、单项选择题

1.《公安机关人民警察辞退办法》第三条规定,人民警察有下列情形之一的,应当予以辞退:连续（　　　）年考核被确定为不称职的;旷工或者无正当理由逾期不归连续超过（　　　）天,或者一年内累计超过（　　　）天的。

A. 1,15,30　　　　　　B. 2,30,60　　　　　　C. 1,30,60　　　　　　D. 2,15,30

2.（　　　）,七届全国人大常委会二十六次会议通过并公布了《中华人民共和国人民警察警衔条例》。

A. 1989 年 1 月 1 日　　　　　　　　　B. 1992 年 9 月 1 日

C. 1992 年 7 月 1 日　　　　　　　　　D. 1995 年 10 月 1 日

3. 根据《人民警察警衔条例》第八条和第九条的规定,担任中级专业技术职务的人民警察,实行下列职务等级编制警衔（　　　）。

A. 一级警督至二级警司　　　　　　　B. 二级警督至二级警司

C. 一级警司至三级警司　　　　　　　D. 二级警督至一级警司

4. 教育训练是提高队伍素质的根本途径,加强教育训练的正规化建设,核心就是要全面落实《训练条令》。首先要规范（　　　）,做到"三个必训",即民警上岗和首任必训、职务和警衔晋升必训、基层和一线民警每年的实战必训。

A. 训练类别　　　　B. 训练组织　　　　C. 训练体系　　　　D. 训练方式

5. 奖励是指公安机关依照有关规定,对下级公安机关和人民警察实施的精神和物质上的嘉勉和表彰。个人奖励由高至低为（　　　）、一等功、二等功、三等功、嘉奖。

A. 一级英模、二级英模、三级英模　　　B. 英模

C. 通报表扬　　　　　　　　　　　　　D. 授予荣誉称号

6. 行政处分是国家行政机关根据行政法规的有关规定,给予有违纪行为的公安民警的惩罚。行政处分的种类有（　　　）。

A. 通报批评、警告、记过、降级、撤职、开除

B. 通报批评、警告、记过、降职、撤职、开除

C. 警告、记过、记大过、降级、撤职、开除

D. 警告、记过、记大过、降职、撤职、开除

7. 对被辞退人员,（　　　）年内不得再录用为人民警察。

A. 4　　　　　　　　B. 3　　　　　　　　C. 2　　　　　　　　D. 5

8. 当警衔高的人民警察在职务上隶属于警衔低的人民警察时,（　　　）的为上级。

　　A. 警衔高　　　　　　　　　　　　B. 工作年限长

　　C. 担任现职时间长　　　　　　　　D. 职务高

9. 旷工或者无正当理由逾期不归连续超过(　　)天的公安人员,应予以辞退。

　　A. 7　　　　　　B. 10　　　　　　C. 15　　　　　　D. 30

10. 根据《公安机关人民警察辞退办法》第三条的规定,下列情况中属于直接予以辞退的情形是(　　)。

　　A. 私自将警械、警服、警衔标志转借、赠送非人民警察

　　B. 遇事推诿,消极怠工,工作不负责任

　　C. 旷工或者无正当理由逾期不归连续超过15天

　　D. 经常迟到、早退或者上班时间经常办私事

11. 根据《公安机关人民警察辞退办法》第三条的规定,不符合录用人民警察的条件,(　　),应当予以辞退。

　　A. 未满试用期的　　　　　　　　　B. 经培训不合格的

　　C. 未按规定程序招收的　　　　　　D. 不能胜任公安工作的

12. 根据《人民警察法》的规定,担任人民警察的必备条件之一,是具有(　　)以上文化程度。

　　A. 初中　　　　B. 高中　　　　C. 大专　　　　D. 本科

13. 对受行政处分的人民警察,按照国家有关规定,可以(　　)取消警衔。

　　A. 降低职务　　　B. 降低警衔　　　C. 撤销职务　　　D. 停职反省

14. 录用人民警察的原则有公开原则、(　　)、择优原则。

　　A. 公正原则、平等原则　　　　　　B. 公平原则、平等原则

　　C. 平等原则、竞争原则　　　　　　D. 公正原则、严格原则

15. 根据《公安机关人民警察辞退办法》第四条规定,下列情况(　　)属于经批评教育、纪律处分后仍不改正的,或者经培训试用后仍不合格的,应予以辞退的情形。

　　A. 连续两年考核被确定为不称职的

　　B. 不能胜任现职工作,又不服从其他安排的

　　C. 经常迟到、早退或者上班时间经常办私事

　　D. 旷工或者无正当理由逾期不归连续超过15天

16. 下列情况(　　)属于《公安机关人民警察辞退办法》第五条的规定,错误比较严重,又不宜给予行政开除处分的,应当予以辞退的情形。

　　A. 在执行公务中贪生怕死,临阵脱逃的

　　B. 要特权、态度恶劣,刁难辱骂群众,侵犯公民合法权益

　　C. 酗酒滋事或者经常酗酒的

　　D. 不按规定着装,警容不严整,举止不端庄的

17. 人民警察录用考试工作由(　　)统一组织实施。

　　A. 区级公安机关　　　　　　　　　B. 县(市)级公安机关

　　C. 地级公安机关　　　　　　　　　D. 省级公安机关

18. 对旷工或者因工外出、请假期满无正当理由逾期不归连续超过15天,或者1年内

累计超过（　　　）天的人民警察,应予以辞退。

    A. 20　　　　　　　　B. 25　　　　　　　　C. 30　　　　　　　　D. 35

19. 人民警察离休、退休的,其警衔（　　　）。

    A. 不予保留　　　　　　　　　　　B. 予以保留和佩戴

    C. 予以保留,但不得佩戴　　　　　D. 视级别而定

20. 对申报授予荣誉称号的集体、申报记一等功的处级以上建制单位和申报授予全国公安系统一级英雄模范荣誉称号的个人,由公安部（　　　）考核。

    A. 宣传　　　　　　　B. 监督　　　　　　　C. 人事　　　　　　　D. 政工

三、多项选择题

1.《人民警察法》明确规定了担任人民警察应当具备的条件是（　　　）。

    A. 年满 20 岁的公民

    B. 拥护《宪法》

    C. 有良好的政治、业务素质和良好的品行

    D. 具有高中毕业以上文化程度

2. 人民警察的录用与国家公务员的录用一样,录用原则是（　　　）。

    A. 公开　　　　　　　B. 平等　　　　　　　C. 竞争　　　　　　　D. 择优

3. 人民警察的辞退是指公安机关对已不具备人民警察条件,不适合在公安机关继续工作的人员,解除其与公安机关任用关系的一种人事行政管理措施。《公安机关人民警察辞退办法》第三条规定:人民警察有下列情形之一的,应当予以辞退。（　　　）

    A. 不符合录用人民警察的条件,未按规定程序招收的

    B. 连续三年考核被确定为不称职的

    C. 不能胜任现职工作,又不服从其他安排的

    D. 因单位调整、撤销、合并或者缩减编制名额需要调整工作,本人拒绝合理安排的

4. 人民警察的辞退是指公安机关对已不具备人民警察条件,不适合在公安机关继续工作的人员,解除其与公安机关任用关系的一种人事行政管理措施。但是,《公安机关人民警察辞退办法》第六条还专门规定了人民警察不得辞退的条件。这些条件和国家公务员不得辞退的条件是一致的,即（　　　）。

    A. 因公负伤致残并被确认丧失工作能力的

    B. 在孕期、产期或者哺乳期内的

    C. 因单位调整、撤销、合并或者缩减编制名额需要调整工作,本人拒绝合理安排的

    D. 患严重疾病或者负伤正在进行治疗的

5. 警衔是区分人民警察等级,表明人民警察身份的称号、标志和国家给予人民警察的荣誉。警衔制度的主要内容有（　　　）。

    A. 授予警衔的范围　　　　　　　B. 警衔等级的设置

    C. 授予警衔的标准　　　　　　　D. 警衔的晋升、保留、降级、取消

6. 人民警察惩处的种类有（　　　）。

    A. 行政处分　　　　　B. 警纪处分　　　　　C. 通报批评　　　　　D. 刑事处罚

7. 对违反纪律的人民警察,必要时可以对其采取停止执行职务、禁闭的措施。人民警

察有下列行为之一并不听制止,可能造成恶劣影响的,可以对其采取禁闭的措施( )。

  A. 违抗命令,不服从指挥,可能造成严重危害的

  B. 涉嫌泄露公安工作秘密或者为犯罪嫌疑人通风报信的

  C. 威胁、恐吓、蓄意报复他人的;殴打他人或者唆使他人打人的

  D. 酗酒滋事,扰乱工作秩序和公共秩序的

8. 加强人事管理的正规化建设,要严格录用标准,按照全国第二十次公安工作会议精神,做到( )。

  A. 进一步完善省级统一考录制度

  B. 实行人事部督考制

  C. 凡晋必考

  D. 实行公安部督考制,切实保证队伍"进口"的质量

9. 《公安机关人民警察奖励条令》第三条规定,公安机关奖励工作的原则有( )。

  A. 实事求是,按绩施奖

  B. 发扬民主,贯彻群众路线

  C. 公开、公平、公正

  D. 精神鼓励与物质奖励相结合,以精神鼓励为主

10. 对受行政处分和违反纪律的人民警察,按照国家有关规定( )。

  A. 可以降低警衔

  B. 可以取消警衔

  C. 必要时可以采取停止执行职务的措施

  D. 必要时可以采取禁闭的措施

11. 公安队伍正规化建设中的"三个必训"是指( )。

  A. 民警上岗和首任必训

  B. 职务和警衔晋升必训

  C. 基层和一线民警每年的实战必训

  D. 技能必训

12. 根据《公安机关人民警察辞退办法》第三条规定,下列人员应当辞退的是( )。

  A. 李某只有初中文化程度,通过关系成为某县公安局民警

  B. 武某连续两年考核被确定为不称职

  C. 赵某经常酗酒屡教不改

  D. 汤某私自将警服、警衔标志赠送给正在上中学的表弟

13. 根据《公安机关人民警察奖励条令》,属于人民警察个人奖励条件的是( )。

  A. 依法行政,文明管理,提高办事效率和工作质量,成绩突出的

  B. 锐意进取,勇于探索,有理论创新、革新成果或者创造典型经验,成绩突出的

  C. 认真完成综合管理、警务保障等工作任务,成绩突出的

  D. 爱岗敬业,保持良好作风,认真完成各项工作任务,成绩突出的

14. 人民警察不得被辞退的情形是( )。

  A. 因公负伤致残并确认丧失工作能力的

B. 患严重疾病正在进行治疗的

C. 负伤正在进行治疗的

D. 在孕期、产期或者哺乳期内的

15. 人民警察录用的原则有( )。

    A. 公开原则   B. 平等原则   C. 竞争原则   D. 择优原则

16. 《公安机关人民警察辞退办法》规定的辞退程序是( )。

A. 所在单位在核准事实的基础上,经领导集体讨论研究提出辞退建议,填写《辞退国家公务员审批表》,按照管理权限报任免机关

B. 任免机关人事部门审核

C. 任免机关审批

D. 被辞退人员对辞退决定不服,可按照《国家公务员申诉控告暂行规定》申请复核或提出申诉

17. 评定授予警衔的人员必须是属于人民警察建制的在编在职的人民警察,包括( )。

A. 公安机关(合设在铁道、交通、民航、林业、海关部门的公安机构)的人民警察

B. 国家安全机关和监狱、劳动教养管理机关的人民警察

C. 人民法院、人民检察院的司法警察

D. 警察专业技术单位、院校、报社、医院中担任人民警察职务的人员

18. 根据《公安机关人民警察辞退办法》第五条的规定,下列属于人民警察比较严重又不宜给予行政开除处分,应当予以辞退的情形是( )。

A. 违反规定收取费用

B. 接受当事人及其代理人请客送礼的

C. 从事营利性的经济活动或者受雇于个人组织的

D. 作风散漫,纪律松弛,经常迟到早退或者上班时间经常办私事的

19. 根据《公安机关人民警察奖励条令》,属于人民警察个人奖励条件的是( )。

A. 依法行政,文明管理,提高办事效率和工作质量,成绩突出的

B. 锐意进取,勇于探索,有理论创新、革新成果或者创造典型经验,成绩突出的

C. 认真完成综合管理、警务保障等工作任务,成绩突出的

D. 爱岗敬业,保持良好作风,认真完成各项工作任务,成绩突出的

20. 根据《公安机关人民警察奖励条令》,属于人民警察集体奖励条件的有( )。

A. 加强公安基层基础建设,落实各项管理防范措施,有效预防和制止违法犯罪活动,成绩突出的

B. 依法履行行政管理职能,履行科学、文明、规范管理,提高工作质量和办事效率,成绩突出的

C. 加强思想政治工作,强化教育,管理和监督,提高队伍的整体素质和战斗力,成绩突出的

D. 见义勇为,舍己救人,积极参加抢险救灾,保护国家和人民群众生命财产安全,成绩突出的

【参考答案】

一、判断题

1. ×	2. ×	3. ×	4. √	5. ×	6. √	7. √	8. ×
9. ×	10. √	11. ×	12. √	13. √	14. √	15. ×	16. ×
17. ×	18. √	19. √	20. √				

二、单项选择题

1. D	2. C	3. A	4. A	5. D	6. C	7. D	8. D
9. C	10. C	11. C	12. B	13. C	14. C	15. C	16. A
17. D	18. C	19. C	20. D				

三、多项选择题

1. BCD	2. ABCD	3. ACD	4. ABD	5. ABCD	6. ABD
7. ABCD	8. AD	9. ABCD	10. ABCD	11. ABC	12. AB
13. ABCD	14. ABCD	15. ABCD	16. ABCD	17. ABCD	18. ABC
19. ABD	20. ABC				

第十八章

公安机关人民警察的内务制度

第一节　公安机关人民警察的内务建设概述

一、公安机关人民警察内务的含义

公安机关人民警察内务即公安机关人民警察的内部事务。具体来说就是公安机关人民警察内部工作运转程序和公安民警对外发生联系的活动,主要由两大部分构成。一部分是公安机关内部工作运转秩序,包括入警的主要程序、内部关系的基本原则、警容风纪的一般要求、日常行政管理、接待群众与值班、重大活动的主要议程,以及警旗、警徽、警歌、警察节等内容。对这些事项的明确规定,是公安机关内务工作有序、高效的基本保证。另一部分是公安民警成员对外发生联系的行为规范,包括着装、仪容、礼节、警务公开、接受报警与求助等方面的具体要求,对这些事项明确规定,是树立人民警察良好社会形象和构建健康警民关系的现实需要。

为了更好地适应新时期公安队伍建设的需要,健全公安队伍的内务制度,公安部根据《人民警察法》的规定,于 2021 年 10 月 28 日颁布实施了修订后的《公安机关人民警察内务条令》(以下简称《内务条令》),为公安队伍的内务建设提供了法律依据和保障。

二、公安机关人民警察内务建设的基本任务

内务建设是公安机关进行各项建设的基础,是巩固和提高公安队伍战斗力的重要保证。基本任务是,严格规范工作、学习、生活秩序,铸牢忠诚警魂、培育优良警风、严明纪律规矩、提高职业素养、树立良好形象,着力锻造具有铁一般的理想信念、铁一般的责任担当、铁一般的过硬本领、铁一般的纪律作风的高素质专业化过硬公安队伍,为忠实履行党和人民赋予的新时代使命任务奠定坚实基础。

三、公安机关人民警察内务建设的目的和方针

(一)人民警察内务建设的目的

人民警察内务建设的目的是规范公安机关人民警察内务建设,推进新时代公安工作现代化和公安队伍革命化正规化专业化职业化建设。

(二) 人民警察内务建设的基本方针

人民警察内务建设的基本方针是：政治建警、改革强警、科技兴警、从严治警、从优待警、战斗力标准。

1. 政治建警

公安机关内务建设必须坚持政治建警。必须坚决听从党中央命令、服从党中央指挥，贯彻党对公安工作的全方位领导。必须增强"四个意识"、坚定"四个自信"、做到"两个维护"，以党的旗帜为旗帜、以党的方向为方向、以党的意志为意志，始终在思想上政治上行动上同党中央保持高度一致，确保绝对忠诚、绝对纯洁、绝对可靠。

2. 改革强警

公安机关内务建设必须坚持改革强警。坚持向改革要动力、要活力，全面深化公安工作和公安队伍管理改革。坚持把抓改革任务落实落地作为重大政治责任，坚决维护党中央改革决策部署的权威性和严肃性。

3. 科技兴警

公安机关内务建设必须坚持科技兴警。坚持向科技要警力、要战斗力，深化公安大数据智能化建设应用，建设智慧公安。

4. 从严治警

公安机关内务建设必须坚持从严治警。落实全面从严管党治警"两个责任"和领导干部"一岗双责"，严明警规警令，严肃警风警纪，严格行为规范。

5. 从优待警

公安机关内务建设必须坚持从优待警。坚持严管厚爱结合、激励约束并重，建立人民警察荣誉制度，完善职业保障体系，健全依法履职保护机制。

6. 战斗力标准

公安机关内务建设必须坚持战斗力标准，加强专业化建设，突出实战实用实效，提升公安民警职业素质能力。

第二节　公安机关人民警察内务建设的内容

一、仪式

(一) 荣誉仪式

县级以上公安机关按照干部管理权限，在公安民警入警、评授警衔、表彰奖励、从警特定年限、退休等职业生涯重要节点，举行相应的荣誉仪式，增强公安民警的职业荣誉感、自豪感和归属感。

(二) 宪法宣誓

公安机关下列人员应当进行宪法宣誓：①公安机关新任命的领导干部；②新入职的公安民警。

(三) 人民警察宣誓

人民警察宣誓是公安民警对所肩负的神圣职责和光荣使命的庄严承诺。公安机关人民警察誓词是：

我是中国人民警察，我宣誓：坚决拥护中国共产党的绝对领导，矢志献身崇高的人民公安事业，对党忠诚、服务人民、执法公正、纪律严明，为捍卫政治安全、维护社会安定、保障人民安宁而英勇奋斗！

公安民警新入职时应当进行宣誓，举行荣誉仪式、执行重大任务、参加重大纪念、庆典等活动时，可以组织宣誓。

二、内部关系

（一）相互关系

公安民警不论职务高低，在政治上一律平等，相互间是同志关系。公安民警依据领导职务和警衔，构成上级与下级或者同级关系。领导职务高的是上级，领导职务低的是下级，领导职务相当的是同级；在没有领导职务或者难以确定领导职务高低时，警衔高的是上级，警衔低的是下级，警衔相同的是同级。上下级之间、同级之间应当互相尊重、互相爱护、互相支持，努力构建团结、友爱、和谐、纯洁的内部关系。

上级对下级应当做到：公道正派，以身作则，率先垂范；严格教育，严格管理，严格监督；关心学习、工作和生活，帮助成长进步；尊重合理意见，维护合法权益，不压制民主，不打击报复；不打骂体罚和侮辱，不收受财物；关爱身心健康，帮助解决实际困难，努力消除后顾之忧。

下级对上级应当做到：服从命令，听从指挥；履职尽责，主动汇报；虚心接受批评，坚决改正错误；尊重上级，维护上级权威；积极建言献策，坚决完成好交办的各项工作任务。

上级（机关）应当对下级（机关）的各项建设和业务工作加强指导、明确要求，及时通报情况、检查督办和抓好落实。下级（机关）应当按照上级（机关）要求进行各项建设、完成业务工作，及时向上级机关汇报情况、报告工作、提出建议。

公安机关之间以及各警种、部门之间，应当按照职责分工，密切配合，互相支持，协调一致开展工作。

（二）指挥关系

上级（机关）有权对下级（机关）下达命令。命令通常逐级下达，情况紧急时，也可以越级下达。越级下达命令时，除特殊情况外，下达命令的上级（机关）应当将所下达命令及时通知受令者的直接上级（机关）。命令下达后，上级（机关）应当及时检查执行情况；如果情况发生变化，应当及时下达补充命令或者新的命令。下级（机关）必须坚决执行上级（机关）的命令，并将执行情况及时报告。下级（机关）认为命令有错误的，可以提出意见，上级（机关）应当及时给予答复。在没有明确答复之前，下级（机关）不得中止或者改变命令的执行；提出的意见不被采纳时，必须服从命令。执行命令的后果由作出命令的上级（机关）负责。执行中如果情况发生重大变化，原命令确实无法继续执行而又来不及或者无法请示报告上级（机关）时，下级（机关）应当根据上级（机关）的精神要求，以高度负责的态度，果断临机处置，事后迅速报告。下级（机关）对超越法律法规规定的职责范围的命令，有权拒绝执行，并同时向下达命令的上级（机关）报告。下级（机关）接到越级下达的命令，必须坚决执行。除有明确要求外，在执行的同时，应当向直接上级（机关）报告；因故不能及时报告的,应当在不能报告的情形解除后 24 小时内补报。不同建制的公安民警在共同执行任务时,应当服从共同上级所指定负责人的领导和指挥。公安民警处置突发事件或者遇有紧急情况,在建制不明时,依据领导职务和警衔确定领导指挥关系。公安民警被临时抽调到其他单位工作时,应当接受抽调单位的领导和管理,除有特殊要求外,须定期向原单位报告。

三、警容风纪

(一)着装规范

公安民警着装,是指公安机关人民警察按规定穿戴警服和警用标志。公安民警应当配套穿着警服,佩戴警衔、警号等标志,做到着装整洁庄重、警容严整、规范统一。未经审批,非人民警察身份人员不得穿着警服,不得佩戴警用标志。

公安民警在规定的工作时间应当按要求着装。遇有下列情形之一的,可以不着装:执行侦查(察)、警卫、外事等特殊工作任务不宜着装的;工作时间非因公外出的;女性民警怀孕期间;其他不宜或者不需要着装的情形。

公安民警因涉嫌违纪违法被留置、停止执行职务、禁闭期间,或者被采取刑事强制措施和其他可能影响人民警察形象声誉的情形,不得着装。

公安民警着装时应当严格遵守以下规定:按照规定配套穿着,不同制式警服不得混穿,警服与便服不得混穿,警服内穿着非制式服装时,不得外露;按照规定缀钉、佩戴警衔、警号、胸徽、帽徽、领花、从警章等标志,系扎制式腰带,不同制式警用标志不得混戴。除工作需要外,不得佩戴、系挂与公安民警身份或者执行公务无关的标志、物品;除执行抢险救灾等工作任务外,应当保持警服整洁得体,不得披衣、敞怀、挽袖、卷裤腿等;除工作需要或者其他特殊情形外,应当穿制式皮鞋、作训鞋或者其他黑色皮鞋,穿深色袜子,不得赤脚穿鞋或者赤脚。男性民警鞋跟一般不高于 3 厘米,女性民警鞋跟一般不高于 4 厘米;除工作需要或者其他特殊情形外,不得化浓妆,不得留长指甲或者染指甲,不得系扎非制式围巾,不得在外露的腰带上系挂手机、钥匙和饰物等,不得戴耳环、耳钉、项链、戒指、腕饰等。除工作需要外,不得文身,不得穿耳洞(女性民警除外)、鼻洞、唇洞;除工作需要或者眼疾外,不得佩戴有色眼镜;不得穿戴非统一制式的警服及标志;未经县级以上公安机关批准,不得穿着警服参加各类电视或者网络征婚、选秀和其他娱乐性节目。

除工作需要外,公安民警不得烫染、蓄留明显夸张的发色、发型。男性民警不得留长发、大鬓角、卷发(自然卷除外)、蓄胡须。除病理等因素外,公安民警不得剃光头。留长发的女性民警着装时应当束发,发辫不得过肩。公安民警着装时,除在办公区、宿舍或者其他特殊情形外,应当戴警帽。进入室内时,通常脱帽。立姿可以将警帽用左手托夹于左腋下(帽顶向体外侧,帽徽朝前);坐姿可以将警帽置于桌(台)前沿左侧或者用左手托放于左侧膝上(帽顶向上,帽徽朝前)。在办公室和宿舍时,应当将警帽规范放置。

(二)行为规范

公安民警应当模范遵守法律法规,自觉践行社会主义核心价值观。公安民警应当精神饱满,仪表端庄,举止文明。两名以上公安民警着装外出时,一般两人成行、三人成列,行列整齐,威严有序。徒步巡逻执勤可视现场情况采取有效警戒队形行进。公安民警着装时,不得在公共场所吸烟,不得嬉笑打闹、高声喧哗,不得有背手、袖手、插兜、搭肩、挽臂、揽腰等影响警容形象的行为,不得随意席地坐卧。

公安民警参加统一组织的集会、会议或者晚会的,按照规定时间和顺序入场,按照指定位置就座,遵守会场秩序,不得迟到早退。散会时,依次退场。公安民警外出,应当遵守公共秩序和社会公德,自觉维护人民警察的形象和声誉。与他人发生纠纷时,应当依法处理。公安民警遇到人民群众生命财产安全受到威胁时,应当积极救助或者寻求支援。

公安民警工作时间不得饮酒,不得携带枪支饮酒,未经批准,不得穿着警服饮酒。公安民警严禁参与黄、赌、毒活动,严禁参加邪教组织,严禁参与封建迷信活动,除工作需要外,严禁参与宗教活动。工作期间,除工作需要外,不得进入歌舞娱乐场所娱乐;穿着警服进入歌舞娱乐场所的,应当自觉维护人民警察警容风纪。

公安民警不得散布有损宪法权威、中国共产党和国家声誉的言论,不得组织或者参加非法组织,不得组织或者参加旨在反对宪法、中国共产党领导和国家的集会、游行、示威等活动,不得传抄、张贴、私藏非法印刷品,不得组织或者参加罢工、串联上访。未经批准,不得接受采访。

公安民警不得接受对工作有影响的宴请和礼品馈赠,不得从事本职以外的其他职业和有偿中介活动,不得参与以营利为目的的文艺演出、企业形象代言等活动,不得以人民警察的名义和肖像做商业广告。

公安民警使用网络社交媒体不得有下列行为:制作、传播与党的理论、路线、方针、政策相违背的信息和言论;制作、传播诋毁中国共产党、国家和公安机关形象的信息和言论;制作、传播低俗信息、不实信息和不当言论;制作、传播、讨论国家秘密、工作秘密或者内部敏感信息;擅自发布涉及警务工作秘密的文字、图片、音视频;未经批准,以人民警察身份开设微博、微信等网络社交平台公众号,个人微博、微信等网络社交媒体头像使用公安机关标志与符号;利用网络社交工具的支付、红包、转账等功能变相进行权钱交易;利用网络社交媒体进行不正当交往,非工作需要加入有明显不良倾向的微信群、论坛等网络社交群体;利用网络社交媒体从事其他与法律法规、党纪条规和党的优良传统相违背的活动。

公安民警不得擅自处置公安信息网信息。确需删除、更改的,应当严格按规定履行审批手续。

四、警察礼节

公安民警应当注重内部礼节,充分体现公安机关内部的团结友爱和互相尊重。公安民警敬礼分为举手礼和注目礼。着装时通常行举手礼,正在执行任务或者携带武器装备等不便行举手礼时,可以行注目礼。着便服时,通常行注目礼。公安民警着装进见或者遇见上级机关领导时,应当主动敬礼。上级机关领导受礼后,应当主动回礼。列队的公安民警遇有上级检查指导工作,带队人员应当主动向上级敬礼和报告,其他人员行注目礼。公安民警进见或者遇见本单位经常接触的领导以及在不便敬礼的场合时,可不行举手礼,应当主动致意,领导应当主动回礼。公安民警交接岗时,应当互相敬礼;不同单位的公安民警因公接触时,应当互相致意。公安民警因工作需要与人民群众、党政机关工作人员或者外宾接触时,应当主动致意或者敬礼。升国旗、警旗时,在场的公安民警应当面向国旗、警旗立正,着装的行举手礼,着便服的行注目礼。奏(唱)中华人民共和国国歌、中国人民警察警歌时,在场的公安民警应当自行立正,举止庄重,肃立致敬。

五、日常制度

（一）学习

公安机关应当加强理论武装,强化公安民警政治历练、思想淬炼、实践锻炼、专业训练,建设学习型机关。学习内容应当根据形势任务和履职需要科学安排,主要包括政治理论、政策法规、公安业务、科技知识、警务技能等。公安机关应当突出政治理论学习,把习近平新时代中国特色社会主义思想、党中央关于加强新时代公安工作的决策部署作为重点学习内容,确保全警坚定理想信念、筑牢政治忠诚,统一意志、统一行动、步调一致向前进。公安机关应当定期制订学习计划,统筹安排时间和形式,采取集体学习与个人自学相结合的方式进行,创新学习方法,注重学习效果,检查学习情况。公安机关应当结合工作需要,每月至少组织一次集中学习。

（二）会议

公安机关应当坚持精简高效、厉行节约、讲求实效的原则,从严控制会议数量、时间和规模、标准。设区的市级以上公安机关每年应当召开一次年度工作会议,传达学习党中央和上级机关有关精神和决策部署,研究安排本级公安机关重点工作任务。县级公安机关每年至少召开一次全体大会或者公安民警代表会议,及时总结工作、表彰先进、部署任务。公安机关召开年度工作会议时,可以根据工作需要邀请人民群众代表和有关部门参加。基层所队等一线实战单位应当建立工作例会制度,及时梳理情况、总结点评、安排布置工作。公安机关应当严格按照规定组织会议,严肃会议纪律,不得组织与会议无关的活动,不得超标准用餐、住宿,严禁以任何名义发放礼品、纪念品、土特产,严禁组织高消费娱乐、健身、聚餐、参观景点等活动。

（三）请示报告

公安机关必须认真落实中国共产党政法工作条例、重大事项请示报告条例等规定,建立严格的请示报告制度,明确请示报告主体、范围、程序和方式等,严明党的政治纪律、组织纪律和工作纪律,确保政令警令畅通。请示报告工作应当坚持政治导向,严格政治纪律和政治规矩,把讲政治要求贯彻到请示报告工作全过程和各方面;坚持权责明晰,既要及时请示报告,又要负责担当,防止矛盾问题上交;坚持客观真实、实事求是请示报告工作,提出意见建议;坚持规范有序,严格按规定的主体、范围、程序和方式请示报告工作。

下级机关对非本单位职权范围或者本单位无法解决的问题,应当及时请示上级机关。请示报告可以根据事项类型和缓急程度采取口头、书面等方式进行。对于口头请示报告的事项,双方应当及时做好记录。公安机关主要负责同志是第一责任人,对请示报告事项负总责。上级机关对下级机关的请示事项,应当认真研究、及时答复。请示报告应当逐级进行。特殊情况下,可以按照有关规定越级请示报告。接受双重领导的单位,应当根据事项性质和内容向负有主要领导职责的上级机关请示报告,同时抄报另一个上级机关。特殊情况下,可以不抄报。下级机关一般每半年向上级机关报告公安工作和公安队伍建设的基本情况。

遇有下列情形时,应当在规定时限内及时向上级机关报告,任何单位和个人不得以任何理由瞒报、虚报、迟报或者不报:发生危害国家安全和影响社会稳定的案(事)件;发生重特大刑事案件;发生重特大群体性事件;发生重特大事故灾难;发生恐怖袭击事件;发生重特大涉外突发事件;发生重特大自然灾害、疫情;发生重大涉警舆情;发生公安民警伤亡事件(故)、重大违纪违法、公务用枪案事(件)和执法权威受到侵犯的重大案(事)件。

(四) 请假、销假

公安机关主要负责同志离开本地区,应当提前向上级机关主要负责同志请假。因紧急事项临时请假的,应当立即按规定报告。公安机关主要负责同志、分管日常工作的负责同志(含双正职领导)原则上不能同时离开本地区。公安机关主要负责同志请假内容包括:请假人员、事由、时间、地点等,主持工作的负责同志及其相关信息。请假期间如行程发生变化的,应当及时补充报告。公安机关领导干部异地执行任务需离开任务地的,应当及时向所在单位或者任务派出单位有关负责同志请假。

公安民警工作时间非因公外出,应当逐级请假、按时销假,未经批准,不得擅自离岗。因伤、病或者其他原因不能按时上班时,应当及时请假。公安民警执行特殊或者紧急任务时,非因不可抗拒的原因,不得请假。请假人员未经批准,不得逾期不归。确有特殊情况的,经批准后可以续假。对伤、病人员,根据伤、病情况或者医院诊疗建议,按规定审批后准予休息。请假人员在请假期间应当保持通信畅通。除特殊情况外,因工作需要召回的,应当立即返回工作岗位。

(五) 工作交接

公安民警在工作变动、退休、辞职或者被辞退、开除公职时,应当将所负责的工作情况和掌管的文件、材料、证件、武器、弹药、器材、数字证书等进行移交,清退涉密载体,并按规定执行脱密期管理和监督。移交工作应当在本人离开工作岗位前完成。移交前,所在单位领导应当指定接管人。交接时,双方当面清点,必要时由单位领导主持或者请纪检监察等有关部门参加;交接后,双方在交接登记册(表)上签字。

公安机关或者警种、部门主要负责同志和其他负有经济责任的领导干部办理调任、转任、免职、辞职、退休以及调整分工等事项前,审计部门应当按照领导干部经济责任审计有关规定对其任职期间履行经济责任情况进行审计。公安民警因出差出国、学习培训或者休假等短期离开岗位时,应当将负责的工作安排妥当。

(六) 印章管理

公安机关印章(含电子印章)的刻制应当严格按照规定审批,并在指定机构刻制。新刻制的印章,应当在制发机关留取印模,备案后方可启用。使用印章(印模)应当按照规定权限,严格履行审批登记手续,严格用印监督管理。严禁利用公章谋私,严禁在空白文件或者信函上加盖印章。印章(印模)应当专柜存放,专人保管。印章(印模)丢失应当立即上报,及时通报有关单位,并严肃追究责任。经批准作废的印章,应当登记造册,上交制发机关即行销毁。停止使用的印章,应当上交制发机关处理。

(七) 证件管理

公安民警应当按照规定使用统一的人民警察证。工作期间,一般应当携带人民警察证。公安机关应当严格人民警察证配发范围,严禁向非人民警察身份人员配发人民警察证。对丧失配发资格的,应当及时收回、收缴其人民警察证。人民警察证由公安部按照规定统一监制,实行分级管理。

(八) 保密管理

公安机关应当建立保密工作制度,加强保密宣传教育,强化监督管理,严格保密纪律要求,落实保密工作责任,确保国家秘密和警务工作秘密绝对安全。公安机关应当严格按照国家保密管理规定,准确划定保密要害部门、部位,以及涉密岗位、涉密人员范围。公安机关政工部门应当会同保密部门,按照"先审后用、严格把关"的原则,对拟任(聘)用到涉密岗位的人员进行保密审查,并定期对在岗涉密人员组织复审。涉密人员因公、因私出国(境)的,按照管理权限和规定程序实行严格审批。一般情况下,核心涉密人员因私出国(境)不予批准。公安机关应当强化涉密人员日常监督,严格落实保密承诺要求、重大事项报告制度,加强涉密人员离岗离职脱密期管理。公安民警在制作、传递、复制、使用、保存和销毁涉密信息或者载体过程中,应当严格执行国家保密管理规定,确保涉密信息或者载体保密安全。涉密载体是指以文字、数据、符号、图形、图像、声音等方式记载、存储国家秘密信息和警务工作秘密信息的纸介质载体、电磁介质载体、光盘等各类物品。需要归档的涉密载体,应当按照要求立卷归档;不需要归档的涉密载体,应当认真履行清点、登记、审批手续后,按规定予以销毁。

公安民警应当执行下列保密守则:不该说的秘密不说;不该知悉的秘密不问;不该看的秘密不看;不在私人交往或者公开发表的作品中涉及秘密;不在非保密场所阅办、谈论秘密;不在社交媒体发布、传递秘密;不擅自记录、复制、拍摄、摘抄、收藏秘密;不擅自携带涉密载体去公共场所或者探亲访友;不使用无保密措施的通信设备、普通邮政和计算机互联网络传递秘密。

使用计算机信息系统和信息设备时,应当严格遵守下列规定:涉密计算机严禁连接公安信息网和互联网及其他公共信息网络,公安信息网计算机严禁连接互联网等其他公共信息网络;涉密计算机不得连接市话和公安专线传真机或者具有传真功能的多功能一体机,不得安装无线网卡、无线鼠标、无线键盘等具有无线互联功能的设备,不得安装摄像头、麦克风等音视频采集装置;公安信息网计算机不得安装无线网卡、无线鼠标、无线键盘等具有无线互联功能的设备,在保密要害部门、部位的公安信息网计算机不得安装摄像头、麦克风等音视频采集装置;涉密场所使用的互联网计算机严禁通过无线方式连接互联网,严禁安装摄像头、麦克风等音视频采集装置,严禁安装移动热点;严禁使用互联网计算机和连接互联网的移动警务终端处理、存储、传输、发布国家秘密信息和警务工作秘密信息,连接互联网的移动警务终端不得与涉密信息设备和公安信息网计算机违规连接;涉密计算机、公安信息网计算机应当使用符合保密要求的移动存储介质和导入导出设备;涉密计算机和公安信息网计算机应当采取符合保密要求的身份鉴别措施。公安民警不得擅自将涉密计算机密钥交由他人使用,不得将公安信息网计算机数字证书交由他人使用;携带涉密计算机和公安信息网计算机外出的,应当经本单位主管领导批准,并履行登记备案手续;涉及国家秘密和警务工作秘密信息设备维修,应当在本单位内部进行,并指定专人全程监督,严禁维修人员读取或者复制涉密敏感信息,确需送外维修的,须拆除存储部件。涉密计算机、公安信息网计算机变更用途或者报废时,应当先拆除存储部件,拆除的存储部件应当按照涉密载体有关规定处理;已确定密级的涉密计算机不得处理、存储、传输高于已确定密级的信息;公安信息网计算机不得处理、存储、传输涉及国家秘密的内容;不得擅自卸载、修改计算机信息系统的保密安全技术程序、管理程序;不得在涉密计算机、公安信息网计算机、互联网计算机之间交叉使用存储介质和打印机、传真机、扫描仪、多功能一体机等具有存储功能的设备;涉密计算机应当标注存储、处理信息的最高密级、编号、责任人和涉密计算机专用的标识;公安信息网计算机应当标注公安信息网专用和禁止处理涉及国家秘密信息的标识,互联网计算机应当标注互联网专用和禁止处理涉及国家秘密信息和警务工作秘密信息的标识;不得越权访问公安信息资源,不得泄露公民个人信息等不宜对外公开的信息;公安机关应当留存应用系统访问日志信息,任何单位和个人不得擅自删除、篡改审计日志信息。

公安机关及定密责任人应当严格按照规定的定密权限和程序准确定密,并完整标注密级和保密期限。公安机关信息公开应当坚持"先审查、后公开"和"一事一审"原则,履行保密审查审批程序,严格网站信息发布登记,定期组织开展网站保密检查。公安机关使用微信群、QQ 群、微博、微信公众号等网络社交媒体开展工作的,应当建立健全保密管理制度。发现泄密线索和情况的,应当立即向本单位保密部门报告,及时组织查处,并按规定上报。

(九)档案管理

公安机关应当建立健全档案工作制度,严格规范管理,维护档案的真实、完整、可用和安全。公安机关在工作中形成的属于归档范围的全部档案应当由档案部门集中统一管理。任何部门和个人不得据为己有或者拒绝归档。干部人事档案按照干部管理权限,由相应机关或者单位组织人事部门负责统一管理。

按照"谁形成、谁归档"的原则,及时收集整理列入归档范围的文件材料,严格按规定移交归档。公安机关应当加强对开展专项行动、举办重要会议和活动、处置重大案(事)件、承建重大建设项目等过程中形成文件材料的收集和归档。公安机关应当建立符合国家标准的档案用房,配备档案安全防护设施,定期巡查档案保管情况,确保档案实体和信息的安全保密。公安机关应当加强档案借阅管理,根据档案的特点、密级,确定相应的借阅范围和审批程序。公安民警应当严格遵守档案借阅规定,对借阅的档案负有保管保护责任,不得涂改、拆撕、伪造档案。不得擅自将档案转借他人。公安档案非经鉴定不得销毁。

六、内务设置

公安机关的内务设置应当有利于工作、学习、生活,因地制宜、整齐划一,符合卫生和安全要求。公安机关对同类窗口单位应当设置规格统一、标志明显、便于辨识的标志,并及时进行维护、更新。入驻政府集中办公场所的窗口单位,应当突出公安机关特点,按照有关单位要求合理设置。根据窗口单位的实际条件，合理划分办公区、服务区、等候区等功能区域，确保各功能区域相对独立、秩序良好。

公安派出所等基层所队应当按照规定合理规范设置办公、办案、生活等区域，配备相应的设备设施。按照建设标准要求，因地制宜建立阅览室、健身房、洗衣房、淋浴室和食堂等，丰富公安民警的文体生活，保障公安民警身心健康。

县级以上公安机关应当建立荣誉室，有条件的可以建立史迹陈列馆、纪念馆、警察博物馆等。有条件的基层所队，可以结合实际建立荣誉室。

办公、生活区域环境和各类设备物品摆放，应当保持干净、整洁、有序。

七、办公秩序

公安机关应当加强办公秩序管理，维护正常的工作、学习、生活秩序，保证办公环境整洁，秩序井然。公安民警应当严格遵守工作时间要求，不得无故迟到、早退。工作时间应当保持肃静，不得大声喧哗、闲聊、办私事、因私会客或者从事其他与工作无关的活动。公安机关应当严格办公区管理，建立门卫制度，加强日常值守，强化安全检查。本单位人员、车辆应当凭有效证件出入办公区。外来人员、车辆需进入办公区的，应当严格登记手续，查验其证件和携带物品，经接待人员允许后方可进入。严禁将办公用房出租或者无偿提供给外部人员或者其他单位使用。单位内部交通标志应当醒目、齐全，车辆应当按照指定地点停放，按照规定路线、速度行驶，禁止鸣喇叭、急刹车。骑自行车、电动车出入大门应当主动下车或者接受查验。

八、接待群众

公安民警接待群众应当文明礼貌、态度和蔼、热情周到、耐心细致。公安机关应当简化办事程序，拓宽服务渠道，提高工作效能。在条件允许的情况下，推行一个窗口对外、一站式办结和预约服务、自助受理、网上办理等。公安机关应当按规定主动公开公示窗口单位的上下班时间以及报警、咨询、监督电话和工作人员等信息，依法公开工作职责、执法依据、办事程序、法定时限、收费标准、监督方式以及服务承诺等，可以通过报刊、电台、电视台、政府网站和微博、微信公众号及其他信息手段，以及公示栏、牌匾、触摸式查询显示屏或者印发书面材料等形式告知群众，为群众提供方便。

公安机关应当结合实际制定工作文明用语和忌语，加强教育培训，严格遵照执行。公安机关窗口单位实行群众报警、求助、咨询和办证、办事首问（接）责任制、接报案登记制和分流移交机制。除24小时服务窗口外，其他窗口单位可根据实际实行弹性工作制，方便群众办证、办事。公安民警应当在职责范围内，热情为求助群众提供必要帮助，耐心解答群众提出的问题，及时妥善处理群众报警或者报案，并认真做好记录。对不属于公安机关职责范围内的群众报警、报案或者求助，应当告知当事人向其他有关主管机关反映，情况紧急时应当给予协助或者协调处置。除执行重大紧急任务外，公安机关的警车在临时停靠时或者行驶过程中，车上的公安民警应当及时接受群众的现场报警或者紧急求助。

九、值班备勤

公安机关实行 24 小时值班备勤。由领导干部带班,安排适当警力值班备勤,配备相应警械武器、防护装备和交通、通信工具,保障随时应对各类警情任务。基层一线处警单位及警用车辆应当配备防弹防刺背心、头盔及绳索、救生圈、急救包等警用装备和救援器材,并做好装备、器材使用培训和维护保养,确保正常使用。看守所、拘留所、派出所和治安、刑警、交警、巡警、网安等警种、部门,应当根据工作需要,设置值班室,建立健全值班备勤制度。

值班人员的主要职责如下。

（1）接待报警、报案、检举、控告、自动投案或者其他原因来访的人员。

（2）受理群众遇到危、难、险、困时的求助,以及群众对公安民警违纪违法行为的投诉。

（3）向上级报告发生的案件、事故或者其他紧急情况,并按照上级指示或者预案做出应急处理。

（4）及时接收处置"110"警情指令。

（5）及时妥善处理公文、电话、电子邮件等。

（6）维护本单位工作、学习、生活秩序,承担内部安全保卫工作。

（7）完成领导交办的其他任务。

值班室应当利用视频监控系统,建立值班影像档案,并保存不少于 90 日。值班人员应当认真填写值班记录,详细记录值班期间发生的重要事项及处置情况。值班记录的主要内容如下。

（1）问题或者事件事情发生的时间、地点,有关人员的姓名、联系方式和主要情况。

（2）向上级报告的时间,接受报告人的姓名和答复的主要内容。

（3）对上级指示的传达、办理情况和时间。

（4）负责处理的单位和人员姓名。

（5）值班领导和值班民警姓名。

值班记录应当采用电子文档或者纸质文书存档,妥善管理。

值班人员应当坚守岗位,严格履行职责。因故确需离开值班岗位的,应当及时报告值班领导,并安排其他人员代岗。值班人员交接班时,双方应当按照规定的职责内容认真交接工作,履行交接手续。值班人员交接班时,如果发生突发情况或者群众报警、报案,以交班人员为主进行处置,待处置完毕再交接班。值班备勤人员自值班备勤前 12 小时至值班备勤结束不得饮酒,值班期间不得从事与工作无关的活动,备勤期间不得从事影响紧急到岗的活动。

十、应急处突

公安机关应当预先制定各种应急处置预案,定期组织实战演练,不断提高快速反应能力、协调配合能力、现场处置能力、临场组织指挥能力。

遇有《内务条令》第八十一条第二款所列情形或者其他紧急任务,县级以上公安机关应当按照应急处置预案,组织人员立即赶赴现场,并根据实际情况,在报告上级机关的同时,迅速通报有关部门及时做好防范、化解和处置突发案(事)件工作。

公安民警接到执行紧急任务的命令后,应当迅速到达指定地点,服从统一的指挥调度。发现紧急情况时,应当及时报告并迅速进入现场履行职责。

公安机关在处置突发事件时,应当根据突发事件的性质、起因、规模、影响以及现场情势和危害程度,决定是否动用处置性警力及规模,是否采取强制性措施以及采取何种强制性措施,是否使用警械或者武器,既要防止当用不用而使事态失去控制或者致使公安民警伤亡情况发生,也要防止警力和强制性措施使用不当而激化矛盾。公安民警在采取强制性措施前,应当经现场指挥员批准,并向现场人员明示告知。在面临紧急情况下,公安民警可先期处置,并在处置过程中或者处置后及时报告。情报指挥部门应当及时跟进掌握处置突发事件情况,视情调动警力支援。

公安机关在处置突发事件时,应当注意保护党政机关等重点部位及现场人员的安全,同时加强公安民警自身的安全防护,及时获取并固定现场违法犯罪证据。

公安民警应当保证通讯畅通,个人通信方式变更时应当及时报告所在单位,以备发生紧急情况时迅即调集警力。

十一、装备财务管理

(一)装备管理

公安机关装备管理应当严格执行有关法律法规规定,遵循整体规划、标准配备、权责相应、规范管理的原则。公安机关应当建立健全装备使用管理、维护保养、存储保管和督察、审计等制度。公安机关应当按规定建设装备存储保管场所、完善配套设施,实行分级分类管理。公安机关执法办案管理中心、服务窗口等场所配备的装备品种、数量和方式,应当符合装备使用安全和环境要求。公安机关应当定期开展执法执勤装备检查、校验、测试、标定等工作,确保性能良好。监督检查重点是指挥通信、刑事技术、侦查技术、警械武器、交通工具、防护等装备。公安机关应当加强执法执勤装备使用培训。公安机关应当加强应急装备管理,建立应急装备保障机制,制定应急装备保障预案,按规定开展应急装备管理工作。公安机关发生重大装备事故的,应当迅速开展实地调查,查明事故原因,出具鉴定报告,并及时向上级公安机关报告。任何单位或者个人不得擅自赠送、转借、出租、变卖、私存装备。

(二)预算财务管理

公安机关应当严格执行国家预算财务管理法律法规有关规定,规范财务行为,科学合理编制预算、决算及相关预算财务报表,提高资金使用效益。公安机关应当建立健全财务管理制度、定期财务分析报告制度和内部控制机制,加强对下级机关财务管理的指导、监督和检查。公安机关应当按照国家统一会计制度开展会计工作,依法设置会计账簿,并保证会计账簿的真实、完整。审计部门应当按照内部审计工作规定,对财政收支、财务收支以及其他经济活动等财经管理情况组织实施审计。公安机关主要负责同志对本单位会计工作和会计资料的真实性、完整性、合法性负责。

十二、安全防范

（一）基本要求

公安机关应当牢固树立安全意识，加强安全管理工作，并贯穿于公安工作和公安队伍建设的全过程。公安机关应当坚持预防为主的方针，定期分析安全工作形势，查找不安全因素和隐患，制定和改进安全措施，建立健全安全管理制度，加强人防、物防、技防建设，并根据职责分工，压实工作责任，保证各项制度、措施落到实处。公安机关应当加强安全教育，增强公安民警的安全防范意识，及时发现并正确处理队伍内部问题，积极消除安全隐患。强化安全训练，确保公安民警熟练使用警械武器装备，规范使用交通工具，正确处理各类情况和问题，不断提高自我防护、预防安全事故的能力。公安机关应当根据形势任务和环境变化需要，配备安全防护设备设施，加强经常性安全防范工作，开展内部日常安全防范检查，严防发生重大安全事故。发生安全事故应当如实及时上报，查明原因，正确处理，做到实事求是、依法依规。对避重就轻、弄虚作假、不及时报告或者隐瞒不报的，应当依法依规严肃追责问责。

县级以上公安机关应当建立维护公安民警执法权威工作委员会，实行党委（党组）统一领导、督察部门牵头协调、职能部门各负其责的工作机制，通过法律、行政、经济、社会、舆论等途径，依法及时查处侵犯公安民警执法权威的行为，为公安民警依法履职创造良好环境。

（二）执法执勤安全

公安机关办公区、办案区应当建设必要的安全技术防范系统，主要出入口、窗口单位服务区应当配备安检和视频监控设备，办案区应当配备同步录音录像设备，并保证设备完好、正常使用。办案区的声像监控资料应当保存不少于 90 日，其他区域的声像监控资料应当保存不少于 30 日。对办案区声像监控资料保存期限另有规定的，从其规定。

公安机关应当严格在办案区开展办案活动，强化安全意识，落实安全防范措施和责任，防止发生安全事故。公安机关处置暴力恐怖案（事）件或者执行拘留、抓捕等任务时，应当评估安全风险，制定预案方案，周密组织实施，最大限度地避免造成人员伤亡。

上级对下级布置任务时，应当明确安全要求，并采取安全保障措施。执行任务的公安民警应当增强安全防范意识，严格遵守安全管理制度，保持高度警惕，确保自身和工作对象安全。

公安民警执行询问、讯问、押解、看管等任务时，应当严格遵守有关规定，防止发生违法犯罪嫌疑人袭警、脱逃、暴狱和自伤、自残、自杀等案（事）件。

公安民警执法执勤时应当按规定携带装备，并规范使用执法记录仪等设备。

公安民警开展治安检查、现场勘验等工作时，应当严格遵守法定程序及操作规程，防止发生安全事故（件）。

公安民警因工作需要在道路上拦截、检查车辆时，应当选择安全和不妨碍通行的地点进行，设置安全防护设备。必要时，设置减速区、检查区、处置区，并使用阻车装置。

（三）警械武器管理使用安全

公安机关应当建立健全公务用枪管理制度，认真执行安全管理措施，严格落实工作责任。公安机关应当组建公务用枪管理委员会,明确职责分工,建立定期会商研判机制,加强公务用枪管理工作检查监督。公安机关必须严格公安民警配枪标准条件,规范申报审批程序,加强年度审验把关,实行人员动态管理。

公安机关及其所属配枪单位应当按要求设置枪弹库(室、柜),严格落实 24 小时值守、枪弹分离、双人双锁保管等制度,加强对视频监控等安全防范设施的日常检查,确保公务用枪存放安全。

公安机关及其所属配枪单位应当定期对枪支弹药进行检测,严禁使用超寿命、待报废枪支和过期弹药,并加强对枪支弹药的日常维护保养,最大限度降低枪支弹药故障率。

公安机关及其所属配枪单位应当建立健全枪弹领取、交还审批、登记等制度,认真查验持枪证、枪证等信息,确保公务用枪交接安全。

公安机关及所属配枪单位应当加强对枪支管理使用人员的日常教育培训、管理监督和思想、心理状况排查,对出现不适宜配枪情形的公安民警应当及时暂停或者取消其配枪资格,收回持枪证件,确保公务用枪使用安全。

公安民警应当严格按照规定管理使用警械武器,确保依法履职尽责,有效维护群众和自身安全,坚决防止警械武器被盗、被抢、丢失、滥用或者发生其他事故。

公安民警使用警械武器,应当以有效制止违法犯罪行为、尽量减少人员伤亡和财产损失为原则。

公安机关组织公安民警进行实弹射击训练,应当遵守下列安全规定。

(1) 合理选择和设置射击场地。

(2) 加强现场安全检查,配备专职安全人员,严密组织射击区域安全警戒和观察。

(3) 加强枪支弹药的技术检测,防止枪支故障和弹药失效。

(4) 实弹射击训练时佩戴个人安全防护器材。

(5) 训练结束后统一组织验枪,彻底清查枪支和剩余弹药,防止枪支、弹药丢失,排查安全隐患。

公安民警管理使用枪支的,应当遵守下列安全规定。

(1) 上班或者执行任务领用枪支后必须严格验枪,下班或者完成任务后必须及时交回并由枪管员验枪收回。

(2) 工作期间因私外出的,所携带枪支必须交回并由枪管员验枪收回。

(3) 在依法依规使用枪支的情形下,应当准确判定目标,规范操作动作,防止误判或者误伤他人。

(4) 严禁私存、私带、私借枪支弹药。

(5) 严禁持枪打闹或者枪口对人。

(6) 严禁摆弄枪支或者随意动用他人枪支。

(7) 严禁持枪打猎、擅自打靶或者安排他人打靶。

(四) 交通事故防范

公安机关应当加强交通安全事故防范和监督管理。除执行紧急任务外,公安民警驾驶车辆时应当遵守道路交通安全法律法规,确保行车安全。公安机关应当对公务车辆定期进行维护和保养,确保车况良好。对达到报废标准的车辆应当及时报废,不得使用已达到强制报废标准的车辆从事警务活动。公安民警驾驶警车时,除工作需要外,应当按照规定穿着警服,持有机动车(电子)行驶证、机动车(电子)驾驶证和人民警察证。驾驶实习期内的公安民警不得驾驶警车。公安民警驾驶或者乘坐警用摩托车时,应当戴警用头盔。

公安机关警用车辆乘载,应当遵守下列安全规定。

(1)载人不得超过核定的人数。

(2)载物应当符合核定的载质量,严禁超载。

(3)载物的长、宽、高不得违反装载要求。

(4)不得人货混载。

(5)不得违反有关安全规定,载运易燃、易爆等危险物品。

公安机关应当定期对驾驶警车的公安民警开展培训,加强交通安全教育。

(五)火灾事故防范

公安机关应当加强消防安全防范工作,建立消防管理制度,完善消防设施,配齐消防器材,落实消防责任,坚决防止发生火灾事故。公安机关应当严格消防安全检查,及时发现和消除火灾隐患。加强易燃、易爆物资和装备、器材管理,进入易燃、易爆物品存放场所前必须收缴火种。计算机机房、库房、车场、档案室等重要场所严禁烟火。在礼堂、剧院、大型会议场所等重要防火部位组织集体活动的,应当在应急疏散通道安排人员值守引导,维护现场秩序,防止发生意外。重点防火单位和重要防火场所应当制定消防预案,落实消防责任,定期组织有针对性的消防演练。

(六)爆炸事故防范

公安机关应当遵守弹药、炸药、油料、燃气、烟花爆竹等易燃、易爆物品的安全管理规定,防止发生爆炸事故。爆炸物品的使用管理单位应当按照性质、类别将爆炸物品分别储存在专用仓库内,由专人管理,建立检查、登记制度。存放数量不得超过安全容量。在库区配备监控、防爆设施,严禁无关人员进入库区。

组织爆炸物品运输,应当遵守下列安全规定。

(1)正确选择运载工具和装卸载地点与方式。

(2)正确选择运输路线,避开交通繁忙路段和人口稠密地区。

(3)正确选择通过时机,避开人员、车辆流动高峰期。

(4)正确装载爆炸物品,符合安全运输要求。

(5)严密警戒,专人押运。

组织实施民用爆炸物品、烟花爆竹、废旧炮(炸)弹等爆炸物品销毁,应当科学划定作业区域,设置安全警示标志,维护作业现场秩序,并严格遵守下列安全规定。

(1)不得擅自变更计划、方案。

(2)不得由非专业机构组织实施。

(3)不得让未经培训的人员参与。

(4)不得在不符合安全要求的场所或者场地作业。

(5)不得在高温、雷雨、大风等不良天气条件下作业。

(6)不得违反操作规程冒险作业。

（七）健康保护

公安机关应当加强关爱民警工作，保护民警身心健康。基层公安机关应当根据工作任务和实有警力，执行轮休制度。对长期执行重大安全保卫、抢险救援、侦查监控任务以及长期从事重大专项工作的公安民警，应当合理安排调休；对连续工作超出法定工作时间的，应当安排休息。

公安机关应当严格落实带薪年休假制度，领导干部应当带头休假。根据工作情况，充分尊重公安民警本人意愿，统筹安排年休假。公安民警确因工作需要不能安排年休假的，应当在下一年度安排补休；不能补休或者未休满法定年休假的，应当按规定发放年休假工资报酬。

上级机关应当对下级机关带薪休假落实情况进行督导检查，推动年休假常态化，确保公安民警得到必要的休整。

公安机关应当提倡全警健身，普及科学健身知识和健身方法，开展群众性体育活动；把体能训练作为公安民警教育训练的基本内容，提升体能素质；因地制宜、分类分年龄段开展公安民警年度体能测试。

公安机关应当严格落实年度体检制度，建立公安民警健康档案，定期对健康状况进行分析，提出健康保护意见。对体检结果异常的，督促并协助做好复查、就医，强化健康生活方式指导及干预。

公安机关应当开展职业病危害因素基本情况普查，健全针对性健康干预措施。为公安民警配备医疗急救包，确保突发疾病时能及时得到施救。

公安机关应当严格落实公安民警因公负伤和患病医疗保障救治制度。对因身体健康状况不适宜在现岗位上工作的公安民警，应当调整工作岗位或者安排适当休整。

公安机关应当开展预防传染病等卫生健康教育，提高公安民警对传染病的防治意识和应对能力。

公安机关应当加强对办公、办案、生活等场所区域的日常环境卫生管理，建立卫生管理制度，健全卫生安全保障措施，有效防止发生卫生安全事故。发现传染病病人或者疑似传染病病人时，应当按规定及时向所在地疾病预防控制机构或者医疗机构以及上级机关报告。

发生传染病疫情时，公安机关应当积极配合当地疾病预防控制机构或者医疗机构，采取有效措施，防止公安民警出现感染或者交叉感染，及时组织对办公、办案、生活等场所区域进行卫生处理。

根据工作需要，公安机关可实行弹性工作制，科学合理安排勤务，确保公安民警保持良好的身心状态。

发生传染病疫情时，公安机关应当对公安民警确诊受感染或者疑似感染情况，按规定逐级报告上级机关；对密切接触者，按照当地疾病预防控制机构要求，采取必要的预防措施。

公安机关应当建立平战结合、规范有序、及时高效的常态化心理健康服务工作机制，加强心理健康服务专兼职人才队伍建设，不断提升公安民警心理健康服务工作水平。

县级以上公安机关和有条件的基层所队应当设立公安民警心理健康服务站，对公安民警开展心理健康咨询,适时进行心理辅导;每年定期开展心理健康讲座、团体辅导和心理咨询等活动,保障公安民警心理健康。

对执行重大安全保卫任务、处置重大突发案(事)件、暴力恐怖案(事)件或者开枪击毙击伤人员,以及工作、生活发生重大变故的公安民警,应当及时进行心理咨询、危机干预。对出现心理健康问题的,应当及时安排休整、治疗。

公安机关应当深入开展健康教育,引导公安民警牢固树立健康生活的理念,积极开展文体活动,陶冶情操,增强体质,丰富业余文化生活。

十三、警旗、警徽、警歌、警察节

(一)警旗

中国人民警察警旗是人民警察队伍的重要标志,是人民警察荣誉、责任和使命的象征,是人民警察忠诚履行新时代使命任务的重要指引。公安民警应当树立警旗意识,尊重和爱护警旗,维护警旗尊严。公安机关及所属单位按规定授予和请领警旗。授予警旗可以组织授旗仪式。授旗仪式由受旗单位所隶属的公安机关或者上一级公安机关组织实施,通常在单位新组建成立时进行。使用警旗应当报受旗单位主要负责同志批准,不得超出规定的使用范围。任何组织和个人未经批准不得制造、买卖、持有、使用警旗。

(二)警徽

中国人民警察警徽是人民警察的象征和标志。公安民警应当爱护警徽,维护警徽尊严。警徽是人民警察专用标志。使用警徽及其图案应当严肃、庄重,严格使用范围。警徽由公安部按照规定统一监制。县级以上公安机关负责监督管理警徽及其图案的使用。

(三)警歌

中国人民警察警歌是人民警察性质、宗旨和精神的体现。公安民警和公安院校学生应当会唱警歌。奏(唱)警歌适用于公安机关重要庆典、集会、会议、检阅以及其他维护、显示人民警察威严的场合。不得在私人婚、丧、庆、悼活动和娱乐、商业活动以及其他不适宜的场合奏(唱)警歌。奏(唱)警歌时,公安民警应当庄重肃立。

(四)警察节

中国人民警察节是人民警察荣誉制度体系的重要组成部分。公安机关应当在警察节举办相关庆祝活动,作为励警爱警惠警的重要举措。公安机关庆祝警察节活动,可通过升(挂)警旗仪式、组织宣誓、走访慰问、举办书画摄影作品展览、诗歌朗诵会、音乐会等丰富多彩的文体活动形式进行。举办警察节庆祝活动应当隆重简朴、厉行节约,防止形式主义和铺张浪费。警察节期间,公安机关可结合实际采取警营开放、法制宣讲、便民服务等多种方式,广泛开展社会宣传,大力加强警察公共关系建设,树立公安机关和公安队伍良好形象。

十四、阅警

阅警是设区的市级以上党政机关主要领导、公安机关主要领导在重大节日、庆典、集会等重要场合对公安队伍的检阅。阅警应当严格审批制度。设区的市级以上公安机关举行阅警,应当报上级公安机关批准;公安院校举行阅警,应当报主管机关批准。

阅警式的主要程序为:①阅警指挥员向阅警领导报告;②阅警领导宣布阅警开始;③组织进行阅警活动;④阅警领导讲话;⑤阅警指挥员向阅警领导报告;⑥阅警领导宣布阅警结束。

知识巩固与能力提升训练

一、判断题

1. 人民警察内务建设的基本方针是从严治警、依法行政。   （   ）

2. 阅警以公安机关人民警察队伍接受检测为形式,充分展现公安机关人民警察良好的精神风貌、严明的组织纪律和强大的战斗力。   （   ）

3. 宣誓是公安民警对自己肩负神圣职责和光荣使命的庄严承诺和保证。   （   ）

4. 警徽是人民警察的象征与标志,警歌体现了人民警察的性质、任务和宗旨,在庄严、重要的场合悬挂警徽、奏唱警歌是进行人民警察性质、宗旨教育的良好形式。（   ）

5. 公安机关处理内部关系的基本要求是:各司其职,密切协作,互相支持,协调一致。   （   ）

6. 根据《人民警察法》的规定,公安部于 2020 年 6 月 1 日颁布实施了《公安机关人民警察内务条令》,为公安队伍的内务建设提供了法律依据和保障。   （   ）

7. 人民警察内务建设的基本方针是:从严治警、依法治警。   （   ）

8. 从严治警,即对公安民警严格教育、严格训练、严格管理、严格纪律,其核心是"治"字。   （   ）

9. 依法治警,即运用法律、法规,对公安队伍强化管理,在坚持从严治警的基础上,促使公安队伍向法治化、正规化迈进,实现依法从严治警。   （   ）

10. 人民警察内务建设的原则是:高效务实、加强管理、着眼基层。   （   ）

11. 人民警察内务建设的基本要求是:培养公正廉明、英勇善战、无私无畏、雷厉风行的优良警风。   （   ）

12. 内部关系是指公安机关内部上下级之间的关系。   （   ）

13. 人民警察无论职位高低,政治上一律平等,相互之间是同志关系。   （   ）

14. 公安民警只依据警衔,构成上下级和同级关系。   （   ）

15. 处理内部关系的基本要求是:各司其职,密切协作,互相支持,协调一致。（   ）

16. 警容风纪是指人民警察在着装、仪容、举止、礼节等方面的行为规范。警容风纪只能反映人民警察的业务素质。   （   ）

17. 公安民警应当按照《公安机关人民警察着装管理规定》着警服,保持警容严整,举止端庄,谈吐文明,精神振作,姿态良好。   （   ）

18. 接待群众的基本要求是:简化办事程序,提高工作效率,方便人民群众。（   ）

19. 值班备勤是要求各级公安机关在特殊情况下,处于常备不懈的戒备状态,坚守岗位,履行职责,按时交接班,保持公安工作的连续性、有序性、维护良好的社会秩序。（   ）

20. 阅警是以公安机关人民警察队伍接受检阅为形式,充分展现公安机关人民警察

良好的精神风貌、严明的组织纪律和强大的战斗力。　　　　　　　　　　（　　）

二、单项选择题

1. 人民警察内务建设的基本方针是（　　）。
  A. 依法行政、从严要求   B. 从严治警、依法治警
  C. 依法行政、从严治警   D. 依法治警、依法行政

2. 从严治警，就是指对公安民警（　　），其核心是"严"字。
  A. 严格管理、严格训练、严格要求、严格纪律
  B. 严格教育、严格训练、严格要求、严格纪律
  C. 严格培训、严格纪律、严格管理、严格要求
  D. 严格教育、严格训练、严格管理、严格纪律

3. 人民警察内务建设的原则是（　　）。
  A. 精兵简政、加强管理、着眼基层 B. 高效务实、加强监督、着眼基层
  C. 高效务实、加强管理、精兵简政 D. 精兵简政、加强监督、高效务实

4. 人民警察内务建设的基本要求是培养（　　）的优良警风。
  A. 公正廉明、英勇善战、无私无畏、雷厉风行
  B. 清正廉洁、敢作敢当、雷厉风行、视死如归
  C. 清正廉洁、敢作敢当、无私无畏、雷厉风行
  D. 公正廉明、英勇善战、雷厉风行、视死如归

5. 公安民警依据（　　）和（　　），构成上下级和同级关系。
  A. 工作年限，行政职务   B. 行政职务，警衔
  C. 工作年限，警衔   D. 从警年限，警衔

6. 人民警察按照（　　）构成上下级和同级关系。
  A. 行政职务 B. 技术职务 C. 警衔   D. 行政职务和警衔

7. 警容风纪是指人民警察在着装、仪容、举止、（　　）等方面的行为规范。
  A. 行为   B. 姿态   C. 礼节   D. 言谈

8. 内部关系是指公安机关内部上下级之间、同级与同级之间、警种与警种之间，按照（　　）构成的关系。
  A. 职务高低 B. 级别不同 C. 一定规则 D. 警衔高低

9. （　　）体现了人民警察的性质、任务和宗旨。
  A. 警歌   B. 警纪   C. 警徽   D. 警服

10. 警容风纪是指人民警察在着装、（　　）、举止、礼节等方面的行为规范。
  A. 仪容   B. 行为   C. 整洁   D. 敬礼

11. （　　）是人民警察的象征与标志。
  A. 警歌   B. 警纪   C. 警徽   D. 警服

12. 公安机关人民警察内务，主要是指公安机关人民警察内部工作运转程序和（　　）。
  A. 公安民警与党委、政府发生联系的活动
  B. 公安民警对外发生联系的活动

C. 公安民警与人民群众发生联系的活动

D. 公安民警与人大代表、政协委员发生联系的活动

13. 根据《公安机关人民警察内务条令》,人民警察按照(　　)构成上下级和同级关系。

　　A. 行政职务和警衔　　　　　　　　B. 隶属关系和行政职务

　　C. 上下级关系和警衔　　　　　　　D. 隶属关系和技术职务

14. 根据《公安机关人民警察内务条令》,人民警察接待群众应(　　)。

　　A. 耐心细致,文明热情　　　　　　B. 谈吐文明,提高工作效率

　　C. 耐心细致,举止端庄　　　　　　D. 简化办事程序,提高工作效率

15. 根据《公安机关人民警察内务条令》,人民警察执勤应(　　)。

　　A. 恪尽职守,尽职尽责　　　　　　B. 坚守职位,履行职责

　　C. 坚守岗位,恪尽职守　　　　　　D. 履行职责,精神振作

三、多项选择题

1. 公安机关人民警察内务建设的任务是(　　)。

　　A. 建立规范的工作、学习、生活秩序　　B. 树立公安民警的良好形象

　　C. 提高公安民警队伍的战斗力　　　　D. 保证圆满完成公安机关的各项任务

2. 人民警察内务建设的基本方针是(　　)。

　　A. 从严治警　　　　B. 科技强警　　　　C. 依法治警　　　　D. 教育强警

3. 人民警察内务建设的原则有(　　)。

　　A. 高效务实　　　　B. 从严治警　　　　C. 加强监督　　　　D. 着眼基层

4. 《公安机关人民警察内务条令》的基本内容有(　　)。

　　A. 宣誓、接待群众　　　　　　　　B. 内部关系

　　C. 警容风纪　　　　　　　　　　　D. 日常制度、值班备勤

5. 关于公安机关的内部关系,下列说法中正确的是(　　)。

　　A. 人民警察不论职位高低,政治上一律平等,相互之间是同志关系

　　B. 公安民警依据行政职务和警衔,构成上下级和同级关系

　　C. 上级应当关心、爱护和严格管理下级;下级必须服从上级

　　D. 处理内部关系的基本要求是:各司其职,密切协作,互相支持,协调一致

6. 人民警察内务建设的基本要求是(　　)。

　　A. 公正廉明　　　　B. 英勇善战　　　　C. 无私无畏　　　　D. 雷厉风行

7. 警容风纪是人民警察政治素质、文明程度、精神风貌、纪律作风和战斗力的综合反映。它主要是指(　　)。

　　A. 人民警察在着装方面的行为规范

　　B. 人民警察在仪容方面的行为规范

　　C. 人民警察在家庭生活方面的行为规范

　　D. 人民警察在礼节方面的行为规范

8. 人民警察内务建设的基本要求是(　　)。

　　A. 公正廉明　　　　B. 英勇善战　　　　C. 无私无畏　　　　D. 雷厉风行

9. 警容风纪是人民警察( )的综合反映。

    A. 政治素质   B. 文明程度

    C. 精神风貌   D. 纪律作风和战斗力

10. 英勇善战,即具有( )的大无畏的英雄主义精神。

    A. 不怕吃苦   B. 不怕流血   C. 敢于战斗   D. 敢于胜利

【参考答案】

一、判断题

1. ×   2. ×   3. √   4. √   5. √   6. ×   7. √   8. ×

9. √   10. ×   11. √   12. ×   13. √   14. ×   15. √   16. ×

17. √   18. √   19. ×   20. √

二、单项选择题

1. B   2. D   3. B   4. A   5. B   6. D   7. C   8. C

9. A   10. C   11. A   12. B   13. A   14. D   15. B

三、多项选择题

1. ABCD   2. AC   3. ACD   4. ABCD   5. ABCD   6. ABCD

7. ABD   8. ABCD   9. ABCD   10. ABCD

参 考 文 献

[1] 公安部政治部. 警务管理与领导科学教程[M]. 北京：中国人民公安大学出版社,2006.

[2] 公安部政治部. 公安基础知识[M]. 北京：中国人民公安大学出版社,2013.

[3] 康大民. 政治与政治建警[M]. 北京：群众出版社,1999.

[4] 公安部加强和改革公安工作调研小组. 2004—2008年全国公安队伍正规化建设纲要[M]. 北京：中国人民公安大学出版社,2003.

[5] 沈宗灵. 法理学[M]. 北京：北京大学出版社,2001.

[6] 胡建淼. 行政法学[M]. 北京：法律出版社,2003.

[7] 高铭暄,马克昌,等. 刑法学[M]. 北京：北京大学出版社,高等教育出版社,2000.

[8] 张开贵,等. 公安学基础理论新编[M]. 北京：中国人民公安大学出版社,2004.

[9] 罗伯特·兰沃西,劳伦斯·特拉维斯. 什么是警察：美国的经验[M]. 尤小文,译. 北京：群众出版社,2004.

[10] 蒋先进. 论邓小平人民民主专政思想[M]. 北京：群众出版社,1998.

[11] 汪勇. 警察勤务论[M]. 北京：中国人民公安大学出版社,2001.

[12] 王大伟. 英美警察科学[M]. 北京：中国人民公安大学出版社,1995.

[13] 吴开清. 警务工作之核心问题[M]. 北京：群众出版社,2003.

[14] 霍贝尔. 原始人的法[M]. 北京：法律出版社,2006.

[15] 马克思,等. 马克思恩格斯全集[M]. 21卷. 中共中央马克思恩格斯列宁斯大林著作编译局,译. 北京：人民出版社,1965.

[16] 邱华君. 警察法规[M]. 台北：五南图书出版公司,1989.

[17] 张兆端. 警察学原理[M]. 北京：中国人民公安大学出版社,2007.

[18] 刘武俊. 十七大报告：弘扬法治精神的纲领性文件[J]. 政府法制,2007(12)：14.

[19] 杨建和,张光. 公安管理学[M]. 北京：中国人民公安大学出版社,2005.

[20] 张建明,蔡炎斌,张丽园. 公安学基础理论[M]. 北京：中国人民公安大学出版社,2007.

[21] 张兆端. 警察哲学——哲学视阈中的警察学原理[M]. 北京：中国人民公安大学出版社,2008.

[22] 王大伟. 英美警察科学原理——世界警务向何处去[M]. 北京：中国人民公安大学出版社,2007.

[23] 公安部政治部. 公安发展战略研究[M]. 北京：中国人民公安大学出版社,2007.

[24] 曾忠恕. 美国警务热点研究[M]. 北京：中国人民公安大学出版社,2005.

[25] 张兆端. 社区警务论——社会治安综合治理社区化的理论与实践[M]. 北京：中国人民公安大学出版社,2007.

[26] 俞定行. 信息化时代的警务创新[M]. 北京：中国人民公安大学出版社,2002.

[27] 张兆端. 警察哲学[M]. 北京：中国人民公安大学出版社,2008.

[28] 高厚满. 外国军警处置突发事件选评[M]. 北京：解放军出版社,1992.

[29] 张兆端. 国外境外关于集群行为和群体性事件之研究[J]. 山东公安专科学校学报,2002(1)：76-80.

[30] 于群. 公安学基础理论[M]. 2版. 北京：高等教育出版社,2020.